U0098560

修訂五版

公司法

LAW

實例研習　　曾淑瑜　著

Case Studies of Corporate Law

三民書局

五 版 序

　　公司法的重要性可以從近日立委因太平洋SOGO爭權所引發的貪瀆案，以及大同公司之公司派與市場派因公司經營權爭鬥而一窺端倪，由此可見，熟稔公司法不但是公司經營者必須具備的心法，也是協助經營者的法務人員、會計人員等練就一身專業的內功，甚至是尚在大學讀書的學生不可或缺的一門課。本書即將發行第五版，本人內心戰戰兢兢，希望所設計的各個問題，能建立內功心法的巧門，也期待能促進讀者精進法學專業。

　　此次修訂，將一〇七年八月一日公司法大幅度修正的部分納入，共計有下列八項重點：

　　一、友善創新創業環境

　　例如股份有限公司得發行票面金額股或無票面金額股，並自行審酌擇一採行；非公開發行股票之公司得發行複數表決權或對於特定事項具否決權之特別股；非公開發行股票之公司股東得以書面訂立表決權拘束契約及表決權信託契約，以匯聚具有共同理念之股東共同行使表決權等。

　　二、強化公司治理

　　例如股份有限公司過半數董事於董事長不召開董事會時，得

自行召集董事會；為強化少數股東之保護，降低聲請法院選派檢查人之股東之持股期間及持股數之限制，另為強化投資人保護機制與提高股東蒐集不法證據及關係人交易利益輸送蒐證之能力，爰擴大檢查人檢查客體之範圍及於公司內部特定交易文件等。

三、增加企業經營彈性

例如無限公司、兩合公司得經股東三分之二以上之同意變更章程，將其組織變更為有限公司或股份有限公司；政府或法人股東一人所組織之股份有限公司得不設董事會，而僅置董事一人或二人，且得不置監察人。非公開發行股票之公司亦得不設董事會，而僅置董事一人或二人等。

四、保障股東權益

例如為落實股東提案權，股東提案如符合公司法規定，董事會即應列為議案；繼續三個月以上持有已發行股份總數過半數股份之股東，得自行召集股東臨時會，毋庸先請求董事會召集或經主管機關許可；為利股份有限公司股東會之召開，董事會或其他召集權人召集股東會者，得請求公司或股務代理機構提供股東名簿等。

五、數位電子化及無紙化

例如為符合國際無紙化之潮流，不論公開發行或非公開發行股票之公司，如發行股份而未印製股票者，均應洽證券集中保管事業機構登錄其發行之股份；非公開發行股票之公司股東會得以視訊會議或其他經中央主管機關公告之方式開會，惟應於章程載明等。

六、建立國際化之環境

例如為配合全球招商政策，建構我國成為具有吸引全球投資之國際環境並與國際接軌，爰廢除外國公司認許制度。

七、閉鎖性股份有限公司更具經營彈性

例如股東會選任董事及監察人，不強制採行累積投票制，公司得以章程另定選舉方式；公司得以章程訂明特別股股東當選一定名額之董事、監察人等。

八、遵守國際洗錢防制規範

例如為防制洗錢及打擊資恐，除符合一定條件之公司外，公司應每年定期申報董事、監察人、經理人及持有已發行股份總數或資本總額超過百分之十之股東之持股數或出資額等資料；為避免無記名股票成為洗錢之工具，廢除無記名股票制度等。

感謝讀者長期以來對本書的愛護，願彼此共勉。本書仍不免有疏漏之處，敬請不吝指正。

曾 淑 瑜 謹誌

二〇二〇年九月

四 版 序

　　本書將發行第四版了，內心百感交集。我與公司法數年來建立了深厚感情，甚至在研究所開設經濟犯罪專題研究課程，發現有深厚實務底子的我，面臨爭議問題時，均能迅速直搗核心，由此可見，做學問的根基要紮得穩，觸類旁通，法律實力貴在專精，贏在深廣。與支持本書的讀者一起分享。

　　距離上次再版已過了好幾年了，公司法也修正好幾次，除了解決爭議問題外，政策上不論是利多的考量、獎勵員工，或者是引進閉鎖性股份有限公司的設立，基本上不外乎使我國公司更有競爭力，更健全，也符合企業自治精神。公司法是適用所有型態公司的基本法，以我國公司型態言，雖然媒體報導的都是上市公司，但統計上我國公司數量最多的仍是中小企業，經濟的發展不能忽略中小企業的輔導及興利，原則上中小企業穩定成長，也是我國經濟的中流砥柱，期待在健全的法制下兼顧公司的發展及股東權益的保障。

　　本次改版的重點有三：首先，新增數題，介紹並說明閉鎖性股份有限公司之屬性及其特色（包括設立的方式、現行公司轉換為閉鎖性股份有限公司的方法、股份轉讓的限制、表決權的行使

及發行特別股的特別規定等等）；其次，將上一版次後一○四、一
○二、一○一、一○○年修法的內容納入外，亦將書內其他法律
配合修正；最後，又考量修法的目及理由乃是因應這幾年我國經
濟市場的發展，社會環境的變遷，政策的調整，故不厭其煩將修
法理由詳細列入供參。為能有系統地窺知整體公司法的脈絡、兼
顧學說及實務的問題，更能使本書源遠流長，所以依然保留每次
修正理由的說明，並輔以法院判決及行政機關函釋。當然，最後
的練習題留供讀者測驗自己的實力，也是本書特色之一。

感謝讀者長期以來對本書的愛護，願彼此共勉。本書仍不免
有疏漏之處，敬請不吝指正。

曾 淑 瑜 謹誌

二○一六年四月

初　版　序

　　本書能夠順利出版，真不知從何說起。公司法九十年修正版
之內容，大部分係完成於民國八十五、八十六年間；嚴格說起來，
還須推至民國八十年起公司法全盤修正委員會各委員之辛勞，歷
經無數次之討論、折衝，及協調各行、各界，才有今天之規模。
敝人正好是在民國八十年進入經濟部商業司服務，正逢其事，可
以說熟稔其修正之來龍去脈，今日整理公司法實例研習一書，一
方面，除了利用本人尚剩餘之行政實務價值，提供公司法實務上
頗具爭議性問題外；另一方面，亦希望為我人生歷練寫下紀念。
當然，首先應感謝商業司五科前同仁們，高專門委員靜遠、李主
任鎂、林律師雪娟、鐘老師玄惠、王美女照玲等（其實要感謝的
人太多了），數位同仁均已高升或尋獲人生另一跑道，但回想起當
初大夥們為公司法解釋、修正，字字推敲、相互研究之情節，真
的是非外人所能理解。尤其是陳董事長明邦，雖非法律人，但其
將企業之精神貫注於公司法中，跳脫窠臼，實令人佩服。感謝其
提攜之情，亦祝福其對新的工作能樂在其中。

　　國內許多公司近年來受到經濟不景氣之影響，不是關廠就是
歇業。同樣地，本書完稿後亦受到此波風暴，差點兒不見天日。

因緣際會，三民書局順利出版本書，在此致上最大之謝忱；學棣李健源同學認真負責，任勞任怨，自為本書之一大功臣。

公司法乃是兼具理論與實務之一部法律，除法律人外，不論是會計師、公司負責人，或者是企業從業人員，如果能事先釐清相關問題，靈活運用，在商場上如同手持利器，開天闢地，無往不利。本書不採傳統教科書模式，而以實例導引出各章、節重點，除仍保留系統化之特色外，亦增加思考問題之空間。

曾　淑　瑜　謹誌

公司法實例研習

目　錄

五版序

四版序

初版序

第一章　總　則

問 題 一　我國公司的種類有無限制？ ……………………………………… 1

問 題 二　分公司有無權利能力？ ………………………………………… 6

問 題 三　公司登記是成立要件？還是對抗要件？ ………………………… 10

問 題 四　誰是公司的負責人？ …………………………………………… 15

問 題 五　公司轉投資有無限制？ ………………………………………… 22

問 題 六　公司違法轉投資的效力如何？ ………………………………… 26

問 題 七　公司借債有無限制？ …………………………………………… 29

問 題 八　公司的營業範圍有無限制？ …………………………………… 32

問 題 九　公司違法經營登記範圍以外業務的行為，對公司是否生

效？ …………………………………………………………………… 36

問 題 十　公司貸款他人有無限制？ ……………………………………… 40

問題十一　公司違反貸款限制的效力如何？ ……………………………… 44

問題十二　公司為保證行為有無限制？ …………………………………… 47

問題十三　公司名稱有無限制？ …………………………………………… 51

問 題 十 四　公司名稱有無專用權？若公司名稱遭受侵害，如何請
　　　　　　　求救濟？ ……………………………………………………… 57

問 題 十 五　設立中公司法律行為的效力如何？ ……………………… 63

問 題 十 六　公司設立登記後的效力如何？ …………………………… 67

問 題 十 七　在何種情形下，公司須負侵權責任？ ………………………… 71

問 題 十 八　公司經廢止公司登記後，於清算完結前，其法人人格
　　　　　　　是否消滅？ …………………………………………………… 76

問 題 十 九　法人或其代表人可否擔任公司的董事、監察人？ …………… 81

問 題 二 十　公司經理人的人數、種類及報酬有無限制？ …………… 86

問題二十一　公司經理人有何資格限制？ ……………………………… 90

問題二十二　經理人逾越權限所為行為對公司是否發生效力？ ……… 95

問題二十三　限制行為能力人得否為無限公司的執行業務股東？ …… 100

問題二十四　股東對外代表公司所為的行為相互衝突時，其效力如
　　　　　　　何？ …………………………………………………………… 103

問題二十五　公司的代表股東或董事，為自己或他人與公司有所交
　　　　　　　涉時，應由何人代表公司？ …………………………………… 106

問題二十六　無限公司股東負連帶清償責任是否以公司資產不足為
　　　　　　　條件？ ………………………………………………………… 109

問題二十七　公司解散的事由有那些？ ……………………………… 113

問題二十八　如何辦理公司合併？ ……………………………………… 119

問題二十九　如何辦理公司分割？ ……………………………………… 127

問 題 三 十　公司如何辦理變更組織？ …………………………………… 133

問題三十一　公司資本額有無限制？ …………………………………… 137

第二章　有限公司

問題三十二　誰是有限公司的業務執行機關？何人有代表權？ ………… 143

問題三十三　有限公司股東出資轉讓有無限制？ …………………………… 148

問題三十四　有限公司的股單與股票有何不同？ …………………………… 152

第三章　股份有限公司

問題三十五　發起設立與募集設立有何不同？ ……………………………… 155

問題三十六　公司得否於設立後修正章程增訂對某一特定發起人給
　　　　　　予特別利益？ ……………………………………………………… 160

問題三十七　發起人得否以現金以外的財產抵繳公司第一次發行的
　　　　　　股份？ ……………………………………………………………… 163

問題三十八　認股權利得否轉讓他人？ ……………………………………… 169

問題三十九　股份有那些種類？ ……………………………………………… 175

問 題 四 十　股份轉讓自由原則，可否以契約限制之？ ………………… 179

問題四十一　如何發行、變更、收回特別股？ ……………………………… 184

問題四十二　股份可不可以共有？ …………………………………………… 189

問題四十三　股票發行時期有無限制？公司可否不發行票？ …………… 191

問題四十四　股票轉讓的方式及效力為何？ ………………………………… 196

問題四十五　發起人股份轉讓有無限制？ …………………………………… 203

問題四十六　董事、監察人轉讓股份有無限制？ ………………………… 205

問題四十七　員工轉讓行使員工認股承購權所承購的股份，有無限
　　　　　　制？ ………………………………………………………………… 209

問題四十八　證券交易法對於股份的轉讓，有無其他特別的限制規
　　　　　　定？ ………………………………………………………………… 215

問題四十九　遺失的股票有無民法第九四八條善意取得的適用？········· 219

問 題 五 十　記名股票的過戶如何辦理？······················· 222

問題五十一　股東名簿停止過戶日期如何計算？··············· 226

問題五十二　在那些情形下，公司可以合法取得自己的股份？又取
　　　　　　得後應如何處理？······························· 229

問題五十三　公司違法取得自己股份的效力如何？··············· 237

問題五十四　股份有限公司可否透過轉投資的公司買回本公司的股
　　　　　　份？··· 240

問題五十五　無召集權人召集股東會所為的決議，其效力如何？········· 243

問題五十六　股東臨時會的決議可否變更股東常會的決議？············· 248

問題五十七　股東會的召集，未依規定期間通知、公告者，其決議
　　　　　　的效力如何？····································· 252

問題五十八　公司法第一七二條第一項、第二項股東會召集通知期
　　　　　　限應如何計算？··································· 256

問題五十九　那些事項須在股東會開會通知單上列舉？········· 259

問 題 六 十　股東如何行使其表決權？····················· 264

問題六十一　未辦理過戶的股東，可否請求召集股東臨時會？········· 270

問題六十二　公司法規定應經特別決議的事項，可否以假決議的方
　　　　　　式為之？··· 274

問題六十三　股東會決議的方式有那些？····················· 278

問題六十四　公司出租或讓與（受讓）全部營業或財產有何限制？

　　　　　　·· 283

問題六十五　股東如何委託他人代理出席股東會及行使表決權？········· 288

問題六十六　法人股東指派數位自然人代表出席股東會，其表決權
　　　　　　如何行使？⋯⋯⋯⋯⋯⋯⋯⋯⋯⋯⋯⋯⋯⋯⋯⋯⋯⋯⋯ 297

問題六十七　公司章程規定「公司所有決議事項，應經已發行股份
　　　　　　股東全體同意」，其效力如何？⋯⋯⋯⋯⋯⋯⋯⋯⋯⋯ 299

問題六十八　股東會出席股東所代表的股份總數，不足最低法定出
　　　　　　席數額時，其所為決議的效力如何？⋯⋯⋯⋯⋯⋯⋯⋯ 302

問題六十九　提起撤銷決議之訴的股東，是否以其在股東會決議時，
　　　　　　具有股東身分為必要？⋯⋯⋯⋯⋯⋯⋯⋯⋯⋯⋯⋯⋯⋯ 306

問 題 七 十　反對公司重大營業或財產變更與反對公司分割、合併
　　　　　　的股份收買請求權有何不同？⋯⋯⋯⋯⋯⋯⋯⋯⋯⋯⋯ 310

問題七十一　股東會決議得撤銷的情形有那些？⋯⋯⋯⋯⋯⋯⋯⋯⋯ 314

問題七十二　股東會決議不成立（不存在）的情形有那些？⋯⋯⋯⋯ 320

問題七十三　股東會決議無效的情形有那些？⋯⋯⋯⋯⋯⋯⋯⋯⋯⋯ 322

問題七十四　股東會有那些權限？⋯⋯⋯⋯⋯⋯⋯⋯⋯⋯⋯⋯⋯⋯⋯ 325

問題七十五　如何製作、保存股東會議事錄？⋯⋯⋯⋯⋯⋯⋯⋯⋯⋯ 328

問題七十六　何人可以擔任股東會開會時的主席？⋯⋯⋯⋯⋯⋯⋯⋯ 331

問題七十七　選任董監事的決議經法院判決撤銷或確認無效後，該
　　　　　　董監事所為行為的效力如何？⋯⋯⋯⋯⋯⋯⋯⋯⋯⋯⋯ 334

問題七十八　選舉董監事得否以通信投票代替股東會的選舉？⋯⋯⋯ 337

問題七十九　股份有限公司的董事、監察人之人數、任期、資格有
　　　　　　無限制？⋯⋯⋯⋯⋯⋯⋯⋯⋯⋯⋯⋯⋯⋯⋯⋯⋯⋯⋯⋯ 341

問 題 八 十　股份有限公司如何選任、解任董事、監察人？⋯⋯⋯⋯ 347

問題八十一　股東會決議的事項是否以公司法或章程規定者為限？
　　　　　　⋯⋯⋯⋯⋯⋯⋯⋯⋯⋯⋯⋯⋯⋯⋯⋯⋯⋯⋯⋯⋯⋯⋯⋯ 356

問題八十二　董事的車馬費是否屬於報酬，應經章程訂明，或由股東會議定？ ……………………………………………………… 358

問題八十三　公司章程規定董事的報酬授權董事會議定，則是否尚須經股東會決議追認？ ……………………………………… 361

問題八十四　董事任期中持股轉讓有何限制？ …………………………… 363

問題八十五　董事辭職是否須經股東會或董事會的決議始生效力？

………………………………………………………………………… 367

問題八十六　董事缺額達三分之一時如何處理？ ……………………… 369

問題八十七　如何召集董事會？ …………………………………………… 371

問題八十八　董事可否委託其他人代理出席董事會？ ………………… 376

問題八十九　董事會如何行使表決權？ ………………………………… 381

問 題 九 十　董事解任僅餘二人，得否以董事會名義召集股東會改選？ ……………………………………………………………… 387

問題九十一　董監事於任期屆滿前提前改選，新任董監事的任期應自何時起算？ ……………………………………………… 389

問題九十二　公司於董事任期屆滿前提前改選，改選的新任董事得否於就任前先行召集每屆第一次董事會？ …………… 392

問題九十三　董事會決議時，如議案表決正反兩方意見同數，董事長是否享有可決權？ …………………………………… 395

問題九十四　董事可否未踐行決議方法，而採各別董事分別「會簽」方式作成會議記錄？ ………………………………………… 397

問題九十五　如何制止董事會的違法行為？ ……………………………… 400

問題九十六　董事長死亡或被假處分禁止執行職務，應由何人代行職務？

………………………………………………………………………… 404

問題九十七　公司得否另設置「名譽董事長」或「榮譽董事長」，對
　　　　　　外行使董事長的職權？ ………………………………………… 409

問題九十八　董事未經許可兼任其他公司董事的行為效力如何？ ……… 412

問題九十九　董事會有那些義務？ ……………………………………… 416

問題一○○　監察人代表公司依公司法第二一三條與董事訴訟，是
　　　　　　否須先經股東會決議？ …………………………………… 422

問題一○一　董事一人或數人為自己或他人與公司為法律行為時，
　　　　　　倘該法律行為屬公司業務之執行，且非依公司法或章
　　　　　　程規定應由股東會決議之事項者，於監察人代表公司
　　　　　　為該法律行為前，是否應先經董事會之決議？ ………… 426

問題一○二　監察人是否在董事會不能召集股東會，或不為召集時，
　　　　　　始得召集股東會？ ……………………………………… 431

問題一○三　資本公積的使用在法律上有無限制？ …………………… 435

問題一○四　公司得否以股東會決議就上年度未分派盈餘為二次以
　　　　　　上的分配？ ……………………………………………… 440

問題一○五　公司無盈餘時，分派股息及紅利的效力如何？ ………… 443

問題一○六　公司得否於同一次股東會中，先行變更章程，再依變
　　　　　　更後章程分派上年度盈餘？ …………………………… 446

問題一○七　以發行新股分派股息及紅利於股東，是否須經股東會
　　　　　　或董事會的決議？ ……………………………………… 450

問題一○八　何謂「無實體交易制度」？ ……………………………… 455

問題一○九　公司發行公司債有無限制？ ……………………………… 460

問題一一○　股份有限公司所發行的記名債券，可否應債權人的請
　　　　　　求，變更為無記名債券？ …………………………… 467

問題一一一　董事會可否逕依股東會所作成公司分次發行新股的決
　　　　　　議辦理新股的相關事宜？ ·· 470

問題一一二　何謂「股東的新股認購權」？「第三人的新股認購權」？
　　　　　　 ·· 474

問題一一三　何謂「員工的新股承購權」？ ································· 479

問題一一四　股份有限公司於決議解散，清算人就任後，得否再以
　　　　　　股東會決議撤銷前解散的決議，並解任清算人，繼續
　　　　　　公司業務的進行？ ··· 483

問題一一五　公司如何辦理增資、減資？ ································· 486

問題一一六　如何辦理公司重整？ ··· 491

問題一一七　何謂閉鎖性股份有限公司？其設立及股份轉讓有何限
　　　　　　制？ ··· 503

問題一一八　閉鎖性股份有限公司發行股票、盈餘分派或虧損撥補
　　　　　　有無限制？閉鎖性股份有限公司可否私募公司債？ ········· 510

問題一一九　閉鎖性股份有限公司發行股票有無限制？ ················· 515

第四章　關係企業、外國公司

問題一二〇　何謂「關係企業」？ ··· 519

問題一二一　控制公司使從屬公司為不利益經營有何法律責任？ ········· 523

問題一二二　相互投資公司股權行使有無限制？ ························· 529

問題一二三　外國公司在我國營業有何要件及限制？ ················· 533

第一章　總　則

問題一
我國公司的種類有無限制？

> 甲想成立公司，不知公司種類有無限制，可否先以股份兩合公司名義成立，開業後俟發展情況再予以變更？甲可否一個人開公司？還是必須覓妥其他股東合資始得開公司？

【解析】

一、公司為營利社團法人

我國公司的成立須具備下列三個要件（公 §1）：

(一)以營利為目的。

(二)依照公司法組織登記。即公司非在中央主管機關（經濟部）登記後，不得成立（公 §6）。

(三)為社團法人。即以「社員的結合」為成立基礎，公司有獨立的人格，與股東的人格各別，在法律上得享受權利負擔義務。公司如有訴訟，應以公司名義為原告、被告，負責人僅是代表公司起訴或應訴。

公司法一○七年修正時，增訂第二項：公司經營業務，應遵守法令及商業倫理規範，得採行增進公共利益之行為，以善盡其社會責任。其立法理由按公司在法律設計上被賦予法人格後，除了能成為交易主體外，另一層面之意義在於公司能永續經營。誕生於十七世紀初之公司，經過幾百年之發展，民眾樂於成立公司經營事業，迄今全世界之公司，不知凡幾，其經濟影響力亦日漸深遠，已是與民眾生活息息相關之商業經濟組織。尤其大型企業，可與國家平起平坐，其決策之影響力，常及於消費者、員工、股東、甚至一般民眾。例如企業所造成之環境汙染、劣質黑心商品造成消

費者身心受害等,不一而足。公司為社會之一分子,除從事營利行為外,大多數國家,均認為公司應負社會責任。公司社會責任之內涵包括:公司應遵守法令;應考量倫理因素,採取一般被認為係適當負責任之商業行為;得為公共福祉、人道主義及慈善之目的,捐獻合理數目之資源。又按證券交易法第三十六條第四項授權訂定之公開發行公司年報應行記載事項準則第十條第四款第五目已明定公開發行公司年報中之「公司治理報告」應記載履行社會責任情形。我國越來越多公開發行公司已將其年度內所善盡社會責任之活動,在其為股東會所準備之年報內詳細載明,實際已化為具體之行動。鑑於推動公司社會責任已為國際潮流及趨勢,爰予增訂,導入公司應善盡其社會責任之理念。

二、公司在法律上的分類有四種(公§21)

	股東人數	股東責任
無限公司	二人以上	負連帶無限清償責任
有限公司	一人以上	就其出資額為限對公司負責任
兩合公司	一人以上無限責任股東與一人以上有限責任股東	無限責任股東負連帶無限清償責任,有限責任股東就其出資額為限對公司負責任
股份有限公司	二人以上股東或政府、法人股東一人	就其所認股份負責

㈠公司名稱應標明公司種類(公§2 II)。例如某某有限公司、某某股份有限公司。

㈡公司法九十年十一月十二日修正公布前,因公司法第二條第一項對前開四種公司的定義中均明定股東至少二人以上,故不允許有形式意義的一人公司,至於實質意義的一人公司(公司的出資額或股份的真正所有人只有一人,其餘股東基於與真正股東間的信託關係而取得股東名義)則認為如已足法定股人數,即合乎公司法第二條第一項的規定(62年臺上字第 2996 號判例、法務部 78 年律決字第 17442 號函)。九十年修正後的新法已承認一人公司的成立,但應注意的是,股份有限公司的一人股東是指政府或法人股東,換言之,一般自然人不得設立一人股份有限公司。

三、公司在信用上的分類

人合公司	資合公司
著重股東個人條件	著重公司財產數額
信用基礎在於股東人的資望	信用在於公司資本
以無限公司為代表	以股份有限公司為代表

　　至於兩合公司與有限公司介於人合公司與資合公司之間，兼有二者的性質，又稱為中間（折衷）公司。

四、組織系統上的分類（公§3 II）

本公司	分公司
公司依法首先設立，以管轄全部組織的總機構	受本公司管轄的分支機構
原則上只有一家	家數無限制

五、國籍上的分類

本國公司	外國公司
依我國公司法組織登記設立的公司	以營利為目的，依照外國法律組織登記之公司。其於法令限制內，與中華民國公司有同一之權利能力（公§4）

　　申言之，外國公司要在我國境內營業必須具備下列幾個要件：

㈠以營利為目的。

㈡依照外國法律組織登記之公司。

㈢非經辦理分公司登記，不得以外國公司名義在中華民國境內經營業務（公§371 I）。

　　一〇七年公司法修正前，外國公司採認許制度，修法後廢除之。

六、股本構成上的分類

公營公司	民營公司
指(1)公司資本完全由政府出資經營；或(2)由政府與人民合資經營，政府的股本超過百分之五十	指(1)公司資本完全由人民出資經營；或(2)由政府與人民合資經營，民股超過百分之五十

【結論】

一、甲想成立公司，公司的種類必須符合公司法第二條四種分類及其人數限制，且公司名稱後應標明公司的種類。因股份兩合公司非屬公司法第二條公司法定種類之一，甲即不得以該名義成立公司，當然，申辦登記時亦不被容許。

二、如果甲成立的是有限公司，自可以個人名義，一個人開設公司。至於甲如欲成立無限公司、兩合公司或股份有限公司，則尚須覓妥其他股東合資，始符合其最低法定人數的限制。

【參考法條】

公司法第二條

「公司分為左列四種：

一　無限公司：指二人以上股東所組織，對公司債務負連帶無限清償責任之公司。

二　有限公司：由一人以上股東所組織，就其出資額為限，對公司負其責任之公司。

三　兩合公司：指一人以上無限責任股東，與一人以上有限責任股東所組織，其無限責任股東對公司債務負連帶無限清償責任；有限責任股東就其出資額為限，對公司負其責任之公司。

四　股份有限公司：指二人以上股東或政府、法人股東一人所組織，全部資本分為股份；股東就其所認股份，對公司負其責任之公司。

公司名稱，應標明公司之種類。」

公司法第三條第二項

「本法所稱本公司,為公司依法首先設立,以管轄全部組織之總機構;所稱分公司,

為受本公司管轄之分支機構。」

公司法第四條

「本法所稱外國公司,謂以營利為目的,依照外國法律組織登記之公司。

外國公司,於法令限制內,與中華民國公司有同一之權利能力。」

公司法第三七一條

「外國公司非經辦理分公司登記,不得以外國公司名義在中華民國境內經營業務。

違反前項規定者,行為人處一年以下有期徒刑、拘役或科或併科新臺幣十五萬元以

下罰金,並自負民事責任;行為人有二人以上者,連帶負民事責任,並由主管機關

禁止其使用外國公司名稱。」

【練習題】

一、乙可否以自己個人的名義成立股份有限公司?

二、中華電信股份有限公司屬於何種類的公司?

問題二
分公司有無權利能力？

> 甲股份有限公司在臺灣各地設有數家分公司，今高雄分公司當地業務的需要，可否逕以分公司名義由分公司經理乙代表甲公司簽約？又如果有訴訟的必要，可否亦由乙代表甲公司起訴或被訴？

【解析】

一、分公司不同於公司其他分支機構

所謂分公司，為受本公司管轄的分支機構（公§3 II 後段）。有疑問的是，是不是公司所有的分支機構，例如門市部、營業處、工廠、辦事處等，均應設立分公司，辦理分公司登記？按目前實務見解以為公司的分支機構，若非事務單位而係營業機構，並有設帳計算盈餘虧損，其財務會計獨立者，不問是否與本公司在同一縣市均須辦理分公司登記（經濟部55.2.26 商04210 號解釋）。申言之，如該分支機構的會計及盈虧係於營業年度終結後歸併總公司彙算，並有主要帳簿的設置者，應辦分公司登記；如其交易係逐筆轉報總公司列帳，不予劃分獨立設置主要帳冊者，自毋庸辦理分公司登記（經濟部58.2.4 商04246 號解釋）。又分公司的所營事業項目得由公司依實際事實的需要經營相當於或少於本公司的所營事業項目（例如某公司的所營事業項目有十項，則其分公司得於此十項中擇實際須經營者為其所營事業，但不得逾越該十項範圍）。

二、分公司不具獨立人格，不能為權利義務主體

分公司為公司整體人格的一部分，並不具獨立人格，非為獨立的權利義務主體（經濟部57.1.10 商00945 號解釋）。例如不可登記為不動產的所有權人。又公司的代表依其種類的不同各有明文規定，無限公司、兩合公司為代表公司的股東（公§56 I、§115）；有限公司為董事（公§108 I）；股份有限公司為董事長（公§208 III）。而經理人僅在執行職務範圍內為公司

負責人（公 §8 II）。

三、分公司在訴訟上有當事人能力

公司為社團法人，具有人格，惟人格具有不可分割的性質，公司縱設有分公司，仍屬本公司的分支機構，其與本公司在法律上係同一人格，權利主體仍僅有一個。分公司既非獨立存在的法人，自無權利能力，不能成為權利能力的主體。實務上為謀訴訟的便利，認分公司就其業務範圍內的事項涉訟時，有當事人能力（最高法院 66 年臺上字第 3470 號判例）。

四、公司經理人的職權

㈠公司經理人有民法債編經理人節規定的適用

　　1.經理人有為公司管理事務及簽名的權利（民 §553）

經理人在職權範圍內，以公司名義與他人訂立書面契約，縱僅由其簽名或蓋章而未加蓋公司印章，仍然有效，且為便利交易，形式上若已足以辨認其係代表公司為之，則縱未表明職銜，亦應認為有效。

　　2.經理人對於第三人的關係，就商號或其分號或其事務的一部視為其有為管理上一切必要行為的權利（民 §554 I）。

　　3.對於不動產的買賣或設定負擔，非經公司書面授權，經理人不得為之（民 §554 II）。

　　4.經理人就其所任的事務，視為有代理公司為原告或被告，或為其他一切訴訟上行為的權利（民 §555）。但此訴訟代理權，僅限於公司對於第三人的訴訟。

㈡經理人的職權，除章程規定外，並得依契約的訂定。經理人在公司章程或契約規定授權範圍內，有為公司管理事務及簽名的權利（公 §31）。

㈢公司不得以其所加於經理人職權的限制，對抗善意第三人（公 §36）。

五、對分公司的判決效力是否及於總公司及其他分公司

分公司與本公司既屬同一權利主體，對於分公司所為的判決，其效力自然及於本公司。又分公司為受本公司管轄的分支機構，並無獨立財產，放置於分公司的財產，即為本公司總財產的一部分。因此，對於分公司所為命給付金錢的判決，可就放置於同一公司的其他分公司的財產執行之

（72 年 5 月司法院司法業務研究會第 3 期研究結論）。

【結論】

一、分公司不具獨立人格，不能為權利義務主體，本應以甲股份有限公司
代表人——董事長（公 §208 III）代表公司簽約。惟公司法九十年修正
時增訂第三十一條第二項，明定經理人在公司章程或契約規定授權範
圍內，有簽名的權利。因此，甲公司如在公司章程或對乙的委任契約
中明定乙在執行分公司業務的範圍內，可代表公司簽約，乙當然可代
表甲公司簽約。

二、目前實務上為謀訴訟的便利，承認分公司就其業務範圍內的事項涉訟
時，有當事人能力。且經理人就其所任的事務，依法（民 §555）有訴
訟代理權，由此可知，乙自可就分公司的訴訟代表甲公司起訴或被訴。

【參考法條】

公司法第八條第二項

「公司之經理人、清算人或臨時管理人，股份有限公司之發起人、監察人、檢查人、
重整人或重整監督人，在執行職務範圍內，亦為公司負責人。」

公司法第三十一條

「經理人之職權，除章程規定外，並得依契約之訂定。

經理人在公司章程或契約規定授權範圍內，有為公司管理事務及簽名之權。」

公司法第三十六條

「公司不得以其所加於經理人職權之限制，對抗善意第三人。」

公司法第五十六條第一項

「公司得以章程特定代表公司之股東；其未經特定者，各股東均得代表公司。」

公司法第一〇八條第一項

「公司應至少置董事一人執行業務並代表公司，最多置董事三人，應經股東表決權三
分之二以上之同意，就有行為能力之股東中選任之。董事有數人時，得以章程置董
事長一人，對外代表公司；董事長應經董事過半數之同意互選之。」

公司法第二○八條第三項

「董事長對內為股東會、董事會及常務董事會主席，對外代表公司。董事長請假或因
　故不能行使職權時，由副董事長代理之；無副董事長或副董事長亦請假或因故不能
　行使職權時，由董事長指定常務董事一人代理之；其未設常務董事者，指定董事一
　人代理之；董事長未指定代理人者，由常務董事或董事互推一人代理之。」

民法第五五四條

「經理人對於第三人之關係，就商號或其分號，或其事務之一部，視為其有為管理上
　之一切必要行為之權。

　經理人，除有書面之授權外，對於不動產，不得買賣，或設定負擔。

　前項關於不動產買賣之限制，於以買賣不動產為營業之商號經理人，不適用之。」

民法第五五五條

「經理人，就所任之事務，視為有代理商號為原告或被告或其他一切訴訟上行為之
　權。」

【練習題】

一、債權人以對丙股份有限公司臺南分公司的欠款一千萬元確定判決，向
　　丙總公司所在地的法院聲請強制執行其公司所屬大樓，請問是否可行？

二、丁股份有限公司得否以桃園分公司經理戊為公司代表人，就分公司的
　　不動產辦理抵押權設定登記？

問題三
公司登記是成立要件？還是對抗要件？

甲欲成立一人有限公司，尚未辦妥公司登記，即因債務問題涉訟，請問可否以該有限公司名義應訴？乙為某股份有限公司的董事長，因鑑於公司經營不善，以書面向公司辭職，但公司遲遲未辦理其解任登記，嗣後公司債權人以乙為公司代表人，對其提起訴訟，乙可否抗辯其已非董事長？

【解析】

一、設立登記採登記要件主義

公司非在中央主管機關登記後，不得成立（公 §6）。即以登記為公司的設立要件，稱為登記要件主義。公司設立登記後，均會產生許多效力。首先，會取得法人人格，使得其權利能力、行為能力及公司的內外法律關係獲得確定。因此，未辦妥設立登記者，不得以公司名義對外為法律行為。

二、未登記的公司適用獨資、合夥的規定

未完成設立登記的公司，應認為合夥，而適用民法關於合夥的規定（最高法院 77 年臺上字第 1376 號判決）。因此，其合夥人連帶責任的發生，以合夥財產不足清償合夥債務為要件，其責任範圍並以不足清償的額度為限（最高法院 57 年臺上字第 1225 號判決）。又未登記的公司如有訴訟的必要，不失為民事訴訟法上的非法人團體，應有當事人能力（最高法院 57 年臺再字第 25 號判決）。此外，九十年修正的公司法中增加了「一人公司」的設置，此「一人公司」在未辦妥設立登記前，基於相同的法理，即應適用獨資的規定，亦屬民事訴訟法上的非法人團體，有當事人能力。

三、其他事項的登記採登記對抗主義

公司設立登記後，有應登記的事項而不登記，或已登記的事項，有變更而不為變更的登記者，不得以其事項對抗第三人（公 §12）。亦即公司法

對於公司設立以外其他事項的登記採登記對抗主義，是否登記，只是對抗要件，而非成立或生效要件（最高法院 67 年臺上 760 號判例）。此所稱「不得對抗第三人」，通說認為不問第三人對該事項知或不知，亦即不論其究為善意或為惡意，均不得對抗。其立法目的在促使公司辦理登記，貫徹公司登記。

四、董事、監察人資格的取得，因其為設立或變更登記而不同

㈠公司董事、監察人資格的取得，應於公司設立經主管機關核准登記後，始生效力（經濟部 64.4.24 商 08973 號函）。

㈡公司董事、監察人自其就任後即生效力，並非經主管機關准予變更登記後，始生效力（最高法院 68 年臺上字第 2337 號判例、76 年臺上字第 106 號判決、87 年臺抗字第 249 號裁定）。至於有無依照公司法規定申請董監事變更登記，僅生可否對抗第三人效力的問題（前開經濟部 64 年號函）。

㈢公司設立登記後，有應登記的事項而不登記，僅不得以其事項對抗第三人而已，非謂未經登記的事項當然無效。所以不得以公司負責人未經登記，而否認其權限（最高法院 69 年臺上字第 997 號判決）。

㈣董事長改選後，經主管機關變更登記，如改選無效時，董事長代表公司之法律行為是否對公司發生效力？

　　1.肯定說：認為主管機關的公司登記有公信力，公司董事長之改選雖無效，但既經主管機關變更登記，其代表公司所簽之本票，除執票人為惡意外，對公司應發生效力（最高法院 77 年臺上字第 1006 號判決、77.5.17 最高法院 77 年第 9 次民事庭會議決議）。

　　2.否定說：認為對公司並不當然發生效力，除經公司承認外，該第三人僅得依民法關於表見代理的規定受保護（最高法院 76 年臺上字第 310 號判決）。

　　既然董事的登記為對抗要件，既經主管機關辦妥變更登記，即發生對抗的效力，以上二說以肯定說為妥。

五、登記的機關及期限

　　申請公司法各項登記之期限、應檢附之文件與書表及其他相關事項之辦法,由中央主管機關定之(公§387 I)。據此,爰於一○七年修正公司之登記及認許辦法為公司登記辦法,規定申請各項登記之期限,及應檢附之文件及書表。此外,於公司法第三八七條第二項規定,前項登記之申請,得以電子方式為之;其實施辦法,由中央主管機關定之。故亦於同年訂定公司登記電子申請及電子送達實施辦法。按現行實務上,申請各項登記,已得以電子方式為之,為符實際,爰修正之。

【結論】

一、依實務見解,未完成設立登記的公司,應認為合夥。同理,未辦妥公司登記者如屬一人公司,則應認為是獨資,即為民事訴訟法上的非法人團體,即有當事人能力。是以,甲縱使不得使用該一人公司名義應訴,甲得以獨資組織——非法人團體,享有當事人能力。

二、按公司與董事間的關係,除公司法另有規定外,依民法關於委任的規定(公§192 V)。又委任契約當事人一方得隨時終止委任,故董事不論是否定有任期,或其事由如何,得為一方的辭任,不以經股東會或董事會同意為生效要件。董事的辭職,於向公司為辭任的意思表示時,即生效力。至於辭任的意思表示,以口頭或書面為之,並無限制。僅前者依民法第九十四條的規定,以相對人了解時,發生效力;而後者以通知達到相對人時發生效力(民§95)(經濟部 80.9.7 商 223815 號函、81.5.6 臺商(五)發字第 211608 號函)。因董事解任的變更登記為公司法第十二條其他事項的登記,採登記對抗主義,雖然乙向公司辭職之書面已達到公司,已發生辭任的效力,因公司未辦理其解任登記,自不得以其事項對抗第三人,故公司債權人以乙為公司代表人,對其提起訴訟,乙不得對抗之。

【參考法條】

公司法第六條

「公司非在中央主管機關登記後，不得成立。」

公司法第十二條

「公司設立登記後，有應登記之事項而不登記，或已登記之事項有變更而不為變更之登記者，不得以其事項對抗第三人。」

公司法第二〇五條

「董事會開會時，董事應親自出席。但公司章程訂定得由其他董事代理者，不在此限。

董事會開會時，如以視訊會議為之，其董事以視訊參與會議者，視為親自出席。

董事委託其他董事代理出席董事會時，應於每次出具委託書，並列舉召集事由之授權範圍。

前項代理人，以受一人之委託為限。

公司章程得訂明經全體董事同意，董事就當次董事會議案以書面方式行使其表決權，而不實際集會。

前項情形，視為已召開董事會；以書面方式行使表決權之董事，視為親自出席董事會。

前二項規定，於公開發行股票之公司，不適用之。」

公司法第三八七條

「申請本法各項登記之期限、應檢附之文件與書表及其他相關事項之辦法，由中央主管機關定之。

前項登記之申請，得以電子方式為之；其實施辦法，由中央主管機關定之。

前二項之申請，得委任代理人，代理人以會計師、律師為限。

代表公司之負責人或外國公司在中華民國境內之負責人申請登記，違反依第一項所定辦法規定之申請期限者，處新臺幣一萬元以上五萬元以下罰鍰。

代表公司之負責人或外國公司在中華民國境內之負責人不依第一項所定辦法規定之申請期限辦理登記者，除由主管機關令其限期改正外，處新臺幣一萬元以上五萬元以下罰鍰；屆期未改正者，繼續令其限期改正，並按次處新臺幣二萬元以上十萬

元以下罰鍰，至改正為止。」

【練習題】

一、丙為某股份有限公司的董事長，在董事長改選後（丙未當選董事，且任期已屆滿），未辦妥變更登記前，丙仍以公司代表人的名義對外為法律行為，是否對公司發生效力？

二、丁為某股份有限公司的董事，因移民國外，董事會開會時，無法出席，僅以書面方式行使表決權，是否有理由？

問題四
誰是公司的負責人？

> 　　甲為某股份有限公司的總經理，可否代表公司為原告、被告或其他一切訴訟行為？

【解析】

一、公司法所稱公司負責人（當然負責人）

　　是指公司法定、必備的業務執行機關或代表機關。在無限公司、兩合公司為執行業務或代表公司的股東；在有限公司、股份有限公司為董事（公§8 I）。

㈠有限公司的董事，至少一人，最多三人（公§108 I）

　　1.董事只有一人時，該董事為業務執行機關及代表機關。

　　2.董事有數人時

　　⑴業務的執行：取決於過半數的同意。但通常事務，董事各得單獨執
　　　行，其餘執行業務股東如有一人提出異議，即應停止執行（公§108
　　　IV、§46）。

　　⑵代表公司：董事有數人時，得以章程置董事長一人，對外代表公司
　　　（公§108 I）。

㈡股份有限公司的董事不得少於三人（公§192 I）

　　1.業務的執行：由董事組成的董事會以決議行之（公§193 I）。

　　2.代表公司：只有董事長有權對外代表公司（公§208 III）。

二、在執行職務範圍內亦為公司負責人

　　依公司法第八條第二項規定，下列之人在執行職務範圍內，亦為公司負責人：

㈠經理人：指為公司管理事務及有權為其簽名的人（民§553 I）。

　　公司得依章程的規定設置（公§29 I），由此可見，經理人僅屬公司任

意的業務執行機關。

㈡清算人：指為清算中公司執行清算事務及代表公司的法定必備機關。

　　1.原則上以董事（指全體董事）為清算人，此為當然清算人，又稱法定清算人。

　　2.得預先以章程訂定清算人，此為章定清算人。

　　3.股東會決議另選清算人，此為選定清算人。

　　4.如董事因故不能擔任清算人，而章程未訂定，股東會亦未選任清算人時，法院得因利害關係人的聲請而選派清算人。此為選派清算人。

㈢臨時管理人：按公司法第二〇八條之一第一項規定「董事會不為或不能行使職權，致公司有受損害之虞時，法院因利害關係人或檢察官之聲請，得選任一人以上之臨時管理人，代行董事長及董事會職權……」旨在因應公司董事會不為或不能行使職權時，藉臨時管理人之代行董事長及董事會職務，以維持公司運作。由於該臨時管理人係代行董事長及董事會職權，是以，在執行職務範圍內，亦為公司負責人（經濟部 93.11.9 經商字第 09300195140 號函釋參照）。又依第一〇八條第四項規定，有限公司董事準用第二〇八條之一規定，一〇七年修法時爰增列臨時管理人亦為公司負責人。

㈣股份有限公司的發起人：為設立中公司的原始構成員（設立人），且為其事務執行機關及代表機關。

㈤股份有限公司的監察人：為股份有限公司法定、常設、必備的監督機關，主要職務在於監督公司業務的執行（公 §218 I），及審核公司的會計（公 §219 I）。

㈥股份有限公司的檢查人：為股份有限公司法定、任意、臨時的監督機關，以調查公司的設立程序或公司的業務及財務狀況等為主要目的。

㈦重整人：為在重整程序中，執行公司業務，代表公司，擬定並執行重整計畫的法定必備機關。由法院就債權人、股東、董事、目的事業中央主管機關或證券管理機關推薦的專家中選派之（公 §290 I）。又因重整人涉及股東、債權人、公司原本經營者三方面之權益，因此，對於重整人除

專業、誠信原則之外，尚須有操守上之限制。九十五年一月公司法修正時，特別增訂第二九〇條第二項：「第三十條之規定，於前項公司重整人準用之。」明文重整人之消極資格限制。

(八)重整監督人：為在重整程序中，監督重整人執行職務，並主持關係人會議的法定必備機關。由法院就對公司業務，具有專門學識及經營經驗者或金融機構選任之（公§289 I）。

三、公開發行股票公司之實質董事

公司法於一〇一年修正時，有鑑於人頭文化不僅降低公司透明度，造成有權者無責；更使資本市場紀律廢弛，導致我國競爭力排名大幅下降。修法前公司法就負責人認定係採形式主義，只要名義上不擔任公司董事或經理人，就算所有董事經理人皆須聽命行事而大權在握，也不會被認定為公司負責人，須對違法行為負責。然而，經營者對公司的控制，並不是依靠其在公司的職稱，而是經由控制董事會。因為，控制股東即使不在董事會佔有任何席位，仍可經由其他方式對公司進行控制。董事人選係由經營者所控制之投資公司所指派，並得隨時撤換改派。而這些由母公司轉投資之空殼公司往往名不見經傳，很難讓外界清楚地瞭解真正的經營者。董事的認定不宜再依據形式上名稱，而須使實際上行使董事職權，或對名義上董事下達指令者，均負公司負責人之責任，使其權責相符藉以保障公司及投資人權益。因此，特引進實質董事觀念，藉以提高控制股東在法律上應負的責任。爰增訂公司法第八條第三項：「公開發行股票之公司之非董事，而實質上執行董事業務或實質控制公司之人事、財務或業務經營而實質指揮董事執行業務者，與本法董事同負民事、刑事及行政罰之責任。但政府為發展經濟、促進社會安定或其他增進公共利益等情形，對政府指派之董事所為之指揮，不適用之」。惟為強化公司治理並保障股東權益，實質董事之規定，不再限公開發行股票之公司始有適用，一〇七年修正公司法爰修正第三項，刪除「公開發行股票之」之文字。

四、經理人的職權

㈠民法所規定的固有職權

　　1.經理人由公司授權，為公司管理事務及簽名（民 §553 I）。

　　2.經理人對於第三人的關係，就本公司或分公司，或其事務的一部，視為其有為管理上一切必要行為的權利（民 §554 I）。

　　3.對於不動產的買賣或設定負擔，非經公司書面授權，經理人不得為之（民 §554 II）。

　　4.經理人就其所任的事務，視為有代理公司為原告或被告，或其他一切訴訟上行為的權利（民 §555）。但此訴訟代理權，僅限於公司對於第三人的訴訟（不包括公司對董事、監察人、股東的訴訟在內）。

　　5.公司如以章程或契約訂定關於經理人的職權，不能與民法上的規定相牴觸（最高法院 42 年臺上字第 554 號判例）。

㈡公司法所規定的職權

　　1.經理人的職權，除章程規定外，並得依契約的訂定（公 §31 I）。但公司不得以其所加於經理人職權的限制，對抗善意第三人（公 §36）。

　　2.經理人在公司章程或契約規定授權範圍內，有為公司管理事務及簽名的權利（公 §31 II）。

　　3.經理人不得變更董事或執行業務股東的決定，或股東會或董事會的決議，或逾越其規定的權限（公 §33）。

　　4.公司法於九十年修正前，公司依公司法所造具的各項表冊，應由經理人簽名，負其責任；經理人有數人時，應由總經理及主管造具各該表冊的經理，簽名負責（公修正前 §35）。惟鑑於經理人的權限範圍宜由公司依其職務自行決定，不宜強制其簽名，故將本條規定於九十年修正時刪除。

五、一人有限公司之唯一股東已死亡，若他造向法院聲請選任該股東之子為公司之特別代理人，法院可否准許？

　　例如原告主張被告公司（屬一人有限公司）向其借款新臺幣九十萬元，未依約清償，惟被告唯一之股東 A（同時為董事長）已死亡，乃向法院聲請選任 A 之子 B 為被告公司之特別代理人，法院可否准許？實務採肯定

說。按對於無訴訟能力人為訴訟行為，因其無法定代理人，或其法定代理人不能行代理權，恐致久延而受損害者，得聲請受訴法院之審判長選任特別代理人，民事訴訟法第五十一條第一項定有明文。而特別代理人者，就特定訴訟經法院選任，代無訴訟能力人為訴訟行為或受訴訟行為之臨時法定代理人。特別代理人受選任後，即應代無訴訟能力人為訴訟行為或受訴訟行為，直至本人有訴訟能力或法定代理人出面續行訴訟行為時為止（法務部 72 律字第 0712 號函要旨參照）。實務見解認為，法人無訴訟能力（最高法院 93 年臺上字第 948 號判決、91 年臺抗字第 323 號判決參照），依此見解則法人仍有適用民事訴訟法第五十一條第一項選任特別代理人之可能，亦即公司如有應訴或起訴之必要，對公司起訴之原告或公司之利害關係人，得依民事訴訟法第五十一條第一項或第二項，聲請受訴法院之審判長，選任特別代理人（法務部 78 律字第 1714 號函要旨參照）。故本件可選任 B 為被告公司之特別代理人　（臺灣高等法院暨所屬法院 97 年法律座談會民事類提案第 26 號）。

【結論】

一、按公司本得依章程規定置經理人（公 §29 I 本文前段）。且經理人有二人以上時，其職稱應由公司自行決定。因此，公司得設置總經理處理公司事務。

二、公司經理人在執行其職務範圍內，亦為公司負責人（公 §8 II），是以，甲在執行職務範圍內為股份有限公司的負責人，不待言。有疑問的是，如何界定甲的職務？查公司法第三十一條第一項規定，其職務應以章程或依契約訂定之，甲是否可代表公司為原告、被告或其他一切訴訟行為，即應視公司章程或公司與甲間的委任契約是否有規定其具有前開職權。

【參考法條】

公司法第八條

「本法所稱公司負責人：在無限公司、兩合公司為執行業務或代表公司之股東；在有
限公司、股份有限公司為董事。

公司之經理人、清算人或臨時管理人，股份有限公司之發起人、監察人、檢查人、
重整人或重整監督人，在執行職務範圍內，亦為公司負責人。

公司之非董事，而實質上執行董事業務或實質控制公司之人事、財務或業務經營而
實質指揮董事執行業務者，與本法董事同負民事、刑事及行政罰之責任。但政府為
發展經濟、促進社會安定或其他增進公共利益等情形，對政府指派之董事所為之指
揮，不適用之。」

公司法第二十九條

「公司得依章程規定置經理人，其委任、解任及報酬，依下列規定定之。但公司章程
有較高規定者，從其規定：

一　無限公司、兩合公司須有全體無限責任股東過半數同意。

二　有限公司須有全體股東表決權過半數同意。

三　股份有限公司應由董事會以董事過半數之出席，及出席董事過半數同意之決議
　　行之。

公司有第一百五十六條之四之情形者，專案核定之主管機關應要求參與政府專案紓
困方案之公司提具自救計畫，並得限制其發給經理人報酬或為其他必要之處置或限
制；其辦法，由中央主管機關定之。」

公司法第三十一條

「經理人之職權，除章程規定外，並得依契約之訂定。

經理人在公司章程或契約規定授權範圍內，有為公司管理事務及簽名之權。」

公司法第三十三條

「經理人不得變更董事或執行業務股東之決定，或股東會或董事會之決議，或逾越其
　規定之權限。」

公司法第三十六條

「公司不得以其所加於經理人職權之限制，對抗善意第三人。」

【練習題】

一、某股份有限公司在章程中明定「設總經理一人，對內對外授予全權處
　　理公司業務」，則乙擔任該公司總經理期間，得否為股東會主席，及對
　　外代表公司？

二、丙股份有限公司解散後，在清算程序中，總經理丁得否因公司董事皆
　　避債國外，而以清算人自居，處理清算事務？

問題五

公司轉投資有無限制？

> 甲為公開發行股票的公司，如果想無限制地轉投資其他公司，有那些作法？

【解析】

一、公司轉投資的限制

㈠公司不得為他公司的無限責任股東（公§13 I）

即不可投資無限公司當無限公司股東，亦不可投資兩合公司當其無限責任股東。

㈡公司不得為合夥事業的合夥人（公§13 I）。

㈢公開發行股票之公司為他公司的有限責任股東時，其所有投資總額，除以投資為專業或公司章程另有規定或經代表已發行股份總數三分之二以上股東出席，以出席股東表決權過半數同意之股東會決議者外，不得超過本公司實收股本百分之四十（公§13 II）

1.所謂「他公司的有限責任股東」，指有限公司、股份有限公司的股東，及兩合公司的有限責任股東。

2.所謂「實收股本」，指每股金額乘以已發行股份數額的總數。

3.所謂「投資總額」，以實際支付的轉投資金額為準。至於轉投資後，自被投資公司所收取的現金股利，其性質應屬投資收入的一種，不宜將其視為投資額的收回（經濟部 79.2.7 商 200951 號函）。

㈣公司對國外事業的投資亦受公司法第十三條的限制（經濟部 71.10.4 商 36177 號函）。

㈤轉投資重整中的公司亦應受公司法第十三條的限制（經濟部 76.2.26 商 08443 號函）。

㈥公司法第十三條在適用上僅為對投資數額所作的限制，而不及於資金的

來源（經濟部 79.7.2 經臺（五）發字第 211169 號函）。

㈦公司轉投資不因其所營業務有無轉投資業務而受影響（經濟部 80.11.9 臺商（五）發字第 228881 號函）。且公司轉投資的事業亦不必在其所登記經營的事業範圍內（最高法院 47 年臺上字第 1175 號判決）。

㈧轉投資的對象不限於本公司的法人股東（經濟部 78.1.9 商 000410 號函）。

二、公司得轉投資的例外

㈠公開發行股票之公司為他公司的有限責任股東，其所有投資總額不受百分之四十限制的例外情形

　1.公司以投資為專業（公 §13 II）

　⑴指公司的所營事業限於專業經營有關投資的業務，例如對於各種生產事業的投資，對證券公司、銀行、保險公司、貿易公司、文化事業公司的投資，對興建商業大樓及國民住宅事業的投資等，且其公司名稱應標明「投資」字樣（經濟部 81.10.3 商 227681 號函）。

　⑵以專業投資者為限（經濟部 62.2.14 商 03917 號函）。

　2.公司章程另有規定（公 §13 II）

　指公司在章程中「概括地」規定其所有投資總額不受實收股本百分之四十的限制（經濟部 80.2.2 商 201613 號函）。例如在公司章程中訂明「本公司轉投資不受公司法第十三條的限制」或「本公司投資總額得超過公司實收股本百分之四十」等等，則在公司未修正前開規定前，公司轉投資的每個個案即得不受公司法第十三條的限制（而毋需逐案送請股東同意或股東會決議）。

　3.經股東會決議（公 §13 II）

公開發行股票公司	得以有代表已發行股份總數過半數股東的出席，出席股東表決權三分之二以上的同意行之。出席股東股份總數及表決權數，章程有較高規定者，從其規定

　4.前開所稱的決議或以章程免除投資數額的限制應於轉投資行為前為之，並不得於事後追認（經濟部 80.2.2 商 201613 號函、81.3.14 臺商（五）

發字第 205832 號函）。

㈡公司為他公司有限責任股東，因接受被投資公司以盈餘或公積增資配股所得的股份，不計入投資總額（公 §13 V）。

㈢公司以營業權（包括商標名產品能透過行銷通路網行銷權的權利及各有關事業部等市場占有率的有形利益）及商譽轉投資，因不致影響公司股本的穩固，不受公司法第十三條的限制。

【結論】

一、甲公司如果為專業投資公司，當然可以無限制地轉投資；如果不是，甲公司依公司法第十三條的規定，只能轉投資擔任他公司的有限責任股東，且其所有投資總額不得超過本公司實收股本百分之四十。

二、甲公司轉投資如果計畫超過實收股本百分之四十，有下列二種方式可供選擇：

㈠於公司章程中明定公司轉投資不受公司法第十三條投資數額的限制，或規定公司轉投資得超過實收股本百分之四十。當然，此須經過訂立或變更章程的股東會特別決議（公 §144、§277）。此為概括性的允許。

㈡經股東會特別決議。且甲為公開發行股票公司，得以有代表已發行股份總數過半數股東出席，出席股東表決權三分之二以上的同意（公 §13 II、III）。此為個案性的允許。

【參考法條】

公司法第十三條

「公司不得為他公司無限責任股東或合夥事業之合夥人。公開發行股票之公司為他公司有限責任股東時，其所有投資總額，除以投資為專業或公司章程另有規定或經代表已發行股份總數三分之二以上股東出席，以出席股東表決權過半數同意之股東會決議者外，不得超過本公司實收股本百分之四十。

出席股東之股份總數不足前項定額者，得以有代表已發行股份總數過半數股東之出席，出席股東表決權三分之二以上之同意行之。

前二項出席股東股份總數及表決權數，章程有較高之規定者，從其規定。

公司因接受被投資公司以盈餘或公積增資配股所得之股份，不計入第二項投資總額。

公司負責人違反第一項或第二項規定時，應賠償公司因此所受之損害。」

【練習題】

一、公司轉投資他公司後，被投資公司如有清算或減資的情形，其投資總額如何計算？

二、乙公司轉投資丙公司後，丙公司所發放的現金股利，是否須計入乙公司的投資總額內？

問題六
公司違法轉投資的效力如何？

> 　　甲為某公開發行股票公司的董事長，見當下電子股看漲，遂轉投資某電子股份有限公司，且其投資總額已達本公司實收股本的百分之六十。後來因景氣低迷，公司可否決議否定甲轉投資行為的效力？如果該投資獲利甚多，公司可否決議追認甲轉投資行為的效力？

【解析】

一、民事責任

　　公司負責人違法轉投資者，應賠償公司因此所受的損害（公§13 VI）。

二、刑事責任

　　九十年公司法修正時刪除刑責規定，惟此舉非謂公司負責人往後已無任何刑事責任。因為負責人違法轉投資如已構成背信，可依刑法背信罪的規定處罰。

三、違法轉投資行為本身的效力

㈠違法為他公司的無限責任股東或合夥事業合夥人

　　1.有效說：公司法第十三條第一項屬命令規定，違反者對公司仍生效力。

　　2.無效說：公司法第十三條第一項屬公司權利能力的限制規定，性質上為民法第七十一條強行規定，依民法第二十六條規定，法人於法令限制內，始享有權利能力，公司違反公司法第十三條第一項的規定時，即不屬於權利義務的主體，故對公司應屬無效。此為通說。

㈡轉投資超過本公司實收股本百分之四十

　　目前實務上尚無判例，學界意見分歧，計有下列三說：

　　1.有效說

　　公司實收股本究竟有多少，以及其轉投資是否超越實收股本百分之四

十，純屬公司內部的財務管理，非他公司所能知悉。基於締結契約的自由，及維護社會交易安全與公平，通說以為該轉投資的行為對本公司應屬有效。

　　2.絕對無效說

　　認為公司法第十三條為禁止規定，法律行為違反強制或禁止規定者，無效（民§71）。且法人於法令限制內，始有享受權利負擔義務的能力，因此，公司負責人違反公司法第十三條第一項、第二項規定時，即不屬於權利義務的主體，負責人所為的行為對公司應屬無效。

　　3.部分無效說

　　即轉投資超過本公司實收股本百分之四十部分，依前述絕對無效說的理由，應為無效。至於未超過部分，對本公司應屬有效。

【結論】

一、如果甲所屬公司的章程未規定，或未經股東會特別決議得轉投資超過本公司實收股本百分之四十，則甲違法轉投資行為，依目前通說，應認為仍然有效，以保障締約的自由及維護社會交易的安全。據此，公司不得決議否定甲轉投資行為的效力。

二、依目前實務見解，以股東會決議或以章程免除投資數額的限制應於轉投資行為前為之，並不得於事後追認（經濟部 80.2.2 商 201613 號函），故公司不得以事後追認的方式決議甲轉投資行為的效力。

【參考法條】

公司法第十三條第六項

「公司負責人違反第一項或第二項規定時，應賠償公司因此所受之損害。」

民法第二十六條

「法人於法令限制內，有享受權利、負擔義務之能力。但專屬於自然人之權利義務，不在此限。」

民法第七十一條

「法律行為，違反強制或禁止之規定者，無效。但其規定並不以之為無效者，不在此限。」

【練習題】

一、乙擔任某公開發行股票公司董事長時，屢屢勸說股東轉投資大陸未獲
支持，見九十年公司法第十三條修正後已刪除刑事責任規定，遂未經
股東會決議，將公司實收股本的百分之五十轉投資大陸。甲的行為須
負何種責任？

二、財團法人轉投資電子公司的效力如何？

問題七
公司借債有無限制？

甲公司在原設廠計畫內，向銀行申請貸款購置機器設備，貸款期間只有一年，公司法對此種短期借款有無限制？

【解析】

一、公司法修正前借債的限制

公司法九十年修正前，公司法第十四條第一項規定：「公司因擴充生產設備而增加固定資產，其所需資金，不得以短期債款支應。」其立法目的在於公司擴充生產設備而增加固定資產，倘以短期債款支應，因資金回收緩慢且困難，而短期債款的清償期限，迅速到來，易生公司財務周轉不靈，影響正常的經營，為避免公司盲目擴充生產設備而增加固定資產，導致公司財務周轉不靈，特別明文禁止。反之，如果非屬擴充公司生產設備而增加固定資產，因無上述情事，以短期債款支應，並無不可。

據前開說明，公司法修正前借債的限制情形如下：

㈠「擴充生產設備」、「增加固定資產」 係屬一個行為 （經濟部 57.6.6 商 20228 號函）。

㈡所謂「固定資產」，應以商業會計處理準則有關固定資產的定義為準。

所謂「短期債款」，參酌財務會計準則公報第一號一般公認會計原則彙編第三十條及會計學原則，應解釋為指將於一年或一營業週期內（以較長者為準）償還的負債。但以簽發遠期信用狀購買機器設備或以分期付款方式購買而將於一年或一營業週期內到期的負債，不在此限。

所謂「生產設備」，係指土地、房屋、倉庫、機械設備、辦公設備及其他直接、間接與生產有關的設備均屬之（經濟部 77.4.14 商 09965 號函）。

二、公司法修正前違法借債的效果

㈠民事責任

公司負責人須賠償公司因此所受的損害（公§14 III）。

㈡刑事責任

公司負責人各科新臺幣六萬元以下罰金（公§14 III）。

㈢違法借債行為本身的效力

有下列三說：

1.有效說

從公司法第十四條的文義觀察，可知公司並非不得擴充生產設備，僅其資金有限制；亦非不得短期借款，僅其用途有限制。且借款行為與執行公司業務有關，負責人並非無權為之。為維護交易安全，第十四條應屬命令規定，公司負責人如有違反，借款行為並非無效，僅該負責人對公司應負賠償責任而已。本說為通說。

2.無效說

公司法第十四條屬強行規定，違法借貸自屬無效。

3.無權代理說

認為公司負責人違反本條規定所為的借款行為，屬於無權代理行為，依民法第一七〇條的規定，係屬「效力未定」。

三、公司法九十年修正時刪除舉債限制的規定

公司法九十年修正時刪除第十四條規定，換言之，爾後公司借債已無任何限制。其刪除理由為公司以短期債款支應因擴充生產設備而增加固定資產所需的資金，是否易造成財務困難，實宜由公司自行妥為考量。例如公司雖以短期債款作長期投資，但預期並確定短期債款清償期屆至前，會另有資金進帳，則財務危機的疑慮，並不存在。是以公司舉債究以長期或短期債款支應，允屬企業自治事項，不宜強制規定，俾企業彈性運作，且各國立法例皆無此借款限制的規定。

【結論】

一、甲公司在公司法修正前本不得以短期債款支應擴充生產設備而增加固定資產所需資金。但本問題中，甲公司是在原設廠計畫內，向銀行申請貸款購置機器設備，在此情形尚不發生擴充生產設備問題，並不適用公司法第十四條的規定。

二、甲公司如果是在九十年公司法修正後始以短期債款支應因擴充生產設備而增加固定資產所需資金者，則不受任何限制。

【參考法條】

公司法第十四條　（刪除）

民法第一七〇條

「無代理權人以代理人之名義所為之法律行為，非經本人承認，對於本人，不生效力。
前項情形，法律行為之相對人，得定相當期限，催告本人確答是否承認，如本人逾期未為確答者，視為拒絕承認。」

【練習題】

一、公司貸款的數額是否須符合公司資本一定比例？

二、九十年公司法刪除第十四條規定後，公司負責人以短期債款購買公司土地、房屋是否違法？是否須負民事、刑事責任？

問題八
公司的營業範圍有無限制？

> 甲公司擬經營保育類動物進、出口及買賣業務，有無任何限制規定？是否須將該業務載明於章程？

【解析】

一、公司目的限制理論

按公司的權利能力應受其目的的限制，此即為公司目的限制理論。而公司營業範圍即為公司的目的，公司的行為須在公司章程所載「所營事業」範圍內，始為合法。本理論仿自英國的「能力外行為的理論」(ultra vires doctrine)，指公司行為如超越公司章程所賦予的權能，尤其是超越公司目的的行為，為絕對無效，縱經全體股東事後追認，亦不能使之有效。目前外國多數立法例，均傾向於公司的權利能力不受章程所定目的上的限制。申言之，為維護與公司為交易的第三人的利益，對公司的目的事業宜採放寬解釋。即公司不僅就其登記為「所營事業」本身具有權利能力，而且為其經營所必需、所適宜或為其經營有益的行為，甚至於不違反其目的事業的行為，應一概視為由其「登記範圍內」業務的概念所吸收。

二、公司營業範圍的限制

(一)以章程記載為準

公司的所營事業為公司章程應記載事項（公 §41 I ②、§101 I ②、§115、§129 I ②）。公司登記經營的業務，應以具有「經常性」、「持續性」與「固定性」者為限，例如公司如「偶有」轉售向法院標得的廠房、土地獲取利潤，其行為若無持續性，則與公司經營業務觀念尚屬有間（經濟部78.7.26 商 034931 號函）。

(二)公司不得經營登記範圍以外的業務

公司法九十年修正前，其第十五條第一項規定：「公司不得經營登記範

圍以外之業務。」所謂「登記範圍以內之業務」，指公司章程所載「所營事業」，亦即「公司本身經營的業務」而言，不包括投資的他公司所經營的業務（最高法院 47 年臺上字第 1175 號判決、經濟部 72.4.12 商 13627 號函）。其目的在保護股東的投資利益。

㈢公司法九十年的修正

1.配合營業項目登記的簡化，增列公司法第十八條第二項：「公司所營事業除許可業務應載明於章程外，其餘不受限制。」由此規定得知，公司章程上應記載事項──「所營事業」是指許可業務而言，至於非許可業務可記載於章程，亦可不記載於章程。

2.刪除公司法第十五條第一項「公司不得經營登記範圍以外之業務」的規定。

㈣其　他

1.理財行為不必列為營業項目

例如公司因部分產品外銷情形欠佳暫停生產，擬將部分工廠及機器出租，此項行為係屬公司理財行為，不必辦理經營業務登記（經濟部 55.11.24 商 27260 號函）。又如公司以多餘的資金，偶爾購買上市公司、證券公司的股票，作短期的營運，亦為公司理財行為，不用辦理所營事業登記。

2.違反公序良俗者不得為所營事業。

3.為專門職業技術人員執業範圍者，例如律師、會計師等之業務，不得登記為所營事業（經濟部 60.4.9 商 13553 號函、63.7.2 商 16816 號函）。

4.性質上非屬營利事業者。例如「補習班」屬短期補習教育的範疇，就其本質，不屬商業性質（經濟部 88.10.20 商 88222387 號函）。

5.公司法九十四年六月修正時，新增第十八條三項前段：「公司所營事業應依中央主管機關所定營業項目代碼表登記。」惟之前已設立登記之公司，其所營事業多為文字敘述，範圍未臻明確。為提升行政效率並全面推動代碼化措施，以利業務運作，同條後段規定：「已設立登記之公司，其所營事業為文字敘述者，應於變更所營事業時，依代碼表規定辦理。」

三、許可業務

按有些公司的業務與公共利益有重大關係，故要求其須先經政府機關的營業許可，此即稱為「許可業務」（公 §17 I）。

㈠公司業務依「法律」須經政府許可者

例如銀行（銀行法）、保險業（保險法）、證券商（證券交易法）、營造業（營造業法）。

㈡公司業務「基於法律授權所定之命令」須經政府許可者

例如報關業（關稅法授權訂定報關業設置管理辦法）、自來水管承裝商（自來水法授權訂定自來水管承裝商管理辦法）。

㈢經營許可業務的公司於領得許可文件後，方得申請公司登記（公 §17 I）。

㈣前開業務的許可，經目的事業主管機關撤銷或廢止確定者，應由各該目的事業主管機關，通知中央主管機關，撤銷或廢止其公司登記或部分登記事項（公 §17 II）。

㈤所稱「目的事業主管機關」，如公司所營事業屬公司法第十七條所定應經政府許可的業務者，則以該許可法令的主管機關為其目的事業主管機關；如非許可事業，惟業務的經營另有專業管理法令者，則以該專業管理法令的主管機關為其目的事業主管機關（經濟部 79.9.26 商 216925 號函、81.11.3 商 228682 號函）。

【結論】

一、經查公司經營野生動物的飼養、繁殖、買賣、加工、進口或出口者，應先經野生動物保育主管機關的許可，方得申請公司登記（經濟部 80.12.6 經商 23241 號函）。本題中甲公司擬經營前開相關業務，自應向行政院農業委員會申請許可（公 §17 I）。

二、因甲公司擬經營者為許可業務，依九十年修正的公司法第十八條第二項規定，應載明於章程內。

【參考法條】

公司法第十七條

「公司業務，依法律或基於法律授權所定之命令，須經政府許可者，於領得許可文件後，方得申請公司登記。

　前項業務之許可，經目的事業主管機關撤銷或廢止確定者，應由各該目的事業主管機關，通知中央主管機關，撤銷或廢止其公司登記或部分登記事項。」

公司法第十八條第二項、第三項

「公司所營事業除許可業務應載明於章程外，其餘不受限制。

　公司所營事業應依中央主管機關所定營業項目代碼表登記。已設立登記之公司，其所營事業為文字敘述者，應於變更所營事業時，依代碼表規定辦理。」

野生動物保育法第十六條

「保育類野生動物，除本法或其他法令另有規定外，不得騷擾、虐待、獵捕、宰殺、買賣、陳列、展示、持有、輸入、輸出或飼養、繁殖。

　保育類野生動物產製品，除本法或其他法令另有規定外，不得買賣、陳列、展示、持有、輸入、輸出或加工。」

【練習題】

一、乙設立公司，擬經營提供場地，聘請師資，開課教授麻將業務，是否可行？

二、丙公司擬經營汽車運輸業，丁公司擬經營廣播電視節目供應事業，是否須先經政府許可？又須經那個單位許可？

問題九
公司違法經營登記範圍以外業務的行為，對公司是否生效？

> 甲股份有限公司為搶得臺北至臺中的路權，於尚未取得許可文件前，即招攬客人上路，經營汽車運輸業，甲公司的股東乙得否主張該行為逾越公司業務範圍，應為無效？

【解析】

一、公司法九十年修正前的規定

㈠公司負責人的民事責任

公司負責人以公司名義經營登記範圍以外的業務時，應賠償公司因此所受的損害（修正前公 §15 Ⅲ）。

㈡公司負責人的刑事責任

公司負責人以公司名義經營登記範圍以外的業務時，各處一年以下有期徒刑、拘役或科或併科新臺幣十五萬元以下罰金（修正前公 §15 Ⅲ）。

㈢違法經營登記範圍以外業務行為本身的效力

關於此問題，在公司法九十年修正前學者見解分歧，有下列二說：

1. 有效說（此為通說）

理由有三：

⑴公司登記之經營事業及章程規定所營事業為何，一般與公司交易的相對人，甚少知其詳情，故為維護社會交易的安全，除該交易本身違反強行規定或公序良俗而當然無效（民 §71、§72）外，應認為有效。

⑵本條項規定為訓示規定，而非效力規定，違反之，並非無效。

⑶公司的權利能力在目的上並無必須限制的理由，目前外國多數立法例，均傾向於公司的權利能力不受章程所定目的上的限制。

2.無效說

理由有三：

(1)本條項屬於禁止規定，依民法第七十一條規定，法律行為違反強制或禁止規定者無效。

(2)本條項為公司權利能力的限制，而公司為法人，法人於法令限制內，始有享受權利負擔義務的能力（民§26）。因此，公司負責人違反本條項規定時，不屬於權利義務的主體，故其所為違法行為對公司應屬無效。

(3)相對人對本條項的違反規定，應屬知之甚稔，因此對於相對人自無加以保護的必要，故該行為對公司不生效力。

二、公司法九十年修正時刪除第十五條第一項的規定

㈠原「公司不得經營登記範圍以外之業務」配合公司法第十八條第二項「公司所營事業除許可業務應載明於章程外，其餘不受限制」的增列，予以刪除。蓋行政機關既對特定營業項目訂定經營的限制，通常除對其資本額大小、負責人的資格，甚至營業範疇予以明定外，並於許可法令內訂定管理規定（例如在何種情形下須撤銷許可），故公司法中毋庸再為規定。

㈡由此得知公司法有關公司目的上的限制已趨於緩和。

㈢刪除本條項非謂公司負責人即無任何民、刑事責任。因「公司負責人應忠實執行業務並盡善良管理人之注意義務，如有違反致公司受有損害者，負損害賠償責任。公司負責人對於公司業務之執行，如有違反法令致他人受有損害時，對他人應與公司負連帶賠償之責。」（公§23 I、II）又公司負責人為公司處理事務，如意圖為自己或第三人不法的利益，或損害本人的利益，而為違背其任務的行為，致生損害於本人的財產或其他利益者，自構成刑法上的背信罪（刑§342）。

㈣至於公司經營登記範圍外業務的行為對公司的效力問題，因本條項已予刪除，毫無爭議地，應以有效說為妥。

三、其他衍生問題

㈠股東會決議經營登記範圍以外的業務

　　該決議的內容違反法令或章程，應為無效（公 §191）。

㈡董事會決議經營登記範圍以外的業務

　　1.董事會的決議違反法令或章程，當然無效。

　　2.股東（繼續一年以上持有股份）有「制止請求權」（請求董事會停止其行為）（公 §194）。

　　3.監察人亦有制止權（公 §218 之 2 II）。

　　4.視個案具體情形，董事須負民、刑事責任。

【結論】

一、汽車運輸業依公路法的規定，其經營須事先經交通部許可，甲公司於領得許可文件後，方得申請所營事業登記（公 §17 I）。且其應記載於章程內（公 §18 II）。

二、公司違法經營登記範圍以外業務的行為，於九十年公司法修正前第十五條第一項、第三項本明文規定其民、刑事責任，惟九十年公司法修正時予以刪除，故甲公司縱未領得許可文件申辦所營事業登記，該行為對公司仍屬有效。

三、依上述說明，甲公司的股東乙不得主張前開行為無效，但乙如為繼續一年以上持有股份的股東，得請求公司董事會停止其行為（公 §194）。

【參考法條】

公司法第二十三條

「公司負責人應忠實執行業務並盡善良管理人之注意義務，如有違反致公司受有損害者，負損害賠償責任。

　　公司負責人對於公司業務之執行，如有違反法令致他人受有損害時，對他人應與公司負連帶賠償之責。

　　公司負責人對於違反第一項之規定，為自己或他人為該行為時，股東會得以決議，

　將該行為之所得視為公司之所得。但自所得產生後逾一年者，不在此限。」

公司法第一九一條

「股東會決議之內容，違反法令或章程者無效。」

公司法第一九四條

「董事會決議，為違反法令或章程之行為時，繼續一年以上持有股份之股東，得請求
　董事會停止其行為。」

公司法第二一八條之二第二項

「董事會或董事執行業務有違反法令、章程或股東會決議之行為者，監察人應即通知
　董事會或董事停止其行為。」

【練習題】

一、丙公司董事會明知公司章程上並未記載公司得經營固網業務，為搶奪
　　市場大餅，等不及交通部許可，即決議以公司名義刊登廣告，招攬業
　　務。事後因交通部不予核准，請問丙公司可否以此理由否認前開違法
　　經營登記範圍以外業務行為的效力？

二、丁為某股份有限公司的董事長，擅自經營公司章程所載所營事業以外
　　的業務，請問丁有何法律責任？

問題十
公司貸款他人有無限制？

> 甲公司鑑於其衛星工廠（屬合夥商號）資金一時周轉不靈，為防止其關廠，可否為公司資金借貸？

【解析】

一、公司貸款他人的限制

公司法於第十五條第一項明定公司貸款的限制，其積極的作用在使公司資金用於所經營的業務；其消極的作用在避免公司執行業務者濫用職權，任意將資金貸與股東或任何他人，導致公司資金流失，使公司遭受無謂的損失，以貫徹「資本維持原則」，保障投資人（即股東）及公司債權人的利益。據此，公司貸款的限制如下：

㈠不得貸與「股東」：包括自然人股東與法人股東在內。

㈡不得貸與「任何他人」：包括自然人及法人在內。

㈢此所稱「公司」指公司法上的公司，至於特別法上的公司，例如銀行，因其本以貸款為業務，自可自由貸款予其股東或任何他人。

二、公司得貸款他人的例外

資金是企業經營的命脈，企業要擴張與發展，資金靈活通暢的調度更不可或缺。臺灣除金融機構外並無類似國外財務融資的公司，使資金調度暢通無阻，故必需適度開放資金融通管道。無論公司或行號間是否有業務往來，在必要時仍應給予融通。雖然九十年公司法修正時，在資金融通方面，已給予企業募集資金有較多樣的選擇，可視資本市場狀況彈性選擇辦理現金增資發行新股或發行可轉換公司債、認股權證、附認股權公司債或附認股權特別股。惟公司債的發行並無類似如美國垃圾債券發行及交易市場的便利性，仍需受各項法規及程序的限制，有緩不濟急的瑕疵。故九十年修正公司法時，即適度放寬公司貸款他人的限制。

㈠貸與對象

　　1.公司法九十年修正前，貸與對象僅限於公司，含為公司組織的法人股東，至於自然人股東及其他個人或團體組織（如屬商號的獨資或合夥），則在禁止之列（經濟部 80.2.6 商 200927 號函、80.2.27 商 202959 號函）。

　　2.公司法九十年修正時，基於上市、上櫃公司的資金貸與，證交法令已有規範並優先適用。惟大多數中小企業不易自金融機構取得資金，故開放中小企業資金融通的管道，即貸與對象不再限於公司，而包括公司與行號間的借貸。

㈡貸與情形

　　1.公司法九十年修正前，公司得貸與資金的情形有二：

　⑴公司間須有業務上交易行為。

　⑵因業務上交易行為有融通資金的必要。

　　2.公司法九十年修正公司得貸與資金的情形如下（公 §15 I ①、②）：

　⑴公司間或與行號間有業務往來者。

　⑵公司間或與行號間有短期融通資金的必要者。但融資金額不得超過
　　貸與企業淨值的百分之四十。

三、與借貸情形有別的行為

㈠公司員工借支薪津，非屬一般貸款性質，並未違反公司法第十五條第一項（經濟部 68.11.17 商 39514 號函、75.12.26 商 56951 號函）。

㈡公司資金不得由公司或負責人籌借款項充為資金（經濟部 70.12.26 商 49377 號函）。因此，如「以資金發還股東保管」為名，除非其是行借貸之實，違反公司法第十五條第一項的規定，否則不能論以該條（經濟部 71.6.22 商 21851 號函）。

㈢公司以資產提供股東，作為其向銀行借款擔保品的行為，應屬是否違反公司法第十六條的認定問題，尚與公司法第十五條規定無涉（經濟部 78.7.3 商 026288 號函）。

㈣公司依稅務法令規定代股東墊付扣繳其未分派盈餘增資股份的稅款，與借貸情形有別，無公司法第十五條的適用（經濟部 57.9.12 商 32204 號函）。

㈤至於公司以「股東墊款」方式匯交他公司，其性質應屬「借貸」，而非投資，應受公司法第十五條的限制（經濟部 80.9.16 臺商（五）發字第 224175 號函）。

【結論】

一、公司法於九十年修正前，因公司得貸與資金的對象僅限於與公司間業務交易行為有融通資金必要的公司，含為公司組織的法人股東，但不包含自然人股東及其他個人或團體組織。由此可見，公司僅可將資金貸與「公司」型態的衛星工廠，不可將資金貸與「獨資」或「合夥」商號的衛星工廠。

二、按將公司的資金貸與公司所投資的衛星工廠，致公司的零件或原料不虞供應匱乏，可控制貨源，增進公司生產的效率。如果拘泥於公司法第十五條文義，只得將資金貸與「公司」型態的衛星工廠，而不可將資金貸與「獨資」或「合夥」商號的衛星工廠，不但有違事理，且影響公司的正常經營。是以，公司法九十年修正時，放寬公司資金借貸的對象包括「獨資」及「合夥」商號在內，且貸與情形計有「有業務往來者」及「有短期融通資金的必要」二種情形。

三、本問題在公司法修正後，只要甲公司與其衛星工廠（合夥）有業務往來，或者是其彼此間有短期融通資金的必要，甲均得將公司資金貸與。

【參考法條】

公司法第十五條第一項

「公司之資金，除有左列各款情形外，不得貸與股東或任何他人：

一　公司間或與行號間有業務往來者。

二　公司間或與行號間有短期融通資金之必要者。融資金額不得超過貸與企業淨值的百分之四十。」

【練習題】

一、乙公司將資金貸與員工丙（兼股東身分），作為認購該公司特別股的股款，按月再由丙的薪資中扣抵，並計息收回，此是否違反公司法第十五條的規定？

二、丁公司與戊公司為關係企業（前者為控制公司，後者為從屬公司），則丁公司得否借貸資金與戊購買不動產？

問題十一
公司違反貸款限制的效力如何？

> 甲為某股份有限公司的負責人，鑑於小舅子乙所開設的公司有財務危機，遂將公司資金借予其暫時融通，且超過乙所屬公司淨值的百分之五十。不料乙投資失利，根本就無法返還該筆資金。請問該借貸的效力如何？又甲應負何種責任？

【解析】

一、公司負責人的民事責任

公司負責人違反貸款限制的規定，應與借用人連帶負返還責任；如公司受有損害者，亦應由其負損害賠償責任（公 §15 II）。

二、公司負責人的刑事責任

公司法九十年修正前，第十五條第三項規定，公司負責人違反貸款限制的規定時，各處一年以下有期徒刑、拘役或科或併科新臺幣十五萬元以下罰金。此規定於修正時刪除，由文字表面上來看，公司負責人違反貸款限制似已不用再負刑事責任，其實不然。因公司負責人對公司負有忠實義務及注意義務（公 §23 I 前段），為公司處理事務時，意圖為自己或第三人不法的利益，或損害公司的利益，而為違背其任務的行為，致生損害於本人的財產或其他利益者，成立刑法上的背信罪（刑 §342 I）。申言之，公司負責人並不當然免除其刑事責任，而是視具體個案情形，成立背信罪（或其他罪名）。

三、違法貸款的行為本身是否對公司發生效力

㈠有效說（通說）

公司本有貸與款項的能力，僅貸與對象的條件上受有限制，公司法第十五條為訓示規定，且公司仍可向借款人請求償還，公司負責人亦要賠償公司因此所受損害，為保護善意相對人，維護交易安全，應認為有效。

㈡無效說

　　法人僅於法令限制的範圍內有權利能力（民 §26）。資金借貸逾越法令限制，公司自無此權利能力；且本條立法目的，在維持公司資本，避免影響公司資金運用及債權人的利益，向公司借用資金的相對人應知法律的限制，且因該借貸行為而受益，無保護的必要。

㈢無權代理說

　　認為公司負責人違反借貸限制的規定，構成民法第一七○條的無權代理，由公司決定是否承認該借貸，如公司承認，則借貸有效；反之，借貸不生效力。

四、公司負責人的侵權行為責任

　　公司負責人應忠實執行業務並盡善良管理人的注意義務。公司負責人對於公司業務的執行，如有違反法令致他人受有損害時，對他人應與公司負連帶賠償責任（公 §23 I 前段、II）。公司負責人對於違反第一項之規定，為自己或他人為該行為時，股東會得以決議，將該行為之所得視為公司之所得。但自所得產生後逾一年者，不在此限（公 §23 III）。

五、違法行為的制止權

㈠董事會或董事「違反貸款限制之行為」，屬「違反法令」範圍，監察人應即通知董事會或董事停止其行為（公 §218 之 2 II）。

㈡股東會決議對於董事提起訴訟時，公司應自決議之日起三十日內提起之（公 §212）。由監察人代表公司，或由股東會另選代表公司為訴訟的人（公 §213）。

㈢繼續六個月以上，持有已發行股份總數百分之一以上的股東，得以書面請求監察人為公司對董事提起訴訟。監察人自有前開的請求日起，三十日內不提起訴訟時，前開股東，得為公司提起訴訟（公 §214 I、II 前段）。

【結論】

一、甲、乙乃是親戚，甲如將公司資金貸與乙所屬公司，因分屬的二家公司如非有業務往來，或即使無業務往來，而有短期融通資金的必要，

亦因融資金金額超過乙所屬公司淨值的百分之五十，違反公司法第十五條第一項公司借貸限制的規定。

二、甲違反貸款限制的行為，依目前學界通說，對公司仍然有效。但甲與借用人（乙所屬公司）連帶負返還責任；如公司受有損害，甲亦應負損害賠償責任（公 §15 II）。

【參考法條】

公司法第十五條第二項

「公司負責人違反前項規定時，應與借用人連帶負返還責任；如公司受有損害者，亦應由其負損害賠償責任。」

公司法第二十三條

「公司負責人應忠實執行業務並盡善良管理人之注意義務，如有違反致公司受有損害者，負損害賠償責任。

公司負責人對於公司業務之執行，如有違反法令致他人受有損害時，對他人應與公司負連帶賠償之責。

公司負責人對於違反第一項之規定，為自己或他人為該行為時，股東會得以決議，將該行為之所得視為公司之所得。但自所得產生後逾一年者，不在此限。」

刑法第三四二條

「為他人處理事務，意圖為自己或第三人不法之利益，或損害本人之利益，而為違背其任務之行為，致生損害於本人之財產或其他利益者，處五年以下有期徒刑、拘役或科或併科五十萬元以下罰金。

前項之未遂犯罰之。」

【練習題】

一、丙股份有限公司董事會決議將公司資金發還股東保管，是否違反公司法的規定？

二、丁為某股份有限公司的董事長，將公司資金挪與其妻戊投資海外基金，請問丁、戊有何法律上的責任？又應由何人代表公司向其主張？

問題十二
公司為保證行為有無限制？

> 甲公司提供不動產，擔保乙向銀行貸款，設定不動產抵押，是否有限制？

【解析】

一、公司為保證行為的限制

(一)為了穩定公司財務，防杜公司負責人以公司名義為他人作保而生流弊（最高法院 74 年臺上字第 703 號判例），且公司作保很可能因保證而負賠償責任，甚至公司的財產會被查封拍賣抵充賠償，以致公司遭受損害，所以公司法第十六條第一項規定，公司不得為任何保證人。

(二)限制內容

1.所謂不得為任何保證人，非僅指公司本身與他人訂立保證契約為保證人，即承受他人的保證契約，而為保證人的情形，亦包括在內（最高法院 69 年臺上 1676 號判例）。所謂「他人」，指該公司以外的任何法人或自然人。

2.票據的保證、納稅的保證，及民法上的保證皆受此限制（前司法行政部 45.3.28 臺 (45) 令民字第 1453 號函、經濟部 59.12.29 商 58683 號函、最高法院 43 年臺上字第 83 號判例）。

3.依我國公司法規定認許成立的外國公司，依公司法第三七七條規定，亦有第十六條禁止保證的適用（司法院 72.5.14 司法業務研究會第 3 期）。

二、公司為保證行為的例外

(一)依其他法律規定得為保證

例如依銀行法規定，銀行及信託投資公司得辦理國內外保證業務。

(二)依章程規定得為保證

1.例如公司章程中定有「公司得對外保證」的條文，或是載有「公司

不受公司法第十六條禁止保證的限制」等文字。

2.保證不是公司的營業項目，故擬以章程排除保證的限制者，不得將保證列入公司的所營事業項目內（經濟部 74.4.12 商 14156 號函、81.7.2 商 027909 號函）。

3.債務承擔與保證本質上完全不同。承擔人所以承擔債務，通常乃因與債務人間有某種原因關係存在，譬如為清償自己對於債務人所負的債務，未必對於公司的財產及公益有不利的影響。故公司法第十六條不包括債務承擔在內（最高法院 73 年臺上字第 4672 號判決）。

4.票據的背書，為票據轉讓行為的一種，票據的背書應照本票文義負票據法規定的責任，與民法所稱保證契約的保證人，於主債務人不履行債務時，由其代負履行責任的情形有間，故票據的背書不在公司法第十六條禁止的範圍（最高法院 77 年臺上字第 2286 號判決）。

5.公司簽發票據與相對人，以供其履行債務的擔保，與為他人作保有間，無公司法第十六條規定的適用（最高法院 79 年臺上字第 1656 號判決）。

6.法人（投資公司或轉投資公司）為他公司的股東或監察人，是否可為他公司保證，應視該法人的章程有無規定得為保證。如得為保證，則其保證責任應由法人負責，而非由其代表人承擔（經濟部 77.8.12 商 23969 號函）。

7.公司為本身業務需要，經股東會決議，於公司章程中訂定「本公司得對外保證但須經董事會決議始得行之。」與公司法第十六條規定並無不符，可從事對外保證（經濟部 81.1.9 臺商（五）發字第 234042 號函）。但公司不得單以經全體股東同意，而未載於章程，為對外保證（經濟部 81.10.30 商 229491 號函）。

三、公司提供動產或不動產為他人借款的擔保抵押權與為他人保證的情形相同

公司法第十六條以穩定公司財務為主要目的，公司提供不動產為他人借款的擔保設定抵押，雖與公司為他人保證人的情形未盡相同，惟就其對於公司財務的影響言，與為他人保證人的情形並無不同，依法宜予限制（最

高法院 74 年臺上字第 703 號判例、法務部 74.6.12 法 (74) 律 6977 號函、經濟部 61.6.20 商 16749 號函)。

四、公司違法保證的效力

㈠民事責任

　　1.公司負責人應自負保證責任（公 §16 II 前段）。

　　即使負責人是以公司名義簽訂保證契約，不論相對人是善意或惡意，均應由負責人負保證責任。

　　2.公司受有損害時，公司負責人亦應負賠償責任（公 §16 II 後段）。

　　學者認為是類推適用民法第一一〇條規定負損害賠償責任。

㈡刑事責任

　　公司法九十年修正前，公司負責人違法保證者，各科新臺幣六萬元以下罰金。惟修正時鑑於公司負責人違法保證如構成背信，可依刑法背信罪的規定處罰，毋庸於此為特別的刑責規定。又違反本條規定，性質上涉及私權事宜，爰予刪除。由以上說明得知，雖然本條已刪除負責人違法保證的刑事責任規定，非謂以後違法保證已完全無刑責，而是適用刑法背信罪處罰。

㈢違法保證行為本身對公司的效力

　　大法官會議釋字第五十九號解釋認為，公司負責人以公司名義為人保證，既不能認為公司的行為，對公司自不發生效力，而應由公司負責人自負保證責任。即採無效說。

【結論】

　　公司法第十六條第一項規定的立法目的在穩定公司財務，防杜公司負責人以公司名義為他人作保而生流弊。依目前實務見解，公司提供財產為他人設定擔保物權，就公司財務的影響而言，與為他人保證人的情形無殊，除非甲公司依其他法律是以保證為業務，或其章程規定得為保證，否則禁止為保證行為。

【參考法條】

公司法第十六條

「公司除依其他法律或公司章程規定得為保證者外，不得為任何保證人。

　公司負責人違反前項規定時，應自負保證責任，如公司受有損害時，亦應負賠償責任。」

銀行法第三條第十三款

「銀行經營之業務如左：

　十三　辦理國內外保證業務。」

【練習題】

一、乙公司於支票背面載明「連帶保證人」，由公司負責人蓋用公司及負責人印章，其效力如何？

二、丙公司向銀行借款，除由丁公司董事長戊代表丁公司在借款契約上為連帶保證人外，並由丙公司簽發本票一張，交付銀行，由丁公司另在票據背面蓋章背書，其效力如何？

問題十三
公司名稱有無限制？

> 　　甲擬在臺中設立一家新的百貨公司，因聽聞臺北「大洋」百貨股份有限公司生意興隆，遂取其讀音，請算命師計算吉利筆劃，將公司命名為「大陽」百貨股份有限公司，是否可行？

【解析】

一、公司名稱必須標明其種類（公§2 II）

　　種類是指公司法上所規定的無限公司、兩合公司、有限公司、股份有限公司四種。例如「大洋股份有限公司」、「大洋有限公司」等，不得僅稱為「大洋公司」。

二、公司名稱應使用我國文字，且不得與他公司或有限合夥名稱相同（公§18 I前段）

　　一〇七年修正公司法時，有鑑於依原第五項授權訂定之公司名稱及業務預查審核準則第五條已明定，公司名稱之登記應使用我國文字；修正條文第三九二條之一雖允許公司得向主管機關申請外文名稱登記，惟為避免公司誤解得僅以外文名稱登記，爰修正第一項，重申公司名稱應使用我國文字。換言之，公司之中文名稱，屬絕對必要，外文名稱則由公司自行斟酌是否申請登記。另鑑於我國已制定公布有限合夥法，爰明定公司名稱亦不得與有限合夥名稱相同；公司與有限合夥名稱中標明不同業務種類或可資區別之文字者，視為不相同。

三、二公司或公司與有限合夥名稱中標明不同業務種類或可資區別的文字者，視為不相同（公§18 I後段）

　　例如臺北市已有一家「三多電子股份有限公司」，如果欲以「三多」的名稱設立公司經營食品業，則應標明為「三多食品有限公司」。因已於名稱中標明可資區別的文字，即視為不相同的公司名稱。

四、公司不得使用易於使人誤認其與政府機關、公益團體有關或妨害公共秩序或善良風俗的名稱（公§18 IV）

例如「陸委會餐飲有限公司」、「生命線電訊服務股份有限公司」、「賓拉登貿易有限公司」及「傻妮摸理容有限公司」等等。

五、公司名稱審核準則

公司名稱及業務，於公司登記前應先申請核准，並保留一定期間；其審核準則，由中央主管機關定之（公§18 V）。據此，訂定了「公司名稱及業務預查審核準則」（以下簡稱準則），有關審核公司名稱的重要規定如下：

㈠公司名稱之登記應使用我國文字，並以教育部編訂之國語辭典或辭源、辭海、康熙或其他通用字典中所列有之文字為限（準則§5）。

㈡公司名稱應由特取名稱及組織種類組成，並得標明下列文字（準則§6 I）：

  1.地區名。

  2.表明業務種類之文字。

  3.堂、記、行、號、社、企業、實業、展業、興業、產業、工業、商事、商業、商社、商行、事業等表明營業組織或事業性質之文字。

前項第一款之文字者，應置於公司特取名稱之前或鄰於特取名稱之後。

第一項第二款及第三款之文字者，其排列順序依其款次，並置於特取名稱之後，組織種類之前。但堂、記、行、號、社得置於第一項第二款文字之前。

外國公司應標明種類，且應於名稱之前標明國籍並加商字（準則§6 II～IV）。

㈢二公司或公司與有限合夥之特取名稱不相同者，其名稱為不相同。名稱中標明不同業務種類或可資區別之文字者，縱其特取名稱相同，其名稱視為不相同。前項所稱可資區別之文字，不含下列之文字：

  1.公司組織種類、有限合夥、地區名、外國國名、堂、記、行、號或社之文字。

  2.特取名稱前所標明之新、好、老、大、小、真、正、原、純、真正、

純正、正港、正統之文字。

　　3.二公司或公司與有限合夥名稱中標明之特取名稱及業務種類相同者，於業務種類之後，所標明之企業、實業、展業、興業、產業、工業、商事、商業、商社、商行、事業等表明營業組織或事業性質之文字（準則§7）。

㈣公司名稱至多得標明二種業務種類。公司名稱中標明本法第十七條第一項規定之許可業務，其所營事業應登記該項許可業務；如其所營事業未登記該項許可業務，或該項許可業務經撤銷或廢止登記者，應辦理公司名稱變更。

㈤公司之特取名稱不得使用下列文字（準則§9 I）：

　　1.我國國名。

　　2.第六條第一項第二款、第三款之文字。

㈥公司之名稱不得使用下列文字（準則§9 II）：

　　1.管理處、服務中心、福利中心、活動中心、發展中心、研究中心、農會、漁會、公會、工會、機構、聯社、福利社、合作社、研習班、研習會、產銷班、研究所、事務所、聯誼社、聯誼會、互助會、服務站、大學、學院、文物館、社區、寺廟、基金會、協會、慈善、志工、義工、社團、財團法人或其他易於使人誤認為與政府機關及其職權範圍、公益團體有關之名稱。

　　2.有限合夥或其他類似有限合夥組織之文字。

　　3.關係企業、企業關係、關係、集團、聯盟、連鎖或其他表明企業結合之文字。

　　4.易使人誤認為與專門職業技術人員執業範圍有關之文字。

　　5.易使人誤認為性質上非屬營利事業之文字。

　　6.經目的事業主管機關認為不宜使用之文字。

　　7.妨害公共秩序或善良風俗之文字。

㈦公司所營事業，有下列情形之一者，不得為預查申請（準則§12）：

　　1.政府依法實施專營。

2. 其他法令另有規定。

六、外國公司在中華民國境內設立分公司者，其名稱，應譯成中文，並標明其種類及國籍（公§370）

例如英商德記股份有限公司、瑞士商臺灣迪吉多電腦股份有限公司。

七、公司解散尚未清算完結，公司名稱不受公司法第十八條之保護

公司法第十八條有關公司名稱專用權保護的規定，其目的乃在防止公司以相同名稱為不正的營業競爭。解散的公司，既已喪失營業能力，且依公司法第二十五條的規定，其法人人格僅限於清算範圍內視為存續，是以，解散中的公司其名稱已不受公司法第十八條規定的保護（經濟部80.9.12商223433號函）。按經解散、撤銷或廢止登記之公司，係屬不得再經營業務之公司，依法應行清算。惟實務上，經解散、撤銷或廢止登記之公司，多數未進行清算。按第六條及第二十五條規定，公司之法人人格始於登記完成，終於清算完結。公司如未清算完結，因法人人格尚存在，其公司名稱仍受保護而不得為他人申請使用。此種情形，並不合理，爰於一○一年新增公司法第二十六條之二：「經解散、撤銷或廢止登記之公司，自解散、撤銷或廢止登記之日起，逾十年未清算完結，或經宣告破產之公司，自破產登記之日起，逾十年未獲法院裁定破產終結者，其公司名稱得為他人申請核准使用，不受第十八條第一項規定之限制。但有正當理由，於期限屆滿前六個月內，報中央主管機關核准者，仍受第十八條第一項規定之限制。」明定經解散、撤銷或廢止登記之公司，超過十年未清算完結者，其公司名稱得為他人申請使用。又為避免與第十八條第一項之規定扞格，爰排除該項規定之適用。依司法院96年1月25日秘臺廳民二字第0960002208號函略以：「法院宣告公司破產之裁定遭抗告法院裁定廢棄，駁回破產之聲請確定，該宣告公司破產之裁定即失其效力，公司之人格自不因而消滅……」，上開見解業取代最高法院六十二年二月二十日第一次民事庭庭長會議決議「法人宣告破產後，其法人人格即歸消滅」之見解。經濟部辦理公司名稱之預查，向依上開最高法院六十二年度決議之見解，於公司經宣告破產後，其名稱即開放他人申請使用。為配合司法院變更其見解，對於經宣告破產

之公司，不再開放其名稱供他人申請使用。惟亦不宜長久禁止他人申請使用，爰明定公司自破產登記之日起，逾十年未獲法院裁定破產終結者，開放其名稱供人申請。至於對於已進行清算或破產程序之公司，如有正當理由無法於十年內清算完結或破產終結，得於期限屆滿前六個月內，報中央主管機關核准，仍得適用第十八條第一項規定，以防止其名稱開放他人申請使用。

【結論】

一、公司法九十年修正前，公司法第十八條第一項原規定，同類業務的公司，不問是否同一種類，是否同在一省（市）區域以內，不得使用相同或類似的名稱。因此，同樣是經營百貨業，且公司名稱的特取部分，一為「大洋」，另一為「大陽」，兩字讀音有一字相同，而另一字完全無異者，很難謂二者非類似。主管機關於審核甲以「大陽」名稱申請預查時，即不應准許。

二、公司法九十年修正後，已刪除公司名稱不得與他公司名稱「類似」的規定，因「大洋」與「大陽」顯然不相同，甲申請後者預查時自應予以核准。

【參考法條】

公司法第十八條

「公司名稱，應使用我國文字，且不得與他公司或有限合夥名稱相同。二公司或公司與有限合夥名稱中標明不同業務種類或可資區別之文字者，視為不相同。

公司所營事業除許可業務應載明於章程外，其餘不受限制。

公司所營事業應依中央主管機關所定營業項目代碼表登記。已設立登記之公司，其所營事業為文字敘述者，應於變更所營事業時，依代碼表規定辦理。

公司不得使用易於使人誤認其與政府機關、公益團體有關或妨害公共秩序或善良風俗之名稱。

公司名稱及業務，於公司登記前應先申請核准，並保留一定期間；其審核準則，由

中央主管機關定之。」

公司法第二十六條之二

「經解散、撤銷或廢止登記之公司，自解散、撤銷或廢止登記之日起，逾十年未清算
　完結，或經宣告破產之公司，自破產登記之日起，逾十年未獲法院裁定破產終結
　者，其公司名稱得為他人申請核准使用，不受第十八條第一項規定之限制。但有正
　當理由，於期限屆滿前六個月內，報中央主管機關核准者，仍受第十八條第一項規
　定之限制。」

公司法第三七〇條

「外國公司在中華民國境內設立分公司者，其名稱，應譯成中文，並標明其種類及國
　籍。」

【練習題】

一、下列名詞可否作為公司的特取名稱？

　　㈠桃園。

　　㈡夢蘭。

　　㈢救國團。

二、吉利股份有限公司的董事乙，不忍其創業多年的公司解散，遂於該公
　　司辦理解散登記、未辦理清算前，以「吉利」為公司特取名稱，申請
　　設立所營事業完全相同的有限公司，是否可行？

問題十四

公司名稱有無專用權？若公司名稱遭受侵害，如何請求救濟？

臺北的「哈利波特體育用品股份有限公司」發現臺中某公司亦使用「哈利波特」名稱，經營體育用品販賣，請問其如何救濟？

【解析】

一、公司名稱有專用權

公司依公司法組織登記成立後，有使用所登記的名稱及排除他人不正當使用相同名稱的權利。此稱為公司名稱專用權，又稱為公司名稱的排他效力。

二、公司名稱遭受侵害的救濟方法

㈠行政上的救濟

公司法第三八八條規定：「主管機關對於各項登記之申請，認為有違反本法或不合法定程式者，應令其改正，非俟改正合法後，不予登記。」基此，公司如發現其名稱專用權被侵害，得請求主管機關依前開規定，飭知登記在後的公司更名。因主管機關依公司法第十八條，本不得核准相同名稱的公司，如有違反，即為違法的行政處分，行政機關對於違法的行政處分，自應依職權撤銷之。

㈡司法上的救濟

1.刑事的救濟方法有下列幾種：

⑴公司之負責人、代理人、受僱人或其他從業人員以犯刑法偽造文書印文罪章之罪辦理設立或其他登記，經法院判決有罪確定後，由中央主管機關依職權或依利害關係人之申請撤銷或廢止其登記（公 §9 IV）。一〇七年修正公司法時，有鑑於原第九條第四項「公司之設立或其他登記事項有偽造、變造文書」，立法原意係指犯刑法偽造文

書印文罪章所規範之罪，即除偽造、變造文書罪外，公務員登載不實罪、使公務員登載不實罪、業務上登載不實罪、行使偽造變造或登載不實之文書罪、偽造盜用印章印文罪等，亦包括在內。惟個案上，有法院在認定上採狹義見解，認為不含業務上登載不實罪。為杜爭議，將「偽造、變造文書」修正為「刑法偽造文書印文罪章之罪」，且明定犯罪行為主體，以資明確並利適用。又「裁判確定」修正為「法院判決有罪確定」，並刪除「檢察機關通知」之文字。另明定中央主管機關得依職權或依利害關係人之申請撤銷或廢止其登記。

⑵如果享有公司名稱專用權的公司將該名稱申請商標註冊，經他人惡意使用，作為該他人自己公司或商號名稱的特取部分，則應依商標法第九十五、九十七條分別處三年以下有期徒刑、拘役或科或併科新臺幣二十萬元以下罰金，或處一年以下有期徒刑、拘役或科或併科新臺幣五萬元以下罰金。

2.民事的救濟方法有下列幾種：

⑴公司的姓名權受侵害，得請求法院除去其侵害，並得請求損害賠償（民 §19）。

⑵惡意使用他人商標的公司名稱，作為自己公司名稱的特取部分，利害關係人得依商標法第六十八條及第七十一條規定請求損害賠償。

⑶如果使用他人公司名稱，涉及不公平競爭情事者（公平 §22 I ①、②），違反公平交易法的規定，致侵害他人權益者，被害人得請求除去之；有侵害之虞者，並得請求防止之；且應負損害賠償責任（公平§29、§30）。如為故意的行為，法院因被害人的請求，得依侵害情節，酌定損害額以上的賠償。但不得超過已證明損害額的三倍。侵害人如因侵害行為受有利益者，被害人得請求專依該項利益計算損害額（公平 §31）。

三、公司名稱與商標競合之侵權問題

㈠公司之名稱是否亦有姓名權而應予保護之問題，雖然民法第十九條規定

之姓名權保障，於體系上僅包括自然人之姓名，然參照公司法第四十一條第一項第一款、第一○一條第一項第一款、第一二九條第一款等規定，公司名稱係屬公司章程應記載事項，可見對於公司而言，其名稱係為表彰其法人人格之同一性，與自然人之姓名類同。準此，就法人而言，對於法人已登記之名稱，仍可類推適用民法第十九條規定之姓名權保護。又於商標權人申請商標前已使用相同或近似之商標於同一或類似之商品或服務者，固得依據（一○○年修正前）商標法第三十條第一項第三款規定，不受他人商標權效力拘束，惟善意先使用權人尚不得據此主張其名稱已遭侵害（臺灣高等法院 99 年上字第 721 號民事判決）。

㈡按（一○○年六月修正前）商標法第六十二條第一款、第二款所稱之「公司名稱」者，係指公司法第十八條暨經濟部訂頒公司名稱及業務預查審核準則第五條所稱之公司中文名稱（我國文字）而言，且公司選用英文名稱，公司法並無報備規定，更不須於章程訂明，即使在章程訂定，仍不生登記之效力。是未得商標人之同意，以他人著名之註冊商標或他人之註冊商標中之英文文字，作為自己公司之英文名稱，固非屬該二條款所定之「公司名稱」。惟如以之作為其「表彰營業主體或來源之標識」之名稱，致減損該著名註冊商標之識別性或信譽，或致商品、服務相關消費者混淆誤認者，亦應視其為侵害商標權，此觀該二條款除以「公司名稱、商號名稱、網域名稱」為例示規定外，另以「或其他表彰營業主體或來源之標識」等字作概括規定，並參照九十二年五月二十八日修正本條款以擬制方式規範侵害商標權之態樣其立法理由自明（最高法院 99 年臺上字第 1360 號民事判決）。

【結論】

一、臺北的「哈利波特體育用品股份有限公司」於依公司法組織設立時，即取得「哈利波特」公司名稱的專用權，並可排除他人不正當的使用前開名稱。

二、臺北的哈利波特體育用品股份有限公司發現另有公司使用其公司名

稱，其救濟方法有二：

㈠行政上的救濟

　　若屬行政機關行政作業疏失，誤核准同名公司者，可請求其撤銷錯誤的行政處分。不過目前實務上此作法效果不彰，蓋主管機關僅能撤銷同名公司名稱，而非公司登記，因此只能通知該公司限期辦理更名，如該公司相應不理，主管機關礙於無法主動為其更名而無可奈何。

㈡司法上的救濟

　　1.刑事責任方面依個案情形分別適用公司法第九條第四項及商標法第九十五、九十七條規定。

　　2.民事責任部分亦按個案情形分別適用民法第十九條、商標法第六十八條至第七十一條及公平交易法第二十二條、第二十九條～第三十一條。

【參考法條】

公司法第三八八條

「主管機關對於各項登記之申請，認為有違反本法或不合法定程式者，應令其改正，非俟改正合法後，不予登記。」

公司法第九條第四項

「公司之負責人、代理人、受僱人或其他從業人員以犯刑法偽造文書印文罪章之罪辦理設立或其他登記，經法院判決有罪確定後，由中央主管機關依職權或依利害關係人之申請撤銷或廢止其登記。」

公平交易法第二十二條

「事業就其營業所提供之商品或服務，不得有下列行為：

一　以著名之他人姓名、商號或公司名稱、商標、商品容器、包裝、外觀或其他顯示他人商品之表徵，於同一或類似之商品，為相同或近似之使用，致與他人商品混淆，或販賣、運送、輸出或輸入使用該項表徵之商品者。

二　以著名之他人姓名、商號或公司名稱、標章或其他表示他人營業、服務之表徵，於同一或類似之服務為相同或近似之使用，致與他人營業或服務之設施或活動混淆者。

前項姓名、商號或公司名稱、商標、商品容器、包裝、外觀或其他顯示他人商品或服務之表徵，依法註冊取得商標權者，不適用之。

第一項規定，於下列各款行為不適用之：

一　以普通使用方法，使用商品或服務習慣上所通用之名稱，或交易上同類商品或服務之其他表徵，或販賣、運送、輸出或輸入使用該名稱或表徵之商品或服務者。

二　善意使用自己姓名之行為，或販賣、運送、輸出或輸入使用該姓名之商品或服務者。

三　對於第一項第一款或第二款所列之表徵，在未著名前，善意為相同或近似使用，或其表徵之使用係自該善意使用人連同其營業一併繼受而使用，或販賣、運送、輸出或輸入使用該表徵之商品或服務者。

事業因他事業為前項第二款或第三款之行為，致其商品或服務來源有混淆誤認之虞者，得請求他事業附加適當之區別標示。但對僅為運送商品者，不適用之。」

公平交易法第二十九條

「事業違反本法之規定，致侵害他人權益者，被害人得請求除去之；有侵害之虞者，並得請求防止之。」

公平交易法第三十條

「事業違反本法之規定，致侵害他人權益者，應負損害賠償責任。」

公平交易法第三十一條

「法院因前條被害人之請求，如為事業之故意行為，得依侵害情節，酌定損害額以上之賠償。但不得超過已證明損害額之三倍。

侵害人如因侵害行為受有利益者，被害人得請求專依該項利益計算損害額。」

商標法第六十九條第一項、第三項

「商標權人對於侵害其商標權者，得請求除去之；有侵害之虞者，得請求防止之。

商標權人對於因故意或過失侵害其商標權者，得請求損害賠償。」

商標法第九十五條

「未得商標權人或團體商標權人同意，為行銷目的而有下列情形之一，處三年以下有期徒刑、拘役或科或併科新臺幣二十萬元以下罰金：

一　於同一商品或服務，使用相同於註冊商標或團體商標之商標者。

二　於類似之商品或服務，使用相同於註冊商標或團體商標之商標，有致相關消費者混淆誤認之虞者。

三　於同一或類似之商品或服務，使用近似於註冊商標或團體商標之商標，有致相關消費者混淆誤認之虞者。」

商標法第九十七條

「明知他人所為之前二條商品而販賣，或意圖販賣而持有、陳列、輸出或輸入者，處一年以下有期徒刑、拘役或科或併科新臺幣五萬元以下罰金；透過電子媒體或網路方式為之者，亦同。」

民法第十九條

「姓名權受侵害者，得請求法院除去其侵害，並得請求損害賠償。」

【練習題】

一、甲持偽造文書使公司登記機關誤信其取得某商標權所有人的授權，而將該商標名稱登記為甲設立的公司名稱。請問該商標權所有人應如何請求救濟？

二、乙經算命師指點替公司取一大吉大利名稱，但為了防止其他公司冒用，請問其可以如何保護其公司名稱專用權？

問題十五
設立中公司法律行為的效力如何？

> 甲等五人各出資新臺幣十萬元，擬設立乙有限公司，並聘用丙為經理。某日丙以乙公司名義向丁訂購辦公室 OA 設備桌椅，因遲未付款，丁欲控告乙公司時，始發現該公司尚未完成公司登記。請問丁應如何處理？

【解析】

一、設立中公司的性質

　　所謂設立中公司，指自訂立章程起，至設立登記完成前，尚未取得法人人格的公司。公司在設立登記前，因準備公司設立所為的行為，是否以「設立中公司」為主體？其與成立後的公司關係如何？學說共有下列六說：

（一）無因管理說：發起人與公司間的關係，係屬無因管理，設立公司所生的權利義務，於公司成立後，依無因管理的規定，移轉於公司。惟所謂無因管理，是指未受委任、並無義務，而為他人處理事務，且無因管理的管理人無報酬請求權。然而，發起人須負相當的注意義務（公 §155），且得請求報酬（公 §130、§147）。二者顯有不同。

（二）第三人利益契約說：認為發起人是為將成立的公司的利益（第三人利益）而與相對人訂定契約。此無法說明發起人對認股人的義務如何轉由公司承受。

（三）繼承說：發起人基於設立公司的目的，所生的權利義務，依當事人的意思或法律的規定，當然由公司繼承。因公司在成立前尚無人格，是否得以「繼承」，無法自圓其說。

（四）代理說：發起人是未成立公司的代理人，故在代理設立行為的範圍內，其權利義務應歸屬於公司。本說無法解釋未成立的公司非權利主體如何產生授權代理。

㈤當然取得說：發起人所為設立公司的行為，及所發生的權利義務，在公司成立的同時，即在法律上由公司當然取得。

㈥同一體說：設立中公司為即將成立公司的前身，猶如自然人的胎兒，在實際上屬於同一體。設立中公司的發起人或認股人，相當於成立後公司的構成員，選任的董事及監察人，則相當於公司的機關，因此，應承認設立中公司的存在，並且其所為設立公司的必要行為，其法律效力在公司成立的同時，當然歸屬於公司。此為我國學界及實務界的通說。

二、公司未經依法成立，應以籌備處名義對外為法律行為

㈠公司未經依法成立前申請特許時，可用籌備處名義為之（經濟部 56.2.23 商 04090 號函）。

㈡法人在未完成法人設立登記前，取得土地所有權者，得提出協議書，以其籌備人公推的代表人名義申請登記，但其代表人應表明身分及承受原因。登記機關為前項的登記，應於登記簿所有權其他登記事項欄，註記取得權利的法人籌備處名稱。以上的協議書應記明於登記完畢後，法人未經核准設立者，其土地依下列的方式之一處理：

　　1.以已登請的代表人所有。

　　2.申請登記為籌備人全體共有。

　　又法人於籌備期間取得土地所有權，已以籌備人的代表人名義登記者，其於取得法人資格時，應申請為更名登記。參照上開規定，法人籌備處可登記為土地所有權者，自可以法人籌備處名義訂立土地買賣契約（經濟部 72.11.23 商 46755 號函）。

三、嗣後公司成立時的法律效果

㈠股份有限公司：發起人與公司對於公司在設立登記前所負債務，在登記後亦負連帶責任（公 §155 II）。採同一體說。

㈡其他種類公司：法律無明文規定，依同一體說，亦應由設立後的公司承受其權利義務（例如最高法院 72 年臺上字第 2246 號判決）。

四、嗣後公司未成立時的法律效果

㈠股份有限公司

　　1.發起人就「關於公司設立所為的行為及設立所需費用」連帶負責（公§150）。

　　2.其他債務依合夥規定，於合夥財產不足清償時，始由發起人連帶負責。

㈡其他種類公司

　　各股東依合夥規定負連帶責任（最高法院 19 年上字第 1403 號判例、22 年上字第 2535 號判例）。

【結論】

一、乙有限公司在未完成公司登記前，應以籌備處名義對外為法律行為。

二、按目前學界及實務界通說雖採同一體說，認為設立中公司所為設立公司的必要行為，其法律效力在公司成立的同時，當然歸屬於公司。然而此是指嗣後公司成立者而言。如果嗣後公司未成立，依實務見解，在此情形債權人丁得依合夥規定，於合夥（指設立中之乙有限公司）財產不足清償時，請求甲等五位股東連帶給付價金。

三、至於經理丙的部分，因丙以乙公司名義訂購辦公室設備桌椅，在公司未經設立登記前，以公司名義為法律行為，應自負民事責任（公§19 II）。因此，丁得請求丙給付價金。

【參考法條】

公司法第十九條第一項

「未經設立登記，不得以公司名義經營業務或為其他法律行為。」

公司法第一五〇條

「公司不能成立時，發起人關於公司設立所為之行為，及設立所需之費用，均應負連帶責任，其因冒濫經裁減者亦同。」

公司法第一五五條

「發起人對於公司設立事項，如有怠忽其任務致公司受損害時，應對公司負連帶賠償責任。

發起人對於公司在設立登記前所負債務，在登記後亦負連帶責任。」

【練習題】

一、甲以發起設立的方式，擬設立乙股份有限公司，在公司未完成設立登記前，為趕在過年前開張，甲即以乙股份有限公司的名義租用辦公室，請問該行為是否有效？

二、丙以丁股份有限公司（設立中公司）發起人的身分，向戊購買用作公司辦公處所的房子一間，並簽發一張本票與印刷公司印製 DM，請問房子的登記名義人為何人？應由誰給付本票的票款？如果丙只是以虛設公司的幌子為前該行為，債權人應如何處理？

問題十六
公司設立登記後的效力如何？

> 甲股份有限公司的發起人之一乙，於公司籌設期間，代墊印製認股書、刊登募股廣告、說明會的費用，可否於公司成立後請求公司償還？

【解析】

一、公司設立登記後的共通效力

指各種類公司設立登記後均會發生的效力。

㈠取得法人人格的效力（公 §6）。

㈡取得公司名稱專用權（公 §18 I）。

㈢得使用公司名義經營業務（公 §19）。換言之，在公司設立階段，只能使用「某某公司籌備處」的名義。

二、公司設立登記後的特殊效力

此種效力只有股份有限公司才有。

㈠股份有限公司得發行股票

公司非經設立登記，不得發行股票（公 §161 I 本文）。又違反此規定發行股票者，其股票無效（公 §161 II 本文）。

㈡股份得自由轉讓

公司股份之轉讓，除本法另有規定外，不得以章程禁止或限制之。但非於公司設立登記後，不得轉讓（公 §163）。換言之，股份有限公司的股份於公司設立登記後，原則上當然可以自由轉讓。

三、未經設立登記，以公司名義對外為法律行為的效力

㈠公司法第十九條第一項規定：「未經設立登記，不得以公司名義經營業務或為其他法律行為。」違反者有下列責任及效力：

　1.刑事責任

　行為人可處一年以下有期徒刑、拘役或科或併科新臺幣十五萬元以下

罰金（公 §19 II 前段）。所稱行為人，可能是發起人、股東，亦可能是第三人，例如受僱的經理人，凡參與經營業務或其他法律行為者，均在其列（最高法院 62 年臺上字第 1286 號判決）。

　　2.民事責任

行為人應自負民事責任，如行為人有二人以上者，則連帶負民事責任（公 §19 II 後段）。

　　3.行政處分

由主管機關禁止其使用公司名稱（公 §19 II 後段）。

㈡公司法第十九條所稱「公司」，包括本公司與分公司在內，故分公司未經設立登記，不得以分公司名義經營業務或為其他法律行為。違反此規定，亦有前開民刑事責任（經濟部 82.12.3 臺商（五）發字第 229593 號函）。

四、發起人在公司設立中所支付的費用是否由成立後的公司負擔

㈠肯定說

　　1.發起人因設立公司之必要於設立登記前所取得之權利及負擔之義務於設立登記後應當然移轉於公司

按公司未經設立登記，固不能謂其具有獨立之人格，而不得為法律行為之主體。然以公司名義為法律行為者，依公司法第十九條第二項規定，既應由行為人自負其責，當非不應認行為人為該法律行為之主體。苟嗣後公司完成登記，已承受此項法律行為者，自此公司即成為該法律行為之主體。尤在股份有限公司，發起人因設立公司之必要，於設立登記前所取得之權利及負擔之義務，於設立登記後，並應認當然移轉於公司（最高法院 73 年臺上字第 2554 號判決）。

　　2.公司法第十九條規定並不排除公司承受其設立登記前發生之權利義務關係

公司於設立登記前，由發起人為設立中之公司所為之行為，發生之權利義務，自公司設立登記以後，應歸公司行使及負擔。公司法第十九條雖規定：未經設立登記而以公司名稱經營業務或為其他法律行為者，行為人自負其責。此規定並不排除公司承受其設立登記前發生之權利義務關係（最

高法院 72 年臺上字第 2127 號判決）。

（二）否定說

　　我國民法，就法人資格之取得，採登記要件主義，在公司法人，公司法第六條亦訂有明文。公司在設立登記前，既不得謂其已取得法人之資格，自不能為法律行為之主體，而以其名稱與第三人為法律行為。若以其名稱而與第三人為法律行為，則應由行為人自負其責，即認行為人為該項行為之主體。此公司法第十九條規定之所由設。因之在未經設立登記，而以公司名稱與第三人所為之法律行為，除雙方預期於公司設立登記後，由公司承受，而公司於設立登記後已表示（無論明示或默示）承受，或公司另有與該為法律行為之雙方當事人成立「契約承擔」之契約外，公司原不當然承受，且由於公司非該法律行為之主體，亦不因其後股東之承認，而變為該法律行為之當事人（最高法院 71 年臺上字第 4315 號判決）。

（三）折衷說

　　認為發起人所為之行為，必須屬於其為設立中公司機關權限範圍內者，其效果始當然歸屬於成立後之公司，並非發起人在設立階段，以設立中公司名義所為之一切行為，均由成立後之公司繼受其效果。因此，在法律上或經濟上，屬於公司設立所必要之行為，公司繼受發起人之權利及義務；但是開業準備行為，則非發起人權限所及，因而其費用，非當然歸成立後之公司負擔。

（四）應歸公司負擔之設立費用係指發起人在籌備期間所發生之費用

　　公司法九十年修正前，第四一九條第一項第五款（本條於九十年公司法修正時被刪除，是因為公司登記事項及其變更，包括申請人、申請書表、申請方式、申請期限等均授權訂定子法規範，無在公司法上規定的必要，請參考公司法 §38／1）規定應歸公司負擔之設立費用，係指發起人在籌備期間所發生之費用而言，依同條第二項規定，主管機關並有權予以裁減，此項應歸公司負擔之設立費與同法第一五五條第二項所稱公司在設立登記前所負債務之範圍並不一致，至何者屬於公司在設立登記前所負債務，應依具體事實認定（經濟部 60.4.15 商 14662 號函）。

【結論】

因設立中公司與設立後公司具有同一體性，發起人因公司設立必要所為之行為，及所負擔之費用，應由成立後之公司加以繼受，但是發起人逾越權限範圍外之營業準備行為，則並不當然歸屬於成立後之公司，以確實保障公司及股東之權益。例如認股書說明書等文件的印刷費、募股廣告的刊登費、公司籌備處的租賃費等，為設立公司所必要的法律行為所支付之費用，可歸由成立後的公司負擔。至於開業準備行為所需之費用，如工廠廠房土地的購置費用、原料機器的購買費用等，為成立後的公司，開始營業所為的準備行為所支付的費用，則不包括在內。因此開業準備所支付的費用，除非成立後的公司加以承受，原則上公司並無當然負擔的義務。即採折衷說的見解。本問題中乙代墊印製認股書、刊登募股廣告、說明會的費用，此均為設立公司必要的法律行為所支付的費用，自應由成立後的公司負擔。

【參考法條】

公司法第十九條

「未經設立登記，不得以公司名義經營業務或為其他法律行為。

　違反前項規定者，行為人處一年以下有期徒刑、拘役或科或併科新臺幣十五萬元以下罰金，並自負民事責任；行為人有二人以上者，連帶負民事責任，並由主管機關禁止其使用公司名稱。」

【練習題】

一、丙股份有限公司於高雄設立分公司，於申辦分公司登記中，為搶得商機，即以分公司名義對外營業，請問是否違反相關規定？

二、丁為某公司籌設中僱用的經理，為準備開業，以公司名義租用辦公室，請室內設計公司裝潢，並訂購大批營業用品，後來公司設立後不久，丁跳槽他公司，請問公司可否否認丁在公司設立中行為的效力？

問題十七
在何種情形下，公司須負侵權責任？

> 甲為某股份有限公司的董事長，未經股東會決議，即指示會計處處長以盈餘償還公司對銀行的貸款，請問股東可否以其行為損害股東權益，請求甲損害賠償？

【解析】

一、公司的侵權行為能力

我國對於公司的本質採法人實在說，認為公司為一有機的組織體，具有行為能力，其法律行為由公司負責人代表公司為之。換言之，公司的代表機關於其權限範圍內，代表公司與第三人所為的行為，在法律上視為公司的行為，其法律效果當然歸屬於公司。據此，公司代表機關的行為若成立侵權行為時，自應視為公司的侵權行為，故公司當然有侵權行為能力。民法第二十八條亦規定：「法人對於其董事或其他有代表權之人因執行職務所加於他人之損害，與該行為人連帶負賠償之責任。」

二、公司侵權行為的成立要件

公司法第二十三條第二項規定，公司負責人對於公司業務的執行，如有違反法令致他人受有損害時，對他人應與公司負連帶賠償責任。依此可得知公司侵權行為的成立要件如下：

㈠須為公司負責人的行為

1.所謂公司負責人，在無限公司及兩合公司為執行業務或代表公司的股東；在有限公司及股份有限公司則為董事（公 §8 I）。公司的經理人、清算人或臨時管理人，股份有限公司的發起人、監察人、檢查人、重整人或重整監督人，在執行職務範圍內，亦為公司負責人（公 §8 II）。公司之非董事，而實質上執行董事業務或實質控制公司之人事、財務或業務經營而實質指揮董事執行業務者，與本法董事同負民事、刑事及行政罰之責任。

但政府為發展經濟、促進社會安定或其他增進公共利益等情形，對政府指派之董事所為之指揮，不適用之。

2.公司負責人以外的其他公司受僱人，例如職員，因不具有公司負責人的身分，如果執行公司職務有侵權行為，僅能依民法第一八八條僱用人與受僱人的侵權行為處理。

3.外國分公司負責人亦有本條項規定的準用(最高法院 43 年臺上字第 634 號判例)。

4.公司實際負責執行業務或參與該業務執行決定的董事，均有公司法第二十三條的適用

例如主張甲公司及乙公司無權占有土地，致土地所有人受有損害，則該兩公司實際負責執行業務或參與該業務執行決定的董事，應依公司法第二十三條規定，與公司同負連帶賠償責任 （最高法院 77 年臺上字第 536 號、第 1226 號判決）。

㈡須公司負責人因執行公司業務所為的行為

1.所謂「執行業務」，一般採廣義解釋，凡行為外觀上足認其為執行業務的行為即屬之；與業務的執行有密切關係者，亦屬於執行業務的行為。甚至包括逾越公司目的事業範圍的行為。

2.執行業務的行為包括「法律行為」與「事實行為」在內。

3.例　　如

⑴義務之怠忽亦應負責

如依法律規定，董監事負執行該職務的義務，而怠於執行時所加於他人的損害，亦包括在內。按公司之職員，合於勞工保險條例規定時，該公司應為之負責辦理加入勞工保險手續，如有違背應受罰鍰處分，從而如有義務為職員辦理加入勞保手續而怠於辦理，致生損害者，應由其負責（最高法院 64 年臺上字第 2236 號判例）。

⑵水廠職員收取水費為業務之執行

臺北自來水廠乃依法律規定而成立的法人，則其職員因收取水費而浮收巨款，不能謂非因執行職務所加於他人的損害而免其連帶賠償責任（最

高法院 49 年臺上字第 1018 號判例）。

　　⑶稅款之違章滯納非屬公司業務

　　公司法應納各種稅款，係根據稅法之規定直接發生，倘有違章滯納等情事，似難認為公司業務，應依照各該稅法規定辦理（經濟部 54.5.3 商 0876 號函）。

㈢須公司負責人的行為具備一般權利行為的要件

　　1.他人須受有損害（最高法院 70 年臺上字第 1573 號判決）。

　　2.侵權行為所侵害的內容以私權為限。

　　連帶負賠償的責任，係專以保護私權為目的，換言之，權利之為侵權行為的客體者，為一切的私權，政府向人民徵稅，乃本於行政權的作用，屬於公權範圍，納稅義務人縱有違反稅法逃漏稅款致政府受有損害，自亦不成立民法上的侵權行為，無由本於侵權行為規定，對之有所請求。若公權受有損害，則不得以此為請求賠償的依據（最高法院 62 年臺上字第 2 號判例）。

　　3.公司負責人的責任以他人損害與違反規定執行業務有因果關係為前提（前司法行政部 54.10.13 臺 54 函民字第 6136 號）。

㈣公司法第二十三條連帶賠償責任是基於法律的特別規定而來，並非侵權行為責任，故消滅時效應適用民法第一二五條的規定，有十五年（最高法院 76 年臺上字第 2474 號判決）。

三、公司侵權責任是否以公司負責人的故意過失為前提

㈠肯定說（特別侵權行為責任說）

　　民法的侵權行為可分為一般侵權行為（民 §184）及特別侵權行為（民 §185～§191）二種。公司法第二十三條及民法第二十八條的規定，均屬特別侵權行為，須另具一般侵權行為的要件，即公司負責人須有故意或過失（此為學者的通說，實務上如最高法院 43 年臺上字第 634 號判例、65 年臺上字第 3031 號判例、66 年第 10 次民事庭會議決定（一）均採此說）。

㈡否定說（法定特別責任說）

　　認為公司法第二十三條乃基於法律特別規定，異於一般侵權行為，不

以負責人有故意或過失為成立要件（最高法院73年臺上字第4345號判決）。

四、解散的公司亦有公司法第二十三條的適用

例如公司解散後，董事長不依法辦理清算程序，俾公司債權人向之申報債權，竟將公司全部資產轉讓與其他公司，致債權人無從追償貨款，即屬違反法令，致債權人負有損害，應依公司法第二十三條負賠償責任（最高法院65年臺上字第3031號判例、66年12月13日66年度第10次民事庭會議決議）。

【結論】

成立公司法第二十三條公司與負責人侵權行為負連帶賠償責任的前提，在於須具備一般侵權行為的要件。本問題中的甲（董事長）為公司的負責人，未經股東會決議，即指示以盈餘償還公司對銀行的貸款，一方面公司積極財產固然因而減少，但他方面消極財產亦相對的因而減少，公司資產並無增減，對股東所有股份的價值，並無影響，並沒有因此受有損害（最高法院70年臺上字第1573號判決），故不符合公司侵權行為的成立要件。

【參考法條】

公司法第八條

「本法所稱公司負責人：在無限公司、兩合公司為執行業務或代表公司之股東；在有限公司、股份有限公司為董事。

公司之經理人、清算人或臨時管理人，股份有限公司之發起人、監察人、檢查人、重整人或重整監督人，在執行職務範圍內，亦為公司負責人。

公司之非董事，而實質上執行董事業務或實質控制公司之人事、財務或業務經營而實質指揮董事執行業務者，與本法董事同負民事、刑事及行政罰之責任。但政府為發展經濟、促進社會安定或其他增進公共利益等情形，對政府指派之董事所為之指揮，不適用之。」

公司法第二十三條第一、二項

「公司負責人應忠實執行業務並盡善良管理人之注意義務，如有違反致公司受有損害
　者，負損害賠償責任。

　公司負責人對於公司業務之執行，如有違反法令致他人受有損害時，對他人應與公
　司負連帶賠償之責。」

民法第二十八條

「法人對於其董事或其他有代表權之人因執行職務所加於他人之損害，與該行為人連
　帶負賠償之責任。」

民法第一八四條

「因故意或過失，不法侵害他人之權利者，負損害賠償責任。故意以背於善良風俗之
　方法，加損害於他人者亦同。

　違反保護他人之法律，致生損害於他人者，負賠償責任。但能證明其行為無過失
　者，不在此限。」

【練習題】

一、某股份有限公司董事會議決公司解散案時，董事長甲提議解散後不向
　　法院辦理清算，逕行將現有資產變賣發還股東，獲得董事乙、丙的支
　　持，而董事丁、戊反對。因已獲半數董事同意，則予以執行。請問是
　　否有公司法第二十三條的適用？

二、有限公司董事庚為公司購買房屋一棟，因積欠房屋價款，出賣人請求
　　庚與公司依公司法第二十三條規定負連帶賠償責任，是否有理？

問題十八
公司經廢止公司登記後，於清算完結前，其法人人格是否消滅？

> 甲股份有限公司因受經濟不景氣影響，負責人避債中國大陸，工廠停工，遭主管機關命令解散，並依法廢止公司登記，則公司的債權人是否得以甲公司法人人格仍然存續訴請清償？

【解析】

一、公司解散不辦登記，主管機關得廢止其登記

按公司設立登記後欲延展開業或開始營業後欲暫停營業者，應辦理延展登記、停業登記。如未辦理，則開始營業後自行停止營業六個月以上者，即可認無正當理由自行停業，主管機關得依職權或利害關係人的申請，命令解散之（公 §10 ②）。又公司解散後，應向主管機關申請解散登記，不為申請者，主管機關得依職權或據利害關係人申請廢止其登記。前開廢止，除命令解散或裁定解散外，應定三十日之期間，催告公司負責人聲明異議；逾期不為聲明或聲明理由不充分者，即廢止其登記（公 §397）。

二、解散的公司應行清算

解散的公司除因合併、分割或破產而解散外，應行清算（公 §24）。蓋公司因破產而解散者，有破產程序足以處理其未了結的事務；而公司因合併、分割而解散者，其權利義務由合併、分割後存續或另立的公司承受，猶如自然人的繼承制度，故不必經清算程序。

㈠公司變更組織不須解散登記，人格亦不消滅

組織變更前的公司與組織變更後的公司，不失其法人的同一性，並非兩個不同的公司，亦不生義務概括移轉與新公司的問題。基於保護公司交易安全，不須經解散登記的程序（最高法院 76 年臺上字第 70 號判決、經濟部 87.4.13 商 87207603 號函）。

㈡公司的清算屬於法院監督（民 §42 I 前段）。公司經主管機關撤銷許可或命令解散者，主管機關應同時通知法院（民 §42 II）。

㈢清算人就任之日為清算起算日

　　法定清算人（公 §79 前段、§322 I 前段）因係當然就任，無需清算人為就任的承諾，似應認為公司解散之日為清算人就任之日。其為章程規定，股東或股東會選任或法院選派的清算人者（公 §79 後段、§81、§322 I 後段、II），因需清算人就任的承諾，似應認為清算人實際就任之日為清算起算日。又清算人於清算中依法解任者，清算期間仍應自第一任清算人就任之日起算（經濟部 58.11.7 商 3808 號函）。

三、公司經廢止公司登記後，於清算完結前，法人人格是否消滅

㈠清算終結法人人格始消滅

　　按公司法人人格終於何時，學說及實務見解一向莫衷一是，通說認為必待清算終結，法人人格始消滅（最高法院 75 年臺抗字第 385 號裁定、經濟部 72.11.19 商 46423 號函）。因為公司無論因解散或廢止登記（公司法九十年修正前稱為撤銷登記，爰配合行政程序法 §125 的規定，將「撤銷」修正為「廢止」），均有清算的必要，以完結其與他人間的權利義務關係。如認為清算中的公司法人人格已消滅，將使公司喪失為權利義務主體的資格，而使清算的進行造成困擾，例如為清算的目的暫時經營業務（公 §26）又如何訴請他人返還不動產，即有疑義。

㈡公司的權利能力終於清算完了

　　採肯定說者認為清算中的公司可視為非法人團體，惟非法人團體在民法上並無權利能力，僅於民事訴訟法上為訴訟的必要承認其具有形式上的當事人能力，而得為訴訟的主體，至於法院能否對其為實體上的判決，仍須視訴訟標的的法律關係定之，難以符合公司清算的必要。故實務上認為公司若有法定事由經主管機關廢止其設立登記，在清算未完了前，尚不能謂已無權利能力（最高法院 77 年臺再字第 289 號判決）。

㈢公司人格於清算完結後消滅，不因清算人怠於進行程序有異（最高法院 76 年臺上字第 1275 號判決）。

(四)公司解散後續以公司名義經營清算範圍外的業務，違反公司法第十九條的規定（經濟部 87.5.4 商 87208885 號函）。

(五)公司經廢止登記後，於清算的必要範圍內，其法人人格視為存續

公司經主管機關撤銷登記後，即失其存在的法律上依據，惟為處理債權債務及公司的財產，以了結其與第三人的權利義務關係，其法人人格應類推適用公司解散及清算的規定，於清算的必要範圍內，仍視為存續。並得辦理不動產過戶登記（司法院 (78) 秘臺廳（一）字第 01769 號函、經濟部 80.1.10 商 225320 號函、81.6.25 商 213612 號函）。

(六)法院准予備查非謂法人人格已消滅

按公司於清算完結將表冊提請股東會承認後，依公司法第九十三條第一項、第三三一條第四項規定，尚須向法院聲報備查，惟向法院聲報，僅為備案性質，是否發生清算完結之效果，應視是否完成合法清算而定，若倘未完成合法清算，縱經法院為准予清算完結之備查，仍不生清算完結之效果。又法人至清算終結止，在清算之必要範圍內，視為存續，民法第四十條第二項定有明文，公司亦為法人組織，其人格之存續，自應於合法清算終結時始行消滅。公司如有違章欠稅而尚未合法清算終結者，在清算之必要範圍內，視為存續；並不因法院准予備查，即謂其人格已消滅（最高行政法院 89 年判字第 354 號判決、95 年判字第 1599 號判決意旨參照）（法務部 99.8.5 法政字第 0999033304 號）。

(七)解散公司非俟撤銷或廢止登記後始可進行清算

按公司之解散，一經解散即生效力，其向主管機關登記，僅生對抗要件（經濟部 91.7.29 經商字第 09102143940 號函釋參照）。復按公司法第二十四條規定：「解散之公司除因合併、分割或破產而解散外，應行清算」。是以，公司之解散，不論係命令解散或裁定解散，均應行清算。而公司法第三九七條規定，係針對解散而不向主管機關申請解散登記之公司，賦予主管機關依職權或利害關係人申請，廢止其登記之權限，以維護大眾交易安全。又同法第二十六條之一規定：「公司經中央主管機關撤銷或廢止登記者，準用前三條之規定」，旨在撤銷或廢止登記與解散同屬公司法人人格消

滅之法定事由，亦有進行清算以了結債權債務關係之必要，尚非指解散公司經撤銷或廢止登記後始可進行清算（經濟部 99.4.7 經商字第 0990551060號）。

【結論】

　　甲公司遭主管機關命令解散，並依法廢止公司登記後，因其仍須進行清算，於清算中，為處理債權債務及公司財產，以了結其與第三人間的權利義務關係，其法人人格於清算必要範圍內，仍視為存續。因此，公司債權人為請求清償債務，得以甲公司為被告起訴。

【參考法條】

公司法第十條

「公司有下列情事之一者，主管機關得依職權或利害關係人之申請，命令解散之：

一　公司設立登記後六個月尚未開始營業。但已辦妥延展登記者，不在此限。

二　開始營業後自行停止營業六個月以上。但已辦妥停業登記者，不在此限。

三　公司名稱經法院判決確定不得使用，公司於判決確定後六個月內尚未辦妥名稱變更登記，並經主管機關令其限期辦理仍未辦妥。

四　未於第七條第一項所定期限內，檢送經會計師查核簽證之文件者。但於主管機關命令解散前已檢送者，不在此限。」

公司法第三九七條

「公司之解散，不向主管機關申請解散登記者，主管機關得依職權或據利害關係人申請，廢止其登記。

　主管機關對於前項之廢止，除命令解散或裁定解散外，應定三十日之期間，催告公司負責人聲明異議；逾期不為聲明或聲明理由不充分者，即廢止其登記。」

民法第四十二條

「法人之清算，屬於法院監督。法院得隨時為監督上必要之檢查及處分。

　法人經主管機關撤銷許可或命令解散者，主管機關應同時通知法院。

　法人經依章程規定或總會決議解散者，董事應於十五日內報告法院。」

【練習題】

一、乙公司解散後，於清算中，因監察人丙退休離職，法人股東改派丁接
　　替，可否辦理監察人變更登記？

二、乙公司於清算中，清算人以公司為發票人簽發支票，請問執票人提示
　　該支票請求乙公司支付時，乙公司可否主張該支票無效？

問題十九
法人或其代表人可否擔任公司的董事、監察人？

> 甲股份有限公司為乙股份有限公司的法人股東，為掌握乙公司的經營權，於乙公司改選董監事時，甲公司可否指派三位代表人候選並當選？又該三人可否分別當選為董事及監察人？

【解析】

一、法人股東得以自己名義當選董監事

政府或法人為股東時，得以自己名義當選為董事或監察人。但須指定自然人代表行使職務（公 §27 I）。例如 A 公司為 B 公司的法人股東，A 公司以 A 公司的名義當選為董事後，再指派自然人為代表至 B 公司行使董事的職務。關此，應注意的問題如下：

㈠財團法人原則上不得經營商業

因財團法人屬公益性質，於登記前應得主管官署的許可（民 §59），故原則上不得經營商業，但如為達成公益目的而有營業的必要，並於章程訂明獲得主管官署的許可者，亦只能投資於一般公司組織的營利事業為有限責任股東，而不能自營商業，以免有害公益（經濟部 55.4.20 商 09142 號函）。

㈡法人股東指派代表人不限於一人

代表人雖不限於一人，但股東名簿應記載法人股東的名稱及住所（公 §169 I ①）。至於代表人的選舉權如何行使，可授權一人代表行使或授權二人以上分別代表行使，但應以其所持有的股份綜合計算。股東常會出席證的核發叵逕按代表人發給（經濟部 57.9.24 商 34076 號函）。

㈢兩個以上法人股東不得同時指定同一自然人為其代表人　（經濟部 57.12.10 商 43432 號函）。

㈣僅得由一個中央主管機關代表中央政府為公司發起人

公司法第二十七條所稱「政府」，可分為中央政府及地方政府，中央政

府僅有一個，是以，公司登記實務上均僅由一個中央主管機關代表中央政府為公司發起人（經濟部 86.5.14 商 86208841 號函、88.5.21 商 88209723 號函）。

二、法人股東得指派代表人，以代表人身分當選董監事

政府或法人為股東時，亦得由其代表人當選為董事或監察人，代表人有數人時，得分別當選（公 §27 II）。一○一年本條鑑於未規定「不得由其代表人同時當選或擔任公司之董事及監察人」，導致諸多公司經營陷入「董監狼狽為奸」之謬誤，公開發行股票公司若有上述情狀者，對於市場經濟之秩序侵害頗甚。遂據此增訂公司法第二十七條第二項但書「但不得同時當選或擔任董事及監察人」。例如 A 公司為 B 公司的法人股東，A 公司指派自然人 C、D 二位代表人，由 C、D 以個人身分當選。但不可同時當選董事或監察人，亦可分別當選董事及監察人。指派自然人的人數無限制。前例中倘若 C、D 同時當選董事及監察人，應如何處理？公司法第二十七條第二項但書規範之目的，僅在禁止法人股東之代表人同時當選或擔任董事及監察人，除去其一，即不違反該規定。公司法就該同時當選情形，並未規定如何定其效力，應類推適用證券交易法第二十六條之三第五項第三款「監察人與董事間不符規定者，不符規定之監察人中所得選票代表選舉權較低者，其當選失其效力」之規定。且股東對該董監事之投票行為並非無效，僅因法律規定，使不符規定之監察人中所得選票較低者，其當選失其效力而已，不生由次高票者遞補問題（最高法院 104 年臺再字第 18 號民事判決）。

（一）違反股東平等原則

具備一股東身分者，原則上僅得當選一席董事或監察人，如得「分身」當選多數席次，在論理上顯然無據。

（二）違反兼任禁止規定

依公司法第二二二條規定，監察人不得兼任公司董事、經理人或其他職員。而法人股東指派數位代表人既然得分別當選，即顯然悖離兼任禁止的行為。

㈢政府或法人股東的代表人不以具有股東身分為要件　（經濟部 56.9.8 商 23486 號函、87.8.18 商 87024077 號函）。

㈣公司法第二十七條第一項及第二項規定運作方式不同，僅能擇一行使（經濟部 87.9.29 商 87223431 號函）。

㈤一〇一年一月四日增訂但書「但不得同時當選或擔任董事及監察人」之規定，未以公開發行公司為限。可見無論是否屬公開發行公司，亦不問該公司之規模，均禁止法人股東之代表人同時當選或擔任董事及監察人，以期發揮監察人之監督功能，落實公司治理。於法人股東之代表人及由該法人百分之百轉投資之法人股東之代表人同時當選或擔任董事及監察人之情形，該二法人形式上雖獨立存在，但後者完全由前者掌控，其代表人實質上係由投資之法人指派，該二法人股東之代表人同時當選或擔任董事及監察人者，與同一法人之數代表人同時當選或擔任之情形無異，應為公司法第二十七條第二項之文義所涵攝（最高法院 104 年臺上字第 35 號民事判決）。

三、法人代表得隨時改派並補足原任期

　　不論是以法人本身名義當選再指派代表，或是法人股東先指派自然人為代表人，再由該代表人身分當選，此代表人得依其職務關係，隨時改派補足原任期（公 §27 III）。

㈠其目的是在避免公司不致因此而須召集股東會的繁複程序。其改派人員到職生效日期，應依政府或法人意思到達公司時即生效力　（經濟部 82.3.12 商 205706 號函）。

㈡法人股東為董事長、常務董事時，改派的代表仍須依公司法第二〇八條第一項、第二項選舉，始得擔任董事長或常務董事，改派的代表非當然繼任該職務（經濟部 57.1.20 商 02136 號函、79.10.17 商 218571 號函）。

㈢法人股東的代表人依公司法第二十七條第二項當選為董監事，其經公司股東會決議解任者，即屬缺位，自不發生另為改派的情事　（經濟部 85.12.10 商 85222923 號函）。

四、其　他

㈠不論是政府或法人當選為董事或監察人所指定的自然人代表（公 §27 I），或是政府或法人所指派的自然人代表當選為董事或監察人（公 §27 II），對其代表權所加的限制，不得對抗善意第三人（公 §27 IV）。

㈡法人股東代表人擔任另一公司董監事代表行使職務由誰負法律責任，應須視事件發生的緣由而定其法律責任，不能事先定其責任的歸屬。又法人股東所指派的代表人當選為公司董監事時，其董監事酬勞金應作為法人股東的收益，至於車馬費則作為代表個人的收入（經濟部 70.6.18 商 24296 號函）。

㈢公司因合併而消滅，消滅公司原依公司法第二十七條第一項規定當選為他公司董事監察人者，得由合併後存續或另立的公司以變更董事監察人名稱方式接續原職務（經濟部 88.11.19 商 88222810 號函）。

【結論】

一、依公司法第二十七條第一項及第二項規定，甲公司得以公司名義競選乙公司的董監事，亦得以指派的自然人代表競選乙公司的董監事，且指派的自然人代表無人數上的限制。就甲公司擬掌握乙公司的經營權來看，自以後者的方法較為適當。

二、本問題中甲指派三位代表人候選董監事，依公司法第二十七條第二項後段規定，代表人有數人時，得分別當選，但不得同時當選或擔任董事及監察人。該三位代表得分別當選董事或監察人。如同時當選或擔任董事及監察人，除去其一，即不違反該規定。即類推適用證券交易法第二十六條之三第五項第三款「監察人與董事間不符規定者，不符規定之監察人中所得選票代表選舉權較低者，其當選失其效力」之規定。且股東對該董監事之投票行為並非無效，僅因法律規定，使不符規定之監察人中所得選票較低者，其當選失其效力而已。

【參考法條】

公司法第二十七條

「政府或法人為股東時，得當選為董事或監察人。但須指定自然人代表行使職務。

　政府或法人為股東時，亦得由其代表人當選為董事或監察人，代表人有數人時，得

　分別當選，但不得同時當選或擔任董事及監察人。

　第一項及第二項之代表人，得依其職務關係，隨時改派補足原任期。

　對於第一項、第二項代表權所加之限制，不得對抗善意第三人。」

公司法第二二二條

「監察人不得兼任公司董事、經理人或其他職員。」

【練習題】

一、丙公司為 A 股份有限公司的法人股東，其所指派的自然人代表丁當選
　　為 A 公司的董事，某日丁因故被解任，丙公司可否再指派其他人補足
　　丁的原任期？

二、戊公司為庚股份有限公司的法人股東，戊公司原指派 A、B 二位代表
　　當選為庚公司的董事及監察人，則戊公司與庚公司合併，戊公司被吸
　　收後，A、B 是否仍得擔任庚公司的董事及監察人？

問題二十
公司經理人的人數、種類及報酬有無限制？

> 甲股份有限公司章程規定，該公司總經理的年薪、特支費、車馬費比照董事長，則新任總經理的報酬應依章程規定支付？或是由董事會決議？

【解析】

一、經理人的意義

公司法上所謂經理人，是指為公司管理事務及有權為其簽名的章定、任意、常設的輔助業務執行機關。

㈠公司法第二十九條第一項前段規定，公司得依章程規定置經理人。由此可知，公司可設也可不設經理人，如欲設置經理人，公司章程須有明文規定。

㈡公司的經理人有民法債編經理人節規定的適用(最高法院42年臺上字第554號判例)。

㈢適用勞動基準法的公司，與其委任的經理間，有無勞動基準法的適用？

關於此問題，實務見解不一：

1.肯定說：公司負責人對經理就事務的處理，仍具有使用從屬與指揮命令的性質，亦具有勞雇的相對性。且勞動基準法第二條第一款所謂勞工固稱受雇主「僱用」從事工作獲致工資者，然非若僱傭契約的受僱人以供給勞務本身為目的，且勞動基準法第二條第六款規定勞雇間的契約為勞動契約，並未以僱傭契約為限，又勞動基準法乃規定勞務條件的最低標準，於民法有關委任的規定，亦無任何衝突，故公司經理應屬勞動基準法所謂的勞工，而有該法的適用。

2.否定說：勞動基準法所規定的勞動契約，是指當事人的一方，在從屬於他方的關係下，提供職業上的勞動力，而由他方給付報酬的契約，與

委任契約的受僱人，以處理一定目的的事務，具有獨立的裁量權者有別（最高法院 83 年臺上字第 72 號判決）。故依公司法「委任」的經理、總經理不屬勞動基準法所稱的勞工，故其退休及其他勞動條件等權利義務事項，由其與事業單位自行約定　（行政院勞工委員會 80.5.30 臺 (80) 勞動一字第 12352 號函）。

　　3.折衷說：公司負責人對經理，就事務的處理，若具有使用從屬與指揮命令的性質，且經理實際參與生產業務，即屬於勞動契約的範疇，該經理與公司間，即有勞動基準法的適用。反之，則否。因此，經理與公司間有無勞動基準法的適用，應視具體狀況認定之（司法院 83.6.16 (83) 院臺廳民一字第 11005 號函復臺灣高等法院）。

二、經理人的人數

㈠經理人並無法定最高或最低人數的限制，一律按章程的規定。

㈡外國公司在臺分公司得設置二人以上的經理人（最高法院 83 年臺上字第 2980 號判決、經濟部 87.2.20 商 87201882 號函）。

三、經理人的種類

　　公司法在九十年修正前將經理人分為總經理、副總經理、協理、經理、副經理等數種（公 §29 I、§38）。且就其職級高低有明文規定，例如經理人有二人以上時，應以其一人為總經理；而副總經理、協理、副經理乃設置以輔佐總經理、經理的人。然而，因民間企業對前開經理人的職稱並無統一的內涵，且其職務高低、範圍亦不一致，基於私法人自治原則，九十年修正公司法時已刪除前開類此規定。換言之，經理人的職稱由公司自行決定，不再強制規定。

四、經理人的報酬

　　原則上經理人的報酬依下列規定（公 §29 I）：

無限、兩合公司	全體無限責任股東過半數同意
有限公司	全體股東表決權過半數同意
股份有限公司	由董事會以董事過半數的出席，及出席董事過半數同意的決議

據上說明，若董事會決議經理人之報酬為〇〇〇元至〇〇〇元間，於該級距金額範圍內，則授權董事長核定，其與未經董事會議定即授權董事長全權決定經理人報酬，情況並不相同。惟董事會之授權亦不宜漫無限制，仍必須在一般社會通念之合理範圍內，訂定經理人報酬級距，始得授權董事長依該級距核定經理人報酬（經濟部 99.7.23 經商字第 09902415710 號）。

　　又基於私法人自治原則，如公司章程就經理人的報酬有較高規定者，從其規定（公 §29 I 但書）。應注意的是，九十八年一月公司法修正時，配合公司參與政府專案核定之紓困方案的特別情形，新增第二十九條第二項，本條項配合第一五六條第九項專案紓困之情形，已移列修正條文第一五六條之四，故又於一〇七年修正：「公司有第一百五十六條第七項之情形者，專案核定之主管機關應要求參與政府專案紓困方案之公司提具自救計畫，並得限制其發給經理人報酬或為其他必要之處置或限制；其辦法，由中央主管機關定之。」且九十八年三月十九日發布「參與政府專案紓困方案公司發行新股與董事監察人經理人限制報酬及相關事項辦法」。

【結論】

　　依九十年新修正的公司法第二十九條第一項規定，經理人的報酬公司章程有較高規定者，從其規定。此所稱「較高規定」是指同意或決議的表決成數而言，而非指報酬高低，故本問題新任總經理的報酬仍須經甲公司董事會以董事過半數的出席，及出席董事過半數同意的決議比照董事長的報酬，始得支付。非謂一經章程規定，即不用經董事會決議。

【參考法條】

公司法第二十九條第一、二項

「公司得依章程規定置經理人，其委任、解任及報酬，依左列規定定之。但公司章程
　有較高規定者，從其規定：

一　無限公司、兩合公司須有全體無限責任股東過半數同意。

二　有限公司須有全體股東表決權過半數同意。

三　股份有限公司應由董事會以董事過半數之出席,及出席董事過半數同意之決議
　　行之。

公司有第一百五十六條之四之情形者,專案核定之主管機關應要求參與政府專案紓
困方案之公司提具自救計畫,並得限制其發給經理人報酬或為其他必要之處置或限
制;其辦法,由中央主管機關定之。」

舊公司法第二十九條第一項

「公司得依章程規定置經理人,經理人有二人以上時,應以一人為總經理,一人或數
　人為經理。」

舊公司法第三十八條

「公司依章程之規定,得設副總經理或協理,或副經理一人或數人,以輔佐總經理或
　經理。」

【練習題】

一、外國分公司在臺分公司經理人的報酬如何決定?

二、乙股份有限公司在章程中規定,本公司設置部長五人,其中一人為正
　　部長,二人為副部長,請問是否相當於公司法上的經理人?

問題二十一
公司經理人有何資格限制？

> 甲公司不知乙曾使用票據經拒絕往來尚未期滿，委任其擔任總經理，嗣後知情後是否仍須經董事會決議解任其職務？

【解析】

一、經理人的積極資格限制

㈠不須具有股東身分。

㈡無學歷限制（經濟部 64.1.11 商 00821 號函）。

㈢公司法並無限制董事長兼任總經理（經濟部 55.5.14 商 11191 號函）。

二、經理人的消極資格限制（公 §30）

㈠曾犯組織犯罪防制條例規定的罪，經有罪判決確定，尚未執行、尚未執行完畢，或執行完畢、緩刑期滿或赦免後未逾五年。

　　此稱為「反黑條款」，其目的在限制黑道擔任公司負責人，影響公司正常營運及人民權利。此乃九十年公司法修正時新增，原規定「曾犯內亂、外患罪，經判決確定或通緝有案尚未結案者」，因準用於董事、監察人，過於嚴苛，故加以刪除。

㈡曾犯詐欺、背信、侵占罪經宣告有期徒刑一年以上之刑確定，尚未執行、尚未執行完畢，或執行完畢、緩刑期滿或赦免後未逾二年。

　　1.本款規定在九十年修正前尚包括違反「工商管理法令」在內。所謂「工商管理法令」，主管機關曾解釋為「具刑罰效力的行政刑法」，至於違反普通刑法上的規定者，依本款規定僅限於詐欺、背信及侵占罪，是以，股份有限公司董事，因偽造有價證券經判處有期徒刑一年以上者，尚非為本款所涵蓋的範圍（經濟部 86.9.17 商 86217083 號函）。惟九十年公司法修正時，基於「工商管理法令」的定義並不明確，故將其刪除。

　　2.本款的罪刑以經法院裁判確定者為限（經濟部 58.9.3 商 30346 號函）。

　　3.本款所謂一年以上有期徒刑，係指宣告之刑而言，如因減刑結果，不滿有期徒刑一年時，其減得之刑仍為所宣告之刑（經濟部 65.12.15 商 34262 號函）。

㈢曾犯貪污治罪條例之罪，經判決有罪確定，尚未執行、尚未執行完畢，或執行完畢、緩刑期滿或赦免後未逾二年。

㈣受破產的宣告或經法院裁定開始清算程序，尚未復權。

　　除法人得進行清算外，依消費者債務清理條例之規定，經法院裁定開始清算程序者，以自然人為限。是以，自然人亦得進行清算，自然人經法院裁定開始清算程序者，與受破產宣告之情形類似，爰於一〇七年修正第四款。

㈤使用票據經拒絕往來尚未期滿。

　　九十年公司法修正前本款本來規定為「有重大喪失債信情事，尚未了結或了結後尚未逾二年者」，惟「有重大喪失債信情事」語意不明，過於籠統，且目前實務均以使用票據經拒絕往來，或有退票紀錄為認定基準，故加以修正。

㈥無行為能力或限制行為能力。

㈦受輔助宣告尚未撤銷。

　　按民法第十五條之一第一項規定，受輔助宣告之人係因精神障礙或其他心智缺陷，致其意思表示或受意思表示，或辨識其意思表示效果之能力，顯有不足者。同法第十五條之二第一項序文及第一款規定，受輔助宣告之人為獨資、合夥營業或為法人之負責人，應經輔助人同意；同條第二項及第三項規定，受輔助宣告人，未經輔助人同意之行為，其效力分別準用第七十八條至第八十三條及第八十五條有關限制行為能力人之相關規定，顯見受輔助宣告尚未撤銷之人，並不具備完全行為能力。按經理人設置之目的在輔助公司業務之執行，若其無法獨立為有效之意思表示及為有效之法律行為，顯然無法輔助公司業務之執行，亦無法承擔身為經理人對於公司應盡之忠實義務及善良管理人之注意義務，爰於一〇七年增訂第七款。

三、經理人的委任及解任

㈠委任及解任的方式

　　經理人的委任及解任依下列方式為之，但公司章程有較高規定者，從其規定（公 §29 I）：

無限、兩合公司	全體無限責任股東過半數同意
有限公司	全體股東表決權過半數同意
股份有限公司	由董事會以董事過半數的出席，及出席董事過半數同意的決議

㈡經理人有公司法第三十條各款消極資格之一者，不得充任經理人，其已充任者，當然解任（公 §30）

　　1.九十年公司法修正前，原規定為「……其已充任者，解任之，並由主管機關撤銷其經理人登記。」對此，實務解釋認為此項解任由公司以單方面意思表示為之即足生法律上的效果，無以訴訟為之的必要（最高法院77 年臺上字第 593 號判決）。又本規定旨在保護社會公益，所謂「解任之」、「並由主管機關撤銷其經理人登記」係屬兩種程序，可由公司自動依法予以解任，或由主管機關依職權撤銷其登記（經濟部 57.10.18 商 36720 號函、88.4.22 商 88207435 號函）。

　　2.原規定對於經理人與公司間的委任關係何時終止缺乏明確規定，故九十年修正為「當然解任」，即公司已毋庸再為解任的行為，可逕行辦理解任登記。

㈢公司或經理人任何一方得隨時終止委任契約，惟於不利於他方的時期終止契約者，應負損害賠償責任。但因非可歸責於該當事人的事由，致不得不終止契約者，不在此限（民 §549）。

㈣如經理人死亡、破產或喪失行為能力時，公司與經理人間的委任關係亦消滅（民 §550 前段）。

四、股份有限公司之董事長特助及業務經理是否屬公司經理人

　　公司法尚無董事長特助一詞，而將其職務調任為業務經理，如符合公司法第三十一條規定，自仍應依公司法第二十九條第一項第三款決議辦理

（經濟部 94.4.1 經商字第 09402040120 號）。

【結論】

　　乙使用票據經拒絕往來尚未期滿，顯具有公司法第三十條第五款消極資格，不得充任甲公司的經理人，即使甲不知情已委任乙為經理人，當然解任，而毋需經甲公司以董事會決議解任之，甲公司可逕行辦理經理人解任登記。

【參考法條】

公司法第二十九條

「公司得依章程規定置經理人，其委任、解任及報酬，依左列規定定之。但公司章程有較高規定者，從其規定：

一　無限公司、兩合公司須有全體無限責任股東過半數同意。

二　有限公司須有全體股東表決權過半數同意。

三　股份有限公司應由董事會以董事過半數之出席，及出席董事過半數同意之決議行之。

公司有第一百五十六條第七項之情形者，專案核定之主管機關應要求參與政府專案紓困方案之公司提具自救計畫，並得限制其發給經理人報酬或為其他必要之處置或限制；其辦法，由中央主管機關定之。」

公司法第三十條

「有左列情事之一者，不得充經理人，其已充任者，當然解任：

一　曾犯組織犯罪防制條例規定之罪，經有罪判決確定，尚未執行、尚未執行完畢，或執行完畢、緩刑期滿或赦免後未逾五年。

二　曾犯詐欺、背信、侵占罪經宣告有期徒刑一年以上之刑確定，尚未執行、尚未執行完畢，或執行完畢、緩刑期滿或赦免後未逾二年。

三　曾犯貪污治罪條例之罪，經判決有罪確定，尚未執行、尚未執行完畢，或執行完畢、緩刑期滿或赦免後未逾二年。

四　受破產之宣告或經法院裁定開始清算程序，尚未復權。

五　使用票據經拒絕往來尚未期滿。

六　無行為能力或限制行為能力。

七　受輔助宣告尚未撤銷。」

【練習題】

一、請問丙公司可否以經理人丁因違反證券交易法，被法院判處二年有期徒刑，而逕行向主管機關辦理其解任登記？

二、庚公司因受經濟景氣不好影響，董事長未經董事會決議以 E-mail 通知分公司經理丁被裁員，是否違法？

問題二十二
經理人逾越權限所為行為對公司是否發生效力？

> 甲公司的經理人乙以公司名義與他人訂立房屋買賣契約，僅由其簽章而未蓋公司印章，其效力如何？

【解析】

一、經理人的職權

㈠民法規定的職權

1.經理人由公司授權，為公司管理事務及簽名（民 §553 I）。

2.經理人對於第三人的關係，就商號或其分號（本公司或分公司），或其事務的一部，視為其有為管理上一切必要行為的權利（民 §554 I）。

3.對於不動產的買賣或設定負擔，非經公司書面授權，經理人不得為之（民 §554 II）。

4.經理人就所任的事務，視為有代理公司為原告或被告，或其他一切訴訟上行為的權利（民 §555）。

㈡公司法規定的職權

1.經理人的職權，除章程規定外，並得依契約的訂定（公 §31 I）。

2.經理人在公司章程或契約規定授權範圍內，有為公司管理事務及簽名的權利（公 §31 II）。

3.公司不得以其所加於經理人職權的限制，對抗善意第三人（公 §36）。

4.章程如訂定「設總經理一人（對內對外授予全權處理公司業務）」，因與公司法第二○八條第三項「董事長對內為股東會、董事會及常務董事會主席，對外代表公司」的規定不符，故顯然不適法。

二、經理人的義務

㈠基於委任關係而生的義務

1.經理人處理公司事務應依公司的指示，並應以善良管理人的注意為之（民 §535）。

2.經理人應將委任事務進行的狀況報告公司，委任關係終止時，應明確報告其顛末（民 §540）。

3.經理人因處理委任事務所收取的金錢、物品及孳息，應交付於公司（民 §541 I）。

4.經理人為自己的利益，使用應交付於公司的金錢或使用應為公司利益而使用的金錢，應自使用之日起，支付利息，如有損害，並應賠償（民 §542）。

㈡忠實義務及善良管理人的注意義務

經理人在執行職務範圍內亦為公司負責人（公 §8 II）。公司負責人應忠實執行業務並盡善良管理人的注意義務（公 §23 I）。

㈢競業禁止義務

1.經理人不得兼任其他營利事業的經理人，並不得自營或為他人經營同類的業務。但若經全體股東表決權過半數同意或董事會普通決議（公 §29 I），不在此限（公 §32）。

2.違反競業禁止的效力

公司得行使歸入權（公司得請求經理人因其行為所得的利益），此請求權自公司知有違反行為時起經過二個月，或自行為時起經過一年不行使而消滅（民 §563）。

3.外國公司並不準用經理人兼職的限制（司法行政部 50.9.18 臺 (50) 函參字第 4815 號函）。

4.經理人即使未經登記，因該登記不是生效的要件，仍應受競業禁止的限制（經濟部 63.5.10 商 11890 號函）。

5.股份有限公司的董事長欲兼任另一同類業務的股份有限公司經理時，應分別經原公司股東會及所兼任經理公司的董事會的同意（公 §209 I、§32）（經濟部 66.8.29 商 25392 號函）。

㈣遵守法令、章程及決議的義務

　　經理人執行其職務時，應遵守法令、章程的規定（公 §34），且不得變更股東或執行業務股東的決定或股東會或董事會的決議，或逾越其規定的權限（公 §33）。

㈤是否在公司會計表冊簽名，由公司依其職務自行決定，非法定強制義務

　　九十年公司法修正前，原第三十五條規定：公司依公司法所造具的各項表冊，其設置經理人者，並應由經理人簽名，負其責任；經理人有數人時，應由總經理及主管造具各該表冊的經理，簽名負責。鑑於在表冊上簽名非屬強制義務，故將本條規定刪除。

㈥公開發行股票的公司經理人申報持股的義務（證交 §25）

三、經理人的責任

㈠對公司的責任

　　1.違反善良管理人的注意義務所生損害，應負賠償責任（民 §535 後段、§544）。

　　2.違反法令、公司章程、股東決定或股東會或董事會決議，或逾越規定的權限，致公司受損害，對公司應負賠償責任（公 §33、§34）。

　　3.違反競業禁止的義務，公司得請求因其行為所得利益，作為損害賠償（民 §563 I）。

㈡對第三人的責任

　　經理人對於公司業務的執行，違反法令致他人受有損害時，對他人應與公司連帶負賠償責任（公 §23 II）。

四、經理人越權行為的效力

　　依司法實務見解，經理人逾越法定職權所為行為係屬無權代理，非經公司（事前）特別委任或（事後）追認，對於公司不生效力。

㈠如經公司事前特別委任，例如經公司書面授權，買賣不動產或對不動產設定負擔，對公司自生效力。

㈡如未經公司事前特別委任，如前例，如公司事後願意追認，對公司亦生效力。

㈢如未經公司事前特別委任，公司事後亦不追認者，對公司不生效力。故

善意相對人得依民法第一一〇條（類推適用無權代理），對經理人請求損害賠償。

【結論】

一、對於不動產的買賣，非經公司書面授權，經理人不得為之（民 §554 II）。又公司在章程上如賦與經理人買賣不動產的職權，亦不得以對其限制對抗善意第三人（公 §36）。

二、本問題中乙如經授權買賣不動產，即屬其職權範圍內的行為。因乙基本上有為公司管理及簽名的權限（民 §553 I）（公 §31 II），其於職權範圍內，以公司名義與他人訂立契約，縱使僅由其簽章而未蓋公司印章，該契約在形式上如已足以辨認其係代表公司為之，應認為有效。

三、乙如未經授權買賣不動產，除非甲公司事後願意追認，對公司亦生效力，否則此逾越權限的行為，對公司不生效力。

【參考法條】

公司法第三十一條

「經理人之職權，除章程規定外，並得依契約之訂定。

　經理人在公司章程或契約規定授權範圍內，有為公司管理事務及簽名之權。」

公司法第三十三條

「經理人不得變更董事或執行業務股東之決定，或股東會或董事會之決議，或逾越其規定之權限。」

公司法第三十四條

「經理人因違反法令、章程或前條之規定，致公司受損害時，對於公司負賠償之責。」

公司法第三十六條

「公司不得以其所加於經理人職權之限制，對抗善意第三人。」

民法第五五四條第二項

「經理人，除有書面之授權外，對於不動產，不得買賣，或設定負擔。」

民法第五五七條

「經理權之限制，除第五百五十三條第三項、第五百五十四條第二項及第五百五十六
　條所規定外，不得以之對抗善意第三人。」

【練習題】

一、丙股份有限公司的總經理丁未經股東會同意，擅自將公司的資金借與
　　股東戊，丙公司可否主張丁的貸與行為對公司不生效力？又丙公司對
　　丁此越權行為可主張何種權利？

二、庚為某公司的總經理，鑑於公司業務市場廣大，獲利潛力無窮，自己
　　又私下開設一家同類業務公司，掛名董事，請問庚的行為是否適法？
　　其所屬公司可對其主張何種權利？

問題二十三
限制行為能力人得否為無限公司的執行業務股東？

十八歲的甲經其父母同意為乙無限公司的股東，乙公司章程並未訂定何人可執行業務，則甲得否執行業務？

【解析】

一、限制行為能力人獨立營業的行為能力

㈠民法第八十五條規定，法定代理人允許限制行為能力人獨立營業者，限制行為能力人關於其營業有行為能力。惟限制行為能力人就其營業有不勝任的情形時，法定代理人得將其允許撤銷或限制之，但不得對抗善意第三人。

㈡限制行為能力人既經法定代理人允許獨立營業，具有完全行為能力，即屬能獨立以法律行為負義務的人（民訴 §45），就其營業有關的訴訟事件，即有訴訟能力（最高法院 64.7.8 第 8 次民庭庭推總會決議）。

二、無限公司業務的執行者及其執行方式

㈠無限公司得以章程訂定由股東中的一人或數人執行業務，如果章程未訂定，則各股東均有執行業務的權利（公 §45 I）。

㈡公司章程如訂明專由股東中的一人或數人執行業務時，該股東不得無故辭職，他股東亦不得無故使其退職（公 §51）。

㈢執行業務的股東須半數以上在國內有住所（公 §45 II）。

㈣執行業務的方式（公 §46）

　　1.如公司章程訂定由數人或全體股東執行業務，則須經過半數同意。

　　2.通常事務各單獨執行，但其餘執行業務股東有一人提出異議時，應即停止執行。

三、限制行為能力人得否為無限公司的執行業務股東

㈠肯定說

無限公司為一典型的人合公司，其結合的基礎完全建立在股東間的相互信賴，且只要章程未明定何人為執行業務股東，原則上各股東在法律上當然構成無限公司的執行業務機關（公 §45 I）。公司法第四○六條第二項原規定（本條於九十年公司法修正時已刪除，惟其刪除的理由為另訂定授權辦法規定）：無限公司股東中有未成年者，應附送法定代理人同意證明書。由此可知，本說有其立論根據，宜採之。

㈡否定說

認為如以未成年人為公司執行業務股東，將使公司及其交易的相對人的法律地位處於不確定狀態，為維護交易的安全，無限公司的執行業務股東，應以有行為能力人擔任為妥。

【結論】

乙公司章程未訂定何人為執行業務股東時，則甲有執行業務的權利（公§45 I）。何況甲已經其父母（法定代理人）同意為獨立營業，有完全行為能力（民 §85 I），自可單獨執行業務。

【參考法條】

公司法第四十五條第一項

「各股東均有執行業務之權利而負其義務。但章程中訂定由股東中之一人或數人執行業務者，從其訂定。」

公司法第四十六條

「股東之數人或全體執行業務時，關於業務之執行，取決於過半數之同意。

執行業務之股東，關於通常事務，各得單獨執行；但其餘執行業務之股東有一人提出異議時，應即停止執行。」

公司法第五十一條

「公司章程訂明專由股東中之一人或數人執行業務時，該股東不得無故辭職，他股東

亦不得無故使其退職。」

民法第八十五條

「法定代理人允許限制行為能力人獨立營業者，限制行為能力人，關於其營業，有行
為能力。

限制行為能力人，就其營業有不勝任之情形時，法定代理人得將其允許撤銷或限制
之。但不得對抗善意第三人。」

【練習題】

一、十八歲的丙與同學合組一無限公司，對外宣稱為該公司董事長。則公
司因債務糾紛涉訟，丙可否以該公司代表人的身分訴訟？

二、十八歲的丁擔任其父母所開設的無限公司負責人，公司章程規定丁的
簽名均須經其父母簽名於旁始對公司發生效力，某日丁簽訂租用電腦
契約，未經其父母協同簽名，請問該契約的效力如何？

問題二十四
股東對外代表公司所為的行為相互衝突時，其效力如何？

> 甲無限公司的股東乙，向丙租用電腦設備一批，租金十二萬元；同時股東丁亦向丙租用電腦設備一批，租金為十萬元，則前後契約何者有效？

【解析】

一、無限公司的代表機關（公 §56 I）

㈠原則：所有股東均得代表公司。

㈡例外：公司得以章程特定代表公司的股東。

㈢無限公司的代表人須為該公司的股東，且須半數以上在國內有住所（公 §56 II 準用 §45 II）。

二、代表權的範圍

㈠原則：關於公司營業上一切事務均有辦理權（全權代表）（公 §57）。

㈡例外：

　　1.公司對於股東代表權所加的限制，例如各股東本得各單獨代表公司，但公司限定其必須共同代表，不得對抗善意第三人（公 §58），以保護交易的安全。

　　2.代表公司的股東，如為自己或他人與公司為買賣、借貸或其他法律行為時，不得同時為公司的代表；但向公司清償債務時，不在此限（公 §59）。因此時股東與公司處於利害相反的地位，自不得代表公司。

三、股東行為相互衝突的效力

　　若無限公司各股東均得代表公司，或公司以章程約定得代表公司的股東有數位時，各股東間的行為相互衝突時，其效力如何？

㈠所為法律行為相互衝突時

1.後行為在法律上足以變更前行為的效力時，原則上以後行為為代表公司的行為。

2.後行為在法律上不足以變更前行為的效力者，則以前行為為有效。例如 A 股東代表公司對某債務人為免除債務的意思表示後，B 股東就同一債務代表公司為抵銷的意思表示，則因該債務已因 A 的免除行為而消滅，B 的後行為自然不生效力。

3.如果相衝突的行為同時成立，因意思表示不明確，兩者均不能代表公司。

㈡所為訴訟行為相衝突時

1.代表公司起訴或被訴的股東僅只有一人時，在此情形下，其他股東非屬公司訴訟上的法定代理人，其行為自不能在訴訟上代表公司。例如 B 為 A 公司的訴訟代理人時，若 C 同時出庭，雖其亦為公司股東，惟其在訴訟上所為就公司有關的事項，與 B 有所衝突時，仍應以 B 的行為代表公司。

2.代表公司起訴或被訴的股東有數人時，其於訴訟上所為的行為不一致時，依當事人處分主義及辯論主義的精神，以最不利的行為代表公司。

㈢所為的法律行為與訴訟上行為相互衝突時

法院應斟酌民事訴訟法第二七九條第二、三項的規定，以最不利的行為，為代表公司的行為。

【結論】

首先，必須視甲公司的章程是否有特定代表該公司的股東，如果有，自以該有代表權者代表公司所訂定的契約始為有效。如果甲公司的章程並未特定代表公司的股東，則股東乙、丁均得代表公司。因其二人的法律行為同時相衝突，代表公司的意思表示不明確，兩者所訂立的契約尚非有效。

【參考法條】

公司法第五十六條第一項

「公司得以章程特定代表公司之股東；其未經特定者，各股東均得代表公司。」

公司法第五十七條

「代表公司之股東，關於公司營業上一切事務，有辦理之權。」

公司法第五十八條

「公司對於股東代表權所加之限制，不得對抗善意第三人。」

【練習題】

一、甲無限公司的股東乙、丙同時出庭應訊，對同一法律事實二者說詞相反，法院應如何認定何人得代表公司發言？

二、丁無限公司的章程上並未特定何人得代表公司，但明定公司業務重大事項的執行須經股東二分之一以上的同意。今戊以丁公司代表人的名義代表公司向銀行貸款三百萬元，請問是否適法？

問題二十五
公司的代表股東或董事，為自己或他人與公司有所交涉時，應由何人代表公司？

> 甲無限公司的股東乙欲將其所有的不動產轉讓與公司，則乙可否代表甲公司簽約？或是由其他股東代表公司簽約？

【解析】

一、雙方代表、自己代表的禁止

公司法第五十九條規定，代表公司的股東，如為自己或他人與公司為買賣、借貸或其他法律行為時，不得同時為公司的代表人。此規定與民法第一〇六條雙方代理、自己代理禁止的理由相當，是因考慮到股東代表權的行使，應以公司的利益為依歸，代表公司的股東，同時代表與公司為法律行為的相對人，甚至同時與自己為法律行為，易因牽涉自己的利益，而有損公司，故除了清償債務的行為，不至於發生利害衝突，得允許為雙方代表、自己代表外，其餘行為應予以禁止。

查公司法第五十九條規定：「代表公司之股東，如為自己或他人與公司為買賣、借貸或其他法律行為時，不得同時為公司之代表。但向公司清償債務時，不在此限。」係仿民法第一〇六條所定，與民法第一〇六條規定同一旨趣，本件無論係一人有限公司之代表人將其個人所有之專利權或商標權無償讓與公司；或貴部來函說明三舉例甲欲依商標法第二十三條第一項第十三款但書規定，以 A 商標所有人之地位出具註冊同意書予乙公司一節，就受贈人或經同意之公司而言，參照上開說明，係純獲法律上利益，不致引起利害衝突，應無公司法第五十九條本文自己代表禁止之適用（法務部 96.3.20 法律決字第 0960008616 號）。

二、監察人在何種情形下得為公司的代表

股份有限公司原則上是以董事長為代表人，即使董事長不能代表，代

理人亦以副董事、常務董事或董事為之（公 §208 III）。而由監察人代表公司的情形有下列四種：

㈠公司與董事間的訴訟，除法律另有規定，或股東會另選代表人外，由監察人代表公司（公 §213）。

㈡監察人為辦理檢查業務及查核表冊事項，得代表公司委託律師、會計師（公 §218、§219）。

㈢董事為自己或他人與公司為買賣、借貸或其他法律行為時，由監察人為公司的代表（公 §223）。

㈣公司為設立、解散、增資的登記時，至少應有監察人一人參與聲請（九十年公司法修正前 §418，本條已刪除，授權另訂辦法）。

三、無限、有限公司於代表股東不能代表時，由何人代表公司

　　股份有限公司在董事有雙方代表的情形，明定由監察人代表公司（公 §223），而公司法第五十九條（有限公司 §108 IV 準用），僅為雙方代表禁止的宣示規定，未類如公司法第二二三條，尚明白指出若發生雙方代表的情形時，應由何人代表公司。因此，依法理，無限、有限公司於代表股東不能代表時，應為如下的處理：

㈠無限公司

　　如公司的代表股東有數位時，應由其他代表股東代表公司；如公司章程約定僅有一位代表股東時，則應由其他股東另行推選一人，代表公司為行為。

㈡有限公司

　　僅置董事一人者，由全體股東同意，另推選有行為能力的股東代表公司；若設有董事二人以上，並特定一董事為董事長者，由其餘的董事代表公司（72.12.10 (72) 廳民二字第 0860 號函覆臺高院、經濟部 75.10.28 商 47488 號函）。

【結論】

　　本問題中並未說明甲公司章程是否約定股東乙為公司代表股東，因此，假設章程有約定，則乙欲將其所有的不動產轉讓與公司，顯然違反公司法第五十九條自己代表禁止的規定（代表公司的股東為自己與公司為買賣行為），應由其他股東另行推選一人代表公司為簽約行為。假設章程未約定，則因各股東均得代表公司（公 §56 I 後段），則由其他股東代表公司簽約。

【參考法條】

公司法第五十九條

「代表公司之股東，如為自己或他人與公司為買賣、借貸或其他法律行為時，不得同
　時為公司之代表。但向公司清償債務時，不在此限。」

民法第一○六條

「代理人，非經本人之許諾，不得為本人與自己之法律行為，亦不得既為第三人之代
　理人，而為本人與第三人之法律行為。但其法律行為，係專履行債務者，不在此
　限。」

【練習題】

一、丙股份有限公司欲將其所有的著作權，轉讓與丁有限公司，二公司的
　　代表人均為戊，應由何人代表公司？戊可否經全體股東事前授權，代
　　表公司訂立轉讓契約？

二、庚為辛有限公司的董事，欲清償自己對公司的債務，可否代表公司簽
　　立收據給自己？

問題二十六
無限公司股東負連帶清償責任是否以公司資產不足為條件？

> 甲無限公司的債權人乙，向甲公司請求清償債務，甲公司遲遲不理會，乙遂向其股東請求連帶清償，請問股東可否抗辯甲公司尚有資產足供清償，其不負責任？

【解析】

一、無限公司股東的責任

㈠一般責任：指公司股東在公司存續中，無特殊事由存在時對公司債務所負的責任

　　1.股東對公司債務所負的責任為直接責任，公司資產不足清償債務時，由其股東負連帶清償責任（公 §60）。

　　2.股東對公司債務居於保證人的地位

　⑴股東所負的連帶責任係股東相互間的連帶責任，非股東與公司間的連帶責任。

　⑵公司對債權人所得為的抗辯，股東均得主張。

　⑶股東對外清償公司全部債務後，在內部關係上，對其他股東有求償權，應適用民法第二八一條、第二八二條關於連帶債務人間求償的規定。

㈡特殊責任：即股東因特殊的事由所應負的責任

　　1.新入股東的責任：即無限公司成立後，始加入為股東者，對於未加入前公司業已存在的債務，亦須負責（公 §61）。

　　2.類似股東的責任：即非股東而其行為可令人誤信其為股東者，對於善意的第三人，應負與股東同一的責任（公 §62）。

　　3.退股股東與轉讓出資的股東的責任：退股股東、轉讓出資的股東應

向主管機關申請登記，對於登記前公司的債務，於登記後二年內，仍負連帶無限責任（公 §70）。

4.解散後股東的責任：股東的連帶無限責任，自解散登記後，滿五年而消滅（公 §96）。此五年的期間為除斥期間，故此期間屆滿後，即令仍有債務未清償，債權人亦不得以時效未完成為理由，向股東請求。

5.變更組織後股東的責任：無限公司得經股東三分之二以上之同意變更章程，將其組織變更為有限公司或股份有限公司（公 §76 之 1 I）。股東依第七十六條第一項或第七十六條之一第一項之規定，變更為有限責任的股東，對於在變更組織前的公司債務，於公司變更登記後二年內，仍負連帶無限責任（公 §78）。

二、無限公司的債權人是否須對公司的財產強制執行無效果後，始得向股東請求連帶清償

（一）債務超過說

無限公司的債權人，只要能證明該公司的資產，在帳面的計算上，確實不足支付其負債，即得請求其股東負連帶清償的責任。蓋因無限公司的人合性質濃厚，著重其人的信用要素的考量，而非股東責任的補充性。

（二）請求無效說

無限公司的股東，依公司法第六十條的規定，對公司債務負有連帶清償的責任，此項責任，為主要責任而非附屬責任，與保證人的責任並不相同，因此在公司資產不足清償債務，公司債務人對公司請求不獲受償時，即得直接向各股東請求，各股東即需依法負連帶清償的責任，而不得像保證人一般，主張先訴抗辯權。

（三）執行無效說

無限公司股東對公司債務所負的連帶清償責任，係屬一補償性責任，必當公司的財產無法清償債務時，債權人始得對股東有請求權。而所謂公司資產不足清償債務，係公司債權人就公司現實的請求，依強制執行程序，或破產程序的結果，仍無法獲得全部清償時，公司的股東始有連帶無限清償的義務。

按公司法第六十條規定，公司資產不足清償債務時，股東有連帶清償的責任，乃無限公司展現其人合公司的重要特性；惟無限公司本身，亦具有獨立的法人人格，有負擔權利義務的能力，自亦有負擔債務的能力，因此各股東的連帶清償責任，應為補償性的責任，必須在公司本身已無能力負擔時，股東方有連帶清償之義務。而所謂「公司資產不足清償債務」，係指公司積極財產不足清償公司債務之情形，即所謂的「債務超過」。公司是否已經債務超過，法條上並無規定舉證的方式，因此原則上，即使債權人以計算的方式，證明公司確已處於「債務超過」之情況，各股東即應依法負擔連帶清償的責任。惟對公司的資產及其他負債狀況，通常難以期待債權人能夠知悉甚且舉證，因此對公司請求清償，經強制執行仍無效果時，最能夠明確公司的債務超過情況，於此時請求公司股東負擔連帶清償的責任，法律關係較為清楚。故以本說為妥。

【結論】

依公司法第六十條規定，必須公司資產不足清償債務時，公司債權人始得向股東請求負連帶清償責任。本問題中甲公司只是不理會乙，乙在未舉證甲公司的資產不足清償債務時，股東自可抗辯不負連帶清償責任。

【參考法條】

公司法第六十條
「公司資產不足清償債務時，由股東負連帶清償之責。」
公司法第六十一條
「加入公司為股東者，對於未加入前公司已發生之債務，亦應負責。」
公司法第九十六條
「股東之連帶無限責任，自解散登記後滿五年而消滅。」
民法第二八一條第一項
「連帶債務人中之一人，因清償、代物清償、提存、抵銷或混同，致他債務人同免責任者，得向他債務人請求償還各自分擔之部分，並自免責時起之利息。」

【練習題】

一、丙於丁無限公司成立後二年始加入成為其股東，今債權人主張丁公司資產不足清償債務，向丙請求負連帶責任，丙可否抗辯其對加入公司前的債務不負責任？

二、戊無限公司於九十年解散後，至今債權人始向其股東庚、辛請求負連帶清償責任，庚於全額給付後，可否向辛請求其應負擔的部分？又辛抗辯公司已解散，其不負任何責任，是否有理由？

問題二十七
公司解散的事由有那些？

> 甲股份有限公司因受經濟不景氣影響，業務萎縮，且股東對於是否解散爭論不休，無法作成決議，是否還有其他方法可使公司解散？

【解析】

一、公司解散的事由

㈠任意解散：即公司基於自己的意思而解散

　　1.章程所定解散事由的發生（公 §71 I ①、§113、§115、§315 I ①）。

　　2.股東三分之二以上之同意或經股東表決權三分之二以上之同意解散（公 §71 I ③、§113、§115、§315 I ③）。

㈡法定解散：即公司基於法律規定而解散

　　1.所營事業已成就或不能成就（公 §71 I ②、§113、§115、§315 I ②）。

　　2.股東不足法定人數（公 §71 I ④、§113、§115、§315 I ④）。

　　3.與其他公司合併（公 §71 I ⑤、§113、§115、§315 I ⑤）。

　　4.股份有限公司公司分割（公 §315 I ⑥）。

　　5.破產（公 §71 I ⑥、§113、§115、§315 I ⑦）。

㈢強制解散

　　1.命令解散：有下列情事之一時，主管機關得依職權或利害關係人的聲請，命令解散公司（公 §10）：

　　⑴公司設立登記後六個月尚未開始營業。

　　⑵公司開始營業後自行停止營業六個月以上。

　　⑶公司名稱經法院判決確定不得使用，公司於判決確定後六個月內尚未辦妥名稱變更登記，並經主管機關令其限期辦理仍未辦妥。

　　⑷未於第七條第一項所定期限內，檢送經會計師查核簽證之文件者。但於主管機關命令解散前已檢送者，不在此限。（此為一○一年新

增，乃鑑於公司設立登記後，其資本額查核簽證之文件，依修正條文第七條第一項規定，固得於設立登記後三十日內檢送之，惟公司設立登記之資本額，仍應符合資本確實原則，以保障股東權益。對於公司未於修正條文第七條第一項所定期限內，檢送經會計師查核簽證之文件者，主管機關得依職權或利害關係人之申請，命令解散之。）

此外，有關命令解散，尚有下列應注意事項：

⑴勒令停業並非自行停業，無公司法第十條的適用（經濟部 56.3.7 商 05300 號函）。

⑵公司經主管機關命令解散者，毋須再經股東會決議解散（經濟部 56.12.4 商 34028 號函）。

⑶命令解散後不當然發生解散登記的效力，仍應向主管機關申請解散登記（經濟部 57.2.16 商 04938 號函、66.3.21 商 07029 號函）。

⑷分公司無命令解散的適用（經濟部 77.2.27 商 05304 號函、81.5.15 商 206966 號函、83.4.21 商 207058 號函、86.12.4 商 225244 號函）。

2.裁定解散：公司經營有顯著困難或重大損害時，法院得據股東的聲請，於徵詢主管機關及目的事業中央主管機關意見，並通知公司提出答辯後裁定解散（公 §11 I）。其要件如下：

⑴公司經營須有顯著困難或重大損害

所謂「有顯著困難」，是指公司於設立登記後，開始營業，在經營中有業務不能開展的原因，如再繼續經營，必導致不能彌補之虧損的情形而言（最高法院 76 年臺抗字第 274 號裁定）。又公司因股東意見不合無法繼續營業，而其餘股東又不同意解散時，股東得聲請法院裁定解散（經濟部 57.4.26 商 14942 號函）。

⑵須經股東的聲請

股份有限公司須繼續六個月以上持有已發行股份總數百分之十以上股份的股東始得提出聲請（公 §11 II）。其他種類的公司無此限制，任何股東均得聲請。

⑶應以書面向本公司所在地的法院聲請（非訟§171）。

⑷法院應徵詢主管機關及目的事業主管機關的意見。

⑸應通知公司提出答辯，以防止股東濫行聲請。

⑹訊問利害關係人（非訟§172 II）。

二、公司解散後應辦理清算

㈠解散的公司，除因合併、分割或破產而解散者外，應行清算（公§24）

　1.清算起算日（經濟部 58.11.7 商 3808 號函）

⑴法定清算人因是當然就任，無須清算人為就任的承諾，故公司解散
　日即為清算人就任之日，亦以此為清算起算日。

⑵章程規定、股東或股東會選任或法院選派的清算人，因需清算人就
　任的承諾，故應以清算人實際就任之日為清算起算日。

⑶清算人於清算中依法解任者，清算期間仍應自第一任清算人就任之
　日起算。

　2.公司變更組織不須解散登記，人格亦不消滅

　　組織變更前的公司與組織變更後的公司，不失其法人的同一性，並非
兩個不同的公司，故無辦理解散登記的必要（最高法院 76 年臺上字第 70
號判決、經濟部 87.4.13 商 87207603 號函）。

　　3.解散後清算程序為強行規定，不得以章程或股東會的會議加以變更
（屏東地院 66 年 8 月座談會、臺北地院 65 年 3 月座談會）。

㈡於清算範圍內人格視為存續

　　1.解散的公司，於清算範圍內，視為尚未解散（公§25）。

　　2.公司縱使經撤銷登記，其法人人格仍須俟清算完結始行消滅（司法
院 (78) 秘臺廳 （一） 字第 01769 號函、經濟部 80.1.10 商 225320 號函、
81.6.25 商 213612 號函）。

　　3.公司解散後必待清算完結，解散公司的法人人格始行消滅（最高法
院 75 年臺抗字第 385 號裁定）。不因清算人怠於進行程序有異（最高法院
76 年臺上字第 1275 號判決）。

　　4.公司於清算完成前，有權利能力（最高法院 77 年臺再字第 69 號判決）。

5.解散登記後股東會的職權限於清算的範圍，且准予辦理改派監察人登記（經濟部 63.7.11 商 17803 號函、68.5.17 商 13713 號函）。

6.公司解散後續以公司名義經營清算範圍外的業務，違反公司法第十九條的規定（經濟部 87.5.4 商 87208885 號函）。

㈢得為了結現務及便利清算的目的，暫時經營業務（公 §26）。

㈣在清算程序中，公司原有的代表及執行業務機關，均失其權限，而由清算人代表公司為一切行為，但公司的股東會、監察人（不執行業務股東有監察權）依然存在。

㈤應辦理解散登記及公告（九十年修正前公 §396 第一項，本條刪除後由授權辦法另定之）。

㈥清算公司於清算程序中，由法院監督。

三、如何防止公司解散

㈠辦妥延展或停業登記者可防止命令解散（公 §10）。

㈡股東同意繼續經營，並變更公司章程

　　1.章程規定解散事由或所營事業已成就或不能成就而解散的情形。

　　2.股東經變動不足法定最低人數。

㈢變更公司組織。

㈣股份有限公司進行重整。

無限、兩合公司	經全體或一部股東的同意繼續經營，並經全體股東同意變更章程	公第七十一條第一項第一款、第二款、第二項、第四項、第四十七條、第一一五條
有限公司	經股東表決權三分之二以上之同意變更章程繼續經營	公第一一三條、第四十七條
股份有限公司	經股東會特別決議變更章程繼續經營	公第三一五條第二項前段、第二七七條第二項
無限、有限、兩合公司	得加入新股東，經股東表決權三分之二以上之同意，變更章程繼續經營	公第七十一條第一項第四款、第三、四項、第四十七條、第一一三條、第一一五條、第一二六條第一項但書
股份有限公司	增加有記名股東繼續經營	公第三一五條第二項後段

【結論】

按甲公司如果未發生章程解散事由或章程未定解散事由，或者是股東對是否解散無法達成共識，無法為解散的股東會決議，而仍擬進行解散者，可嘗試使用裁定解散的方法。即以公司在經濟不景氣的影響下，經營有顯著困難或重大損害，由股東向法院聲請裁定解散（公§11 I）。

【參考法條】

公司法第十條

「公司有下列情事之一者，主管機關得依職權或利害關係人之申請，命令解散之：

一　公司設立登記後六個月尚未開始營業。但已辦妥延展登記者，不在此限。

二　開始營業後自行停止營業六個月以上。但已辦妥停業登記者，不在此限。

三　公司名稱經法院判決確定不得使用，公司於判決確定後六個月內尚未辦妥名稱變更登記，並經主管機關令其限期辦理仍未辦妥。

四　未於第七條第一項所定期限內，檢送經會計師查核簽證之文件者。但於主管機關命令解散前已檢送者，不在此限。」

公司法第十一條

「公司之經營，有顯著困難或重大損害時，法院得據股東之聲請，於徵詢主管機關及目的事業中央主管機關意見，並通知公司提出答辯後，裁定解散。

前項聲請，在股份有限公司，應有繼續六個月以上持有已發行股份總數百分之十以上股份之股東提出之。」

公司法第七十一條

「公司有下列各款情事之一者解散：

一　章程所定解散事由。

二　公司所營事業已成就或不能成就。

三　股東三分之二以上之同意。

四　股東經變動而不足本法所定之最低人數。

五　與他公司合併。

六　破產。

七　解散之命令或裁判。

前項第一款第二款得經全體或一部股東之同意繼續經營，其不同意者視為退股。

第一項第四款得加入新股東繼續經營。

因前二項情形而繼續經營時，應變更章程。」

公司法第三一五條

「股份有限公司，有左列情事之一者，應予解散：

一　章程所定解散事由。

二　公司所營事業已成就或不能成就。

三　股東會為解散之決議。

四　有記名股票之股東不滿二人。但政府或法人股東一人者，不在此限。

五　與他公司合併。

六　分割。

七　破產。

八　解散之命令或裁判。

前項第一款得經股東會議變更章程後，繼續經營；第四款本文得增加有記名股東繼續經營。」

【練習題】

一、乙有限公司解散後，遲遲不向法院辦理清算，請問其法人人格何時消滅？

二、丙股份有限公司股東會決議解散，並依法呈報清算人就任後，得否以決議撤銷原解散的決議，並同時解任清算人？

問題二十八
如何辦理公司合併？

甲公司與乙公司合併時，並未通知雙方公司的股東及債權人，請問其合併後，可否主張其合併無效？

【解析】

一、公司辦理合併的目的

(一)企業結合的目的

企業經營為了增進生產效率，節省經營費用，降低成本，加強競爭能力，有設立公司合併制度的必要。

(二)企業維持的目的

公司的財務狀況惡化時，可以利用公司合併程序，併入財務狀況良好的公司，以拯救企業的危亡。

(三)維持法律關係的目的

公司合併無須經過清算的程序，可使財產關係，股東關係，概括地移轉於存續或新設的公司，手續簡單，繼續中的法律關係也不至於突然停頓。

二、公司合併的方式

(一)吸收合併（存續合併）

兩個或兩個以上的公司合併，其中一公司存續，而其餘公司歸於消滅。

```
            合併
A 公司 ────────── B 公司 ──────────→ B 公司
（消滅公司）                           （存續公司）
   │                                      │
   ↓                                      ↓
辦理解散登記                          辦理變更登記
```

㈡新設合併（創設合併）

　　兩個或兩個以上的公司合併，參與合併的公司均歸消滅，而另成立一新公司。

```
            合併
A 公司 ────────── B 公司 ──────────→ C 公司
（消滅公司）       （消滅公司）       （新設公司）
   │                  │                  │
   ↓                  ↓                  ↓
辦理解散登記        辦理解散登記        辦理設立登記
```

三、公司合併是否有種類上的限制

　　關於這個問題，公司法無明文規定，通說如下：

㈠同種類的公司得相互合併為同種類的公司

　　　例如：有限公司＋有限公司→有限公司

　　　　　　股份有限公司＋股份有限公司→股份有限公司

㈡合併的公司及合併後的公司限於同種類或性質相近者

　　　1.無限公司＋兩合公司→無限公司或兩合公司

　　　2.股份有限公司＋有限公司→股份有限公司（公 §316 之 1 I）

　　　　　　　　　　　　※有限公司（因公司法的立法及修法精神
　　　　　　　　　　　　　在加強公司大眾化、限制有限公司的設
　　　　　　　　　　　　　立，並獎勵股份有限公司的設立）

　　　3.股份有限公司＋股份有限公司→股份有限公司（公 §316 之 1 I）

　　　　　　　　　　　　※有限公司（理由同上）

四、公司合併的程序

㈠當事公司締結合併契約（公 §317 I）

　　　1.合併契約尚未生效，為附停止條件的契約。

2.在股份有限公司由董事會作成，在其他公司，由公司代表機關作成。

3.合併契約應記載事項（公 §317 之 1）

⑴合併之公司名稱，合併後存續公司之名稱或新設公司之名稱。

⑵存續公司或新設公司因合併發行股份之總數、種類及數量。

⑶存續公司或新設公司因合併對於消滅公司股東配發新股之總數、種類及數量與配發之方法及其他有關事項。

⑷對於合併後消滅之公司，其股東配發之股份不滿一股應支付現金者，其有關規定。

⑸存續公司之章程需變更者或新設公司依第一二九條應訂立之章程。

㈡各當事公司股東同意合併或為合併的決議

1.無限、有限、兩合公司	經股東表決權三分之二以上之同意	公第七十二條、第一一三條、第一一五條
股份有限公司	應有代表已發行股份總數三分之二以上股東的出席，以出席股東表決權過半數的同意 公開發行股票的公司，出席股東的股份總數不足前項定額者，得以有代表已發行股份總數過半數股東的出席，出席股東表決權三分之二以上的同意行之 前二項出席股東股份總數及表決權數，章程有較高的規定者，從其規定	公第三一六條
關係企業合併	控制公司持有從屬公司百分之九十以上已發行股份者，得經控制公司及從屬公司之董事會以董事三分之二以上出席，及出席董事過半數之決議，與其從屬公司合併。其合併之決議，不適用第三一六條第一項至第三項有關股東會決議之規定	公第三一六條之二第一項

2.合併決議的內容不受合併契約的約束，如決議的內容與契約的內容不同，決議仍能有效成立，但須由當事公司相互協議，修改合併契約。

3.股東中有不同意合併或合併的條件者

無限、兩合公司	得隨時退股	公第六十五條第二項、第一一五條、第一二四條
股份有限公司	得請求收買股份	公第三一七條
有限公司	無退股制度，亦無出資收買請求權，僅得轉讓出資	公第一一一條

　　4.未經股東會特別決議而擅為有關合併的處分行為，應屬無效（58 年臺上字第 3340 號判決）。

　　5.股東同意或股東會決議通過，合併契約始生效力。

㈢編造資產負債表及財產目錄（公 §73 I、§113、§115、§319）

　　九十年公司法修正前，違反此規定者，公司負責人各科新臺幣六萬元以下罰金；如於資產負債表或財產目錄為虛偽記載者，依刑法或特別刑法有關規定處罰。修正時予以刪除，換言之，公司負責人違反作為義務僅須負民事責任即可，又後段虛偽責任的規定為贅文，刪除後仍應依刑法或特別刑法處罰。

㈣踐行保護公司債權人的程序

　　1.公司為合併的決議後，應即向各債權人分別通知及公告，並指定三十日以上期限，聲明債權人得於期限內提出異議（公 §73 II、§113、§115、§319）。

　　　⑴債權人遵期異議，公司應對其清償或提供擔保，否則不得以其合併對抗債權人（公 §74）。

　　　⑵債權人未遵期異議，視為承認公司合併。

　　2.公司不為通知或公告，於九十年公司法修正前，公司負責人各科新臺幣六萬元以下罰金，修正時予以刪除，理由同上述㈢。

㈤特別程序

　　1.股份有限公司特別的程序（公 §318）

　　股份有限公司公司合併後，存續公司之董事會，或新設公司之發起人，於完成催告債權人程序後，其因合併而有股份合併者，應於股份合併生效後；其不適於合併者，應於該股份為處分後，分別循下列程序行之：

⑴存續公司，應即召集合併後之股東會，為合併事項之報告，其有變更章程必要者，並為變更章程。

⑵新設公司，應即召開發起人會議，訂立章程。

前項章程，不得違反合併契約之規定。

　2.反對股東的股份收買請求權（公 §317 I 後段）

行使此請求權的要件如下：

⑴股東在集會前或集會中，以書面表示異議，或以口頭表示異議經紀錄者。

⑵得放棄表決權。

⑶請求公司按當時公平價格收買其持有的股份。

⑷準用公司法第一八七條、第一八八條：

　　①自決議之日起二十日內，提出記載股份種類及數額的書面請求。

　　②股東與公司協議決定股份價格者，公司應自決議日起九十日內支付價款；如決議日起六十日內未達協議者，股東應於此期間經過後三十日內，聲請法院為價格的裁定。

　3.關係企業合併的股份收買請求權

　　從屬公司董事會為合併決議後，應即通知其股東，並指定三十日以上期限，聲明其股東得於期限內提出書面異議，請求從屬公司按當時公平價格，收買其持有之股份。從屬公司股東與從屬公司間依前項規定協議決定股份價格者，公司應自董事會決議日起九十日內支付價款；其自董事會決議日起六十日內未達協議者，股東應於此期間經過後三十日內，聲請法院為價格之裁定。第二項從屬公司股東收買股份之請求，於公司取銷合併之決議時，失其效力。股東於前開規定期間內不為請求或聲請時，亦同。第三一七條有關收買異議股東所持股份之規定，於控制公司不適用之（公§316 之 2 II～V）。

㈥為促進合理經營，鼓勵公司進行合併的規定

　　九十四年六月公司法修正前，第三一七條之三為促進合理經營，鼓勵公司進行合併之規定。但關於公司合併租稅優惠，企業併購法及促進產業

升級條例等法規內已有明文；又公司法係規範公司內部組織運作及設立登記事宜之法律，租稅優惠之相關規定實不宜植入公司法中，因此，公司法於九十四年六月修正時，刪除第三一七條之三。

(七)申請登記

因合併而存續的公司	變更登記
因合併而消滅的公司	解散登記
因合併而另立的公司	設立登記

五、公司合併的效力

(一)不須履行清算程序，公司（法人人格）消滅。

(二)概括承受權利義務

　　1.因合併而消滅的公司，其權利義務由合併後存續或另立的公司概括承受（公 §75）。

　　2.概括承受者為公司全部的權利義務，不能以合併契約免除其一部分。但如權利的移轉或義務的承擔，依法以登記或其他方式為生效或對抗要件者，仍須踐行該程序。

　　3.承受債權或債務，無須通知債務人或取得債權人的承認，當然發生承擔的效力。

【結論】

一、甲公司與乙公司合併未通知雙方公司股東的情形

　　按公司合併的程序之一為締結合併契約後，須經甲、乙二公司股東同意合併或為合併的決議後，該合併契約始生效力。如甲、乙公司未通知公司股東而擅自為合併的行為時，該行為應屬無效，股東得對抗之。

二、甲公司與乙公司合併未通知雙方公司債權人的情形

　　公司為合併的決議後，應即向各債權人分別通知及公告，並指定三十日以上期限，聲明債權人得於期限內提出異議（公 §73 II、§113、§115、§319）。如公司未通知債權人者，於公司法修正前公司負責人須負刑事責

任；而公司法修正後雖刪除此規定，但除負責人仍須負民事責任外，並不影響合併契約的效力。

【參考法條】

公司法第六十五條第二項

「股東有非可歸責於自己之重大事由時，不問公司定有存續期限與否，均得隨時退股。」

公司法第七十二條

「公司得以全體股東之同意，與他公司合併。」

公司法第七十三條第二項

「公司為合併之決議後，應即向各債權人分別通知及公告，並指定三十日以上期限，聲明債權人得於期限內提出異議。」

公司法第七十四條

「公司不為前條之通知及公告，或對於在指定期限內提出異議之債權人不為清償，或不提供相當擔保者，不得以其合併對抗債權人。」

公司法第一二四條

「有限責任股東遇有非可歸責於自己之重大事由時，得經無限責任股東過半數之同意退股，或聲請法院准其退股。」

公司法第三一六條第一項至第三項

「股東會對於公司解散、合併或分割之決議，應有代表已發行股份總數三分之二以上股東之出席，以出席股東表決權過半數之同意行之。

公開發行股票之公司，出席股東之股份總數不足前項定額者，得以有代表已發行股份總數過半數股東之出席，出席股東表決權三分之二以上之同意行之。

前二項出席股東股份總數及表決權數，章程有較高之規定者，從其規定。」

公司法第三一六條之二第一項、第二項

「控制公司持有從屬公司百分之九十以上已發行股份者，得經控制公司及從屬公司之董事會以董事三分之二以上出席，及出席董事過半數之決議，與其從屬公司合併。其合併之決議，不適用第三百十六條第一項至第三項有關股東會決議之規定。

從屬公司董事會為前項決議後，應即通知其股東，並指定三十日以上期限，聲明其股東得於期限內提出書面異議，請求從屬公司按當時公平價格，收買其持有之股份。」

公司法第三一七條第一項

「公司分割或與他公司合併時，董事會應就分割、合併有關事項，作成分割計畫、合併契約，提出於股東會；股東在集會前或集會中，以書面表示異議，或以口頭表示異議經紀錄者，得放棄表決權，而請求公司按當時公平價格，收買其持有之股份。」

【練習題】

一、丙公司與丁公司擬進行合併，其於合併契約中訂定，兩公司合併後，丙公司消滅，丁公司存續，於合併日以前丙公司所發生的債務由丙公司負責清償，合併日以後的債務始歸丁公司負責，是否適法？

二、請說明關係企業合併應踐行何種程序？

問題二十九
如何辦理公司分割？

> 甲股份有限公司因多角化經營後，受經濟不景氣影響，擬將公司一部分營業轉讓他人，可否將該部分業務分割由乙公司承受？

【解析】

一、公司辦理分割的目的

為因應景氣、組織過度膨脹或業務分化過於複雜，而進行企業組織的再造或重組，以達到最適當的經濟效率，公司法中本有現物出資或營業讓與等制度可利用，但前開方法尚須就各項資產踐行複雜的繼受程度，且僅保障股東的利益，未能兼顧公司債權人的利益。因此，公司法在九十年修正時，引入國外公司分割的制度，以平衡公司經營的效率化及利害關係人的保護。

二、公司分割的方式

㈠新設分割

公司將其既有的包括人、物的組織予以切割分離，移轉至新設的他公司。

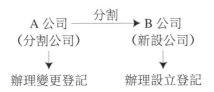

㈡吸收分割

公司將其既有的包括人、物的組織予以切割分離,移轉至既存的他公司。

A 公司 ──分割──→ B 公司
(分割公司)　　　　　(存續公司)
　　↓　　　　　　　　　↓
辦理變更登記　　　　辦理變更登記

㈢存續分割

分割公司僅切割分離其部分組織移轉至新設或既存的他公司,分割公司法人人格仍為存續。

分割公司 部分 ──分割──→ 新設公司或存續公司
　　↓
辦理變更登記

㈣消滅分割

分割公司將其組織全部切割分離移轉至新設或既存的他公司,分割公司法人人格消滅。

分割公司 全部 ──分割──→ 新設公司或存續公司
　　↓
辦理解散登記

三、公司分割是否有種類上的限制

為加強公司大眾化及財務的健全性,股份有限公司分割者,其存續公司或新設公司以股份有限公司為限(公§316之1 II)。

四、公司分割的程序

㈠董事會應就分割有關事項作成分割計畫,提出於股東會(公§317 I 前段)。

分割計畫應以書面為之，並記載下列事項（公§317之2）：

　1.承受營業之既存公司章程需變更事項或新設公司章程。

　2.被分割公司讓與既存公司或新設公司之營業價值、資產、負債、換股比例及計算依據。

　3.承受營業之既存公司發行新股或新設公司發行股份之總數、種類及數量。

　4.被分割公司或其股東所取得股份之總數、種類及數量。

　5.對被分割公司或其股東配發之股份不滿一股應支付現金者，其有關規定。

　6.既存公司或新設公司承受被分割公司權利義務及其相關事項。

　7.被分割公司之資本減少時，其資本減少有關事項。

　8.被分割公司之股份銷除所需辦理事項。

　9.與他公司共同為公司分割者，分割決議應記載其共同為公司分割有關事項。

　前項分割計畫書，應於發送分割承認決議股東會之召集通知時，一併發送於股東。

㈡公司分割應在股東會召集事由中列舉，不得以臨時動議提出（公§172V）。

㈢分割計畫應經股東會特別決議始生效力

　即應有代表已發行股份總數三分之二以上股東的出席，以出席股東表決權過半數的同意。公開發行股票的公司，出席股東的股份總數不足前項定額者，得以有代表已發行股份總數過半數股東的出席，出席股東表決權三分之二以上的同意行之。前該出席股東股份總數及表決權數，章程有較高規定者，從其規定（公§316Ⅰ至Ⅲ）。

㈣公司決議分割時，應即編造資產負債表及財產目錄（公§319準用§73Ⅰ）。

㈤踐行保護公司債權人的程序

　公司為分割的決議後，應即向各債權人分別通知及公告，並指定三十

日以上期限，聲明債權人得於期限內提出異議。不為此通知及公告，或對於在指定期限內提出異議的債權人不為清償，或不提供相當擔保者，不得以其合併對抗債權人（公§319準用§73 II、§74）。

㈥分割公司為新設公司者，被分割公司的股東會視為該公司的發起人會議，得同時選舉新設公司的董事及監察人（公§317 II）。

㈦反對股東的股份收買請求權

股東在公司股東會決議是否同意公司分割集會前或集會中，以書面表示異議，或以口頭表示異議經紀錄者，得放棄表決權，請求公司按當時公平價格，收買其持有的股份（公§317 I後段）。在此情形，與公司合併時反對股東收買請求權相同，亦準用公司法第一八七條與公司協議決定股份價格或聲請法院裁定價格，及第一八八條請求失效的規定。

五、公司分割的效力

㈠因分割而消滅的公司，其權利義務，應由分割後存續（吸收分割）或另立（新設分割）的公司承受（公§319準用§75）。

㈡分割後受讓營業的既存公司或新設公司，應就分割前公司所負債務於其受讓營業的出資範圍負連帶清償責任。但債權人的連帶清償責任請求權，自分割基準日起二年內不行使而消滅（公§319之1）。

㈢採消滅分割的分割公司，於分割後無須經清算程序，其法人人格即歸消滅（公§24）。

【結論】

公司法九十年修正前，股份有限公司如果擬進行⑴締結、變更或終止關於出租全部營業、委託經營或與他人經常共同經營的契約；⑵讓與全部或主要部分的營業或財產；⑶受讓他人全部營業或財產，對公司營運有重大影響，須經股東會特別決議（公§185），但此尚須踐行各項繼受資產的複雜程序，在經濟不景氣的今日不是最佳企業組織再造的方法。因此，九十年公司法修正時引入「公司分割制度」。本問題中甲公司擬將公司部分的人、物組織予以切割分離，移轉至既存的乙公司，此為「吸收分割」，除了

乙公司仍應為股份有限公司外（公§316之1 II），甲、乙公司尚須踐行公司分割的法定程序——作成分割計畫、股東會特別決議、保護公司債權人、股東等等。

【參考法條】

公司法第二十四條

「解散之公司除因合併、分割或破產而解散外，應行清算。」

公司法第一七二條第五項

「選任或解任董事、監察人、變更章程、減資、申請停止公開發行、董事競業許可、盈餘轉增資、公積轉增資、公司解散、合併、分割或第一百八十五條第一項各款之事項，應在召集事由中列舉並說明其主要內容，不得以臨時動議提出；其主要內容得置於證券主管機關或公司指定之網站，並應將其網址載明於通知。」

公司法第一八五條

「公司為下列行為，應有代表已發行股份總數三分之二以上股東出席之股東會，以出席股東表決權過半數之同意行之：

一　締結、變更或終止關於出租全部營業，委託經營或與他人經常共同經營之契約。

二　讓與全部或主要部分之營業或財產。

三　受讓他人全部營業或財產，對公司營運有重大影響者。

公開發行股票之公司，出席股東之股份總數不足前項定額者，得以有代表已發行股份總數過半數股東之出席，出席股東表決權三分之二以上之同意行之。

前二項出席股東股份總數及表決權數，章程有較高之規定者，從其規定。

第一項之議案，應由有三分之二以上董事出席之董事會，以出席董事過半數之決議提出之。」

公司法第一八七條第二項、第三項

「股東與公司間協議決定股份價格者，公司應自決議日起九十日內支付價款，自第一百八十五條決議日起六十日內未達協議者，股東應於此期間經過後三十日內，聲請法院為價格之裁定。

公司對法院裁定之價格，自第二項之期間屆滿日起，應支付法定利息，股份價款之支付，應與股票之交付同時為之，股份之移轉於價款支付時生效。」

公司法第三一六條之一第二項

「股份有限公司分割者，其存續公司或新設公司以股份有限公司為限。」

公司法第三一九條之一

「分割後受讓營業之既存公司或新設公司，應就分割前公司所負債務於其受讓營業之出資範圍負連帶清償責任。但債權人之連帶清償責任請求權，自分割基準日起二年內不行使而消滅。」

【練習題】

一、丙股份有限公司將全部業務轉售予新設立的丁股份有限公司，請問丁公司應踐行何種程序？

二、戊股份有限公司可否將在高雄的分公司轉售予庚有限公司？

問題三十
公司如何辦理變更組織？

> 甲有限公司股東不足七人，可否申請變更組織為股份有限公司？

【解析】

一、公司辦理變更組織的目的

公司的變更組織，是指公司在不影響公司人格的存續（不中斷公司的法人人格）下，變為其他種類的公司。因為在此情形下，公司可不經解散程序，手續簡便，不用中斷業務；且可使瀕於解散的公司經由變更組織而存續，其程序上的便利及維持企業的功能即是變更組織最主要的目的。

二、公司變更組織是否有種類上的限制

無限→兩合	全體股東同意，以一部分股東改為有限責任（公§76 I 前段）
	全體股東同意，另加入有限責任股東（公§76 I 後段）
	股東人數變動不足二人，得加入有限責任新股東（公§71 I ④、§76 II）
兩合→無限	有限責任股東全體退股，無限責任股東在二人以上者，得以一致同意變更組織（公§126 II）
	全體股東同意，將有限責任股東改為無限責任股東（公§126 III）
有限→股份有限	經股東表決權過半數之同意（公§106 III）
股份有限╱→有限	理由：加強公司大眾化，限制有限公司的設立
無限或兩合╳→有限或股份有限	理由：公司性質不同

三、公司變更組織的程序

㈠須得全體股東的同意（詳如前表）。

㈡須變更章程

　　公司的名稱應標明種類（公§2 II），且公司的名稱是公司章程的絕對必要記載事項（公§41 I、§101 I、§116、§129），故公司變更組織須變更章程。

㈢無限、兩合公司應特別踐行的程序

　　準用公司法第七十三條至第七十五條的規定（公§77）。

　　1.須編造資產負債表及財產目錄。

　　2.須踐行保護債權人的程序

　　⑴決議後應即向各債權人分別通知及公告，並指定三十日以上期限，聲明債權人得於期限內提出異議。

　　⑵公司不為前開的通知及公告，或對於在指定期限內提出異議的債權人不為清償，或不提供相當擔保者，不得以其合併對抗債權人。

㈣有限公司應特別踐行的程序

　　決議後應即向各債權人分別通知及公告（公§107 I）。

㈤須辦理變更登記。

四、公司變更組織的效力

㈠公司的法人人格存續不受影響（司法院大法官會議釋字第167號解釋、最高法院85年臺上字第2255號判決）。

㈡原變更組織前公司的權利或義務由變更組織後的公司繼續享有或負擔（公§77準用§75、§107 II、§115）。

㈢無限公司的股東改為有限責任時，其在公司變更組織前，公司的債務，於公司變更登記後二年內，仍負連帶無限責任（公§78）。

【結論】

　　公司法在九十年修正前股份有限公司股東最低法定人數應有七人，修正後僅須有二人以上股東或政府、法人股東一人所組織即可（公§2 I④）。

故甲有限公司的股東即使不足七人，如經股東表決權過半數之同意，亦可變更組織為股份有限公司（公 §106 IV）。

【參考法條】

公司法第七十六條第一項

「公司得經全體股東之同意，以一部股東改為有限責任或另加入有限責任股東，變更其組織為兩合公司。」

公司法第七十八條

「股東依第七十六條第一項或第七十六條之一第一項之規定，改為有限責任時，其在公司變更組織前，公司之債務，於公司變更登記後二年內，仍負連帶無限責任。」

公司法第一○六條第三項

「公司得經股東表決權過半數同意減資或變更其組織為股份有限公司。」

公司法第一○七條

「公司為變更組織之決議後，應即向各債權人分別通知及公告。

變更組織後之公司，應承擔變更組織前公司之債務。

第七十三條及第七十四條之規定，於減少資本準用之。」

公司法第一二六條

「公司因無限責任股東或有限責任股東全體之退股而解散；但其餘股東得以一致之同意，加入無限責任股東或有限責任股東，繼續經營。

前項有限責任股東全體退股時，無限責任股東在二人以上者，得以一致之同意變更其組織為無限公司。

無限責任股東與有限責任股東，以全體之同意，變更其組織為無限公司時，依前項規定行之。

公司得經股東三分之二以上之同意變更章程，將其組織變更為有限公司或股份有限公司。

前項情形，不同意之股東得以書面向公司聲明退股。」

【練習題】

一、乙有限公司決議變更組織，經通知及公告債權人後，債權人丙向乙公司提出異議，請問乙公司是否應為清償或提供擔保，否則不適法？

二、丁兩合公司經全體股東同意，將無限責任股東改為有限責任股東，變更組織為有限公司，是否可行？

問題三十一
公司資本額有無限制？

甲於退伍後，想找好友共同設立有限公司，販賣電腦周邊設備，請問設立有限公司是否有最低資本額的限制？

【解析】

一、資本三原則

有限公司與股份有限公司均採股東有限責任，股東對公司的債務不負任何責任，債權人僅能就公司財產取償。因此，公司的資本可以說是公司債權人最低限度的擔保。為保障公司債權人的債權獲得清償，並使股東能安心地投資公司，有所謂「資本三原則」。

㈠資本確定原則

指公司在設立時，須於章程中確定資本總額（股份有限公司為每股金額及股份總數），並應經繳足（股份有限公司）、認足（發起設立）或募足（募股設立）。其目的在確保公司於成立時有穩固的財產基礎。

其相關規定如下：

有限公司	股份有限公司
章程載明資本總額（公 §101 I ④）前段	採行票面金額股者，股份總數及每股金額；採行無票面金額股者，股份總數（公 §129 ③）
資本總額由各股東全部繳足，不得分期繳款或向外招募	發起人認足第一次發行的股份總數（公 §131 I 前段），不認足者，應募足之（公 §132 I）。如未認足或已認而未繳款（或經撤回）者，應由發起人連帶認繳（公 §148）

㈡資本維持原則（資本充實原則）

指公司存續中，至少須經常維持相當於資本額的財產，以具體財產充實抽象資本。其目的在制止股東要求超額的盈餘，確保企業的健全發展，

以保護公司債權人。

其相關規定如下：

有限公司	股份有限公司
分派盈餘時，應先提出百分之十法定盈餘公積；亦得另外提列特別盈餘公積（公§112 I、II）	採行票面金額股之公司，其股票之發行價格，不得低於票面金額。但公開發行股票之公司，證券主管機關另有規定者，不在此限。採行無票面金額股之公司，其股票之發行價格不受限制（公§140）
	創立會的裁減權（公§147後段）
須保留員工分紅成數，始得分派股息及紅利（公§110 III準用§232 I、§235）	延欠股款另行募集（公§142 I、II）
	發起人連帶認繳義務（公§148）
	股份回籠的限制（公§167）
	分派股利應先彌補虧損及提存法定盈餘公積（公§232 I、§237 I、II）
	公司債總額的限制（公§247）

㈢資本不變原則

　　指公司資本總額一經章程確定，應保持固定不變，如欲增加或減少資本，須履行法定增資或減資的程序。

　　其相關規定如下：

有限公司	股份有限公司
增資應經股東表決權過半數之同意（公§106 I、II）	增資無須變更章程（公§278已刪除）
得經股東表決權過半數之同意減資（公§106 IV）	減資除經股東會決議外，尚須向債權人分別通知及公告，對提出異議的債權人，須為清償或提供相當擔保，否則不得對抗該債權人（公§168、§281）

二、授權資本制

　　鑑於在資本確定原則下，會妨礙公司的迅速成立，造成資金的冷藏，及妨害公司資金調動的彈性，有所謂「授權資本制」的設計。即股份有限公司在設立時，只須於章程載明股份總數（授權資本），此一股份總數得分

次發行。章程所定授權股份數全數發行完畢後，若欲再發行新股，始須依變更章程的程序增加授權股份數以增加資本。我國公司法於九十四年六月修正前採「折衷式之授權資本制」，即限制第一次所發行的股份數。在修正後則改採「授權資本制」，其相關規定如下：

㈠一〇七年修法前公司欲分次發行股份應載明公司章程，章程並應載明公司設立時的發行數額（公 §130 I ②）。惟實務上公司章程載明第一項第二款有關分次發行者，定於設立時之發行數額者（可換算成資本額），嗣後公司如進行增資，則設立時之發行數額，並無實益，爰予刪除。

㈡股份有限公司的股份總數得分次發行（公 §156 IV）。

㈢公司發行新股由董事會特別決議行之（公 §266 II）。

三、最低資本額的限制

　　有限公司、股份有限公司的最低資本總額，由中央主管機關以命令定之（九十八年修正前公 §100 II、§156 III）。據此，原訂定了「有限公司及股份有限公司最低資本額標準」，惟前開標準業於九十年十二月五日公告廢止（商字第 09002253450 號令），且於同年月日再公告，有限公司最低資本額為新臺幣五十萬元，股份有限公司最低資本額為新臺幣一百萬元（商字第 09002253490 號令）。又為便利民眾創業，促進經濟發展，經參酌外國立法例並檢討現行資本額之額度後，將上開資本額酌予調降，即有限公司最低資本額為新臺幣二十五萬元；股份有限公司最低資本額為新臺幣五十萬元。九十八年四月二十九日刪除前開有限公司及股份有限公司最低資本總額規定，此乃鑑於「公司最低資本額之規定，係要求公司於設立登記時，最低資本須達一定數額，方得設立。惟資本僅為一計算上不變之數額，與公司之現實財產並無必然等同之關係；同時資本額為公示資訊，交易相對人可透過登記主管機關之資訊網站得知該項資訊，作為交易時之判斷；再者，公司申請設立登記時，其資本額仍應先經會計師查核簽證，如資本額不敷設立成本，造成資產不足抵償負債時，董事會應即聲請宣告破產，公司登記機關依本法第三百八十八條規定將不予登記。爰此，資本額如足敷公司設立時之開辦成本即准予設立，有助於公司迅速成立，亦無閒置資金

之弊，該數額宜由個別公司因應其開辦成本而自行決定，尚不宜由主管機關統一訂定最低資本額。又依據世界銀行公元二○○八年九月發布『二○○九全球經商環境報告』中有關『最低資本額』之調查指出，我國『最低資本額』占國人平均所得百分之一百以上，於世界排名為第一五七名。為改善我國經商環境，促進企業開辦，公司資本額應以經會計師查核簽證認定資本額足敷設立成本即可。」（詳見修法理由）

【結論】

因公司法已刪除第一○○條第二項授權所訂定的有限公司及股份有限公司最低資本額標準規定，有限公司的設立目前已無最低實收資本額最低的限制，也無最高的限制。

【參考法條】

公司法第一○○條

「公司資本總額，應由各股東全部繳足，不得分期繳款或向外招募。」

公司法第一四二條

「認股人延欠前條應繳之股款時，發起人應定一個月以上之期限催告該認股人照繳，並聲明逾期不繳失其權利。

發起人已為前項之催告，認股人不照繳者，即失其權利，所認股份另行募集。

前項情形，如有損害，仍得向認股人請求賠償。」

公司法第一五六條第一至四項

「股份有限公司之資本，應分為股份，擇一採行票面金額股或無票面金額股。

公司採行票面金額股者，每股金額應歸一律；採行無票面金額股者，其所得之股款應全數撥充資本。

公司股份之一部分得為特別股；其種類，由章程定之。

公司章程所定股份總數，得分次發行；同次發行之股份，其發行條件相同者，價格應歸一律。但公開發行股票之公司，其股票發行價格之決定方法，得由證券主管機關另定之。」

【練習題】

一、何謂實收資本額？乙想設立一股份有限公司，其將公司資本額定為新臺幣一百萬元，於章程中規定分二次發行，第一次發行新臺幣二十萬元，是否可行？

二、丙股份有限公司採發起設立，其中有二位發起人雖已認股，但遲遲不繳股款，影響公司申辦設立，請問有何處理方式？

第二章　有限公司

問題三十二
誰是有限公司的業務執行機關？何人有代表權？

> 甲為乙有限公司的董事，經親戚邀約兼任與乙公司相同業務公司的經理，是否應經乙公司同意？又甲如認為自己即為乙公司的代表人，沒有由誰同意的問題，即逕行兼任經理一職務，乙公司可否向甲主張任何權利？

【解析】

一、有限公司業務執行機關為董事

有限公司採「董事單軌制」，而非「執行業務股東」及「董監事」雙軌制。

㈠董事的人數

至少一人，最多三人（公 §108 I）。董事人數為公司章程絕對必要記載事項之一（公 §101 I ⑦）。

㈡董事的資格

　1.積極資格（公 §108 I）

⑴須有股東身分。

⑵須有行為能力。

⑶公司法於九十年修正前規定，代表公司的董事須有中華民國國籍，並在國內有住所。為因應公司經營的國際化、自由化，已無此限制的必要，故將此資格限制刪除。

　2.消極資格（公 §108 IV 準用 §30）。

（三）董事的選任及任期

　　1.董事的選任須經三分之二以上股東表決權（公 §108 I）。

　　2.董事與公司間屬於民法的委任關係。

　　3.公司法於九十年修正前，董事的姓名為章程絕對必要記載事項之一，且修改章程應經全體股東同意（公 §113 準用 §47），因此，只要董事不同意退任，勢必無法變更章程，則董事便成為終身職。九十年公司法修正時將章程應載明董事「姓名」的規定刪除；又一○七年公司法修正公司變更章程，只須經股東表決權三分之二以上之同意，已不再準用無限公司應經股東全體同意之必要，則前開問題似可解決。

（四）董事的報酬

　　有限公司的董事原則上為無給職，非有特別約定，不得向公司請求報酬（公 §108 IV 準用 §49）。

（五）董事的代理

　　董事請假或因故不能行使職權時，指定股東一人代理之；未指定代理人者，由股東間互推一人代理之（公 §108 II）。

（六）董事的權限

　　董事有執行業務的權限，如董事有數人時，非通常事務的執行，應有過半數的同意；通常事務，則各董事均得單獨執行，但如其餘董事有一人提出異議時，應即停止執行（公 §108 IV 準用 §46）。又董事執行業務應依照法令、章程及股東的決定（公 §108 IV 準用 §52 I）。

（七）董事的義務

　　1.基於委任關係而生的義務，依民法有關委任的規定。

　　2.競業禁止的義務：董事為自己或他人為與公司同類業務的行為，應對全體股東說明其行為的重要內容，並經股東表決權三分之二以上之同意（公 §108 III）。董事違反此規定時，其他股東得以過半數的決議，將其為自己或他人所為行為的所得，作為公司的所得；但自所得產生後逾一年者，不在此限（公 §108 IV 準用 §54 III）。此即公司歸入權的行使。應注意的是，歸入權為公司與董事的內部關係，不能以之對抗外界的第三人。換言

之，董事的競業行為，對於交易行為的相對人而言，仍屬有效。

　　3.報告公司虧損及聲請宣告公司破產的義務（公 §108 IV 準用 §211）。

　　4.每屆會計年度終了，董事應依第二二八條之規定，造具各項表冊，分送各股東，請其承認；其承認應經股東表決權過半數之同意（公 §110 I）。

二、有限公司的代表機關為董事或董事長

　　依公司法第一〇八條第一項規定，可依下列情形決定有限公司的代表機關：

㈠若僅設董事一人時，由該董事對外代表公司。

㈡若設有董事數人，得以章程置董事長一人，對外代表公司。

㈢非董事而以代表人自居，以有限公司的名義對外為法律行為者，其行為對公司不發生效力（最高法院 70 年臺上字第 2290 號判決）。

㈣董事對公司的責任

　　1.依公司法第二十三條第一項規定，基於委任關係，公司負責人應忠實執行業務並盡善良管理人之注意義務，如董事處理公司事務有過失，或因逾越權限的行為所生的損害，對公司應負賠償責任。且違反第一項之規定，為自己或他人為該行為時，股東會得以決議，將該行為之所得視為公司之所得。但自所得產生後逾一年者，不在此限（一〇一年新增同條第三項規定）。

　　2.董事執行業務未依照法令、章程及股東的決定，致公司受有損害者，對公司應負賠償責任（公 §108 IV 準用 §52）。又董事代收公司款項，不於相當期間照繳，或挪用公司款項者，應加算利息，一併償還；如公司受有損害，並應賠償（公 §108 IV 準用 §53）。

㈤董事對第三人的責任

　　董事對於公司業務的執行，如有違反法令致他人受有損害時，對他人應與公司負連帶賠償責任（公 §23 II）。

【結論】

甲既擔任乙有限公司的董事，即負有競業禁止的義務。如為他人為與公司同類業務的行為，不但須對全體股東說明其行為的重要內容，亦須經股東表決權三分之二以上之同意（公§108 III）。今甲未經同意，逕行兼任他公司的經理，乙公司得以其他股東過半數的決議，向甲行使歸入權（甲在他公司的所得在一年內者）（公§108 IV 準用§54 III）。

【參考法條】

公司法第二十三條

「公司負責人應忠實執行業務並盡善良管理人之注意義務，如有違反致公司受有損害者，負損害賠償責任。

公司負責人對於公司業務之執行，如有違反法令致他人受有損害時，對他人應與公司負連帶賠償之責。

公司負責人對於違反第一項之規定，為自己或他人為該行為時，股東會得以決議，將該行為之所得視為公司之所得。但自所得產生後逾一年者，不在此限。」

公司法第五十二條

「股東執行業務，應依照法令、章程及股東之決定。

違反前項規定，致公司受有損害者，對於公司應負賠償之責。」

公司法第五十四條第三項

「執行業務之股東違反前項規定時，其他股東得以過半數之決議，將其為自己或他人所為行為之所得，作為公司之所得；但自所得產生後逾一年者，不在此限。」

公司法第一〇八條

「公司應至少置董事一人執行業務並代表公司，最多置董事三人，應經股東表決權三分之二以上之同意，就有行為能力之股東中選任之。董事有數人時，得以章程置董事長一人，對外代表公司；董事長應經董事過半數之同意互選之。

董事請假或因故不能行使職權時，指定股東一人代理之；未指定代理人者，由股東間互推一人代理之。

董事為自己或他人為與公司同類業務之行為，應對全體股東說明其行為之重要內容，並經股東表決權三分之二以上之同意。

第三十條、第四十六條、第四十九條至第五十三條、第五十四條第三項、第五十七條至第五十九條、第二百零八條第三項、第二百零八條之一及第二百十一條第一項及第二項之規定，於董事準用之。

代表公司之董事違反前項準用第二百十一條第一項或第二項規定者，處新臺幣二萬元以上十萬元以下罰鍰。」

【練習題】

一、丙為某有限公司的董事，因案被羈押，則公司無其他董事的設置，則此時由何人代表公司？

二、丁有限公司擬選任董事長，其方式如何？又如何決定其任期及報酬？

問題三十三
有限公司股東出資轉讓有無限制？

> 甲為某有限公司的股東，因欠債問題被債權人聲請強制執行其出資，請問法院是否得逕行將甲的出資轉讓他人？或尚須踐行相關程序？

【解析】

一、有限公司股東出資的限制

㈠有限公司的信用基礎在資本，故股東出資以金錢或其他財產為限（公 §412 I ③，本條已於公司法九十年修正時刪除，然此非謂不再適用，而是另定授權辦法規定）。不得以勞務或信用出資。

㈡有限公司的資本總額，應由各股東全部繳足，不得分期繳款或向外招募（公 §100）。

二、有限公司股東出資轉讓時期的限制

有限公司的股單為股東出資的證明，因股東出資的轉讓，尚須經變更公司章程等程序，與一般有價證券逕依交付（無記名）或交付並背書（記名），而生轉讓效力者不同。是以，股單的交付尚非屬轉讓的要件。惟出資受讓人得要求出讓人交付股單據以向公司辦理過戶（經濟部 86.7.29 商 86214002 號函）。

三、有限公司股東出資轉讓程序的限制

㈠一般股東的轉讓

1.股東非得其他股東表決權過半數的同意，不得以其出資的全部或一部，轉讓於他人。前項轉讓，不同意的股東有優先受讓權；如不承受，視為同意轉讓，並同意修改章程有關股東及其出資額事項（公 §111 I、III）。

2.應注意的是，股東出資額的轉讓經其他股東表決權過半數的同意後，如有不同意的股東，方有第三項的適用。若股東的出資額轉讓未得其他股東表決權過半數同意，即無同條第三項的適用。

　　3.公司申請登記時不同意的股東應負舉證的責任　（經濟部 69.6.16 商 19546 號函）。

　　4.股東出資額的轉讓，只要合乎民法一般債權讓與的規定及公司法第一一一條特別規定，即發生移轉效力，至於是否變更登記，只是得否對抗第三人的效力問題，不影響轉讓的成立（經濟部 72.8.11 商 32789 號函）。

　　5.贈與應依出資轉讓規定辦理（經濟部 86.5.16 商 86205762 號函）。

㈡董事的轉讓

　　董事非得其他股東表決權三分之二以上之同意，不得以其出資的全部或一部，轉讓於他人（公 §111 II）。請注意此在一〇七年修法後有第三項的適用，即不同意之股東有優先受讓權；如不承受，視為同意轉讓，並同意修改章程有關股東及其出資額事項（公 §111 III）。

㈢法院依強制執行將股東的出資轉讓

　　1.此時法院依強制執行程序，將股東之出資轉讓於他人時，應通知公司及其他全體股東，於二十日內，依第一項或第二項之方式，以其他股東表決權過半數之同意（股東出資）或其他股東表決權三分之二以上之同意（董事出資），指定受讓人；逾期未指定或指定的受讓人不依同一條件受讓時，視為同意轉讓，並同意修改章程有關股東及其出資額事項（公 §111 IV）。

　　2.股單並非有價證券，債權人行使債權，應依強制執行法規定的對於其他財產權的執行程序，對股東的出資，聲請法院發禁止處分命令，並通知公司後，再依強制執行法第一一七條的規定，酌量情形，命令債務人讓與其出資。

四、刪除有限公司股東出資轉讓對抗公司的限制

　　一〇七年修法前，有限公司股東出資的轉讓，非將受讓人的本名或名稱記載於股單，並將受讓人的本名或名稱及住所或居所，記載於股東名簿，不得以其轉讓對抗公司（公 §104 II 準用 §165）。因股單並非有價證券，「股單之轉讓」亦不等同於「股東出資之轉讓」。本條規定未具實益，爰予刪除。

五、有限公司股東出資轉讓對抗第三人的限制

股東出資轉讓依公司法第十二條規定，向主管機關申請登記僅是對抗要件，並非生效要件。因此，股權轉讓縱未經主管機關登記，其買賣行為亦屬有效，但不得對抗第三人。

【結論】

甲為有限公司的股東，因此，法院依強制執行程序轉讓甲的出資時，應通知公司及其他全體股東，限於二十日內，以除甲之外其他股東表決權過半數的同意指定受讓人；如公司未經股東表決權過半數之同意，逾期未指定受讓人或指定的受讓人不依同一條件受讓時，視為同意轉讓、修改章程（公 §111 IV）。

【參考法條】

公司法第一一一條

「股東非得其他股東表決權過半數之同意，不得以其出資之全部或一部，轉讓於他人。

董事非得其他股東表決權三分之二以上之同意，不得以其出資之全部或一部，轉讓於他人。

前二項轉讓，不同意之股東有優先受讓權；如不承受，視為同意轉讓，並同意修改章程有關股東及其出資額事項。

法院依強制執行程序，將股東之出資轉讓於他人時，應通知公司及其他全體股東，於二十日內，依第一項或第二項之方式，指定受讓人；逾期未指定或指定之受讓人不依同一條件受讓時，視為同意轉讓，並同意修改章程有關股東及其出資額事項。」

公司法第一六三條

「公司股份之轉讓，除本法另有規定外，不得以章程禁止或限制之。但非於公司設立登記後，不得轉讓。」

公司法第一六五條

「股份之轉讓，非將受讓人之姓名或名稱及住所或居所，記載於公司股東名簿，不得以其轉讓對抗公司。

　前項股東名簿記載之變更，於股東常會開會前三十日內，股東臨時會開會前十五日內，或公司決定分派股息及紅利或其他利益之基準日前五日內，不得為之。

　公開發行股票之公司辦理第一項股東名簿記載之變更，於股東常會開會前六十日內，股東臨時會開會前三十日內，不得為之。

　前二項期間，自開會日或基準日起算。」

【練習題】

一、乙為某有限公司的股東，因欠債擬將其出資轉讓與股東丙，因未經其他股東表決權過半數之同意，請問不同意的股東如有三人，可否共同請求乙優先轉讓？

二、股東丁於所屬有限公司申辦公司登記時，將其出資轉讓予債權人戊，由戊頂替其股東的位子，請問該轉讓的效力如何？

問題三十四
有限公司的股單與股票有何不同？

> 甲退伍後與一干好友擬成立一家有限公司，甲的姊姊乙投資三十萬元，要求甲發給其股票作為出資憑證，是否有理由？

【解析】

一、股票的意義

股票是股份有限公司為顯示股份，表彰股東權，發給股東的要式有價證券。此股東權中包含了盈餘分派請求權及剩餘財產分派請求權等權利，具有財產價值。又非經設立登記或發行新股變更登記後，不得發行股票（公§161 I 本文），蓋股東權尚未發生，自不許發行。

二、公司法已修正股單的規定

一〇七年修正公司法前，股單為有限公司股東出資的憑證。有限公司於設立登記後，應發給股單（公§104 I）。惟股單並非有價證券，「股單之轉讓」亦不等同於「股東出資之轉讓」。本條規定未具實益，爰予刪除。

三、股票應用股東姓名，其為同一人所有者，應記載同一姓名；股票為政府或法人所有者，應記載政府或法人之名稱，不得另立戶名或僅載代表人姓名（公§162 II）

股票
為有價證券的一種
得依背書轉讓
有記名及無記名二種
為股份的憑證

【結論】

因甲擬申設的為有限公司，有限公司的資本並不須分為股份，故無發行股票的問題。有限公司是以股單作為股東出資的憑證，是以，乙出資三十萬元，公司應發給股單，上面載明乙的姓名及其出資額。

【參考法條】

公司法第一○五條

「公司股單，由全體董事簽名或蓋章。」

公司法第一六二條第二項

「股票應用股東姓名，其為同一人所有者，應記載同一姓名；股票為政府或法人所有者，應記載政府或法人之名稱，不得另立戶名或僅載代表人姓名。」

【練習題】

一、有限公司股東的出資轉讓，是否須交付股單？是否須背書？或是還有其他程序？

二、有限公司在公司未設立登記前，即發給股單，該股單效力如何？

第三章　股份有限公司

問題三十五
發起設立與募集設立有何不同？

> 甲股份有限公司採募集設立方式對外公開招募，因經濟不景氣，某些認股人於認股後遲遲不繳納股款，亦有些認股人撤回認股，請問應如何處理？

【解析】

一、發起設立

㈠意　義

公司設立時，由發起人認足公司全部資本總額或第一次擬發行的股份總額，不再向外另行募集的設立方式。

㈡程　序

1.發起人簽訂合夥契約

發起人發起設立公司前，須先簽訂以設立股份有限公司為目的的契約，此種契約性質上屬於發起人間的合夥契約，俟公司成立後，合夥契約即因目的事業成就而失效。

2.訂立章程

發起人應以全體的同意訂立章程，並簽名或蓋章（公§129）。

3.發起人認足股份

發起人應認足全部股份總數（資本總額），如公司股份採分次發行時，則發起人僅須認足第一次應發行的股份即可（公§131 I 前段）。認股行為通說認為是「共同行為」。

4.發起人繳足股款

⑴發起人認足第一次應發行的股份時，應即按股繳足股款，不得分期繳納（公 §131 I 前段）。

⑵發起人如果延欠股款，應如何處理？公司法對此無明文規定，應依民法關於債務不履行的規定處理。

5.選任董事及監察人（公 §131 I 後段）。

6.申請設立登記。

二、募集設立

㈠意　義

公司設立時，發起人不認足公司全部的資本總額或第一次擬發行的股份總額，而將不足的餘額向外公開招募的設立方式。

㈡程　序

1.發起人簽訂合夥契約。

2.訂立章程。

3.發起人認股

發起人無需認足第一次發行的股份（公 §132 I），惟發起人每人至少應認一股以上，而全體發起人所認股份，不得少於第一次發行股份四分之一（公 §133 II）。

4.發起人對外招募股份

⑴招募的對象為社會大眾。

⑵招募的方式有發起人直接對外公開招募或者是透過證券承銷商間接招募。

⑶招募的程序

①訂立招股章程（公 §137）。

②申請證券管理機關審核，如有下列情形之一者，證券管理機關得不予核准或撤銷核准（公 §135 I）：

(A)申請事項有違反法令或虛偽者。

(B)申請事項有變更，經限期補正而未補正者。

　　③發起人備置認股書

　　發起人於收到證券管理機關核准申請事項的通知後，應備認股書，載明申請證券管理機關審核的事項（公§133 I 各款），並加具證券管理機關核准的文號及年、月、日。發起人不備認股書者，由證券管理機關各處新臺幣一萬元以上五萬元以下罰鍰（公§138 I 前段、III）。

　　④公告招募股份

　　應於證券管理機關通知到達之日起三十日內，加記核准文號及年、月、日公告招募之（公§133 III）。

　　5.認股人認股

　⑴認股人應於認股書填寫所認股數、金額、及其住所或居所，簽名或蓋章（公§138 I 後段）。

　⑵以超過票面金額發行股票者，認股人應於認股書註明認繳的金額（公§138 II）。

　　6.發起人催繳股款（公§141）。

　　7.召開創立會選任董事及監察人（公§143、§146 I）。

　　8.申請設立登記。

三、認股人可否撤回認股

　　在下列三種情形下，認股人可撤回認股：

㈠募股設立時，逾招股章程所載的募股期限仍未募足時，認股人得撤回所認股份（公§137 ④）。

㈡第一次發行股份募足後，逾三個月而股款尚未繳足，認股人得撤回其所認股份（公§152）。

㈢第一次發行股份募足後，股款已繳納而發起人不於二個月內召集創立會，認股人得撤回其所認股份（公§152）。

四、認股人延欠應繳股款或撤回認股的處理

㈠認股人延欠應繳股款的處理

　　1.發起人應定一個月以上的期限，催告認股人照繳，並聲明逾期不繳失其權利（公§142 I）。

2.催告後認股人不照繳者，發生下列效果（公§142 II、III）：

⑴認股人失權：此為當然喪失，毋需再為通知或宣告。

⑵股份另行招募。

⑶公司如有損害，得向認股人請求賠償。

3.發起人應負連帶認繳責任（公§148）。且公司受有損害時，得向發起人請求賠償（公§149）。

㈡認股人撤回認股的處理

1.發起人應另行招募股份。

2.發起人應連帶繳納股款（公§148）。公司如受有損害時，得向發起人請求損害賠償（公§149）。

【結論】

一、遲不繳納股款的處理

㈠發起人應定一個月以上的期限催告認股人照繳（公§142 I）。

㈡認股人經催告後逾期不照繳，則產生失權的效果，發起人應另行招募股份，且公司如受有損害，得向認股人請求賠償（公§142 II、III）。

㈢對發起人而言，發起人有連帶認繳的責任（公§148）。且公司如受有損害，得向發起人請求賠償（公§149）。

二、認股人撤回認股的處理，除發起人應另行招募外，處理方式同上一㈢。

【參考法條】

公司法第一三一條第一項

「發起人認足第一次應發行之股份時，應即按股繳足股款並選任董事及監察人。」

公司法第一三二條第一項

「發起人不認足第一次發行之股份時，應募足之。」

公司法第一三九條

「認股人有照所填認股書繳納股款之義務。」

公司法第一四一條

「第一次發行股份總數募足時，發起人應即向各認股人催繳股款，以超過票面金額發
　行股票時，其溢額應與股款同時繳納。」

公司法第一四二條

「認股人延欠前條應繳之股款時，發起人應定一個月以上之期限催告該認股人照繳，
　並聲明逾期不繳失其權利。

　發起人已為前項之催告，認股人不照繳者，即失其權利，所認股份另行募集。

　前項情形，如有損害，仍得向認股人請求賠償。」

公司法第一四八條

「未認足之第一次發行股份，及已認而未繳股款者，應由發起人連帶認繳；其已認而
　經撤回者亦同。」

公司法第一五二條

「第一次發行股份募足後，逾三個月而股款尚未繳足，或已繳納而發起人不於二個月
　內召集創立會者，認股人得撤回其所認之股。」

公司法第一五三條

「創立會結束後，認股人不得將股份撤回。」

【練習題】

一、請說明公司設立時，何時得選任董事、監察人？又其選任方式如何？

二、乙為某股份有限公司募集設立時的認股人，因後悔認股金額過多，想
　　要撤回認股，請問乙可隨時撤回認股嗎？

問題三十六
公司得否於設立後修正章程增訂對某一特定發起人給予特別利益？

> 甲股份有限公司的章程原訂：「乙為本公司的創辦人（發起人），為感念其創辦及主持本公司的貢獻，其有生之年得按月支領相當於現任董事長的薪資、車馬費，並享有宿舍、交通工具及公司各項設備的權利。」二年後因公司營運不佳，可否修改章程，刪除前開規定？

【解析】

一、發起人的人數

發起人為訂立章程、籌設公司的人。在九十年公司法修正前，股份有限公司最低法定人數為七人，故發起人須有七人以上。然修正後，發起人只要有二人即可（公 §128 I）。又政府或法人股東一人所組織的股份有限公司，則發起人只有一人即符合法定人數的限制（公 §128 之 1 I 前段）。

二、發起人的資格

㈠無行為能力人、限制行為能力人或受輔助宣告尚未撤銷之人，不得為發起人（公 §128 II）。

㈡政府或法人均得為發起人，但法人為發起人者，以下列情形為限（公 §128 III）：

　　1.公司或有限合夥。

　　2.以其自行研發之專門技術或智慧財產權作價投資之法人。

　　3.經目的事業主管機關認屬與其創設目的相關而予核准之法人。

三、發起人的報酬

㈠發起人籌設公司備極辛勞，故發起人所得受的特別利益及受益者的姓名，得以章程特別記載（公 §130 I ④）。

㈡發起人所得受的特別利益，股東會得修改或撤銷之，但不得侵及發起人

的既得利益（公§130 II）。

㈢發起人所得受的報酬或特別利益有冒濫者，創立會均得裁減之（公§147前段）。

四、章程得否增訂對某一發起人給予特別利益

㈠肯定說

　　基於私法人自治原則，股東會如決議通過給予創辦人（發起人）特別利益，實屬全體股東對該創辦人（發起人）設立公司具體的回饋，政策上似無須限制不得於章程訂定。

㈡否定說

　　按發起人得受的特別利益，通常多以盈餘分派或賸餘財產分派的優先權、優先認股權或利用公司的設備等特權為其內容。對公司而言，顯係一種負擔，故公司法第一三〇條第二項、第一四七條前段均有限制的規定。故基於下列理由，公司於章程登記後，不得再行修改，增列發起人所得受的特別利益及受益者的姓名。

　　1.基於公益的必要，為避免大股東濫用權利，得干涉私法人自治原則。

　　2.參考美國公司法的「浪費法理」，公司於設立登記後，擬修正章程增訂發起人的特別利益者，必須經百分之百的股東同意；若有任何股東反對增訂者，則不得變更章程，否則即構成浪費。

　　3.依修正前公司法第四一九條第一項第五款後段規定可知，發起人的特別利益應屬原始章程即應訂明事項。又實務上亦採相同見解（司法院院字第 2225 號解釋）。

　　以上二說，以否定說較妥。至於章程上原訂有發起人特別利益者，得否加以刪除？按公司法第一三〇條第二項原規定，發起人的特別利益，「無定期或無確數者」，股東會始得修改或撤銷之。依文義來看，如為定期或有確數者，則不得修改或撤銷。此規定對於發起人過份保護，易對投資人造成不公平，故九十年公司法修正時將「無定期或無確數者」刪除。而本條項但書所謂「既得」，是指其效力自股東會修改章程之日起算不溯及既往而言（經濟部 61.1.14 商 01795 號函）。

【結論】

依公司法第一三〇條第二項規定，股東會得修改或撤銷發起人的特別利益，而不管該特別利益是否有無定期或有無確數。故甲公司得經股東會決議刪除對乙特別利益的規定，不過應注意的是，不得溯及既往影響乙在修改章程前的既得權。

【參考法條】

公司法第一三〇條

「下列各款事項，非經載明於章程者，不生效力：

一　分公司之設立。

二　解散之事由。

三　特別股之種類及其權利義務。

四　發起人所得受之特別利益及受益者之姓名。

前項第四款發起人所得受之特別利益，股東會得修改或撤銷之。但不得侵及發起人既得之利益。」

公司法第一四七條

「發起人所得受之報酬或特別利益及公司所負擔之設立費用有冒濫者，創立會均得裁減之，用以抵作股款之財產，如估價過高者，創立會得減少其所給股數或責令補足。」

【練習題】

一、丙為發起設立股份有限公司，得否以其十八歲之子丁與其本人二人為發起人，籌設公司？

二、戊股份有限公司於設立後數年，修改章程追溯某特定發起人的特別利益（原無規定）自設立時即得享有，是否適法？

問題三十七
發起人得否以現金以外的財產抵繳公司第一次發行的股份？

> 甲為某股份有限公司的發起人，不以現金繳足股款，而擬以所有的土地抵繳股款，是否可行？

【解析】

一、發起人得以公司所需的財產抵繳股款

發起人之出資，除現金外，得以公司事業所需的財產、技術抵充之（公§131 III）。又發起人以現金以外的財產抵繳股款者，必須將其姓名及其財產的種類、數量、價格或估價的標準及公司核給的股數向主管機關申請為設立登記。如有冒濫或虛偽者，主管機關應通知公司限期申復，經派員檢查後得裁減或責令補足（公§419 I ④、II，本條規定於九十年公司法修正時已刪除，另定授權辦法規定）。

㈠綜合前開規定，發起人以現金以外的財產抵繳，須符合下列要件：

1.須為公司事業所需的財產。

2.須為股東所有。

3.評定出資財產價格，如有一定的市價，則依市價定之，若無市價，則估價定之。

4.出資財產除須移轉占有外，如尚須踐行移轉登記的程序，亦應辦理之。

5.主管機關得派員檢查，如認有冒濫或虛偽者，得裁減或責令補足。

6.財產的性質須得辦理移轉（例如上市公司股票須於有價證券集中交易市場以買賣方式為之，無法逕行辦理移轉）。

㈡財產出資如不易估定價格時，得洽詢公正的有關機關團體或專家予以評定

所謂公正的有關機關團體，是指具有對財產評價的專門人員，並能以客觀的立場作合理的鑑定者而言，例如土地估價以地政事務所，機器估價以工業會或機器工業會，及建物估價以營造業公會辦理估價。又所稱專家是指具有某種專門學識的人，且其見解一般人均認為正確者而言，自不以建築技師一種為限（經濟部 56.4.4 商 08180 號函）。

二、以股票抵繳股款

股票為有價證券，屬「財產」的一種，發起人如以股票抵繳股款時，必須該股票為公司事業所需的財產方可（經濟部 66.1.10 商 00632 號函）。

三、以採礦權抵繳股款

按礦業權於讓與時得為權利標的，惟受讓的一方依法需為自然人或法人，如公司尚未完成法人設立登記，並取得公司執照前，即無法依據礦業登記規則辦理礦業權移轉登記。是以，因設立中公司不得為採礦權受讓人，發起人自無法以採礦權抵繳股款（經濟部 81.3.9 商 200414 號函）。

四、以土地抵繳股款

㈠以土地抵繳股款不得以鑑價報告為準，如估價標準超過土地公告現值百分之二十者，應提供證據（經濟部 86.5.21 商 86206486 號函）。

㈡工商綜合區土地所有權人以股份有限公司發起人身分投資，得以開發用地作價抵繳股本（經濟部 86.5.1 商 86204299 號函）。

㈢發起人以土地一部分作價抵繳股款，其餘出售與公司籌備處，只要經其他發起人同意，而無損害股東權益之虞及無違背資本確實原則者，並無不可（經濟部 88.9.17 商 88219996 號函）。

五、以技術抵繳股款

㈠以技術抵繳股款時，公司申請登記應檢附有關機關團體或鑑定價格的意見書（經濟部 88.10.29 商 88222578 號函）。

㈡如技術無法分割成多筆而分開估價時，該技術為整體價值認定後，如經其他發起人或股東同意，而無損害於股東權益之虞及違背資本確實原則，且有利於公司正常運作者，則分次發行似無不可（經濟部 88.5.25 商 88207629 號函）。

㈢公司發行新股，有以技術抵繳股款者，應依公司法第二七四條第一、二項規定，檢送監察人查核意見報請主管機關核定。且公司募集設立，有以技術抵繳股款者，應參照公司法第一四五、一四六條規定，檢送董事、監察人（或檢查人）的調查報告（經濟部 88.5.6 商 88207612 號函）。

六、以使用權抵繳股款

按發起人以公司事業所須的財產抵繳股款時，除該財產必須為股東所有外，應將財產移轉於設立中公司。發起人不得在不將所有權移轉情況下，以提供一定期間的使用權作為出資抵繳股款。至於「基於資源充分利用的策略」，發起人與公司共同使用其所有的共同資產，是屬得否另訂租賃契約或其他設計的考量範疇，與發起人的出資，係屬二事（經濟部 88.4.30 商 88206278 號函）。

七、以專利權抵繳股款

「專利權」係屬「財產」的一種，股份有限公司發起人如以公司事業生產產品所需的專利權抵繳股款，自符合公司法第一三一條第三項的規定。至於其作價的認定，得洽詢公正的有關機關團體或專家予以評定。

八、認股人得否「以債作股」

即認股人應繳納的股款，得否以其對於公司的債權主張抵銷？

㈠肯定說

認為公司法於民國五十九年修正前的第一五四條第二項規定:「公司資本有虧損時，股東不得以其對於公司的債權抵繳其已認未繳的股款。」嗣因公司法已採授權資本制，認股人不能分期繳納股款，因此將此規定刪除。依現行法解釋，既無排斥抵銷的規定，亦無類似日本商法有禁止的規定，解釋上應繳的股款，如與債權的給付種類相同，符合民法抵銷的規定者，應無不得抵銷的理由。

㈡否定說

認為在資本維持的原則下，應繳的股款不得以認股人對公司的債權抵繳。有學者認為公司設立之初的認股行為，因公司尚未成立，事實上鮮有供抵銷的債權。何況在募集設立時，均設有代收股款的銀行或郵局（公

§133 I ④），且代收股款的銀行或郵局，對於代收的股款有證明其已收金額的義務，其證明的已收金額，即認為已收股款的金額（公 §134），不至於發生抵銷的事情。

公司法九十年修正時增列公司法第一五六條第七項，允許股東得以對公司所有的貨幣債權，或公司所需的技術、商譽抵充出資，其抵充的數額需經董事會通過，不受公司法第二七二條的限制。以債權作股得改善公司財務狀況，降低負債比例；而以技術、商譽作價，可藉商譽的無形資產，提高營運效能，快速擴展業務，技術的輸入更能增強企業的競爭力，有利於公司的未來發展。以上換股的作業均限制在發行新股一定的比例內，以免影響股東權益及公司的正常營運，故只需經董事會普通決議通過即可。基此，在現行公司法的規定下，認股人應繳納的股款，得以其對於公司的債權主張抵銷。一〇七年修法時移列於第五項，明定股東之出資，除現金外，得以對公司所有之貨幣債權、公司事業所需之財產或技術抵充之，以資明確；其抵充之數額需經董事會「通過」，修正為需經董事會「決議」，以統一用語。又原第七項所稱「其抵充之數額須經董事會通過，不受第二百七十二條之限制」，按第二七二條係規範出資之種類，與本項所規範者，係非現金出資時，其抵充之數額需經董事會通過，係屬二事，爰刪除「不受第二百七十二條之限制」之文字，以利適用。

九、公司發行新股時的出資種類

公司公開發行新股時，應以現金為股款。但由原有股東認購或由特定人協議認購，而不公開發行者，得以公司事業所需的財產為出資（公 §272）。

【結論】

甲可否以其所有的土地抵繳股款，須視該土地是否符合抵繳的要件，又向主管機關申請設立登記時，須提出其價格、估價的標準及公司核給的股數。

【參考法條】

公司法第一三一條第三項

「發起人之出資，除現金外，得以公司事業所需之財產、技術抵充之。」

公司法第一四五條第一項

「發起人應就下列各款事項報告於創立會：

一　公司章程。

二　股東名簿。

三　已發行之股份總數。

四　以現金以外之財產、技術抵繳股款者，其姓名及其財產、技術之種類、數量、價格或估價之標準及公司核給之股數。

五　應歸公司負擔之設立費用，及發起人得受報酬。

六　發行特別股者，其股份總數。

七　董事、監察人名單，並註明其住所或居所、國民身分證統一編號或其他經政府核發之身分證明文件字號。」

公司法第一五六條第七項

「股東之出資除現金外，得以對公司所有之貨幣債權、公司所需之財產或技術抵充之，其抵充之數額需經董事會決議。」

公司法第二七二條

「公司公開發行新股時，應以現金為股款。但由原有股東認購或由特定人協議認購，而不公開發行者，得以公司事業所需之財產為出資。」

公司法第二七四條

「公司發行新股，而依第二百七十二條但書不公開發行時，仍應依前條第一項之規定，備置認股書；如以現金以外之財產抵繳股款者，並於認股書加載其姓名或名稱及其財產之種類、數量、價格或估價之標準及公司核給之股數。

前項財產出資實行後，董事會應送請監察人查核加具意見，報請主管機關核定之。」

【練習題】

一、乙為某股份有限公司的發起人，於認足股款時，提出自己所有的專利權主張抵繳股款，是否可行？又如何估算其價值？

二、發起人丙以其對丁股份有限公司的債權主張抵銷，而不再繳納股款，是否可行？

問題三十八
認股權利得否轉讓他人？

> 甲於乙股份有限公司籌設期間取得認股權，因乙公司前景看好，丙以每股二倍差價向甲購買股條，請問甲丙間的股條買賣是否有效？

【解析】

一、股條是否為有價證券

㈠股條的定義

　　股條非屬法律用語，而是社會大眾對股份有限公司認股權利證書的一種通稱。綜合分析股條買賣的方式計有下列四種：

　　1.出售空白的存款憑條由投資人繳交權利金後，再憑此存款憑條繳交股款。

　　2.與投資人簽訂投資契約、股票讓渡書或其他文件。

　　3.發行發起人認股同意書。

　　4.將已繳款的認股價款繳納憑證對外出售。

㈡股條不完全是證券交易法上所稱有價證券

　　依證券交易法第六條規定：「本法所稱有價證券，謂政府債券、公司股票、公司債券及經主管機關核定之其他有價證券。新股認購權利證書、新股權利證書及前項各種有價證券的價款繳納憑證或表明其權利的證書，視為有價證券。前二項規定之有價證券，未印製表示其權利之實體有價證券者，亦視為有價證券。」由此規定可知，前開㈠4.價款繳款憑證為本條第二項所規定的有價證券；至於其他股條賣賣的方式，其性質原則上應為民法上的私權契約，為債權權利證書，應屬轉換為發行有價證券的前階段過渡文書，具有實質募集資金工具的性質。因其已涉及投資人的權益及影響經濟秩序，如從證券交易法及公司法的立法精神言，亦應有其適用。

二、認股權利得否轉讓他人

分為下列二種情形說明之：

㈠公司設立時

1.一○七年修法前，發起人的認股行為，不論在發起設立或募集設立，均為共同行為。發起人的股份，非於公司設立登記一年後，不得轉讓（公§163 II）。按股份有限公司之特色為股份自由轉讓，限制發起人股份之轉讓，並不合理；又此限制將降低發起人新創事業之意願；另查本限制為外國立法例所無，爰刪除此第二項，以貫徹股份自由轉讓原則。

2.為防止投機以維交易安全，並期公司設立程序穩定進行，認股人的認股權利，非於公司設立登記後，不得轉讓（公§163 I但書）。

㈡公司發行新股時

1.股東的新股認購權，除保留由員工承購者外，得與原有股份分離而獨立轉讓（公§267 IV）。

2.員工的新股認購權不得自由轉讓（公§267 VI）。

一○○年六月二十九日公司法修正公布第二六七條第八項至第十項：「公開發行股票之公司發行限制員工權利新股者，不適用第一項至第六項之規定，應有代表已發行股份總數三分之二以上股東出席之股東會，以出席股東表決權過半數之同意行之。出席股東之股份總數不足前項定額者，得以有代表已發行股份總數過半數股東之出席，出席股東表決權三分之二以上之同意行之。公開發行股票之公司依前二項規定發行新股者，其發行數量、發行價格、發行條件及其他應遵行事項，由證券主管機關定之。」此乃參酌國際趨勢，鑑於公開發行股票之公司所發行限制員工權利股票，係為激勵員工績效達成之特殊性，爰明定排除公司法第二六七條第一項至第六項所定員工承購權相關規定之適用。又考量公開發行股票之公司召開股東會時，股東出席率較難達到已發行股份總數三分之二，為避免因此無法作成決議，爰明定不足定額者，得以有代表已發行股份總數過半數股東之出席，出席股東表決權三分之二以上之同意行之，較有彈性。

一○七年公司法修正時，原第八項修正移列第九項。依原第八項規定，

僅公開發行股票之公司得發行限制員工權利新股，此係一○○年六月二十九日增訂，當時基於引進新制度之初，故從公開發行股票之公司先行，俟運作一定期間後，再考慮擴大適用範圍。迄今已過數年，企業亦有要求放寬至非公開發行股票公司之呼聲，爰刪除「公開發行股票之」之文字。原第九項修正移列第十項。配合第八項刪除「公開發行股票之」之文字，爰增列「公開發行股票之公司」之文字。實務上，企業基於經營管理之需，常設立研發、生產或行銷等各種功能之從屬公司，且大型集團企業對集團內各該公司員工所採取之內部規範與獎勵，多一視同仁，因此，為利企業留才，賦予企業運用員工獎酬制度之彈性，故參酌外國實務作法，讓公司得於章程訂明員工庫藏股之實施對象，包含符合一定條件之控制公司或從屬公司員工，以保障流通性及符合實務需要。爰增訂第十一項「章程得訂明依第九項規定發行限制員工權利新股之對象，包括符合一定條件之控制或從屬公司員工」，賦予公司發行「限制員工權利新股」關於員工範圍之彈性。原第十項修正移列第十二項。

此外，為了因應公司將股票配給優秀員工俾吸引及留住優秀人才，公司法於九十年修正時增訂第一六七條之二，即公司除法律或章程另有規定者外，得經董事會以董事三分之二以上的出席及出席董事過半數同意的決議，與員工簽訂認股權契約，約定於一定期間內，員工得依約定價格認購特定數量的公司股份，訂約後由公司發給員工認股權憑證。由於員工認股權憑證是基於該員工對公司的貢獻，故員工認股權憑證不得轉讓，但因繼承者不在此限。

3.認股人的新股認購權得自由轉讓（證交 §6 II）。

三、公司設立登記前股份轉讓的效力（股條轉讓的效力）

㈠公司法第一六三條第一項但書規定，為禁止規定，如違反之，而於公司設立登記前為轉讓，依民法第七十一條的規定，應屬無效（最高法院 75 年臺上字第 431 號判決）。

㈡違反本規定的股份讓與契約無效，如主張依民法第一一三條規定，請求回復原狀，返還價金，本質上仍為返還不當得利。因交付股票及價金均

基於不法原因所為的給付，且雙方均有所認識，則不得請求回復原狀（最高法院 83 年臺上字第 3022 號判決）。

【結論】

按公司法第一六三條第一項但書規定，公司股份非於公司設立登記後，不得轉讓。丙以每股二倍的差價向甲購買的股條，如屬已繳股的認股價款繳納憑證，無疑地應視為有價證券（證交 §6 II），其讓與契約違反了禁止規定，應屬無效。且甲丙對此不法原因的給付均有所認識，自不得請求回復原狀。至於丙向甲購買的股條如屬投資契約、股票讓渡書或認股同意書，基於前開禁止規定的立法精神，宜為相同處理。

【參考法條】

公司法第一六三條

「公司股份之轉讓，除本法另有規定外，不得以章程禁止或限制之。但非於公司設立登記後，不得轉讓。」

公司法第一六七條之二

「公司除法律或章程另有規定者外，得經董事會以董事三分之二以上之出席及出席董事過半數同意之決議，與員工簽訂認股權契約，約定於一定期間內，員工得依約定價格認購特定數量之公司股份，訂約後由公司發給員工認股權憑證。

　章程得訂明第一項員工認股權憑證發給對象包括符合一定條件之控制或從屬公司員工。」

公司法第二六七條

「公司發行新股時，除經目的事業中央主管機關專案核定者外，應保留發行新股總數百分之十至十五之股份由公司員工承購。

　公營事業經該公營事業之主管機關專案核定者，得保留發行新股由員工承購；其保留股份，不得超過發行新股總數百分之十。

　公司發行新股時，除依前二項保留者外，應公告及通知原有股東，按照原有股份比例儘先分認，並聲明逾期不認購者，喪失其權利；原有股東持有股份按比例不足分

認一新股者，得合併共同認購或歸併一人認購；原有股東未認購者，得公開發行或洽由特定人認購。

前三項新股認購權利，除保留由員工承購者外，得與原有股份分離而獨立轉讓。

第一項、第二項所定保留員工承購股份之規定，於以公積抵充，核發新股予原有股東者，不適用之。

公司對員工依第一項、第二項承購之股份，得限制在一定期間內不得轉讓。但其期間最長不得超過二年。

章程得訂明依第一項規定承購股份之員工，包括符合一定條件之控制或從屬公司員工。

本條規定，對因合併他公司、分割、公司重整或依第一百六十七條之二、第二百三十五條之一、第二百六十二條、第二百六十八條之一第一項而增發新股者，不適用之。

公司發行限制員工權利新股者，不適用第一項至第六項之規定，應有代表已發行股份總數三分之二以上股東出席之股東會，以出席股東表決權過半數之同意行之。

公開發行股票之公司出席股東之股份總數不足前項定額者，得以有代表已發行股份總數過半數股東之出席，出席股東表決權三分之二以上之同意行之。

章程得訂明依第九項規定發行限制員工權利新股之對象，包括符合一定條件之控制或從屬公司員工。

公開發行股票之公司依前三項規定發行新股者，其發行數量、發行價格、發行條件及其他應遵行事項，由證券主管機關定之。

公司負責人違反第一項規定者，各處新臺幣二萬元以上十萬元以下罰鍰。」

民法第一八〇條

「給付，有左列情形之一者，不得請求返還：

一　給付係履行道德上之義務者。

二　債務人於未到期之債務因清償而為給付者。

三　因清償債務而為給付，於給付時明知無給付之義務者。

四　因不法之原因而為給付者。但不法之原因僅於受領人一方存在時，不在此限。」

【練習題】

一、丁為某股份有限公司的股東,在公司發行新股取得新股認購權後,隨即將該認購證書轉賣他人,是否適法?又丁如果為公司員工,結論是否不同?

二、請說明民法上的有價證券與證券交易法上的有價證券是否不同?又股條為何種法律定義下的有價證券?

問題三十九
股份有那些種類？

甲股份有限公司於發行新股時，鑑於證券市場交易清淡，股價跌破票面價格，遂決議發行無面額股份，是否可行？

【解析】

一、股份的意義

㈠股份為股份有限公司資本的單位

1.股份有限公司的資本，應分為股份，擇一採行票面金額股或無票面金額股。公司採行票面金額股者，每股金額應歸一律；採行無票面金額股者，其所得之股款應全數撥充資本（公§156 I、II）。公司法於一○四年七月一日修正時引進國外無票面金額股制度，允許閉鎖性股份有限公司得發行無票面金額股。現擴大適用範圍讓所有股份有限公司均得發行無票面金額股。一○七年爰修正第一項，明定公司應選擇票面金額股或無票面金額股中一種制度發行之，惟不允許公司發行之股票有票面金額股與無票面金額股併存之情形。又原第一項「每股金額應歸一律」，屬票面金額股之規定，移列第二項，同時於該項規範採行無票面金額股者，其所得之股款應全數撥充資本。

2.一股為資本構成的最小單位，不得再分割為幾分之幾（經濟部66.2.11 商 03910 號函）。故分割遺產時不得將股份分至一股以下（最高法院 69 年臺上字第 1009 號判決）。

3.公司不得發行不足一股的股票（前司法行政部 45.4.5 臺 (45) 令民字第 1596 號函）。

㈡股份代表股東權

1.股東因股份而取得其在公司的地位，得享受權利負擔義務。

2.股份與股票不能屬股東以外的人所有（最高法院 62 年臺上字第

2161 號判決)。

3.公司同次發行的股份,其發行條件應相同,價格應歸一律,以維股東間的平等,故發給員工與股東的新股其價格自應相同(經濟部 83.6.28 臺商(五)發字第 211015 號函)。

4.股份的法律關係乃存在於公司與各股東之間,若公司承認該股東的股份存在,該股東的股份(包括股東權)即無不安可言;反之,其他股東縱使承認該股東的股份存在,但為公司所否認時,該股份的法律關係仍屬不安。因此,某股東對同屬股東者起訴,請求確認股份存在,縱經判決勝訴確定,亦不能拘束公司,即不能除去其法律上不安的狀態(最高法院 74 年臺上字第 2522 號判決)。

㈢股份是藉股票表彰其價值

股票並非股份本身,惟股份須化成股票,股份所產生的權利亦藉股票表現出來。股票的轉讓即是股份的轉讓,故股票為具有一定財產價值的有價證券。

二、股份的種類

㈠普通股:為公司通常所發行,並無特別權利的股份。其股東權利義務一律平等。

特別股:股東權較普通股特別,亦即股東權優於或劣於普通股的股份。又分為下列三種:

優先股	分派盈餘的優先股
	分派剩餘財產的優先股
	表決權優先股
劣後股	分派盈餘的劣後股(後配股)
	分派剩餘財產的劣後股
	表決權劣後股
混合股	即一部分股東權優於普通股,一部分劣於普通股,例如盈餘分配部分優先於普通股,但無表決權

如章程中規定:「特別股分派股息及紅利、賸餘財產之定額或定率為

0，且特別股股東無表決權」，尚無不可（經濟部 99.5.6 經商字第 09902042010 號）。

㈡面額股：於股票票面表示一定金額的股份。

無面額股：於股票票面不表示一定金額的股份。我國允許發行此種股份（公 §140 II）。

㈢償還股：得以公司利益收回或銷除的股份。特別股即是（公 §158）。

非償還股：不得以公司利益收回或銷除的股份，普通股屬之。

㈣轉換股：可以轉換為他種股份。

非轉換股：不可以轉換為他種股份。

【結論】

我國已引進無票面金額股制度，於公司法第一五六條第一項規定：「股份有限公司之資本，應分為股份，擇一採行票面金額股或無票面金額股。」又第一四〇條第二項規定：「採行無票面金額股之公司，其股票之發行價格不受限制。」

【參考法條】

公司法第一四〇條

「採行票面金額股之公司，其股票之發行價格，不得低於票面金額。但公開發行股票之公司，證券主管機關另有規定者，不在此限。

採行無票面金額股之公司，其股票之發行價格不受限制。」

公司法第一五六條第一項

「股份有限公司之資本，應分為股份，擇一採行票面金額股或無票面金額股。

公司採行票面金額股者，每股金額應歸一律；採行無票面金額股者，其所得之股款應全數撥充資本。」

公司法第一五七條

「公司發行特別股時，應就下列各款於章程中定之：

一　特別股分派股息及紅利之順序、定額或定率。

二　特別股分派公司賸餘財產之順序、定額或定率。

三　特別股之股東行使表決權之順序、限制或無表決權。

四　複數表決權特別股或對於特定事項具否決權特別股。

五　特別股股東被選舉為董事、監察人之禁止或限制，或當選一定名額董事之權利。

六　特別股轉換成普通股之轉換股數、方法或轉換公式。

七　特別股轉讓之限制。

八　特別股權利、義務之其他事項。

前項第四款複數表決權特別股股東，於監察人選舉，與普通股股東之表決權同。

下列特別股，於公開發行股票之公司，不適用之：

一　第一項第四款、第五款及第七款之特別股。

二　得轉換成複數普通股之特別股。」

【練習題】

一、乙死亡時留有數萬股某公司股份，其繼承人聲請分割遺產時無法均分，可否以幾分之幾分割一股股份？

二、股份有限公司可否發行無表決權的股份？

問題四十
股份轉讓自由原則，可否以契約限制之？

> 甲股份有限公司於員工到職時，一律規定須簽訂契約，於服務期間所持有的公司股份，不論基於何種理由，均不得轉讓，是否適法？

【解析】

一、股份自由轉讓原則

公司股份的轉讓，除本法另有規定外，不得以章程禁止或限制之（公§163本文）。其立法理由在於股份有限公司屬於資合公司，不重視股東個人條件，且無退股制度，股份轉讓是保障股東收回投資的方法。又基於股東債權人化的趨勢，應允許股東憑其對公司經營的判斷，隨時轉讓持股，以免受損。

二、違反股份自由轉讓原則的效力

股份有限公司股份的轉讓，固係包括股東應有權利義務的全體而為轉讓，與一般財產權的讓與有別，但股東的個性與公司的存續並無重大關係，故除法定限制外，股東自可將其股份自由轉讓於他人（最高法院43年上字第771號判例）。一般而言，違反股份自由轉讓的情形有二，其效力如下：

㈠公司章程違反此原則者，其規定無效。

㈡公司以契約限制股東或員工轉讓股份者（例如約定股份僅得售予股東或員工、員工任職期間不得轉讓股份等）：

1.契約限制的內容如不違反公序良俗，於當事人間仍屬有效。公司僅得對違法出售者，依民法債務不履行的規定，主張權利。

2.公司如以契約約定公司股票只以轉讓公司同仁為限，無拘束第三人的效力（最高法院70年臺上字第1025號判決），受讓的第三人仍得請求辦理過戶，公司不得對之主張無效。

三、股份自由轉讓原則的例外（股份轉讓的限制）

㈠一般股東轉讓股份的限制：公司設立登記前，不得轉讓股份（公§163但）。違法轉讓，無效（民§71）（最高法院47年臺上46號判決）。

㈡發起人股份轉讓的效力：一〇七年修正公司法前，發起人非於公司設立登記一年後，不得轉讓（公§163 II）。按股份有限公司之特色為股份自由轉讓，限制發起人股份之轉讓，並不合理；又此限制將降低發起人新創事業之意願；另查本限制為外國立法例所無，爰刪除原第二項，以貫徹股份自由轉讓原則。

㈢董事、監察人轉讓股份的限制：公開發行股票公司的董事、監察人於選任當時所持有的股份數額，在任期中不得轉讓超過二分之一（公§197 I、§227）。違法轉讓，仍然有效，只不過發生該董事、監察人當然解任的效果。

㈣員工轉讓股份的限制：員工行使員工新股承購權所承購的股份，公司得限制在一定期間內（最長不得超過二年）不得轉讓（公§267 VI）。反之，員工非行使員工新股承購權所承購的股份，公司不得限制其轉讓。

一〇〇年六月二十九日公司法修正公布第二六七條第八項至第十項：「公開發行股票之公司發行限制員工權利新股者，不適用第一項至第六項之規定，應有代表已發行股份總數三分之二以上股東出席之股東會，以出席股東表決權過半數之同意行之。出席股東之股份總數不足前項定額者，得以有代表已發行股份總數過半數股東之出席，出席股東表決權三分之二以上之同意行之。公開發行股票之公司依前二項規定發行新股者，其發行數量、發行價格、發行條件及其他應遵行事項，由證券主管機關定之。」此乃參酌國際趨勢，鑑於公開發行股票之公司所發行限制員工權利股票，係為激勵員工績效達成之特殊性，爰明定排除公司法第二六七條第一項至第六項所定員工承購權相關規定之適用。又考量公開發行股票之公司召開股東會時，股東出席率較難達到已發行股份總數三分之二，為避免因此無法作成決議，爰明定不足定額者，得以有代表已發行股份總數過半數股東之出席，出席股東表決權三分之二以上之同意行之，較有彈性。

　　一〇七年公司法修正時，原第八項修正移列第九項。依原第八項規定，僅公開發行股票之公司得發行限制員工權利新股，此係一〇〇年六月二十九日增訂，當時基於引進新制度之初，故從公開發行股票之公司先行，俟運作一定期間後，再考慮擴大適用範圍。迄今已過數年，企業亦有要求放寬至非公開發行股票公司之呼聲，爰刪除「公開發行股票之」之文字。原第九項修正移列第十項。配合第八項刪除「公開發行股票之」之文字，爰增列「公開發行股票之公司」之文字。實務上，企業基於經營管理之需，常設立研發、生產或行銷等各種功能之從屬公司，且大型集團企業對集團內各該公司員工所採取之內部規範與獎勵，多一視同仁，因此，為利企業留才，賦予企業運用員工獎酬制度之彈性，故參酌外國實務作法，讓公司得於章程訂明員工庫藏股之實施對象，包含符合一定條件之控制公司或從屬公司員工，以保障流通性及符合實務需要。爰增訂第十一項「章程得訂明依第九項規定發行限制員工權利新股之對象，包括符合一定條件之控制或從屬公司員工」，賦予公司發行「限制員工權利新股」關於員工範圍之彈性。原第十項修正移列第十二項。

㈤記名股票過戶時間的限制：依公司法第一六五條第二、三項規定，記名股票的轉讓，於下列三種期間內，不得辦理過戶：

	股東常會開會前	股東臨時會開會前	公司決定分派股息及紅利或其他利益的基準日前
一般公司	三十日內	十五日內	五日內
公開發行股票公司	六十日內	三十日內	五日內

㈥公司不得自將股份收回、收買或收為質物的限制（公 §167）。

【結論】

　　依公司法第一六三條本文規定，公司股份採自由轉讓原則，除法律有明文限制外，股東可將其股份自由轉讓於他人。然而，甲股份有限公司強制員工簽約，於任職期間不得轉讓，依實務見解，只要該契約限制的內容

不違反公序良俗，於公司與員工間仍屬有效，但不得拘束受讓人。因此，即使員工仍於任職中轉讓其股份，公司不得對受讓人主張轉讓行為無效，僅得依民法債務不履行的規定，向員工主張權利。

【參考法條】

公司法第一六三條

「公司股份之轉讓，除本法另有規定外，不得以章程禁止或限制之。但非於公司設立登記後，不得轉讓。」

公司法第一六五條

「股份之轉讓，非將受讓人之姓名或名稱及住所或居所，記載於公司股東名簿，不得以其轉讓對抗公司。

前項股東名簿記載之變更，於股東常會開會前三十日內，股東臨時會開會前十五日內，或公司決定分派股息及紅利或其他利益之基準日前五日內，不得為之。

公開發行股票之公司辦理第一項股東名簿記載之變更，於股東常會開會前六十日內，股東臨時會開會前三十日內，不得為之。

前二項期間，自開會日或基準日起算。」

公司法第二六七條

「公司發行新股時，除經目的事業中央主管機關專案核定者外，應保留發行新股總數百分之十至十五之股份由公司員工承購。

公營事業經該公營事業之主管機關專案核定者，得保留發行新股由員工承購；其保留股份，不得超過發行新股總數百分之十。

公司發行新股時，除依前二項保留者外，應公告及通知原有股東，按照原有股份比例儘先分認，並聲明逾期不認購者，喪失其權利；原有股東持有股份按比例不足分認一新股者，得合併共同認購或歸併一人認購；原有股東未認購者，得公開發行或洽由特定人認購。

前三項新股認購權利，除保留由員工承購者外，得與原有股份分離而獨立轉讓。

第一項、第二項所定保留員工承購股份之規定，於以公積抵充，核發新股予原有股東者，不適用之。

公司對員工依第一項、第二項承購之股份，得限制在一定期間內不得轉讓。但其期間最長不得超過二年。

章程得訂明依第一項規定承購股份之員工，包括符合一定條件之控制或從屬公司員工。

本條規定，對因合併他公司、分割、公司重整或依第一百六十七條之二、第二百三十五條之一、第二百六十二條、第二百六十八條之一第一項而增發新股者，不適用之。

公司發行限制員工權利新股者，不適用第一項至第六項之規定，應有代表已發行股份總數三分之二以上股東出席之股東會，以出席股東表決權過半數之同意行之。

公開發行股票之公司出席股東之股份總數不足前項定額者，得以有代表已發行股份總數過半數股東之出席，出席股東表決權三分之二以上之同意行之。

章程得訂明依第九項規定發行限制員工權利新股之對象，包括符合一定條件之控制或從屬公司員工。

公開發行股票之公司依前三項規定發行新股者，其發行數量、發行價格、發行條件及其他應遵行事項，由證券主管機關定之。

公司負責人違反第一項規定者，各處新臺幣二萬元以上十萬元以下罰鍰。」

【練習題】

一、乙股份有限公司於章程中規定，該公司的董事、監察人及經理人於任職中不得轉讓其股份，是否適法？

二、丙股份有限公司於員工到職時，一律強制簽訂契約，規定員工離職前除將所持股份轉售予公司外，其餘情形一律不得轉讓，是否適法？

問題四十一
如何發行、變更、收回特別股？

甲股份有限公司發行有普通股及特別股，後者無表決權。如甲公司擬恢復特別股有表決權，且降低其分派股息的定率，應踐行何種程序？

【解析】

一、特別股的發行

依公司法第一五六條第一、三項規定，股份有限公司的資本，應分為股份，一部分得為特別股，其種類由章程定之。由此可見，特別股的發行必須：

㈠於章程記載特別股的種類及其權利義務（公 §130 I ③）。

㈡應將特別股的總額及公司法第一五七條所規定的應記載事項載明於招股章程及認股書（公 §137 ⑤、§138 I、§273 I ①），使認股人認股時知悉其所認的特別股所具有股東權的內容。

㈢發行特別股時章程應記載事項如下（公 §157）：

　　1.特別股分派股息及紅利的順序、定額或定率。

　　2.特別股分派公司賸餘財產的順序、定額或定率。

　　3.特別股股東行使表決權的順序、限制或無表決權。

　　4.複數表決權特別股或對於特定事項具否決權特別股。

　　5.特別股股東被選舉為董事、監察人之禁止或限制，或當選一定名額董事之權利。

　　6.特別股轉換成普通股之轉換股數、方法或轉換公式。

　　7.特別股轉讓之限制。

　　8.特別股權利、義務的其他事項。此為概括性規定，其權利義務不以前七款所規定者為限。

㈣發行特別股股數，公司法並無限制（經濟部 76.10.28 商 54321 號函）。

㈤公司法第一五七條第一項第三款「行使表決權的順序」僅在分別普通股股東與特別股股東，或二種以上特別股股東對同一事項決議的先後，與表決權的多寡無關，依現行公司法，不能容有發行每股享有數表決權的特別股，故公司不得於章程中規定特別股每股享有數表決權（經濟部72.3.23 商 11159 號函）。

㈥被選為董事、監察人乃是股東基於股東的地位，對於公司享有的固有權，尚不得以決議或章程予以剝奪或限制之。惟一〇七年公司法修法時，允許非公開發行股票公司以章程規定，禁止或限制特別股股東被選舉為董事或監察人，且其亦得於章程規定，保障特別股股東當選一定名額之董事。基於監察人為公司之監督機關，為落實監察權之行使及公司治理之需求，爰本款未允許公司以章程保障特別股股東當選一定名額之監察人。

㈦不得公開發行具有優先權利特別股的情形（公 §269）：

　　1.最近三年或開業不及三年的開業年度課稅後的平均淨利，不足支付已發行及擬發行的特別股股息者。

　　2.對於已發行的特別股約定股息，未能按期支付者。

二、特別股的變更

㈠已發行的普通股，不宜以修正章程方式，改為特別股（經濟部 80.8.12 臺商（五）發字第 219189 號函）。

㈡特別股得變更為普通股，但須於章程中訂明

　　1.章程的變更如有損害特別股股東的權利時，除應有代表已發行股份總數三分之二以上股東出席的股東會，以出席股東表決權過半數的決議為之外，並應經特別股股東會的決議。公開發行股票的公司，出席股東的股份總數不足前項定額者，得以有代表已發行股份總數過半數股東的出席，出席股東表決權三分之二以上的同意行之，並應經特別股股東會的決議。前二項出席股東股份總數及表決權數，章程有較高的規定者，從其規定。特別股股東會準用關於股東會的規定（公 §159）。

　　2.所謂「特別股股東的權利」，是指優先權利而言（最高法院 72 年臺上字第 808 號判決）。

3.特別股股東會是在保障特別股股東的既得權，此時無表決權的特別股股東亦享有表決權。

4.特別股股東會的決議無另經普通股股東會決議的必要 （經濟部 57.2.17 商 5128 號函）。

5.特別股股東如自願放棄優先權利，得隨時向公司申請辦理改為普通股，此種修正並無損害原優先股股東的權益 （經濟部 57.4.25 商 14875 號函）。

6.如公司有甲、乙二種特別股，公司變更甲種特別股股東依章程得享受的權利，縱有損害乙種特別股股東權利，亦毋需經乙種特別股股東會的決議。惟乙種特別股股東如無表決權的限制，自得於變更章程股東會的決議中參與可否的表決（經濟部 80.1.28 商 200299 號函）。

三、特別股的收回

㈠公司發行的特別股，得收回之（公 §158）。

一○○年六月二十九日公司法修正時，刪除了公司收回發行之特別股，僅得以盈餘或發行新股所得股款收回之規定。由於不得以法條所列舉者以外之其他款項收回之限制，對企業之財務運用，欠缺彈性；又公司以何種財源收回特別股，允屬公司內部自治事項，宜由公司自行決定，毋庸以法律限制之，以利公司彈性運用，爰刪除「以盈餘或發行新股所得之股款」等文字。至於特別股應收回之條件、期限與公司應給付對價之種類及數額等事項，仍應依公司法第一五七條第四款規定於章程中訂定之，公司並應據以辦理。

㈡公司得於章程中有關「特別股權利、義務的其他事項」下明定將來欲收回特別股的意旨（公 §157 ⑧）。

㈢收回特別股不得損害特別股股東按照章程應有的權利（公 §158 但書）。

【結論】

一、有關恢復特別股有表決權部分，因一股本有一表決權，不損害特別股股東的權利，自毋庸經特別股股東會決議，僅普通股股東會即可決議，

　　但必須依變更章程的程序為之。

二、有關甲公司擬降低特別股分派股息的定率部分，依公司法第一五九條
　　規定，公司章程的變更如有損害特別股股東的權利時，除應經股東會
　　特別決議外，並應經特別股股東會決議，以保障特別股股東的既得權。
　　按降低特別股分派股息的定率已損害特別股股東的優先權利，故仍須
　　踐行特別股股東會決議的程序。

【參考法條】

公司法第一三七條

「招股章程，應載明下列各款事項：

　一　第一百二十九條及第一百三十條所列各款事項。

　二　各發起人所認之股數。

　三　股票超過票面金額發行者，其金額。

　四　招募股份總數募足之期限，及逾期未募足時，得由認股人撤回所認股份之聲
　　　明。

　五　發行特別股者，其總額及第一百五十七條第一項各款之規定。」

公司法第一五八條

「公司發行之特別股，得收回之。但不得損害特別股股東按照章程應有之權利。」

公司法第一五九條

「公司已發行特別股者，其章程之變更如有損害特別股股東之權利時，除應有代表
已發行股份總數三分之二以上股東出席之股東會，以出席股東表決權過半數之決議
為之外，並應經特別股股東會之決議。

公開發行股票之公司，出席股東之股份總數不足前項定額者，得以有代表已發行股
份總數過半數股東之出席，出席股東表決權三分之二以上之同意行之，並應經特別
股股東會之決議。

前二項出席股東股份總數及表決權數，章程有較高之規定者，從其規定。

特別股股東會準用關於股東會之規定。」

公司法第二六九條

「公司有左列情形之一者，不得公開發行具有優先權利之特別股：

　一　最近三年或開業不及三年之開業年度課稅後之平均淨利，不足支付已發行及擬
　　　發行之特別股股息者。

　二　對於已發行之特別股約定股息，未能按期支付者。」

【練習題】

一、乙股份有限公司擬修正章程將一部分普通股修正為無表決權的特別
　　股，是否可行？

二、丙股份有限公司的章程上規定，持有本公司所發行的無表決權特別股
　　股東，不得選任董監事，是否適法？

問題四十二
股份可不可以共有？

> 甲股份有限公司發行新股時，乙、丙二人擬合資共同認股，是否可行？

【解析】

一、股份得為共有

所謂股份共有，是指股份為數人共同所有。在何種情形下，會發生股份共有的情形？例如數人共同認股，則股份共有人對公司負連帶繳納股款的義務（公 §160 II）。又如股東死亡時，其繼承人有二人以上時，亦會發生股份共有的情形。

二、股份共有時應如何行使股東權

依公司法第一六○條第一項規定，股份為數人共有者，其共有人應推定一人行使股東的權利。例如開股東會時，共有人應推定一人出席並行使表決權。

三、股份為遺產時的處理

㈠股東死亡，如繼承人有數人時，在分割遺產前，各繼承人對於遺產全部為公同共有，得由繼承人中互推一人為管理人（經濟部 57.6.20 商 22056 號函）。因繼承而共有的股權，在股東名簿上須記載全體共有人（繼承人）的姓名，如已推定一人行使股權者，並另加記該代表人的姓名（經濟部 84.4.28 商 84207115 號函）。

㈡股東死亡後，數位繼承人如已推定一人行使權利，而該代表人當選為董監事，於法尚無不合（經濟部 79.10.22 商 219268 號函）。

四、共有股份的分割

原則上共有人不得請求將構成資本的最小單位分割，即數人共有一股，自不得請求分割。但數人如共有數股，則得請求分割，但不得有最小單位

以下的比例出現，例如半股。

【結論】

　　我國公司法並未限制股份共有的情形，因此，乙、丙二人合資共同認股，連帶繳納股款（公§160 II），自得共有股份。

【參考法條】

公司法第一六〇條

「股份為數人共有者，其共有人應推定一人行使股東之權利。

　股份共有人，對於公司負連帶繳納股款之義務。」

民法第一一五一條

「繼承人有數人時，在分割遺產前，各繼承人對於遺產全部為公同共有。」

民法第一一五二條

「前條公同共有之遺產，得由繼承人中互推一人管理之。」

【練習題】

一、丁為某股份有限公司的股東，其可否將其持股轉讓與數人共有？

二、戊持有某股份有限公司三萬股，死亡後留下二子由妻扶養，請問該三萬股應如何行使權利？又可否分割？如何分割？

問題四十三
股票發行時期有無限制？公司可否不發行股票？

> 甲股份有限公司於章程中規定：「本公司不發行股票。」是否適法？
> 乙股份有限公司於章程中規定：「本公司不印製股票。」是否適法？

【解析】

一、股票發行時期的限制

㈠公司於設立登記後或發行新股變更登記後始得發行股票　（公 §161 I 本文）

　　1.因股票是證明已經發生的股東權的證權證券，而在公司設立登記或發行新股變更登記前，股東權尚未發生，自不許其發行。

　　2.例外情形：按公開發行股票的公司發行可轉換公司債時，公司得逕行交付股票，事後再以補辦變更登記的方式辦理，因此，公開發行股票的公司，證券管理機關另有規定者，不受前開股票發行時期的限制（公 §161 I 但書）。

　　3.公司辦理現金增資，於認股人繳納股款的時期，因公司尚未辦理增資變更登記，其增資案是否獲中央主管機關核准尚未確定，故於此階段，公司尚不能發放股票給繳納股款的人（經濟部 81.12.4 商 045950 號函）。

　　4.違法發行股票的效果（公 §161 II）

　　⑴所發行的股票無效。

　　⑵持有人得向發行股票人請求損害賠償。

　　⑶發行股票人如構成背信或詐欺者，可依刑法的背信罪或詐欺罪處罰。

㈡公開發行股票之公司，應於設立登記或發行新股變更登記後三個月內有發行股票的義務（公 §161 之 1 I）

　　1.股份有限公司發行股票，不論為公開上市的股票或未公開上市的股票，均應依公司法第一六二條規定辦理簽證後始得發行，股票未經簽證者，

尚難認為已完成法定發行手續，如已逾本法定期間，亦有本條的適用（經濟部 75.7.24 商 32304 號函）。

　　2.違反發行期限的效果

　　公司負責人違反發行期限，不發行股票者，除由證券主管機關令其限期發行外，各處新臺幣二十四萬元以上二百四十萬元以下罰鍰；屆期仍未發行者，得繼續令其限期發行，並按次處罰至發行股票為止（公 §161 之 1 II）。

二、引入「無實體交易制度」

㈠公司得不發行股票

　　為了考量閉鎖性公司發行股票的實益，公司法於九十年修正第一六一條之一第一項，規定公司資本額未達中央主管機關所定一定數額者，除章程另有規定者外，得不發行股票。據此，經濟部於九十年十一月二十三日公告實收資本額達新臺幣五億元以上的股份有限公司，應於設立登記或發行新股變更登記後三個月內發行股票；其未達該數額者，除章程另有規定外，得不發行股票（經濟部 90 商字第 09002254560 號函）。由此可知：

　　1.實收資本額在新臺幣五億元以上的股份有限公司，應在法定期限內發行股票。

　　2.實收資本額未達新臺幣五億元以上的股份有限公司，章程未規定須發行股票者，不用發行股票。

　　3.實收資本額未達新臺幣五億元以上的股份有限公司，章程規定須發行股票者，仍應發行股票。

　　經濟部 91.2.26 經商字第 09102029700 號函旨略以：「未達中央主管機關所定一定數額之公司，除章程另有規定應發行股票者外，得不發行股票。倘公司擬發行股票，應於章程中明確記載」，意指公司實收資本額未達中央主管機關所定一定數額，得發行或不發行股票，與章程有無記載無關，惟公司如擬於章程記載發行股票，應予明確記載。是以，如公司實收資本額未達中央主管機關所定一定數額，章程亦未規定應發行股票而逕予發行者，與公司法規定尚無不符（經濟部 99.12.24 經商字第 09902163020 號）。

惟一〇七年公司法修正時，考量非公開發行股票之公司是否發行股票，宜由公司自行決定，改以公司有無公開發行，作為是否發行股票之判斷基準，現行規定如下：「公開發行股票之公司，應於設立登記或發行新股變更登記後三個月內發行股票。」

㈡合併印製股票

為發揮有價證券集中保管功能，簡化現行股票發行成本及交付作業，九十年公司法修正時引入「無實體交易」制度。即公開發行股票公司發行新股時，其股票得就該次發行總數合併印製成單張股票存放於集中保管事業機構（公§162之1 I、II）。而透過集中保管事業機構發給應募人有價證券存摺的方式，解決目前股票實體交易所帶來的手續繁複及流通過程風險。又股票以帳簿劃撥方式進行無實體交易時，已簡化成單張大面額股票，故不適用有關股票應編號及背書轉讓的規定（公§162之1 III）。一〇七年鑑於單張大面額股票係為降低公開發行股票公司股票發行之成本，其股票須洽證券集中保管事業機構保管，為我國在上市、上櫃及興櫃公司有價證券全面無實體化前之過渡階段而設，配合有價證券集中保管實務，依此規定發行者均為上市、上櫃及興櫃公司。而我國現行上市、上櫃及興櫃公司股票業已全面無實體，證券集中保管事業機構就上市、上櫃及興櫃有價證券，將全面採無實體登錄方式保管，故本條已無適用之可能及存在之必要，爰予刪除。

㈢得免印製股票

發行股票之公司，其發行之股份得免印製股票。此即為「無實體發行」制度。依前項規定未印製股票之公司，應洽證券集中保管事業機構登錄其發行之股份，並依該機構之規定辦理。經證券集中保管事業機構登錄之股份，其轉讓及設質，應向公司辦理或以帳簿劃撥方式為之，不適用第一六四條及民法第九〇八條之規定。前項情形，於公司已印製之股票未繳回者，不適用之（公§161之1）。

㈣一〇七年修法前，發行公司債亦得合併印製債券或免印製債券（公§257之1、2）。

鑑於單張大面額公司債與第一六二條之一之單張大面額股票均係為降低公司發行成本，為我國在上市、上櫃及興櫃公司有價證券全面無實體化前之過渡階段而設。因應目前我國上市、上櫃及興櫃公司有價證券已全面無實體發行，本條已無適用之可能，爰予刪除。

【結論】

　　於九十年公司法修正後，引入無實體交易制度，公司得不發行股票，亦得免印製股票。前者情形，一〇七年修法後如甲公司為公開發行股票公司，應於設立登記或發行新股變更登記後三個月內發行股票。否則得處罰鍰，並按次處罰至發行股票為止（公 §161 之 1 I）。至於後者則由公司自由選擇是否印製股票（公 §161 之 2）。因此，乙公司得於公司章程中規定：「本公司不印製股票。」

【參考法條】

公司法第一六一條

「公司非經設立登記或發行新股變更登記後，不得發行股票。但公開發行股票之公司，證券管理機關另有規定者，不在此限。

　違反前項規定發行股票者，其股票無效。但持有人得向發行股票人請求損害賠償。」

公司法第一六一條之一

「公開發行股票之公司，應於設立登記或發行新股變更登記後三個月內發行股票。

　公司負責人違反前項規定，不發行股票者，除由證券主管機關令其限期發行外，各處新臺幣二十四萬元以上二百四十萬元以下罰鍰；屆期仍未發行者，得繼續令其限期發行，並按次處罰至發行股票為止。」

公司法第一六二條之一　　（刪除）

公司法第一六一條之二

「公開發行股票之公司，其發行之股份得免印製股票。

　依前項規定未印製股票之公司，應洽證券集中保管事業機構登錄其發行之股份，並

依該機構之規定辦理。

經證券集中保管事業機構登錄之股份，其轉讓及設質，應向公司辦理或以帳簿劃撥方式為之，不適用第一百六十四條及民法第九百零八條之規定。

前項情形，於公司已印製之股票未繳回者，不適用之。」

【練習題】

一、丙股份有限公司在股東會決議發行新股後，尚未申辦變更登記前，即應股東要求發予股票，請問其效力如何？

二、丁股份有限公司未印製股票，請問股東戊、庚欲轉讓其所持股份時，應如何辦理交付及過戶的手續？

問題四十四
股票轉讓的方式及效力為何？

> 甲將其所持股票轉讓與乙，則發行股票公司應將股息及紅利發放予何人？

【解析】

一、記名股票的轉讓

(一)由股票持有人以背書轉讓之，並應將受讓人的姓名或名稱記載於股票(公§164)

　　1.前開所謂股票持有人，應包括股票名義人，及因背書而取得股票的人。因此，記名股票在未過戶以前，可由股票持有人更背書轉讓他人（最高法院60年臺上字第817號判例）。

　　2.背書的方式，在公司法未修正前，實務見解均認應參照票據法所定完全背書或空白背書為之（經濟部56.5.15商12297號函、83.6.6商209160號函）。九十年公司法修正時特予明定以「將受讓人的姓名或名稱記載於股票」的方式為之，以杜爭議。

　　3.記名股票的轉讓只要由股票持有人背書，於當事人間即生移轉的效力，但欲對抗公司，尚須辦理過戶手續（經濟部58.8.20商28540號函）。故學者將「背書」稱為股票轉讓的「成立及生效要件」；將「過戶」稱為「對抗要件」。

(二)須將受讓人的姓名或名稱及住所或居所，記載於公司股東名簿，始得以其轉讓對抗公司（公§165 I）

　　1.此即俗稱「過戶」。記名股票的轉讓，一經合法背書並為股票的交付，受讓人與讓與人間即生轉讓的效力，並得以其轉讓對抗第三人。而股東名簿的過戶登記為對抗要件，非生效要件，故未辦理過戶登記，僅不得以其轉讓對抗公司而已（最高法院73年臺上字第3567號判決、最高法院

74 年臺上字第 1947 號判決）。

2.公司法第一六五條第一項純為受讓人與公司間的關係而設，即非將受讓人登記於股東名簿，公司可不承認其股東的身份，但與出讓股份契約的效力無關（最高法院 62 年臺抗字第 307 號裁定）。非謂合法受讓股票持有人，對於讓與人不得主張其受讓股票所得享受的權利（最高法院 74 年臺上字第 1947 號判決）。

3.公司法第一六五條第一項所謂「不得以其轉讓對抗公司」，是指未過戶前，不得向公司主張因背書受讓而享受開會及分派股息或紅利而言（最高法院 60 年臺上字第 817 號判例）。

4.非公開發行股票公司股東名簿的變更，非必須由讓與人協同為之（最高法院 69 年臺上字第 515 號判決）。且公司法亦未規定須加蓋讓與人留存於公司的印鑑，或須由讓與人與受讓人填具股票讓受過戶申請書（經濟部 81.5.28 商 212665 號函）。惟公開發行公司股票的轉讓，依公開發行股票公司股務處理準則第二十三條第一款規定，除經法院拍賣或繼承外，經由證券商購得股票者，讓受雙方均應填具過戶申請書及於股票背面簽名或蓋章。由此可見，公開發行公司股票的轉讓，讓與人有協同受讓人申請辦理過戶的義務（最高法院 80 年臺上字第 863 號判決）。

5.華僑投資人將持股轉讓他人，縱已辦理過戶，仍須另依華僑回國投資條例辦理（經濟部 61.9.8 商 24973 號函）。

6.如股東死亡，則由其合法繼承人逕向公司辦理過戶手續即可（經濟部 64.9.6 商 21280 號函）。

7.判決勝訴確定者持勝訴判決向公司請求變更股東名義，公司如認該確定判決足資證明股東名義變更，得逕依該判決變更股東名簿的記載（經濟部 81.2.12 商 202078 號函）。

8.特別股的轉讓亦適用公司法第一六五條的規定　（經濟部 83.9.26 商 218210 號函）。又股東在清算中將股票轉讓他人，得辦理過戶，並不違法（經濟部 87.3.9 商 87203541 號函）。

9.公司法第一六五條第一項規定，股份之轉讓，非將受讓人之姓名或

名稱及住所或居所，記載於公司股東名簿，不得以其轉讓對抗公司。亦即股份有限公司未發行股票者，其記名股份轉讓之成立要件，僅當事人間具備要約與承諾之意思表示已足。故客運公司雖係股份有限公司，但未發行股票，股份之轉讓，僅須當事人間具備要約與承諾之意思表示為已足，不以變更股東名簿記載為前提要件（臺灣高等法院臺中分院 98 年上字第 380 號民事判決）。

二、無記名股票的轉讓

一〇七年修法前，無記名股票以交付轉讓之（舊公 §164 後段）。只須讓與合意及交付股票，轉讓契約即生效，且得對抗公司及第三人。配合無記名股票制度之廢除，刪除原後段有關無記名股票之規定，毋庸再區別記名股票與無記名股票，爰一併將第一六四條原「記名股票」刪除「記名」二字。

三、未登記股票的轉讓

發行股票之公司，其發行之股份得免印製股票。依前項規定未印製股票之公司，應洽證券集中保管事業機構登錄其發行之股份，並依該機構之規定辦理。經證券集中保管事業機構登錄之股份，其轉讓及設質，應向公司辦理或以帳簿劃撥方式為之，不適用第一六四條及民法第九〇八條之規定（公 §161 之 2 I、II、III），既無股票實體，自不發生以股票實體交易的問題。集中保管事業機構會依交易情形辦理登錄。

四、股票信託的轉讓

依信託法第四條第二項規定：「以有價證券為信託者，非依其目的事業主管機關規定於證券上或其他表彰權利的文件上載明為信託財產者，不得對抗第三人。」因此，以股票信託時，應依前開規定於股票上載明為信託財產，方生對抗第三人的效力。至於如何辦理股票的信託登記，則視公司究屬公開發行股票或未公開發行股票而異其手續。

㈠未公開發行股票公司

由受託人檢具相關文件（信託契約或遺囑、經委託人背書的股票、受託的股票上載有受託人本名或名稱並載明為信託財產）向公司提出過戶申

請（公司得要求填具過戶申請書），並由公司審驗相符後，將受託人本名或名稱及住所或居所及信託財產的意旨等記載於股東名簿（經濟部 87.4.15 商 87207454 號函）。

㈡公開發行股票公司

依公開發行股票公司股務處理準則第二十八條規定：

1.委託人及受託人應填具過戶申請書及於股票背面簽名或蓋章；受託人自證券集中保管事業領回者，應檢附自該事業領回之證明文件，並由受託人於過戶申請書及股票背面受讓人欄簽名或蓋章。

2.檢附信託契約或遺囑，以及稅務機關有關證明文件，經公司核對相符後，於股東名簿及股票背面分別載明「信託財產」及加註日期。

3.受託人變更者，並應檢附變更事由相關文件辦理名義變更。

4.信託契約明定信託利益之全部或一部之受益人為委託人，於信託關係存續中，變更為非委託人時，應檢附稅務機關有關證明文件。

5.信託關係消滅時，信託財產依法歸屬委託人者，應檢附足資證明信託關係消滅之文件，經公司核對相符後，辦理塗銷信託登記；信託財產歸屬非委託人者，並應加附稅務機關有關證明文件，經公司核對相符後，辦理塗銷信託登記且於股東名簿及股票背面載明日期並加蓋「信託歸屬登記」章。

6.以證券集中保管事業保管之股票為信託標的者，其信託之表示及記載事項，應依有價證券集中保管帳簿劃撥作業辦法之規定辦理。

五、股票設質的辦理

公司股份設定質權係屬權利質權，參照民法第九〇二條規定只須依關於權利讓與的規定為之，即記名股票設定質權，因背書移轉質權人占有而生效力，惟尚應依公司法第一六五條規定方式辦理，申請公司為質權登記，始得對抗公司（經濟部 59.9.2 商 41830 號函、最高法院 60 年臺上字第 433 號判例）；而無記名股票只須交於質權人即生設質的效力，並得對抗公司。

六、股票轉讓的效力

㈠發生股東權（屬於股東的權利及義務）移轉的效力。

㈡股票轉讓後應得的盈餘分配尚未領取者，除上市股票另有規定外，其領取權隨同移轉於受讓人。又未支付的利息，推定隨同原本移轉於受讓人，亦即推定隨同股票移轉於受讓人（經濟部 57.4.25 商 14876 號函、59.6.23 商 29196 號函）。

㈢股票在基準日前交割者，應屬連息或連權買賣，所有以前應得的股息或其他權利，均歸受讓人享有（民 §295）。如股票的買賣於發行公司規定發放股息或分配其他權利的基準日以後辦理交割，除買賣雙方有連息或連權的特約，並經申報者外，應為除息或除權交易，有以前應得的股息或其他權利如當事人未經特約申報者，應歸讓與人享有，如有爭議應訴請司法機關解決（司法院司法業務研究會第 3 期研討結論及司法院第一廳研究意見）。

㈣受取增資配股，係基於股東地位而生的權利，惟此項權利一經股東會決議生效，即成為獨立的權利，得與股份分離而單獨讓與。股份轉讓時，該權利並非當然轉讓與受讓人（最高法院 73 年臺上字第 1143 號判例）。

㈤股票經設定質權者，股票所生的孳息，質權人依法自得領取（經濟部 86.5.16 商 86209163 號函）。因此，盈餘及增資的配股，自為權利質權效力所及。至於民法第九一〇條所定附屬於證券的利息證券、定期金證券或分配利益證券，以已交於質權人者為限，始為質權效力所及（最高法院 63 年 5 月 28 日 63 年度第 3 次民事庭會議決議（二））。

七、公司拒絕過戶如何處理

公司拒絕辦理過戶時，應由受讓股票的人，對公司提起給付之訴，請求公司變更股東名簿的記載，而後聲請強制執行。如公司仍拒絕辦理變更股東姓名時，為保障受讓股票人的利益，應認給付判決的執行名義為意思表示請求權，依強制執行法第一三〇條規定，為執行名義的判決，係命債務人為一定的意思表示而不表示者，視為自判決確定時已為其意思表示，即判決確定時發生效力（司法院司法業務研究會第 3 期研討結論及司法院第一廳研究意見）。

【結論】

按股息及紅利屬股票的從屬權利，因此，甲將持股轉讓與乙。

一、在基準日前交割者：屬於連息或連權買賣，公司應將股息及紅利發放予乙。

二、在基準日以後交割者：除甲、乙二人有連息或連權的特約並經申報者外，應為除息或除權交易，公司應將股息及紅利發放給甲。

【參考法條】

公司法第一六四條

「股票由股票持有人以背書轉讓之，並應將受讓人之姓名或名稱記載於股票。」

公司法第一六五條

「股份之轉讓，非將受讓人之姓名或名稱及住所或居所，記載於公司股東名簿，不得以其轉讓對抗公司。

前項股東名簿記載之變更，於股東常會開會前三十日內，股東臨時會開會前十五日內，或公司決定分派股息及紅利或其他利益之基準日前五日內，不得為之。

公開發行股票之公司辦理第一項股東名簿記載之變更，於股東常會開會前六十日內，股東臨時會開會前三十日內，不得為之。

前二項期間，自開會日或基準日起算。」

民法第二九五條

「讓與債權時，該債權之擔保及其他從屬之權利，隨同移轉於受讓人。但與讓與人有不可分離之關係者，不在此限。

未支付之利息，推定其隨同原本移轉於受讓人。」

民法第九一○條

「質權以有價證券為標的物者，其附屬於該證券之利息證券、定期金證券或其他附屬證券，以已交付於質權人者為限，亦為質權效力所及。

附屬之證券，係於質權設定後發行者，除另有約定外，質權人得請求發行人或出質人交付之。」

【練習題】

一、丙將其所持股票轉讓與丁，丁請求丙協同辦理過戶登記，丙置之不理。丁逕向發行股票公司辦理過戶，公司以丁未備妥丙的印鑑而拒絕辦理。請問丁應如何處理？

二、戊為某股份有限公司的董事，其死亡後留下數萬股股票，請問其妻庚、子辛應如何辦理繼承登記？

問題四十五
發起人股份轉讓有無限制？

> 　　甲為某股份有限公司的發起人，於公司設立登記後半年，該公司即與他公司合併而消滅，成立另一新公司，甲仍擔任新設公司的發起人。鑑於經濟不景氣，恐公司有停業之虞，甲遂於六個月後將所持股票轉讓他人，是否適法？

【解析】

一、發起人股份轉讓的限制

　　一〇七年修正公司法前，發起人的股份非於公司設立登記一年後，不得轉讓（公 §163 II 本文）。立法意旨在防止公司發起人以發起組織公司為手段，以獲取發起人的報酬及特別利益為目的，形成專業的不正當行為。按股份有限公司之特色為股份自由轉讓，限制發起人股份之轉讓，並不合理；又此限制將降低發起人新創事業之意願；另查本限制為外國立法例所無，爰刪除原第二項，以貫徹股份自由轉讓原則。

二、發起人將其股份設質是否有限制

　　按股票具有財產上的價值，且可以自由轉讓，依民法第九〇〇條的規定，自得為質權的標的。發起人如以其持有記名股票設定質權借款，雖須將股票以背書移轉於質權人占有，此項「移轉占有」，與股份「轉讓」有別。

【結論】

　　按一〇七年修法前公司法第一六三條第二項規定，發起人的股份非於公司設立登記一年後，不得轉讓。惟公司合併或分割後新設公司，與一般發起設立性質有別，故九十年公司法修正時增訂但書，規定在此情形下，發起人股份的轉讓毋需受限制。因此，甲所屬公司在設立登記後半年與他

公司合併而消滅，成立另一新公司，甲仍擔任新設公司的發起人，則其在新設公司設立登記六個月後將持股轉讓並不違法，轉讓行為仍屬有效。修法後，為貫徹股份自由轉讓原則，已刪除公司法第一六三條第二項，發起人股份之轉讓已無限制。

【參考法條】

公司法第一六三條

「公司股份之轉讓，除本法另有規定外，不得以章程禁止或限制之。但非於公司設立登記後，不得轉讓。」

公司法第三一七條第一項

「公司分割或與他公司合併時，董事會應就分割、合併有關事項，作成分割計畫、合併契約，提出於股東會；股東在集會前或集會中，以書面表示異議，或以口頭表示異議經紀錄者，得放棄表決權，而請求公司按當時公平價格，收買其持有之股份。」

【練習題】

一、丙為乙股份有限公司之發起人，其於公司設立登記前將其持股轉讓給他人，是否可行？

二、丁為某股份有限公司的發起人，其於公司設立登記三個月後即與戊簽訂契約轉讓其持股，但須於公司設立登記後一年始將股份背書、交付予戊，此轉讓股份的效力如何？

問題四十六
董事、監察人轉讓股份有無限制？

> 甲為乙股份有限公司的董事，其在任期中轉讓股份超過其就任當時持股數額的二分之一。請問乙可否主張甲喪失董事資格？又受讓人向乙公司辦理過戶登記時，乙可否主張該轉讓行為無效？

【解析】

一、董監事任期中轉讓股份的限制

㈠為防止董監事巧取名位，於任期中大量轉讓持股，致減少對公司的向心力，公司法特予規定，公開發行股票公司的董監事在任期中轉讓超過選任當時所持有的公司股份數額二分之一時，其董監事當然解任（公§197 I後段、§227）。由此規定得知，董監事在任期中持股轉讓的限制如下：

　　1.僅限於公開發行股票公司的董監事有其適用（公司法於九十年修正前，凡為股份有限公司的董監事，不論該公司規模大小，均有本條項的適用）。

　　2.轉讓數額的計算以「選任當時」持股數額為基準。因董監事經選任後，應向主管機關申報其選任當時所持有的公司股份數額（公§197 I前段）。

　　3.所謂當然解任，是指只要董監事持股轉讓超過選任當時所持有的公司股份數額二分之一時，即當然喪失董監事的資格，毋需經股東會解任決議或公司為解任的意思表示。

㈡適用上尚應注意下列情形：

　　1.董監事在任期中股份縱使有變動，仍以選任當時所持有的股份總額為計算標準（經濟部55.11.30商27841號函、77.2.3商03310號函）。

　　2.法人股東轉讓股份超過法定數額，其代表人當選董事者，亦當然解任（經濟部56.3.17商06391號函、82.2.16商001346號函）。

3.董監事轉讓的股份恰為二分之一，並不影響董監事的職務（經濟部56.4.21 商 10005 號函）。

4.董監事經選任後，應向主管機關申報其選任當時所持有的公司股份數額，係指在股東會中選舉時，其本名所持有的股份數額，亦即停止過戶時股東名簿所記載的股份數額（經濟部 69.6.4 商 18170 號函、82.4.19 商207681 號函）。又此所稱董監事在選任當時所持有的股票，包括記名股票及無記名股票（經濟部 75.1.11 商 01289 號函）。

5.董監事將其股份全部設質與他人，與轉讓股份有別，不適用公司法第一九七條的規定（經濟部 72.6.3 商 21648 號函）。

6.公司董監事在任期中，將所持有的股份信託轉讓他人，依信託法的規定，如所有權已移轉與受託人，股份數額既有變更，自有公司法第一九七條規定的適用（經濟部 87.4.16 商 87207834 號函）。

二、董監事就任前及閉鎖期間轉讓股份的限制

按董監事經選任後，若許其將持有股份隨意轉讓，必易使其無心於業，影響公司業務經營；惟鑑於實務上常有公司於董事任期屆滿前提前改選，則此選任時至就任此一期間轉讓股份，或於股東會召開前的過戶閉鎖期間轉讓持股的情形，原公司法第一九七條並未予明文規範，九十年公司法修正時，增訂該條第三項：「董事任期未屆滿提前改選者，當選之董事，於就任前轉讓超過選任當時所持有之公司股份數額二分之一時，或於股東會召開前之停止股票過戶期間內，轉讓持股超過二分之一時，其當選失其效力。」以杜爭議。修正之目的在於防免選任時至就任時兩時點間大量股份轉讓，而使同條第一項的管制存有漏洞。是故，於一〇二年修正公司法時，調整第三項文字規定：「公開發行股票之公司董事當選後，於就任前轉讓超過選任當時所持有之公司股份數額二分之一時，或於股東會召開前之停止股票過戶期間內，轉讓持股超過二分之一時，其當選失其效力。」以彌補之。

按公司法第一九七條第一項規定於修正後，僅限制公開發行股票之公司董事在任期中轉讓超過選任當時所持有之公司股份數額二分之一時，其

董事身分始當然解任，至於非公開發行股票之公司董事，因條文並未訂定，故應無本規定適用。是以，非公開發行股票之公司董事縱有前述轉讓股份之情狀，亦不得遽認因股份轉讓致董事身分當然解任（最高法院 104 年臺上字第 568 號民事判決）。

三、董監事違法轉讓行為的效力

㈠轉讓股份的行為仍然有效。

㈡出讓股份契約的效力不因受讓人未辦理過戶而影響（最高法院 62 年臺抗字第 307 號裁定）。蓋依公司法第一六五條第一項規定，未辦理過戶，只是不得以其轉讓對抗公司，純為受讓人與公司間的關係而設。又董監事轉讓股數超過規定即當然解任，不問股票是否已辦理過戶（經濟部 80.7.1 商 215721 號函）。

四、董監事股份設定或解除質權的處理

　　公司法於九十年修正時，基於董事將其股份設定或解除質權的情形，應有揭露的必要，新增第一九七條之一，規定董事的股份設定或解除質權者，應即通知公司，公司應於質權設定或解除後十五日內，將其質權變動情形，向主管機關申報並公告之。但公開發行股票的公司，證券管理機關另有規定者，不在此限。一○○年修正時新增第二項規定，公開發行股票之公司董事以股份設定質權超過選任當時所持有之公司股份數額二分之一時，其超過之股份不得行使表決權，不算入已出席股東之表決權數。監察人亦準用此規定（公 §227）。

【結論】

　　依公司法第一九七條第一項後段規定，公開發行股票公司董事在任期中轉讓超過選任當時所持有的公司股份數額二分之一時，其董事當然解任。所謂當然解任，是指不待股東會的決議或法院的裁判，當然絕對的喪失董事身分而言，且不以變更股東名簿為要件。因此，乙公司如屬公開發行股票公司，當然可主張甲喪失董事資格。至於甲轉讓股份契約的效力仍然有效，不因受讓人是否辦理過戶，乙公司不可主張甲轉讓股份的行為無效。

惟受讓人如未辦理過戶，不得以其轉讓對抗公司（公 §165 I），此則屬另一問題。

【參考法條】

公司法第一九七條

「董事經選任後，應向主管機關申報，其選任當時所持有之公司股份數額；公開發行股票之公司董事在任期中轉讓超過選任當時所持有之公司股份數額二分之一時，其董事當然解任。

董事在任期中其股份有增減時，應向主管機關申報並公告之。

公開發行股票之公司董事當選後，於就任前轉讓超過選任當時所持有之公司股份數額二分之一時，或於股東會召開前之停止股票過戶期間內，轉讓持股超過二分之一時，其當選失其效力。」

公司法第一九七條之一

「董事之股份設定或解除質權者，應即通知公司，公司應於質權設定或解除後十五日內，將其質權變動情形，向主管機關申報並公告之。但公開發行股票之公司，證券管理機關另有規定者，不在此限。

公開發行股票之公司董事以股份設定質權超過選任當時所持有之公司股份數額二分之一時，其超過之股份不得行使表決權，不算入已出席股東之表決權數。」

公司法第二二七條

「第一百九十六條至第二百條、第二百零八條之一、第二百十四條及第二百十五條之規定，於監察人準用之。但第二百十四條對監察人之請求，應向董事會為之。」

【練習題】

一、丙為公開發行股票公司的監察人，其於當選後就任前轉讓持股，而於就任後始辦妥過戶手續，是否影響其當選的效力？若丙是在就任前受讓持股，而未辦過戶，則就任後如何計算其選任當時持股數額？

二、丁為公開發行股票公司的董事長，其於任期中將超過持股二分之一設質銀行，是否當然解任？又有何限制規定？

問題四十七
員工轉讓行使員工認股承購權所承購的股份，有無限制？

> 甲股份有限公司發行新股時，董事會決議保留發行新股總數百分之五的股份由員工承購，並限制其在三年內不得轉讓，該決議是否適法？

【解析】

一、何謂「員工新股承購權」

按公司營業的興衰與員工努力工作與否極有關係，為使員工與公司融合一體，同舟共濟，激勵其工作情緒，並緩和、減少勞資糾紛，遂有「分紅入股」政策。以下分別就一般民營公司、公營事業的情形及其相關問題說明之。

㈠一般民營公司（公 §267 I）

　　1.原則上員工均有新股承購權，公司應保留發行新股總數百分之十至十五的股份由員工承購。

　　2.經目的事業中央主管機關專案核定者，因其設立具有特殊目的，與一般事業的性質不同，例外地無員工新股承購權。

㈡公營事業（公 §267 II）

　　1.原則上其員工無新股承購權。因其具有政策目的及公共利益的經濟功能。

　　2.例外：經該公營事業的主管機關專案核定者，得保留不超過發行新股總數百分之十由員工承購。

㈢相關問題

　　1.何謂「員工」

　⑴是指非基於股東地位為公司服務者，如經理人；如基於股東地位而為公司服務者，如董事、監察人，即非此所稱的員工。如董監事兼

經理人者，則分別因其基於「股東」或非基於「股東」（員工）所立的地位而認購（法務部 75.6.4 法 (75) 參字第 6723 號函、經濟部 79.4.14 商 206278 號函）。法人董事、監察人指定自然人代表行使職務（公 §27 I）或法人股東的代表人當選為董監事（公 §27 II），該代表人既係基於股東地位而執行董監事職務，自非此所稱「員工」（經濟部 84.2.10 商 201253 號函）。

(2)此員工除其他法令另有規定外，並無國籍的限制（經濟部 70.10.20 商 44186 號函）。

(3)員工保留股的承購權，乃基於員工的身份而取得，已離職的員工自不得承購員工保留股（經濟部 69.5.26 商 16796 號函）。

(4)員工新股承購權為員工的權利，不是義務，如員工放棄，允屬私權事項，不違反公司法（經濟部 84.9.25 商 84224819 號函）。

(5)公司法無員工功勞股或乾股的問題（經濟部 87.10.15 商 87223383 號函）。

　2.本條項為強制規定

(1)依公司法第一九三條第一項規定，董事會執行業務，應依照法令、章程及股東會的決議，故公司董事會不得決議變更法律或股東會所定員工認股比率（經濟部 79.6.7 商 209394 號函）。

(2)公司發行新股時，應依照公司法第二六七條第一項規定於法定保留成數的範圍內由員工承購，其保留成數如有不足或逾越者，於法即有未合（經濟部 80.7.8 商 250690 號函）。

(3)股份有限公司董事會決議發行新股未依法保留股份由公司員工承購，該決議無效（法務部 76 參字第 2345 號函）。

二、員工新股承購權所承購股份轉讓的限制

㈠原　則

　保留股份由員工承購其目的在融合勞資為一體，有利企業經營，如員工承購後隨即轉讓，非但股權變動頻繁，影響經營權的安定，亦將使前開目的落空，故公司法第二六七條第六項規定，公司得限制員工行使新股承

購權所承購的新股，在一定期間內不得轉讓，但期間不得超過二年（九十年公司法修正前原規定為三年）。

㈡例　外（公 §267 VII）

1.公司因合併他公司而發行新股。

2.公司因分割而發行新股。

3.公司因重整計畫而發行新股（九十五年一月公司法修正時新增，俾利重整程序之進行）。

4.公司因員工依「公司與員工的認股權契約」認購公司股份而發行新股（公 §167 之 2）。

5.公司因債權人以轉換公司債轉換股份而發行新股（公 §262 I）。

6.公司因債權人以附認股權公司債認購公司股份而發行新股（公 §262 II）。

7.公司因有人依公司發行的認股權憑證認購公司股份而發行新股（公 §268 之 1）。

8.公司因持有附認股權特別股的股東認購公司股份而發行新股　（公 §268 之 1）。

9.公司設立後發行新股作為受讓他公司股份的對價（公 §156 之 3），員工無優先認購權。

10.以公積或資產增值抵充核發新股予原有股東，不適用保留員工承購股份的規定（公 §267 V）。

11.將應分派股息及紅利的全部或一部，以發行新股方式為之（公 §240 I），是以發行新股代替現金的給付，故不能保留員工認股的股份，無公司法第二六七條規定的適用（經濟部 77.7.12 經 (77) 商 19964 號函、80.10.30 商 226871 號函）。

12.一〇〇年六月二十九日公司法修正公布，增訂第一六七條之三：「公司依第一百六十七條之一或其他法律規定收買自己之股份轉讓於員工者，得限制員工在一定期間內不得轉讓。但其期間最長不得超過二年。」無非希望員工長期持有並繼續留在公司服務，如員工取得股份後立即轉讓，將

喪失用以激勵並留住員工之原意，爰參酌美國等先進國家有關「員工限制股」之精神，明定得限制員工在一定期間內不得轉讓。

三、不得強制讓與特定對象

公司不得強制員工於離職時應將承購的股份轉讓與特定對象，否則與股份自由轉讓原則有違。因此，公司不得規定員工離職時必須按離職的時價轉讓給在職員工購買或暫由公司購回（經濟部 69.7.18 商 23525 號函、80.3.23 商 204488 號函）。

四、公司負責人未保留發行新股一定成數由員工承購者，各處新臺幣二萬元以上十萬元以下罰鍰（公 §267 XIII）

【結論】

一、依公司法第二六七條第一項規定，公司發行新股時，應保留發行新股總數百分之十至十五的股份由公司員工承購。公司負責人違反此規定者，除各處新臺幣二萬元以上十萬元以下罰鍰（公 §267 XIII）外，如以董事會決議保留發行新股供員工承購的成數低於法定比率者，因公司法第二六七條第一項為強制規定，董事會決議違反強制規定，自為無效。

二、九十年公司法修正前，第二六七條第六項原規定，公司得限制員工行使新股認購權所承購的新股，在三年內不得轉讓，但鑑於股市上下波動，若限制期間過長，將使員工因長期股市的低迷而造成投資損失，故將該期間縮短為二年。

【參考法條】

公司法第一六七條之二

「公司除法律或章程另有規定者外，得經董事會以董事三分之二以上之出席及出席董事過半數同意之決議，與員工簽訂認股權契約，約定於一定期間內，員工得依約定價格認購特定數量之公司股份，訂約後由公司發給員工認股權憑證。

員工取得認股權憑證，不得轉讓。但因繼承者，不在此限。

章程得訂明第一項員工認股權憑證發給對象包括符合一定條件之控制或從屬公司員工。」

公司法第一六七條之三

「公司依第一百六十七條之一或其他法律規定收買自己之股份轉讓於員工者，得限制員工在一定期間內不得轉讓。但其期間最長不得超過二年。」

公司法第一九三條第一項

「董事會執行業務，應依照法令章程及股東會之決議。」

公司法第二四〇條

「公司得由有代表已發行股份總數三分之二以上股東出席之股東會，以出席股東表決權過半數之決議，將應分派股息及紅利之全部或一部，以發行新股方式為之；不滿一股之金額，以現金分派之。

公開發行股票之公司，出席股東之股份總數不足前項定額者，得以有代表已發行股份總數過半數股東之出席，出席股東表決權三分之二以上之同意行之。

前二項出席股東股份總數及表決權數，章程有較高規定者，從其規定。

依本條發行新股，除公開發行股票之公司，應依證券管理機關之規定辦理者外，於決議之股東會終結時，即生效力，董事會應即分別通知各股東，或記載於股東名簿之質權人。

公開發行股票之公司得以章程授權董事會以三分之二以上董事之出席，及出席董事過半數之決議將應分派股息及紅利之全部或一部，以發放現金之方式為之，並報告股東會。」

公司法第二六七條

「公司發行新股時，除經目的事業中央主管機關專案核定者外，應保留發行新股總數百分之十至十五之股份由公司員工承購。

公營事業經該公營事業之主管機關專案核定者，得保留發行新股由員工承購；其保留股份，不得超過發行新股總數百分之十。

公司發行新股時，除依前二項保留外，應公告及通知原有股東，按照原有股份比例儘先分認，並聲明逾期不認購者，喪失其權利；原有股東持有股份按比例不足分認一新股者，得合併共同認購或歸併一人認購；原有股東未認購者，得公開發行或

洽由特定人認購。

前三項新股認購權利，除保留由員工承購者外，得與原有股份分離而獨立轉讓。

第一項、第二項所定保留員工承購股份之規定，於以公積抵充，核發新股予原有股東者，不適用之。

公司對員工依第一項、第二項承購之股份，得限制在一定期間內不得轉讓。但其期間最長不得超過二年。

章程得訂明依第一項規定承購股份之員工，包括符合一定條件之控制或從屬公司員工。

本條規定，對因合併他公司、分割、公司重整或依第一百六十七條之二、第二百三十五條之一、第二百六十二條、第二百六十八條之一第一項而增發新股者，不適用之。

公司發行限制員工權利新股者，不適用第一項至第六項之規定，應有代表已發行股份總數三分之二以上股東出席之股東會，以出席股東表決權過半數之同意行之。

公開發行股票之公司出席股東之股份總數不足前項定額者，得以有代表已發行股份總數過半數股東之出席，出席股東表決權三分之二以上之同意行之。

章程得訂明依第九項規定發行限制員工權利新股之對象，包括符合一定條件之控制或從屬公司員工。

公開發行股票之公司依前三項規定發行新股者，其發行數量、發行價格、發行條件及其他應遵行事項，由證券主管機關定之。

公司負責人違反第一項規定者，各處新臺幣二萬元以上十萬元以下罰鍰。」

【練習題】

一、甲股份有限公司發行新股時，該公司董事乙、總經理丙得否行使員工新股認購權？

二、丁股份有限公司與每一位新進員工簽約，約定員工離職時，應將公司發行新股時其所承購的股份轉讓與公司，而不能讓售予他人，該約定是否適法？

問題四十八
證券交易法對於股份的轉讓，有無其他特別的限制規定？

> 　　甲為某公開發行公司的股東，其持有該公司股份超過股份總額百分之十，則甲依公司法規定轉讓其股份即可，或是還有其他法定應遵守事項？

【解析】

一、證交法上股票轉讓方式的限制

㈠依本法公開募集及發行有價證券之公司，其全體董事及監察人二者所持有記名股票之股份總額，各不得少於公司已發行股份總額一定之成數（證交 §26 I）。

㈡公開發行股票的公司，其董事、監察人、經理人或持有公司股份超過股份總額百分之十的股東，包括其配偶、未成年子女及利用他人名義持有者，其股票的轉讓應依下列方式之一為之（證交 §22 之 2）：

　　1.經主管機關核准或自申報主管機關生效日後，向非特定人為之。

　　2.依主管機關所定持有期間及每一交易日得轉讓數量比例，於向主管機關申報之日起三日後，在集中交易市場或證券商營業處所為之。但每一交易日轉讓股數未超過一萬股者，免予申報。

　　3.於向主管機關申報之日起三日內，向符合主管機關所定條件的特定人為之。依此方式受讓股票，受讓人如欲在一年內轉讓其股票，仍須依 1.～ 3.的方式為之。

二、短線交易的限制

　　公開發行公司的董事、監察人、經理人或持有公司股份超過百分之十的股東，不得以公司的股票進行短線交易，即取得後六個月內再行賣出，或於賣出後六個月內再行買進，否則，公司應請求將其就短線交易所得利

益歸於公司（行使歸入權）。又發行股票公司董事會或監察人不為公司行使歸入權時，股東得以三十日的期限，請求董事或監察人行使之，逾期不行使時，請求的股東得為公司行使此歸入權（證交§157 I、II）。

三、內線交易的禁止

即下列的人實際知悉發行股票公司有重大影響其股票價格之消息時，在該消息明確後，未公開前或公開後十八小時內，不得對該公司之上市或在證券商營業處所買賣之股票或其他具有股權性質之有價證券，自行或以他人名義買入或賣出：

㈠該公司的董事、監察人、經理人及依公司法第二十七條第一項規定受指定代表行使職務之自然人。

㈡持有該公司股份超過百分之十的股東。

㈢基於職業或控制關係獲悉消息的人。

㈣喪失前三款身分後，未滿六個月者。

㈤從前四款所列的人獲悉消息者。

前項各款所定之人，實際知悉發行股票公司有重大影響其支付本息能力之消息時，在該消息明確後，未公開前或公開後十八小時內，不得對該公司之上市或在證券商營業處所買賣之非股權性質之公司債，自行或以他人名義賣出。違反內線交易的禁止規定者，須負損害賠償責任（證交§157之1 I至IV）。且可處三年以上十年以下有期徒刑，得併科新臺幣一千萬元以上二億元以下罰金（證交§171 I ①）。

【結論】

依公司法股份自由轉讓原則（公§163），甲原本可以隨時轉讓其股份予任何人，而不受限制。然而，甲為某公開發行公司的股東，持有該公司股份超過股份總額百分之十，即證券交易法中所稱的公司內部人，依證券交易法第二十二條之二規定，其股票的轉讓方式有限制，即須向主管機關（行政院金融監督管理委員會）申請核准或申報始可。

【參考法條】

公司法第一六三條

「公司股份之轉讓，除本法另有規定外，不得以章程禁止或限制之。但非於公司設立登記後，不得轉讓。」

證券交易法第二十二條之二

「已依本法發行股票公司之董事、監察人、經理人或持有公司股份超過股份總額百分之十之股東，其股票之轉讓，應依左列方式之一為之：

一　經主管機關核准或自申報主管機關生效日後，向非特定人為之。

二　依主管機關所定持有期間及每一交易日得轉讓數量比例，於向主管機關申報之日起三日後，在集中交易市場或證券商營業處所為之。但每一交易日轉讓股數未超過一萬股者，免予申報。

三　於向主管機關申報之日起三日內，向符合主管機關所定條件之特定人為之。

經由前項第三款受讓之股票，受讓人在一年內欲轉讓其股票，仍須依前項各款所列方式之一為之。

第一項之人持有之股票，包括其配偶、未成年子女及利用他人名義持有者。」

證券交易法第一五七條第一項

「發行股票公司董事、監察人、經理人或持有公司股份超過百分之十之股東，對公司之上市股票，於取得後六個月內再行賣出，或於賣出後六個月內再行買進，因而獲得利益者，公司應請求將其利益歸於公司。」

證券交易法第一五七條之一第一項

「下列各款之人，實際知悉發行股票公司有重大影響其股票價格之消息時，在該消息明確後，未公開前或公開後十八小時內，不得對該公司之上市或在證券商營業處所買賣之股票或其他具有股權性質之有價證券，自行或以他人名義買入或賣出：

一　該公司之董事、監察人及經理人。

二　持有該公司股份超過百分之十之股東。

三　基於職業或控制關係獲悉消息之人。

四　喪失前三款身分後，未滿六個月者。

五　從前三款所列之人獲悉消息者。」

【練習題】

一、甲為乙公開發行股票公司的會計師，獲悉乙公司投資大陸失敗，擬關廠撤資，唯恐自己所持乙公司股票大跌，遂立刻將其全數賣出。是否適法？

二、丙為丁公開發行公司的監察人，見近日股市利多，在三個月內多次賣出買進丁公司的股票，獲利五百萬元。是否適法？

問題四十九
遺失的股票有無民法第九四八條善意取得的適用？

> 甲不慎遺失其所持有的乙股份有限公司的股票，而為丙拾得，丙將該股票轉讓予不知情的丁，丁可否向乙公司請求發放股息紅利？

【解析】

一、對於遺失的股票可否主張善意取得

㈠肯定說

對於股票的善意取得加以保護，始能促進股票的流通，以及證券的交易，並保障交易安全，故應類推適用票據法有關善意取得的規定。而且關於股票的強制執行，亦是依照動產的執行方式為之，即將股票視為動產的一種，故應適用動產關於善意取得的規定。

㈡否定說

股票為證權證券，而非設權證券，縱使遺失股票，亦不影響股東權利的行使，因此不適用善意取得的規定。並且股票的移轉尚須向公司辦理登記，始得對抗公司，故不能類推適用票據法中有關善意取得的規定。實務上認為記名股票為證明股東權的有價證券，而非動產，無民法第九四八條的適用（最高法院 59 年臺上字第 2787 號判決）。

二、對遺失股票如已除權判決，可否主張善意取得

股票既非屬土地或定著物，是動產的一種，原則上不應排除適用動產善意取得的規定，以保障交易的安全。至於股票辦理過戶的問題，僅是可否對抗公司的問題，並不影響權利的取得。即記名股票遺失，在公示催告中，尚未經法院為除權判決者，公司對股東身分的認定，依公司法第一六五條第一項規定，仍應以股東名簿的記載為依據（最高法院 68 年臺上字第 2189 號判例）。

惟需注意的是，遺失的股票若已經法院除權判決者，則因該股票已經公示程序而無人主張權利，即應尊重司法的效力，而不再適用善意取得。惟宣告股票無效的除權判決經撤銷後，原股票應回復其效力。但發行公司如已補發新股票，並經善意受讓人依法取得股東權時，原股票的效力，即難回復。其因上述情形喪失權利而受損害者，得依法請求損害賠償或為不當得利的返還（司法院大法官會議第 186 號解釋）。

【結論】

一、甲遺失股票可依民事訴訟法的規定，聲請公示催告及除權判決。如為記名股票，在公示催告期間，公司仍以股東名簿的記載認定甲為股東。

二、因股票屬動產的一種，為保障交易的安全，遺失股票仍可適用善意取得的規定。惟對遺失的股票如已經公示催告而無人主張權利，並經法院除權判決者，則不可再適用善意取得的規定。因此，

㈠如為無記名股票，在法院未除權判決前，丁可主張善意取得並向公司請求發放股息紅利。如該股票已經法院除權判決，則丁不可再主張善意取得。

㈡如為記名股票，即使法院未對該遺失股票除權判決，因公司仍以股東名簿的記載為準，則乙公司仍應將股息紅利發放予甲。至於該記名股票如已經法院除權判決，丁自無適用善意取得的問題。

【參考法條】

民法第九四八條第一項

「以動產所有權，或其他物權之移轉或設定為目的，而善意受讓該動產之占有者，縱其讓與人無讓與之權利，其占有仍受法律之保護。但受讓人明知或因重大過失而不知讓與人無讓與之權利者，不在此限。」

公司法第一六四條

「股票由股票持有人以背書轉讓之，並應將受讓人之姓名或名稱記載於股票。」

民事訴訟法第五六〇條

「公示催告，應記載持有證券人應於期間內申報權利及提出證券，並曉示以如不申報
　　及提出者，即宣告證券無效。」

民事訴訟法第五六四條第一項

「除權判決，應宣告證券無效。」

民事訴訟法第五六五條

「有除權判決後，聲請人對於依證券負義務之人，得主張證券上之權利。

　　因除權判決而為清償者，於除權判決撤銷後，仍得以其清償對抗債權人或第三人。

　　但清償時已知除權判決撤銷者，不在此限。」

【練習題】

一、甲遺失其所持有乙股份有限公司的無記名股票，經丙拾得並交給乙公
　　司，是否可以參加其股東會，並行使股東權？

二、丁遺失戊股份有限公司的記名股票，經公示催告，並除權判決後，戊
　　補發新股票。然而，此時庚持拾得原丁的記名股票向戊主張辦理過戶，
　　戊應如何辦理？

問題五十
記名股票的過戶如何辦理？

> 　　甲將所持有的乙股份有限公司（非公開發行股票公司）記名股票轉讓予丙，丙請求甲協同辦理過戶，甲置之不理，丙是否應訴請甲協同辦理過戶？

【解析】

一、過戶的意義

　　公司法第一六五條第一項規定，記名股票的轉讓，非將受讓人的姓名或名稱及住所或居所，記載於公司股東名簿，不得以其轉讓對抗公司。此種股東名簿記載的變更手續稱為「過戶」。申言之，記名股票在未過戶前，受讓人不得對公司主張股東權（如參加股東會及分派股息、紅利的權利）。因此，只要不是公司法第一六五條第二、三項「閉鎖期間」內，股票受讓人得隨時向公司請求辦理過戶。

二、過戶是否須由讓與人與受讓人協同辦理

㈠記名股票的轉讓只須當事人間具備要約與承諾的意思表示即為已足，關於「過戶」的手續，除公司章程訂明應由讓與人及受讓人雙方共同為之外，只須受讓人一方請求，公司即應予辦理（最高法院69年臺上字第515號、70年臺上字第2156號判決）。

㈡公司法未明定記名股票的背書轉讓，須加蓋讓與人留存於公司的印鑑；亦未規定股票的過戶，須由讓與人與受讓人填具股票過戶申請書（經濟部81.5.28商212665號函）。但公開發行的公司股票則須由讓受雙方填具過戶申請書，向發行公司辦理過戶（公開發行股票公司股務處理準則§23①）。由此可見，公開發行公司股票，難謂其讓與人無協同受讓人向發行公司申請辦理過戶的義務（最高法院80年臺上字第863號判決）。

三、向公司辦理過戶

　　股份轉受讓，僅須依法向公司辦理過戶手續即可，毋庸向主管機關登記（經濟部 59.9.29 商 45986 號函、71.2.22 商 05379 號函、82.2.9 商 201548 號函）。如公司拒絕辦理過戶，應由受讓股票的人，對公司提起給付之訴，請求公司變更股東名簿的記載，而後聲請強制執行。如公司仍拒絕辦理變更股東姓名時，為保障受讓股票人的利益，應認給付判決的執行名義為意思表示請求權，依強制執行法第一三〇條規定，為執行名義的判決，係命債務人為一定的意思表示而不表示者，視為自判決確定時已為其意思表示，即判決確定時發生效力（司法院司法業務研究會第 3 期研討會結論及司法院第一廳研究意見）。

四、公司法第一六五條是規定受讓人與公司間的關係

　　公司法第一六五條是規定公司與記名股票受讓人間的關係，非謂合法受讓股票的持有人，對於讓與人不得主張其受讓股票所得享受的權利。且股票讓與的效力應及於該股票從屬的權利。因此，讓與後孳生而由公司配發的增資無償股，即應移轉與受讓人（最高法院 74 年臺上字第 1108 號判決、75 年臺再字第 33 號判決）。

五、未發行股票如何辦理過戶

　　股份有限公司未發行股票者，其股份轉讓應由轉讓人及受讓人雙方填具受讓同意書，而會同向公司辦理過戶（經濟部 60.1.15 商 01630 號函）。

六、股東死亡如何辦理過戶

　　股票所有人死亡，應由合法繼承人逕向公司辦理過戶手續即可，毋庸檢具繼承文件送請主管機關登記（經濟部 64.9.6 商 21280 號函）。至於有限公司因有股東死亡而辦理解散登記時，該死亡股東的出資額既為其遺產的一部分，由其合法繼承人承受，自應先依法辦理繼承及過戶後，再由公司申請解散登記（經濟部 65.5.14 商 09242 號函）。

七、公司得依確定判決逕行辦理過戶

　　按公司法對股東名簿的變更須附具何種證明文件並無設限，故判決勝訴確定的一方持勝訴判決向公司請求變更股東名義，公司如認該確定判決

足資證明股東名義變更，得逕予依該判決變更股東名簿的記載（經濟部 81.2.12 商 202078 號函）。

八、股票的信託過戶登記

㈠如屬公開發行股票公司，應依公開發行股票公司股務處理準則第二十八條規定，辦理信託過戶。

㈡如屬非公開發行股票公司，則依下列方式辦理（經濟部 88.7.13 商 88215108 號函）：

　　1.委託人及受託人應填具過戶申請書及於股票背面簽名或蓋章。

　　2.檢附信託契約或遺囑，以及稅務機關有關證明文件，經公司核對文件齊備後，於股東名簿及股票背面分別載明「信託財產」及加註日期。

　　3.受託人變更者，並應檢附變更事由相關文件辦理名義變更。

　　4.信託關係消滅時，信託財產依法歸屬委託人者，應檢附足資證明信託關係消滅的文件，經公司核對文件齊備後，辦理塗銷信託登記；信託財產歸屬非委託人者，並應加附稅務機關有關證明文件，經公司核對文件齊備後，辦理塗銷信託登記，且於股東名簿及股票背面載明日期並加蓋「信託歸屬登記」章。

【結論】

　　關於非公開發行股票公司股票的過戶，公司法除規定須將受讓人的姓名或名稱及住所或居所記載於股東名簿外（公 §165 I），並無手續的明文規定，除公司章程訂明應由讓與人及受讓人雙方共同為之外，只須受讓人一方請求，公司即應辦理；換言之，讓與人無協同辦理的義務。故受讓人不得訴請法院命讓與人協同辦理過戶。

【參考法條】

公司法第一六四條

「股票由股票持有人以背書轉讓之，並應將受讓人之姓名或名稱記載於股票。」

公司法第一六五條

「股份之轉讓，非將受讓人之姓名或名稱及住所或居所，記載於公司股東名簿，不得以其轉讓對抗公司。

　前項股東名簿記載之變更，於股東常會開會前三十日內，股東臨時會開會前十五日內，或公司決定分派股息及紅利或其他利益之基準日前五日內，不得為之。

　公開發行股票之公司辦理第一項股東名簿記載之變更，於股東常會開會前六十日內，股東臨時會開會前三十日內，不得為之。

　前二項期間，自開會日或基準日起算。」

公司法第一六九條第一項

「股東名簿應編號記載下列事項：

　一　各股東之姓名或名稱、住所或居所。

　二　各股東之股數；發行股票者，其股票號數。

　三　發給股票之年、月、日。

　四　發行特別股者，並應註明特別種類字樣。」

【練習題】

一、甲將所持有的乙股份有限公司記名股票轉讓予丙，丙向乙公司辦理過戶，乙拒不受理，丙應如何處理？

二、丁死亡後，留下某公司一萬股股票，其妻戊、子女庚、辛如何辦理過戶？又戊逕行以自己名義向公司請求將丁的股票全部過戶給她，公司應如何處理？

問題五十一
股東名簿停止過戶日期如何計算？

> 　　甲公開發行股票公司擬於六月三十日召開股東常會，則乙於五月二十九日受讓甲公司的股份，可否向甲公司請求辦理過戶？

【解析】

一、過戶的「閉鎖期間」

　　為了確定行使表決權或盈餘分配請求權等股東權的股東，以利公司事務的處理，公司法特別規定股東名簿停止過戶的期間，稱為「閉鎖期間」。

㈠股東名簿記載的變更，於股東常會開會前三十日內，股東臨時會開會前十五日內，或公司決定分派股息及紅利或其他利益（例如公司依公司法第二四一條規定，以法定盈餘公積及特定種類的資本公積，按股東原有股份的比例發給新股）的基準日前五日內不得為之（公 §165 II）。

㈡公開發行股票的公司股東名簿記載的變更，於股東常會開會前六十日內，股東臨時會開會前三十日內，不得為之（公 §165 III）。本條項為九十年公司法修正時新增，此乃鑑於公開發行股票公司的股東眾多且其結構複雜，邇來公司股東會委託書的使用出現脫序現象，為正本清源，建立委託書徵求資訊的公開制度，以導引委託書的正面功能，即由公司隨同開會通知附寄委託書徵求資料予股東，俾股東得有完整資訊，以評估是否授予徵求人委託書。

㈢前述所稱「閉鎖期間」僅指不得向公司申請辦理股東名簿記載的變更，並非禁止股票交易；換言之，在此期間股票仍可自由轉讓。

二、閉鎖期間的計算

　　公司法九十年修正前，實務見解均認為公司法第一六五條第二項所稱「○日內」，應包括開會本日及基準本日在內（臺灣高等法院 86 年臺上字第 1659 號判決、經濟部 60.2.26 商 06804 號函、80.3.4 商 203119 號函、

81.5.1 商 108004 號函）。為杜絕爭議，九十年公司法修正時增訂第一六五條第四項規定：「前二項期間，自開會日或基準日起算。」因此，如公司決定在九月十日分派股息、紅利，則自九月六日至九月十日停止過戶。如非公開發行股票的公司擬於六月二十五日召開股東常會，則自五月二十七日至六月二十五日停止過戶。

三、在閉鎖期間轉讓股份的效力

(一)在閉鎖期間股份仍可自由轉讓，故股份轉讓仍為有效。僅不得辦理過戶；如向公司申請過戶，公司亦不得受理。

(二)如違反禁止過戶的強制規定者，其過戶無效，仍應由原股東參加股東會，行使股東權（經濟部 79.8.16 商 214730 號函）。

【結論】

　　依公司法第一六五條第三項的規定，公開發行股票的公司股東名簿記載的變更，於股東常會開會前六十日內不得為之，且包括開會本日在內（公§165 IV）。因此，「閉鎖期間」為五月二日至六月三十日。乙於五月二十九日受讓甲公司的股份，因仍在閉鎖期間，不得向甲公司請求辦理過戶。

【參考法條】

公司法第一六五條

「股份之轉讓，非將受讓人之姓名或名稱及住所或居所，記載於公司股東名簿，不得以其轉讓對抗公司。

　前項股東名簿記載之變更，於股東常會開會前三十日內，股東臨時會開會前十五日內，或公司決定分派股息及紅利或其他利益之基準日前五日內，不得為之。

　公開發行股票之公司辦理第一項股東名簿記載之變更，於股東常會開會前六十日內，股東臨時會開會前三十日內，不得為之。

　前二項期間，自開會日或基準日起算。」

【練習題】

一、甲公司擬於十二月十日分派股息，則其股東乙可否在十二月十日轉讓股份予丙，並向公司辦理過戶？

二、丁股份有限公司於閉鎖期間內仍准許辦理過戶，且通知新股東參加股東會行使表決權，其效力如何？

問題五十二
在那些情形下，公司可以合法取得自己的股份？
又取得後應如何處理？

> 甲股份有限公司的股東乙，反對甲公司分割，可否請求甲公司收買其股份？又甲公司如果收買了乙的股份，可否再將其轉售？若未轉售，效果如何？

【解析】

一、公司合法取得自己股份的情形

股份有限公司原則上不得自將股份收回、收買或收回質物（公 §167 I 本文）。例外地得合法取得自己股份的情形如下：

(一)特別股的收回（公 §167 I、§158）

特別股為股東平等原則的例外，若長久存在將影響普通股的權益，因此，公司得以盈餘或發行新股所得的股款收回之，但不得損害特別股股東按照章程應有的權利。

(二)公司收買反對「公司營業政策或財產重大變更」股東的股份（公 §167 I、§186）

要件如下：

1.須公司依公司法第一八五條規定，以特別決議，為公司營業政策或財產的重大變更，公司如決議讓與全部或主要部分的營業或財產時，並須未同時決議解散公司。

2.須反對的股東於股東會為前開決議前已以書面通知公司反對該項行為的意思表示，並於股東會已為反對。

3.須反對的股東請求公司以當時公平的價格收買其所有的股份。

(三)公司收買反對「公司分割、合併」股東的股份（公 §167 I、§317）

要件如下：

1.須公司依公司法第三一六條規定，以特別決議，為公司分割或合併的決議。

2.須反對的股東在集會前或集會中以書面表示異議，或以口頭表示異議經紀錄者。

3.須反對的股東放棄表決權，而請求公司按當時公平價格收買其持有的股份。

㈣清算或破產股東股份的收回（公§167 I但書）

即股份有限公司於其股東清算或受破產的宣告時，得按市價收購其股份，抵償其於清算或破產宣告前結欠公司的債務。避免股份被拍賣，行情大幅下跌，有害公司權益。

㈤非公開發行股票公司及未上市、上櫃公司的員工庫藏股（公§167之1）

按現代企業為延攬及培植優秀管理及領導人才，莫若使員工成為股東為有效之方法。現行公司法關於員工入股固規定公司發行新股時，應提一定比例由員工認購，惟公司並不經常辦理發行新股，爰參考外國立法例，於第一項規定公司得以未分配之累積盈餘收買一定比例之股份為庫藏股，用以激勵優秀員工，使其經由取得股份，對公司產生向心力，促進公司之發展。要件如下：

1.須經董事會以董事三分之二以上之出席及出席董事過半數同意之決議。

2.買回比例及金額：於不超過該公司已發行股份總數百分之五之範圍內，收買其股份；收買股份之總金額，不得逾保留盈餘加已實現之資本公積之金額。

3.須在買回三年內轉讓於員工：公司收買之股份，應於三年內轉讓於員工，屆期未轉讓者，視為公司未發行股份，並為變更登記。

4.章程得訂明第二項轉讓之對象包括符合一定條件之控制或從屬公司員工。

公司法第一六七條之一第一項規定，公司除法律另有規定者外，得經董事會以董事三分之二以上之出席及出席董事過半數同意之決議，於不超

過該公司已發行股份總數百分之五之範圍內，收買其股份；收買股份之總金額，不得逾保留盈餘加已實現之資本公積之金額。如公司雖有依認股契約買回系爭股票之義務，但該條項規定，必須經董事會以董事三分之二以上出席及出席董事過半數同意決議始得為之，又公司董事會決議，乃公司內部決議程序，非公司所為對外意思表示，無從經由法院判決命董事會為決議。故董事會既未同意買回系爭股票，法院即無從命為買回之意思表示，是如主張公司買回義務，已陷於給付不能，應屬可採（臺灣高等法院 98 年上易字第 276 號民事判決）。

㈥上市、上櫃公司的庫藏股（證交 §28 之 2）

　　要件如下：

　　1.須為已上市或已上櫃之公開發行股票之公司：即股票已在證券交易所上市或於證券商營業處所買賣之公司。

　　2.須經董事會三分之二以上董事之出席及出席董事超過二分之一之同意。

　　3.須為左列情事之一而買回公司股份：

⑴轉讓股份予員工。

⑵配合附認股權公司債、附認股權特別股、可轉換公司債、可轉換特別股或認股權憑證之發行，作為股權轉換之用。

⑶為維護公司信用及股東權益所必要而買回，並辦理銷除股份者。

　　4.買回比例及金額：前項公司買回股份之數量比例，不得超過該公司已發行股份總數百分之十；收買股份之總金額，不得逾保留盈餘加發行股份溢價及已實現之資本公積之金額。

　　5.須依主管機關訂定之相關法規買回：依證券交易法第二十八條之二第一項規定買回其股份之程序、價格、數量、方式、轉讓方法及應申報公告事項，由主管機關以命令定之。

　　6.須於六個月內辦理變更登記，或於買回之三年內將股份轉讓予員工或一定之人：公司買回之股份，應於買回之日起六個月內銷除，並辦理變更登記；如係依同條項第一、二款買回之股份應於買回之日起三年內將其

轉讓；逾期未轉讓者，視為公司未發行股份，並應辦理變更登記。

　　7.公司依本條規定買回之股份，不得質押；於未轉讓前，不得享有股東權利。

　　8.買回公司股份之董事會之決議及執行情形，應於最近一次之股東會報告；其因故未買回股份者亦同。

㈦公司因受贈或受遺贈或股東拋棄股份而無償取得自己之股份

　　按公司無償取得自己股份並不會導致公司資產之減少，不至於違反資本維持原則之要求，對公司有利無弊，自應准許。

㈧公司因合併或吸收分割或受讓他公司全部營業或財產等為權利之包括繼受而取得自己之股份

　　按公司為權利之包括繼受時，其中往往有自己股份在內，若不許其取得，易生困難，況其繼受又非專以取得自己股份為目的，不太可能發生流弊，自以認許其取得為宜。

㈨公司依法減資，為銷除股份而取得自己之股份

　　按此際公司取得自己股份後，即應予以銷除，其持有乃暫時性，不會發生流弊，自應予以認許。

㈩以公司之名義為他人之計算而取得自己之股份

　　公司於下列四種情形，均有可能以公司之名義為他人之計算而取得自己之股份：

　　1.證券公司（證券經紀商）受顧客之委託，基於行紀關係，代購自己公司之股份。

　　2.信託公司因受託而取得自己股份。

　　3.公司增資而分配新股於股東，而股東中若有持有未滿交易單位之散股者，委託公司增購或出售其散股。

　　4.公司發行新股，股東欲行使新股認購權，而其持有股份按比例有不足分認一新股者，委託公司增購或出售其散股。

　　以上情形，公司之資產皆不因之而減少，不會違反資本維持原則，為應股東之方便，自應容許公司取得自己股份。

二、公司合法取得股份的效果

(一)公司合法取得的股份如未予以銷除，則繼續存在。

(二)公司合法取得的股份所表彰的股東權處於休止的狀態，權利的行使受到限制。例如公司法第一七九條第二項第一款規定：「公司依法持有自己的股份，無表決權。」公司依第一六七條之一第一項規定收買的股份，不得享有股東權利（公 §167 之 1 III）。證券交易法第二十八條之二第五項亦規定：「公司依第一項規定買回之股份，不得質押；於未轉讓前，不得享有股東權利。」

三、公司合法取得自己股份的處理

(一)於六個月內按市價出售，逾期未經出售者，視為公司未發行股份，並為變更登記（公 §167 II）

    1.公司法第一六七條第一項但書。

    2.公司法第一八六條。

    3.收回或收買之股份。

(二)於三年內轉讓於員工或一定的人，屆（逾）期未轉讓者，視為公司未發行股份，並為變更登記（公 §167 之 1 II、證交 §28 之 2 IV）。

(三)銷除公司所取得之自己股份

    1.依公司法第一五八條規定收回之特別股：特別股乃股東平等原則之例外，若許其長久存在，勢將影響普通股之權益，故公司法特許公司得以盈餘或發行新股所得之股款收回之。但所收回之特別股固應即予以銷除，而不得再行出售，始不悖公司法設特別股收回之立法原意。

    2.公司依法減資，收回自己之股份，自應銷除（公 §168 I 前段反面解釋）。

    3.公開發行股票之公司依證券交易法第二十八條之二第一項第三款買回之股份，應於買回之日起六個月內銷除並辦理變更登記（證交 §28 之 2 IV）。

(四)公司以自己名義為他人之計算而取得自己之股份

    1.證券公司基於行紀關係而代購取得之自己股份，則應背書交付於委

託人,以為代購行為之履行(民§576、§577、§541 II)。

2.公司受股東之委託,為增購或出售散股而代購取得自己股份時,亦同前 1.所述。

3.至若信託公司因受託而取得自己股份,原應依信託之旨趣,代股東保管,況公司在此種情況下持有自己股份,對公司及股東均不會產生實質之損害,故不必為處分。

【結論】

依公司法第三一七條規定,反對公司分割的股東,於符合一定的要件,得請求公司收買其股份。因此,乙如已在集會前或集會中以書面對公司分割的決議表示異議,或以口頭表示異議經紀錄者,須放棄表決權,請求甲公司按當時公平價格收買其股份。甲公司收買乙的股份後,須在六個月內按市價出售,逾期未出售者,視為公司未發行股份,應為變更登記(即減資登記)(公§167 II)。甲公司在未轉售前,對該股份不得享有股東權,不得行使表決權(公§167之1 III、§179 II)。

【參考法條】

公司法第一五八條

「公司發行之特別股,得收回之。但不得損害特別股股東按照章程應有之權利。」

公司法第一六七條

「公司除依第一百五十八條、第一百六十七條之一、第一百八十六條、第二百三十五條之一及第三百十七條規定外,不得自將股份收回、收買或收為質物。但於股東清算或受破產之宣告時,得按市價收回其股份,抵償其於清算或破產宣告前結欠公司之債務。

公司依前項但書、第一百八十六條規定,收回或收買之股份,應於六個月內,按市價將其出售,屆期未經出售者,視為公司未發行股份,並為變更登記。

被持有已發行有表決權之股份總數或資本總額超過半數之從屬公司,不得將控制公司之股份收買或收為質物。

前項控制公司及其從屬公司直接或間接持有他公司已發行有表決權之股份總數或資本總額合計超過半數者，他公司亦不得將控制公司及其從屬公司之股份收買或收為質物。

公司負責人違反前四項規定，將股份收回、收買或收為質物，或抬高價格抵償債務或抑低價格出售時，應負賠償責任。」

公司法第一六七條之一

「公司除法律另有規定者外，得經董事會以董事三分之二以上之出席及出席董事過半數同意之決議，於不超過該公司已發行股份總數百分之五之範圍內，收買其股份；收買股份之總金額，不得逾保留盈餘加已實現之資本公積之金額。

前項公司收買之股份，應於三年內轉讓於員工，屆期未轉讓者，視為公司未發行股份，並為變更登記。

公司依第一項規定收買之股份，不得享有股東權利。

章程得訂明第二項轉讓之對象包括符合一定條件之控制或從屬公司員工。」

公司法第一七九條第二項第一款

「有下列情形之一者，其股份無表決權：

一　公司依法持有自己之股份。」

公司法第一八六條

「股東於股東會為前條決議前，已以書面通知公司反對該項行為之意思表示，並於股東會已為反對者，得請求公司以當時公平價格，收買其所有之股份。但股東會為前條第一項第二款之決議，同時決議解散時，不在此限。」

公司法第三一七條第一項

「公司分割或與他公司合併時，董事會應就分割、合併有關事項，作成分割計畫、合併契約，提出於股東會；股東在集會前或集會中，以書面表示異議，或以口頭表示異議經紀錄者，得放棄表決權，而請求公司按當時公平價格，收買其持有之股份。」

證券交易法第二十八條之二

「股票已在證券交易所上市或於證券商營業處所買賣之公司，有左列情事之一者，得經董事會三分之二以上董事之出席及出席董事超過二分之一同意，於有價證券集中

交易市場或證券商營業處所或依第四十三條之一第二項規定買回其股份,不受公司法第一百六十七條第一項規定之限制:

一 轉讓股份予員工。

二 配合附認股權公司債、附認股權特別股、可轉換公司債、可轉換特別股或認股權憑證之發行,作為股權轉換之用。

三 為維護公司信用及股東權益所必要而買回,並辦理銷除股份者。

前項公司買回股份之數量比例,不得超過該公司已發行股份總數百分之十;收買股份之總金額,不得逾保留盈餘加發行股份溢價及已實現之資本公積之金額。

公司依第一項規定買回其股份之程序、價格、數量、方式、轉讓方法及應申報公告事項,由主管機關以命令定之。

公司依第一項規定買回之股份,除第三款部分應於買回之日起六個月內辦理變更登記外,應於買回之日起三年內將其轉讓;逾期未轉讓者,視為公司未發行股份,並應辦理變更登記。

公司依第一項規定買回之股份,不得質押;於未轉讓前,不得享有股東權利。

公司於有價證券集中交易市場或證券商營業處所買回其股份者,該公司其依公司法第三百六十九條之一規定之關係企業或董事、監察人、經理人之本人及其配偶、未成年子女或利用他人名義所持有之股份,於該公司買回之期間內不得賣出。

第一項董事會之決議及執行情形,應於最近一次之股東會報告;其因故未買回股份者,亦同。」

【練習題】

一、甲股份有限公司收回特別股,是否須在六個月內按市價出售,否則須辦理變更登記?

二、何謂庫藏股?公司法與證券交易法的規定有何不同?公司在未將庫藏股發放予員工前,得否以自己名義行使股東權利?

問題五十三
公司違法取得自己股份的效力如何？

> 甲股份有限公司的董事乙，於公司決議與他公司合併時未表示異議，亦未放棄表決權，而於公司決議通過合併案後仍請求甲公司收買其股份，甲公司亦收買之。請問該收買行為的效力如何？

【解析】

一、公司違法取得股份的情形

㈠凡公司收回、收買或收為質物自己的股份，不合於問題五十三公司合法取得自己股份的情形，即屬違法取得。

㈡公司不以自己的名義將自己的股份收回、收買或收為質物，而是透過從屬公司取得自己股份者，亦屬違法取得（公 §167 III）。

二、公司違法取得股份的效力

㈠民事責任

    1.公司負責人違法將股份收回、收買或收為質物，或抬高價格抵償債務或抑低價格出售時，應負賠償責任（公 §167 V）。

    2.董事會的決議如違反法令、章程或股東會的決議，致公司受損害時，參與決議的董事，對於公司應負賠償責任（公 §193）。

㈡刑事責任

    公司法九十年修正前第一六七條第三項原規定，公司負責人違法將股份收回、收買或收為質物，或抬高價格抵償債務，或抑低價格出售時，各處一年以下有期徒刑、拘役或科或併科新臺幣六萬元以下罰金。惟九十年修法時為了給予企業在經營管理上較大的空間，若因故違反刑法背信罪或業務侵占罪，自有其適用，應不必再於本法中另科以刑罰，故將此刑事責任予以刪除。

㈢取得行為的效力

關於違法取得股份行為本身是否有效，有下列正反二意見：

1.有效說

認為為維護交易安全，宜將公司法第一六七條的規定解為命令規定，公司取得股份的行為仍屬有效，僅董事應依公司法第一九三條規定負賠償責任。

2.無效說

認為公司法第一六七條的規定為禁止規定，違反此一規定的股份轉讓行為自屬無效。實務亦採此見解（最高法院 72 年臺上字第 113 號判決、72 年臺上字第 289 號判決）。

3.「原則無效，例外有效」說

有學者認為公司法既基於維持公司的資本而禁止公司取得自己股份，則違反第一六七條取得自己股份的行為，係違反法律禁止的規定，其取得行為，原則上應屬無效。惟在公司以第三人的名義，為自己的計算而取得自己股份，或從屬公司取得控制公司股份的情形，若其出賣人係屬善意時，始例外解為有效，俾於遵守資本維持原則外，並能兼顧交易的安全。

4.「債權行為無效，物權行為有效」說

有學者認為當事人間的債權契約無效，故公司不得請求相對人讓與股票，惟若相對人已完成讓與股票的物權行為，其物權行為仍屬有效，公司即取得自己的股份，僅公司負責人應受處罰而已。

【結論】

一、按乙請求甲公司收買其反對公司合併的股份，須合乎下列要件（公§317）：

㈠須公司依公司法第三一六條規定，為與他公司合併的特別決議。

㈡須乙在集會前或集會中以書面表示異議，或以口頭表示異議經紀錄者。

㈢須乙放棄表決權，而請求公司按當時公平價格收買其持有的股份。

本問題中因為乙於公司為合併決議時未表示異議，亦未放棄表決權，不符前開請求公司收買股份的要件，故甲公司收買乙的股份，顯然是違法

取得。

二、甲公司違法取得乙的股份的行為，依實務見解，乃違反禁止規定，應屬無效。

【參考法條】

民法第七十一條

「法律行為，違反強制或禁止之規定者，無效。但其規定並不以之為無效者，不在此限。」

公司法第一九一條

「股東會決議之內容，違反法令或章程者無效。」

公司法第一九三條

「董事會執行業務，應依照法令章程及股東會之決議。

董事會之決議違反前項規定，致公司受損害時，參與決議之董事，對於公司負賠償之責。但經表示異議之董事有紀錄或書面聲明可證者，免其責任。」

刑法第三四二條

「為他人處理事務，意圖為自己或第三人不法之利益，或損害本人之利益，而為違背其任務之行為，致生損害於本人之財產或其他利益者，處五年以下有期徒刑、拘役或科或併科五十萬元以下罰金。

前項之未遂犯罰之。」

【練習題】

一、甲股份有限公司董事會決議，收買股東乙的持股（未具法定理由），董事會開會時，董事丙曾表示反對並經紀錄，請問董事會決議違法取回公司股份的效力如何？又為違法決議的董事應負何種法律上責任？

二、董事長丁擅自以公司名義將自己股份收回，請問丁是否須負刑事責任？

問題五十四
股份有限公司可否透過轉投資的公司買回本公司的股份？

> 甲股份有限公司投資設立乙股份有限公司後，透過乙公司買回其股份，是否適法？

【解析】

一、合法說（公司法九十年修正前的見解）

公司法九十年修正前，因有公司透過轉投資的公司買回本公司股份的個案，經臺灣臺北地方法院檢察署為不起訴處分，謂公司及其轉投資公司係分別依據公司法成立的公司法人，各有其獨立人格，兩家公司雖為關係企業，但目前我國並無關係企業法加以規範（公司法關係企業專章已完成立法，但原則上仍允許關係企業相互投資），是以，公司雖透過轉投資公司買回自己股份，但因二公司人格各自獨立，是否即可擴張解釋為「公司自將股份收回」，自有可疑，基於罪刑法定主義的精神，尚不得以該法相繩。據此，實務見解傾向基於罪刑法定主義的精神，認公司透過轉投資公司買回本公司股份，並不違反公司法第一六七條規定（經濟部 81.10.16 商 226656 號函）。

二、違法說（公司法九十年修正後的見解）

按企業從事多角化經營而為轉投資行為，雖對企業拓展業務經營具有正面意義，惟為避免控制公司利用其從屬公司，將控制公司股份收買或收為質物，可能滋生弊端，爰參考日本立法例，增訂公司法第一六七條第三、四項，禁止從屬公司將控制公司的股份收買或收為質物。分別說明如下：

㈠被持有已發行有表決權的股份總數或資本總額超過半數的從屬公司，不得將控制公司的股份收買或收為質物。

例如控制公司 A 公司與從屬公司 B 公司，共同持有 C 公司有表決權

的股份或資本總額，合計超過半數，則 C 公司自不得將 A 公司的股份收買或收為質物。

㈡前開控制公司及其從屬公司直接或間接持有他公司已發行有表決權的股份總數或資本總額合計超過半數者，他公司亦不得將控制公司及其從屬公司的股份收買或收為質物。

　　例如 A、B 兩公司共同控制 C 公司，不論 B 公司持有 C 公司的股份數額多寡，C 公司不得將 A 公司，亦不得將 B 公司的股份收買或收為質物。

三、控制公司透過從屬公司違法取得其股份的處罰

　　同問題五十四，如果控制公司透過從屬公司違法取得其股份時，公司負責人應負民事上的賠償責任（公 §167 V）；又參與董事會違法決議的董事，對公司亦應負賠償責任（公 §193）。至於刑事責任部分，如有違反刑法背信罪或業務侵占罪的情事，自有其適用。

【結論】

　　按九十年修正公司法時，第一六七條增列第三、四項，禁止從屬公司（包括他公司）將控制公司的股份收買或收為質物。因此，如乙公司被甲公司持有已發行有表決權的股份總數或資本總額超過半數，自不得將甲公司的股份買回，違反者，乙公司負責人應負民事上的賠償責任（公 §167 V）。

【參考法條】

公司法第一六七條

「公司除依第一百五十八條、第一百六十七條之一、第一百八十六條、第二百三十五條之一及第三百十七條規定外，不得自將股份收回、收買或收為質物。但於股東清算或受破產之宣告時，得按市價收回其股份，抵償其於清算或破產宣告前結欠公司之債務。

公司依前項但書、第一百八十六條規定，收回或收買之股份，應於六個月內，按市價將其出售，屆期未經出售者，視為公司未發行股份，並為變更登記。

被持有已發行有表決權之股份總數或資本總額超過半數之從屬公司,不得將控制公司之股份收買或收為質物。

前項控制公司及其從屬公司直接或間接持有他公司已發行有表決權之股份總數或資本總額合計超過半數者,他公司亦不得將控制公司及其從屬公司之股份收買或收為質物。

公司負責人違反前四項規定,將股份收回、收買或收為質物,或抬高價格抵償債務或抑低價格出售時,應負賠償責任。」

【練習題】

一、甲股份有限公司與其轉投資的乙股份有限公司共同出資設立丙股份有限公司,再透過丙公司收買乙公司的股份,是否適法？

二、丁股份有限公司與戊股份有限公司為相互投資公司,戊公司見丁公司因投資大陸失利,致股價下跌,為穩住其股價,戊公司董事會決議購買丁公司的股份,是否適法？

問題五十五
無召集權人召集股東會所為的決議，其效力如何？

> 　　甲股份有限公司的大股東乙鑑於甲公司年年虧損，且甲公司董事會遲遲不召開股東會圖謀解決之道，遂逕以自己的名義發函召開股東臨時會，決議減資，請問該決議效力如何？

【解析】

一、股東會的召集權人

㈠當然召集人——董事會

　　股東會原則上由董事會召集（公§171），而董事會行使職權係採合議方式（公§202），故須先由董事長召集董事會，經董事會為普通決議（公§206），始得召集股東會。

　　董事會召集的股東會有二：

　1.股東常會（公§170Ⅰ①、Ⅱ）。

　2.股東臨時會的召集有下列二種：

⑴主動召集

　①股東臨時會於必要時召集之（公§170Ⅰ②）。

　②基於法律的規定

　　㈠董事缺額達三分之一時，董事會應於三十日或六十日內召開股東臨時會補選之（公§201）。

　　㈡公司虧損達實收資本額二分之一時，董事會應於最近一次股東會報告（公§211Ⅰ）。

　　㈢監察人全體均解任時，董事會應於三十日或六十日內召開股東臨時會選任之（公§217之1）。

⑵被動召集（被請求始為召集）：經繼續一年以上，持有已發行股份總數百分之三以上股份股東的請求而召集（公§173Ⅰ）。

㈡監察人

1.主動召集

監察人除董事會不為召集或不能召集股東會外,得為公司利益,於必要時召集股東會(公 §220)。

2.被動召集(受法院的命令而召集)

法院因檢查人關於公司帳目、財產的報告,認為必要時,得命監察人召集股東會(公 §245)。

㈢少數股東權的股東自行召集

1.繼續一年以上,持有已發行股份總數百分之三以上股份的股東請求董事會召集,而董事會不為召集,得報經主管機關許可,自行召集(公 §173 I、II)。

2.董事因故(股份轉讓或其他理由)致董事會不為召集或不能召集股東會,得由持有已發行股份總數百分之三以上股份的股東,報經主管機關許可,自行召集(公 §173 IV)。

按公司法第一七三條之立法意旨,從少數股東召集股東會之程序,原則上係依第一項向董事會請求,經拒絕後,才能依第二項向主管機關申請許可。至於該條第四項之規定,允屬第一、二項規定以外之其他情形,係從董事發生特殊重大事由之考量,以「董事因股份轉讓或其他事由」為前提要件,其意指全體董事將其持有股份全數轉讓而解任之特殊重大事由,至所稱「其他事由」亦須與本句前段「董事因股份轉讓」情形相當之事由,如董事全體辭職、全體董事經法院假處分裁定不得行使董事職權、僅剩餘一名董事無法召開董事會等情形,始有適用(經濟部 99.1.19 經商字第 09802174140 號函參照)。準此,公司原設有五名董事,後來其中一名辭任董事職務,並無董事會無法召開之情形。股東以董事會出席董事人數不足而無法召開,致不能召集股東會為由,依公司法第一七三條第四項規定申請自行召集股東會,與公司法第一七三條第四項規定不符(經濟部 100.5.5 經商字第 10002335540 號)。

㈣臨時管理人

　　董事會不為或不能行使職權，致公司有受損害之虞時，法院因利害關係人或檢察官的聲請，得選任一人以上的臨時管理人，代行董事長及董事會的職權（公 §208 之 1）。則臨時管理人亦得召集股東會。

㈤重整人

　　重整人完成重整工作後，應聲請法院為重整完成的裁定，並於法院的重整裁定確定後，召集重整後的股東會（公 §310 I）。

㈥清算人

　　清算中公司的股東會，由清算人召集之（公 §324）。

二、無召集權人召集股東會所為決議的效力

㈠實務見解認為無召集權人召集的股東會，既非合法成立的股份有限公司的意思機關，自不能為有效的決議，其所為決議當然無效（最高法院 28 年上字第 1911 號判例、67 年臺上字第 3663 號判決）。

㈡惟此與公司法第一九一條規定股東會決議的內容違反法令或章程者無效，迥然有異（最高法院 70 年臺上字第 2235 號判決）。學說上稱此為「決議不成立（不存在）」，即指自決議的成立過程觀察，顯然違反法令，在法律上不能認為有股東會或其決議成立的情形。申言之，該決議欠缺股東會決議的成立要件，故否定決議的存在。

㈢又若監察人無召集的必要，而召集股東會時，乃股東會召集的程序有無違反法令或章程，所作決議得否依公司法第一八九條規定撤銷的問題，與無召集權人召集股東會的情形有異（最高法院 85 年臺上字第 3023 號判決）。

三、救濟途徑──提起確認決議不存在之訴

　　任何人得隨時主張該股東會決議不成立（不存在），如有爭執時，並得提起確認決議不存在之訴。

【結論】

一、按少數股東權的股東因董事會遲遲不召開股東會，擬自行召集股東會，

須符合公司法第一七三條第一、二項的要件，申言之，本題中的大股
　　　東乙須：

㈠繼續一年以上，持有已發行股份總數百分之三以上股份。

㈡請求董事會召集股東會，而董事會不為召集。

㈢報經主管機關許可。

　　　三者均具備，始得以自己名義召集股東會。

二、乙未依公司法第一七三條第一、二項規定自行召集股東會，而逕以自
　　　己名義自行召開股東臨時會，決議減資，該決議當然無效，任何人得
　　　提起確認決議不存在之訴救濟之。

【參考法條】

公司法第一七一條

「股東會除本法另有規定外，由董事會召集之。」

公司法第一七三條

「繼續一年以上，持有已發行股份總數百分之三以上股份之股東，得以書面記明提議
　　事項及理由，請求董事會召集股東臨時會。

　　前項請求提出後十五日內，董事會不為召集之通知時，股東得報經主管機關許可，
　　自行召集。

　　依前二項規定召集之股東臨時會，為調查公司業務及財產狀況，得選任檢查人。

　　董事因股份轉讓或其他理由，致董事會不為召集或不能召集股東會時，得由持有已
　　發行股份總數百分之三以上股份之股東，報經主管機關許可，自行召集。」

公司法第二〇六條第一項

「董事會之決議，除本法另有規定外，應有過半數董事之出席，出席董事過半數之同
　　意行之。」

公司法第二二〇條

「監察人除董事會不為召集或不能召集股東會外，得為公司利益，於必要時，召集股
　　東會。」

【練習題】

一、甲股份有限公司的董事長乙，未召開董事會決議召集股東會，逕以董事會名義召集股東會，是否適法？

二、丙股份有限公司的全體董事因訴訟全被聲請假處分，停止職務，則應由何人召集股東會始為適法？

問題五十六
股東臨時會的決議可否變更股東常會的決議？

甲股份有限公司於四月一日召開股東常會決議公司重大營業的變更，嗣後因公司內部派系鬥爭，又於六月一日召開股東臨時會變更四月一日決議的內容，是否適法？

【解析】

一、股東會的種類

(一)股東常會

1.定期召開，每年至少一次，且應於每會計年度終了後六個月內召開。但有正當事由，經報請主管機關核准者，不在此限（公§170 I ①、II）。

2.代表公司的董事違反前開召開期限的規定者，處新臺幣一萬元以上五萬元以下罰鍰（公§170 III）。

(二)股東臨時會

於必要時召集，又可分為下列二種情形：

1.基於法律規定，應強制召集股東臨時會的情形

(1)董事缺額達三分之一時，董事會應於三十日內召開股東臨時會補選之。但公開發行股票之公司，董事會應於六十日內召開股東臨時會補選之（公§201）。

(2)監察人全體均解任時，董事會應於三十日內召開股東臨時會選任之。但公開發行股票之公司，董事會應於六十日內召開股東臨時會選任之（公§217之1）。

(3)公司虧損達實收資本額二分之一時，董事會應於最近一次股東會報告（公§211 I）。代表公司之董事，違反前項規定者，處新臺幣二萬元以上十萬元以下罰鍰（公§211 III）。

(4)繼續六個月以上，持有已發行股份總數百分之一以上之股東，得聲

請法院選派檢查人，於必要範圍內，檢查公司業務帳目、財產情形、特定事項、特定交易文件及紀錄。法院對於檢查人之報告認為必要時，得命監察人召集股東會。對於檢查人之檢查有規避、妨礙或拒絕行為者，或監察人不遵法院命令召集股東會者，處新臺幣二萬元以上十萬元以下罰鍰。再次規避、妨礙、拒絕或不遵法院命令召集股東會者，並按次處罰（公 §245）。

(5)公司重整人，應於重整計畫所定期限內完成重整工作；重整完成時，應聲請法院為重整完成之裁定，並於裁定確定後，召集重整後之股東會選任董事、監察人（公 §310 I）。

2.任意召集的股東臨時會

(1)董事會認為必要時，得隨時召集股東會（公 §170 I ②）。

(2)監察人除董事會不為召集或不能召集股東會外，得為公司利益，於必要時召集股東會（公 §220）。

(3)繼續一年以上，持有已發行股份總數百分之三以上股份之股東，得以書面記明提議事項及理由，請求董事會召集股東臨時會。上述請求提出後十五日內，董事會不為召集之通知時，股東得報經主管機關許可，自行召集（公 §173 I、II）。

(4)董事因股份轉讓或其他理由，致董事會不為召集或不能召集股東會時，得由持有已發行股份總數百分之三以上股份之股東，報經主管機關許可，自行召集（公 §173 IV）。

二、股東臨時會可以變更股東常會的決議

如前述股東會種類的說明，可以得知股東常會、股東臨時會的名稱雖有不同，但二者的權限並無不同。是故，如股東臨時會的決議有效，或雖有公司法第一八九條得撤銷的原因，因已逾一個月提起撤銷之訴的期間，瑕疵治癒者，自可變更決議前股東常會的決議。至於因變更有效決議的內容致生損害賠償責任者，自屬另一問題。而實務見解亦採相同見解，認股東臨時會的召集程序及其決議方法，如均符合公司法的規定，則其決議應屬有效，可以變更股東常會決議（司法行政部 62.3.15 臺 62 函民字第 2805

號函、經濟部 62.4.4 商 09047 號函)。

【結論】

　　按股東臨時會的召集程序及其決議方法如均符合公司法的規定,則股東常會的決議,自可由其後的股東臨時會加以變更。因此,甲公司六月一日股東臨時會對公司重大營業變更的決議已符合召集程序(例如有召集權人的召集,公 §170 I ②的召開時間)及特別決議的方法(公 §185),其決議自屬有效,可變更四月一日股東常會的決議。

【參考法條】

公司法第一七○條第一項

「股東會分左列二種:

　一　股東常會,每年至少召集一次。

　二　股東臨時會,於必要時召集之。」

公司法第一七二條第五項

「選任或解任董事、監察人、變更章程、減資、申請停止公開發行、董事競業許可、盈餘轉增資、公積轉增資、公司解散、合併、分割或第一百八十五條第一項各款之事項,應在召集事由中列舉並說明其主要內容,不得以臨時動議提出;其主要內容得置於證券主管機關或公司指定之網站,並應將其網址載明於通知。」

公司法第一七四條

「股東會之決議,除本法另有規定外,應有代表已發行股份總數過半數股東之出席,以出席股東表決權過半數之同意行之。」

公司法第一八五條

「公司為下列行為,應有代表已發行股份總數三分之二以上股東出席之股東會,以出席股東表決權過半數之同意行之:

　一　締結、變更或終止關於出租全部營業,委託經營或與他人經常共同經營之契約。

　二　讓與全部或主要部分之營業或財產。

三　受讓他人全部營業或財產，對公司營運有重大影響者。

公開發行股票之公司，出席股東之股份總數不足前項定額者，得以有代表已發行股份總數過半數股東之出席，出席股東表決權三分之二以上之同意行之。

前二項出席股東股份總數及表決權數，章程有較高之規定者，從其規定。

第一項之議案，應由有三分之二以上董事出席之董事會，以出席董事過半數之決議提出之。」

【練習題】

一、甲股份有限公司於六月一日選出董監事後，因公司內部鬥爭不斷，又經少數股東報經地方主管機關許可，於八月十日召開股東臨時會解任六月一日所選出的董監事，是否適法？

二、乙股份有限公司於八月十日召開股東臨時會決議與丙股份有限公司合併，反對的大股東丁又於九月三十日召開股東臨時會，撤銷前開合併的決議，是否適法？

問題五十七
股東會的召集，未依規定期間通知、公告者，其決議的效力如何？

> 甲股份有限公司於股東臨時會議前三日始函寄開會通知單，致股東乙、丙無法參加會議，惟大部分股東仍準時與會，請問乙、丙得主張該決議無效？或撤銷該決議？

【解析】

一、股東會的召集通知及公告

㈠股東常會的召集通知及公告（公§172 I、III 前段）

	非公開發行股票公司	公開發行股票公司
對股東	二十日前通知	三十日前通知

㈡股東臨時會的召集通知及公告（公§172 II、III 後段）

	非公開發行股票公司	公開發行股票公司
對股東	十日前通知	十五日前通知

㈢代表公司的董事違反前開通知期限的規定者，處新臺幣一萬元以上五萬元以下罰鍰。但公開發行股票之公司，由證券主管機關處代表公司之董事新臺幣二十四萬元以上二百四十萬元以下罰鍰（公§172 VI）。

㈣依公司法第一二八條之一第一項規定略以：「政府或法人股東一人所組織之股份有限公司……該公司之股東會職權由董事會行使，不適用本法有關股東會之規定。」準此，法人股東一人所組織之股份有限公司，因不適用公司法有關股東會之規定，自無公告受理股東常會議案之問題（經濟部 95.4.28 經商字第 09502057920 號）。

㈤股東會決議在五日內延期或續行集會，不適用公司法第一七二條的規定（公§182）。

㈥按公司法第一七二條之一第一、四、五、六項規定：「持有已發行股份總數百分之一以上股份之股東，得向公司提出股東常會議案……」、「除有下列情事之一，股東所提議案，董事會應列為議案：一、該議案非股東會所得決議者。二、提案股東於公司依第一百六十五條……三、該議案於公告受理期間外提出者。四、該議案超過三百字或有第一項但書提案超過一項之情事。」、「第一項股東提案係為敦促公司增進公共利益或善盡社會責任之建議，董事會仍得列入議案。」（一〇七年修法時，為呼應第一條增訂公司善盡社會責任之規定，例如公司注意環保議題、汙染問題等，股東提案如係為促使公司增進公共利益或善盡社會責任之建議，董事會仍得列入議案，爰增訂第五項。）、「公司應於股東會召集通知日前，將處理結果通知提案股東，並將合於本條規定之議案列於開會通知。對於未列入議案之股東提案，董事會應於股東會說明未列入之理由。」是以，持有已發行股份總數百分之一以上股份之股東，如提出全面改選董監事之討論議案及附條件董監事選舉案即：「如全面改選董監事議案經股東常會通過，即於當次股東常會進行董監事全面改選事宜」者，因改選董監事討論議案，係屬股東會所得決議之議案，如無其他不符合股東提案規定之情形，公司應將該議案列於開會通知，由股東常會決議是否通過該議案。該議案如經股東常會通過，因條件已成就，公司應於當次股東常會進行董監事全面改選事宜。惟於採董監候選人提名制度之公司，因不可能於當次股東常會進行董監事改選事宜，故不適用之。前經經濟部95.6.1經商字第09502414320號函釋在案。

二、股東會的召集未依規定期間通知、公告的效力

㈠按法律規定股東會召集的通知，應於若干日前為之者，其目的在使各股東能有充分的準備時間，俾能屆時參與會議（最高法院65年臺上字第1410號判例）。

㈡股東會的召集，未依規定期間通知，或所為的公告期日不足法定期間者，

其召集程序違反公司法第一七二條的規定，雖全體股東均出席，仍難排除同條末項處罰的規定，以及第一八九條股東得訴請撤銷決議的規定（經濟部 64.1.21 經臺商發字第 0238 號函）。

㈢股東會召集的通知，依目前通說係採發信主義，即公司在法定期間前，依股東名簿的住所，以書面發出即可，各股東是否確實收受？是否使用掛號郵件？均非所問。是否於法定期間內通知，係屬事後舉證的問題。因此，縱令未收受通知的股東確實與會，亦不影響其得提起撤銷之訴的權利。蓋該公司股東會決議，確有召集程序違法之處。惟在法院將決議撤銷之前，該決議仍非無效，僅為得撤銷而已。

㈣為因應電子科技之進步，節省公司以書面進行通知事務之成本，公司法於九十四年六月修正時，增訂第一七二條第四項後段：「其通知經相對人同意者，得以電子方式為之。」

【結論】

按甲股份有限公司於股東臨時會議前三日始函寄開會通知單，已違反公司法第一七二條第二項股東臨時會召集通知的期限，因其召集程序違反法律，除代表公司的董事可處新臺幣一萬元以上五萬元以下罰鍰外，股東乙、丙仍得依公司法第一八九條規定，於決議之日起三十日內，訴請法院撤銷該決議，而不問是否大部分股東皆已出席。又法院在撤銷該決議前，該決議仍非無效。

【參考法條】

公司法第一七二條

「股東常會之召集，應於二十日前通知各股東。

股東臨時會之召集，應於十日前通知各股東。

公開發行股票之公司股東常會之召集，應於三十日前通知各股東；股東臨時會之召集，應於十五日前通知各股東。

通知應載明召集事由；其通知經相對人同意者，得以電子方式為之。

選任或解任董事、監察人、變更章程、減資、申請停止公開發行、董事競業許可、盈餘轉增資、公積轉增資、公司解散、合併、分割或第一百八十五條第一項各款之事項，應在召集事由中列舉並說明其主要內容，不得以臨時動議提出；其主要內容得置於證券主管機關或公司指定之網站，並應將其網址載明於通知。

代表公司之董事，違反第一項、第二項或第三項通知期限之規定者，處新臺幣一萬元以上五萬元以下罰鍰。

但公開發行股票之公司，由證券主管機關處代表公司之董事新臺幣二十四萬元以上二百四十萬元以下罰鍰。」

公司法第一八九條

「股東會之召集程序或其決議方法，違反法令或章程時，股東得自決議之日起三十日內，訴請法院撤銷其決議。」

公司法第一八九條之一

「法院對於前條撤銷決議之訴，認為其違反之事實非屬重大且於決議無影響者，得駁回其請求。」

【練習題】

一、甲股份有限公司五月一日股東臨時會議因討論事項繁多，遂決議五月四日續行開會，乙股東以五月四日的決議未發送股東臨時會開會通知，向法院訴請撤銷該決議，是否有理？

二、丙股份有限公司發行有記名及無記名股票，惟擬召開股東臨時會前，僅發函通知而未予以公告，則該股東會決議效力如何？

問題五十八
公司法第一七二條第一項、第二項股東會召集通知期限應如何計算？

甲股份有限公司擬於二月二十日召開股東臨時會，則至遲應於何時通知各股東始符合法律規定？

【解析】

一、開會通知採發信主義

按民法第九十五條本文規定：「非對話而為意思表示者，其意思表示，以通知達到相對人時，發生效力。」由此可知我國民法不採所謂的表示主義（如信已寫完）、發信主義（如信已投郵）、了解主義（如信已閱悉），而採達到主義。所謂達到，係指意思表示已進入相對人的支配範圍，置於相對人可以了解的狀態而言。其目的在妥適分配意思表示於途中遺失或遲到的危險。就立法政策言，此項規定最能折衷雙方當事人利益，實屬妥當。惟公司法有關股東會召集通知依實務見解則採「發信主義」，而非「達到主義」，究其目的，乃股份有限公司之股東散落全國各地，且股東會召集通知的寄發事涉股東會決議之效力，如有瑕疵即屬公司法第一八九條撤銷事由。如採達到主義，則何時置於各個股東可了解的狀態，情狀各異，於認定上易滋生紛擾。

因此，股東會的召集通知採發信主義，即以將開會通知書交郵局寄出之日為準，受通知人何時收到，並不影響股東會召集的效力（經濟部69.11.10 商 38934 號函、84.2.25 商 202275 號函）。

二、此所稱「○日前」不包括開會本日

公司法對股東會召集通知的期限如何計算，並未特別規定，自仍適用民法第一一九條、第一二○條第二項不算入始日的規定，自通知的翌日起算至開會前一日，算足公司法所定期間。換言之，如果是「三十日前」，應

依民法總則所定期間的計算法，開會日為始日不算入，以其前一日為起算日，逆算至三十日期間末日午前零時為期間的終止（最高法院 84 年臺上字第 972 號判決、84 年 1 月 17 日 84 年度第一次民事庭會議決議、經濟部 84.2.25 商 202275 號函）。

三、不得將不同日期的兩次股東會於同一份開會通知書一次通知

例如某股份有限公司擬召開第一次股東會增資、改選董監事，並再召開改選後的股東會。因改選後的董事與原任董事可能不同，有權召集股東會的董事會可能發生變更（股東亦可能發生變更），因此，第二次股東會召集事由及日期的決定，應由變更後的董事會、股東會決定，方為適法。故不得將不同日期的二次股東會，載明於同一份開會通知書，一次通知各股東（經濟部 75.9.23 商 43074 號函）。

四、股東會的召集通知及公告於無表決權股東亦有適用

公司法於九十年修正前，原公司法第一七二條第五項規定，股東會的通知及公告，於無表決權股東不適用之。惟基於無表決權股東僅無表決權，而非喪失出席權，其出席股東會參與討論及詢問乃基本「知」的權利，故召集通知及公告仍有適用的必要，故刪除該規定。

五、通知是指以「文書」的型態

公司法第一七二條第一項及第二項所稱的「通知」，是指以「文書」的型態所為的通知而言，此觀同條第四項「通知及公告應『載明』召集事由」的規定自明。是以，股東會的召集通知如是以電話聯絡的方式為之者，則與前開規定不合（經濟部 86.10.20 商 86032115 號函，一〇七年修法時已刪除「及公告」文字）。若經通知的相對人同意者，於九十四年六月修正公司法後，得依電子簽章法規定，以電子方式通知。

【結論】

按公司法中股東會開會通知是採發信主義，關於公司法第一七二條第一、二項「〇日前」的計算方式，乃適用民法第一一九條、第一二〇條第二項不算入始日的規定，自通知的翌日起算至開會前一日，算足公司法所

定期間。依公司法第一七二條第二項的規定，股東臨時會的召集，應於十日前通知各股東，故甲公司擬於二月二十日召開股東臨時會，則依法甲公司應於十日前通知各股東，即至遲二月九日就應發送開會通知，通知各股東。

【參考法條】

公司法第一七二條第一、二項

「股東常會之召集，應於二十日前通知各股東。

　股東臨時會之召集，應於十日前通知各股東。」

民法第五十一條第四項

「總會之召集，除章程另有規定外，應於三十日前對各社員發出通知。通知內應載明會議目的事項。」

民法第一一九條

「法令、審判或法律行為所定之期日及期間，除有特別訂定外，其計算依本章之規定。」

民法第一二〇條第二項

「以日、星期、月或年定期間者，其始日不算入。」

【練習題】

一、甲股份有限公司擬召集股東臨時會，於函送開會通知書時，鑑於無表決權的特別股股東不能行使表決權，遂未寄送開會通知書，是否適法？

二、乙股份有限公司擬於六月三十日召開股東會，其於六月二十日寄發開會通知單，於六月十五日公告開會日期，是否適法？

問題五十九
那些事項須在股東會開會通知單上列舉？

> 　　甲股份有限公司的股東會開會通知上列明本次會議將討論修正章程增資事項，惟開會時股東乙卻提臨時動議解任董事長，是否適法？

【解析】

一、股東會召集通知及公告中應載明召集事由

　　為了保障股東權益，並藉以引起股東的注意，俾股東踴躍參加股東會，公司法第一七二條第四項前段規定：「通知應載明召集事由。」所稱召集事由，例如增、減資案、轉投資案等等。

二、召集事由應列舉事項

　　關於下列事項應於召集事由中列舉（公§172 V）：

（一）選任或解任董事、監察人

　　公司法於九十四年六月修正前，僅規定「改選」董事、監察人，而實務上則認為包括「補選」董事、監察人在內（經濟部 61.6.30 商 17897 號函）。又鑑於「解任」董監與「選任」（補選、改選）董監，同屬董監身分之變動，應同等看待，因此，九十四年六月公司法遂修正為「選任或解任」董事、監察人，以資周延。

　　依據公司法第一九九條之一規定，股東會於董事任期未屆滿前，改選全體董事者，如未決議董事於任期屆滿始為解任，視為提前解任。前項改選，應有代表已發行股份總數過半數股東之出席。依據該法第一七一條、第一七二條第五項則規定，股東會由董事會召集，選任董監事之事項，應在召集事由中列舉。準此，公司如欲改選董事，須先經過董事會決議，復由董事會召集股東會辦理選舉，而非由股東會先就應否全面改選表決，再視表決結果另行改選（臺灣高等法院 99 年上字第 1130 號民事判決）。

(二)變更章程

　　只要載明「修改（修正）章程」類似用語即可，非謂應將擬修正的章程條項詳列（最高法院 72 年臺上字第 113 號判決）。

(三)減資。

(四)申請停止公開發行。

(五)董事競業許可。

(六)盈餘轉增資。

(七)公積轉增資。

(八)公司解散。

(九)公司合併。

(十)公司分割。

(土)公司法第一八五條第一項各款公司重大營業事項的變更。

三、未列舉事項不得以臨時動議提出

　　公司法第一七二條第五項規定，應於股東會開會通知單上召集事由中列舉的事項，如未明列，不得以臨時動議提出。其目的在於，前開列舉事項均屬重大事項，為保障股東權益，應使股東事先知悉，俾安排出席股東會；亦可供反對該議案的股東為行使股份收買請求權的準備。有問題的是，解任董事或監察人，得否以臨時動議提出？有下列正反二說：

(一)肯定說

　　認為現行法既未明文限制董監事的解任不得以臨時動議提出，則除公司章程設有限制外，否則不能認為以臨時動議解任董監事的決議有召集程序或決議方法違反法令或章程的瑕疵，股東可訴請撤銷股東會決議。實務見解亦採此　（最高法院 81 年臺上字第 3013 號判決、經濟部 84.5.8 商 207508 號函）。

(二)否定說

　　認為解任董監事與選任董監事同屬重大事項，均涉及公司業務機關或監察機關的變更，為避免掌握公司多數股份的當權派股東，藉股東會的臨時動議案解任少數派股東所支持的董監事，應為如此解釋較妥。

　　上述爭議，在九十年公司法修正前，因解任董監事只須以普通決議的方式即可，對於少數派股東所支持的董監事的保護確有不周，且有違公司法採取累積投票制選任董監事的立法精神。故當時實務採肯定說頗受批評。惟九十年公司法修正時已增訂解任董監事須採特別決議的方式（公 §199 II 至 IV、§227），且不再強制選任董監事採取累積投票制，因此，公司法第一七二條第五項在九十年修法時並不配合將解任董監事列為開會通知單應列舉事項，仍採肯定說。如前所述，此爭議在九十四年六月公司法修正後已明文加以解決，即解任董事或監察人不得以臨時動議提出，必須在召集事由中列舉。

四、股東的臨時動議提案權不得以章程或議事規則限制之

　　依公司法第一七二條第五項的規定，股東提臨時動議，為股東的固有權，故公司不得在章程或議事規則中限制股東提出臨時動議案（經濟部 87.1.23 商 87202158 號函）。

五、證券交易法所規定不得以臨時動議提出的事項

　　證券交易法第二十六條之一規定，已依本法發行有價證券的公司召集股東會時，關於公司法第二○九條第一項、第二四○條第一項及第二四一條第一項的決議事項，應在召集事由中列舉並說明其主要內容，不得以臨時動議提出。反之，不公開發行股票的公司，就下列事項，得以臨時動議案提出：

㈠「許可董事為自己或他人為屬於公司營業範圍內的行為」的事項（公 §209 I）。

㈡「發行新股分派股息及紅利」的事項（公 §240 I）。

㈢「將公積的全部或一部發給股東新股或現金」的事項（公 §241 I）。

六、以臨時動議決議股東會召集事由中未列舉事項的效力

　　公司法第一七二條第五項規定應在開會通知單上列舉的事項，如未列舉，而以臨時動議提出，並為決議，係屬召集程序違法，股東得依公司法第一八九條的規定，於決議之日起三十日內，訴請法院撤銷其決議。

【結論】

　　按公司法第一七二條第五項於九十四年六月修正後已明文規定，解任董監事應明列於股東會開會通知單召集事由中，不得以臨時動議提出。由此可見，股東乙不得以臨時動議提議解任董事長，若為決議，則屬召集程序違法，股東得依公司法第一八九條的規定訴請法院撤銷該決議。

【參考法條】

公司法第一七二條第五項

「選任或解任董事、監察人、變更章程、減資、申請停止公開發行、董事競業許可、盈餘轉增資、公積轉增資、公司解散、合併、分割或第一百八十五條第一項各款之事項，應在召集事由中列舉並說明其主要內容，不得以臨時動議提出；其主要內容得置於證券主管機關或公司指定之網站，並應將其網址載明於通知。」

公司法第一八五條第一項

「公司為下列行為，應有代表已發行股份總數三分之二以上股東出席之股東會，以出席股東表決權過半數之同意行之：

一　締結、變更或終止關於出租全部營業，委託經營或與他人經常共同經營之契約。

二　讓與全部或主要部分之營業或財產。

三　受讓他人全部營業或財產，對公司營運有重大影響。」

公司法第一九九條

「董事得由股東會之決議，隨時解任；如於任期中無正當理由將其解任時，董事得向公司請求賠償因此所受之損害。

　股東會為前項解任之決議，應有代表已發行股份總數三分之二以上股東之出席，以出席股東表決權過半數之同意行之。

　公開發行股票之公司，出席股東之股份總數不足前項定額者，得以有代表已發行股份總數過半數股東之出席，出席股東表決權三分之二以上之同意行之。

　前二項出席股東股份總數及表決權數，章程有較高之規定者，從其規定。」

證券交易法第二十六條之一

「已依本法發行有價證券之公司召集股東會時,關於公司法第二百零九條第一項、第二百四十條第一項及第二百四十一條第一項之決議事項,應在召集事由中列舉並說明其主要內容,不得以臨時動議提出。」

公司法第二〇九條第一項

「董事為自己或他人為屬於公司營業範圍內之行為,應對股東會說明其行為之重要內容,並取得其許可。」

公司法第二四〇條第一項

「公司得由有代表已發行股份總數三分之二以上股東出席之股東會,以出席股東表決權過半數之決議,將應分派股息及紅利之全部或一部,以發行新股方式為之;不滿一股之金額,以現金分派之。」

公司法第二四一條第一項

「公司無虧損者,得依前條第一項至第三項所定股東會決議之方法,將法定盈餘公積及下列資本公積之全部或一部,按股東原有股份之比例發給新股或現金:

一　超過票面金額發行股票所得之溢額。

二　受領贈與之所得。」

【練習題】

一、甲公開發行股票公司未在股東會開會通知召集事由中列舉本次會議要討論「發行新股分派股息及紅利」的事項,則股東乙對前開事項提出臨時動議,是否適法?

二、丙股份有限公司在股東會開會通知召集事由中僅載明「修正章程」,而未指明要修正章程的那個部分、如何修正,股東丁以該決議違反股東會召集程序訴請法院撤銷,是否有理由?

問題六十
股東如何行使其表決權？

> 甲持有某股份有限公司之股票，如何行使其表決權？

【解析】

一、表決權行使的要件

　　股票股東的姓名或名稱及住所或居所應記載於股東名簿 （公 §169 I ①），且轉讓時非將受讓人的姓名或名稱及住所或居所記載於股東名簿，不得對抗公司 （公 §165 I），故凡於股東名簿登記為股東者，即得主張股東權，行使表決權。

二、表決權行使的方式

㈠股東會的決議均採「定足數」，即出席股東所代表的股份數應達法定最低出席定額。

㈡股東會的決議係採「多數決」，即決議應取得出席股東表決權過半數或三分之二的同意。

㈢股東不出席股東會，而僅以「書面投票」，原為法所不許。九十四年六月公司法增訂第一七七條之一、第一七七條之二後，公司得允許股東以書面或電子方式行使其表決權，但公司應將行使方法載明於股東會召集通知。鑑於近年來上市上櫃公司之年度股東會日期，有過度集中現象，致股東無法一一出席股東會行使其表決權，影響股東權益甚鉅，且電子投票平臺已由證券主管機關協助業者建置完成，為落實電子投票制度，鼓勵股東參與公司經營，強化股東權益之保護，一〇一年修正公司法時，爰於第一項增訂但書，明定證券主管機關應視公司規模、股東人數與結構及其他必要情況，命公司將電子方式列為表決權行使管道之一。公司違反第一項但書規定者，股東得依第一八九條訴請法院撤銷其決議。一〇七年修法時，修正為「公司召開股東會時，採行書面或電子方式行使

表決權者，其行使方法應載明於股東會召集通知。但公開發行股票之公司，符合證券主管機關依公司規模、股東人數與結構及其他必要情況所定之條件者，應將電子方式列為表決權行使方式之一」，以資明確。

又鑑於外資股東係透過保管銀行行使股東權利，外資股東之意思表示，實務上，約在股東會開會前五日，甚至前二日始能送達。依現行規定，股東之意思表示應在股東會開會五日前送達公司，常造成外資股東之意思表示，無法被納入。一○○年六月二十九日公司法修正，將第一七七條之二第一項有關以書面或電子方式行使表決權者，其意思表示送達公司之時間，由「開會五日前」修正為「開會二日前」，俾利外資股東行使表決權。依現行規定，股東以書面或電子方式行使表決權後，欲親自出席股東會者，至遲應於股東會開會前一日撤銷前意思表示。惟股東於股東會開會前一日撤銷前意思表示，股務作業處理上，時間甚為緊迫，爰將同條第二項「開會前一日」修正為「開會二日前」，以利實務運作。

㈣股東會的決議得否以鼓掌方式表決

　1.肯定說

認為公司所定股東會議事規則若謂，經主席徵詢無異議而一致鼓掌通過，亦有議事錄在卷可稽，則股東會的召集程序及決議方法並無違法之處（最高法院72年臺上字第808號判決）。

　2.否定說

依前述「多數決」的原則，又因表決權的行使係以股份數為據（經濟部65.1.7商00447號函），公司法並規定，原則上「每股有一表決權」（公§179 I），且採綜合計算法（公§181 I），如以鼓掌方式為之，根本無從了解贊成與反對的表決股份數，故與法律不合，得依公司法第一八九條撤銷之。此說較為可採。

三、表決權行使的方法

㈠親自行使

股東得親自出席股東會，行使表決權。惟股份為數人共有時，共有人應推定一人行使股東的權利（公§160 I）。又政府或法人為股東時，其代表

人不限於一人。但其表決權的行使，仍以其所持有的股份綜合計算。如代表人有二人以上時，其代表人行使表決權應共同為之（公§181）。一〇一年修正公司法時，為使保管機構、信託機構、存託機構或綜合帳戶等專戶之表決權行使，得依其實質投資人之個別指示，分別為贊成或反對之意思表示，爰參考日本公司法第三一三條規定，股東得不統一行使議決權之立法精神，及信託業法第二十條之一規定，信託業之信託財產為股票，其表決權之行使得分別計算，而增訂第三項：「公開發行公司之股東係為他人持有股份時，股東得主張分別行使表決權。」前項分別行使表決權之資格條件、適用範圍、行使方式、作業程序及其他應遵行事項之辦法，授權證券主管機關訂定「公開發行公司股東分別行使表決權作業及遵行事項辦法」（公§181 IV）。

㈡代理行使

　　依公司法第一七七條規定，股東得出具委託書，委託他人代理出席股東會，以代理股東行使表決權。

㈢公司法第二〇五條第二項規定，董事會開會時，如以視訊會議為之，其董事以視訊參與會議者，視為親自出席。又經濟部於 93.3.11 以經商字第09302036200 號函稱，股東會之開會方式，不得類推適用公司法第二〇五條第二項有關董事會之開會方式，以視訊會議方式為之。益證以視訊會議參與系爭臨時股東會之股數五十萬股不應列入本件出席股東人數、股數中。至公司法於九十四年六月二十二日固修正公佈第一七七條之一，規定公司召開股東會時得採行書面或電子方式行使其表決權而以電子方式，依立法理由說明係指「依電子簽章法規定之電子方式行使其表決權」，則從現行電子簽章法規定以觀，以網際網路、語音電話進行表決，應無疑問，但以「視訊會議」進行表決，即有疑義，尚非可採。從而，上訴人主張股東之股數不應計入出席人數、股數一節，即堪採取（臺灣高等法院臺中分院 98 年上字第 226 號民事判決）。

㈣公司法第一七七條之二第一項規定：「股東以書面或電子方式行使表決權者，其意思表示應於股東會開會五日前送達公司……」，此五日期限係屬

訓示規定，目的在便利公司之作業。所詢允屬企業自治事項，宜由公司自行決定（經濟部 94.11.9 經商字第 09402170700 號）。

㈤公司法第一七二條之一第一項及第一九二條之一第三項規定：「持有已發行股份總數百分之一以上股份之股東，得以書面向公司……」，於計算「已發行股份總數百分之一」時，因屬提案權或提名權，不涉及股東會之議決，故無需扣除公司法第一七九條第二項各款無表決權之股份數（經濟部 95.2.8 經商字第 09502402920 號）。應注意的是，公司法第一七二條之一第一項但書規定，股東提案以一項為限，提案超過一項者，均不列入議案。

㈥按公司法第一八一條第一、二項：「政府或法人為股東時，其代表人不限於一人。但其表決權之行使，仍以其所持有之股份綜合計算」、「前項之代表人有二人以上時，其代表人行使表決權應共同為之」之規定，旨在簡化政府或法人為股東且其代表人有二人以上時之表決權行使方式及其計算，即各代表人就所代表政府或法人之表決權，不得割裂行使，且須綜合計算股份，非在限制多數代表人必須全部出席。故政府或法人股東之多數代表人中，有一位或部分代表出席股東會並行使表決權，即無決議方法違法之可言（最高法院 98 年臺上字第 2259 號民事判決）。

【結論】

　　按股票股東的姓名或名稱及住所或居所應記載於股東名簿（公 §169 I ①），且轉讓時非將受讓人的姓名或名稱及住所或居所記載於股東名簿，不得對抗公司（公 §165 I），故凡於股東名簿登記為股東者，即得主張股東權，行使表決權。甲為記名股票股東，為行使表決權，得親自出席，亦得依公司法第一七七條規定，出具委託書，委託他人代埋出席股東會，以代理股東行使表決權。此外，因採行以書面或電子方式行使其表決權；其以書面或電子方式行使表決權時，其行使方法應載明於股東會召集通知。以書面或電子方式行使表決權之股東，視為親自出席股東會（公 §177 之 1）。以書面或電子方式行使表決權者，其意思表示應於股東會開會二日前送達

公司（公§177之2 I）。

【參考法條】

公司法第一六〇條第一項

「股份為數人共有者，其共有人應推定一人行使股東之權利。」

公司法第一七四條

「股東會之決議，除本法另有規定外，應有代表已發行股份總數過半數股東之出席，以出席股東表決權過半數之同意行之。」

公司法第一七五條

「出席股東不足前條定額，而有代表已發行股份總數三分之一以上股東出席時，得以出席股東表決權過半數之同意，為假決議，並將假決議通知各股東，於一個月內再行召集股東會。

前項股東會，對於假決議，如仍有已發行股份總數三分之一以上股東出席，並經出席股東表決權過半數之同意，視同前條之決議。」

公司法第一七六條　（刪除）

公司法第一七七條

「股東得於每次股東會，出具委託書，載明授權範圍，委託代理人，出席股東會。但公開發行股票之公司，證券主管機關另有規定者，從其規定。

除信託事業或經證券主管機關核准之股務代理機構外，一人同時受二人以上股東委託時，其代理之表決權不得超過已發行股份總數表決權之百分之三，超過時其超過之表決權，不予計算。

一股東以出具一委託書，並以委託一人為限，應於股東會開會五日前送達公司，委託書有重複時，以最先送達者為準。但聲明撤銷前委託者，不在此限。

委託書送達公司後，股東欲親自出席股東會或欲以書面或電子方式行使表決權者，應於股東會開會二日前，以書面向公司為撤銷委託之通知；逾期撤銷者，以委託代理人出席行使之表決權為準。」

公司法第一七七條之一

「公司召開股東會時，採行書面或電子方式行使表決權者，其行使方法應載明於股東

會召集通知。但公開發行股票之公司，符合證券主管機關依公司規模、股東人數與結構及其他必要情況所定之條件者，應將電子方式列為表決權行使方式之一。

前項以書面或電子方式行使表決權之股東，視為親自出席股東會。但就該次股東會之臨時動議及原議案之修正，視為棄權。」

公司法第一七七條之二

「股東以書面或電子方式行使表決權者，其意思表示應於股東會開會二日前送達公司，意思表示有重複時，以最先送達者為準。但聲明撤銷前意思表示者，不在此限。

股東以書面或電子方式行使表決權後，欲親自出席股東會者，應於股東會開會二日前，以與行使表決權相同之方式撤銷前項行使表決權之意思表示；逾期撤銷者，以書面或電子方式行使之表決權為準。

股東以書面或電子方式行使表決權，並以委託書委託代理人出席股東會者，以委託代理人出席行使之表決權為準。」

公司法第一七八條

「股東對於會議之事項，有自身利害關係致有害於公司利益之虞時，不得加入表決，並不得代理他股東行使其表決權。」

公司法第一七九條第一項

「公司各股東，除本法另有規定外，每股有一表決權。」

公司法第一八一條

「政府或法人為股東時，其代表人不限於一人；但其表決權之行使，仍以其所持有之股份綜合計算。

前項之代表人有二人以上時，其代表人行使表決權應共同為之。」

【練習題】

一、甲股份有限公司股東會開會時，主席請出席股東以鼓掌方式表決董事長連任案，是否適法？

二、乙股份有限公司章程中規定，股東如不克出席股東會者，得於股東會開會五日前以書面表示其意見，送達公司，列入表決，是否適法？

問題六十一
未辦理過戶的股東，可否請求召集股東臨時會？

甲股份有限公司的股東乙死亡後已逾二年，其繼承人均未辦理繼承登記，今因甲公司的董事會遲遲不召開股東會，股東丙欲聯合乙的繼承人，依公司法第一七三條的規定請求召開股東會，是否可行？

【解析】

一、少數股東依公司法第一七三條召集股東臨時會應提出的文件

按繼續一年以上，持有已發行股份總數百分之三以上股份的股東，得以書面記明提議事項及理由，請求董事會召集股東臨時會。前開請求提出後十五日內，董事會不為召集的通知時，股東得報經主管機關許可，自行召集（公§173 I、II）。基此，少數股東於報請地方主管機關許可，自行召集股東臨時會時，所應具備的文件為：

㈠持有股份證件。

㈡書面通知董事會的證件。

㈢召集事項及理由。

且對董事會不為召集的通知，並應負舉證責任（經濟部65.3.8商05891號函）。

二、公司法第一七三條所稱「持有已發行股份總數百分之三以上股份之股東」不以一人為限

如數股東持有股份總數的總和達「已發行股份總數百分之三以上」，亦包括在內（經濟部80.4.19商207772號函）。

三、公司法第一七三條所稱「繼續」，係指一年內未有再轉讓股票而言

公司法第一七三條第一項所稱「繼續一年以上……」，關於其起算日如何認定？記名股票應以股東名簿所載的過戶日期為準，無記名股票既不須辦理過戶手續且流出性大，應由股票持有人於行使權利時，自行舉證證明

之。至所稱繼續，應係指一年內未有再轉讓情事而言（經濟部 80.11.11 商 227250 號函）。

四、少數股東經核准召集股東會，縱未召集，亦不得強制其召集

按持有已發行股份總數百分之三以上股份的股東，於公司董事或監察人因股份轉讓或其他理由，致不能召集股東會時，即得依公司法第一七三條第四項規定，報經地方主管機關許可，自行召集股東會。且縱有其他股東已依同條項規定申請許可在先，亦不影響其行使此項權利，惟後申請者是否許可其召集，仍由地方主管機關裁量。又股東會的召集，並非股東的義務，故經主管機關核准召集股東會的股東縱迄未召集，仍不得強制其召集之（經濟部 80.12.3 商 231005 號函）。

五、未辦過戶的股東可否請求召集股東會

㈠肯定說

1.請求自行召集股東會應具股東身分。如未向公司申請更名過戶，僅不得以其轉讓對抗公司而已，並非否認其股東身分（經濟部 58.10.16 商 35406 號函、74.1.21 商 02877 號函）。

2.經法院判決確定應予登記更名過戶，在未過戶前仍得以股東身分請求自行召集股東會（經濟部 61.8.4 商 21577 號函）。

3.因買賣股份而持有轉讓憑證，與記名股票的背書有相同的效力，不能否認其股東身分，應認其有少數股東請求權或召集權。因此，縱未辦理過戶，只要能證明為公司的股東（如持有股票），已持股一年以上，即可依公司法第一七三條的規定，請求自行召集股東會。至於股東持股東名簿報請地方主管機關許可其自行召集股東會，僅係證明股東資格的方式之一。

㈡否定說

1.參照公司法第一六五條第一項規定，公司股票為記名股票者，於轉讓時必須辦理過戶登記，將受讓人的姓名或名稱及住所或居所，記載於公司股東名簿，否則受讓人似無取得公司的股東權，自不得以該公司的股東身分，依公司法第一七三條規定自行召集股東會（法務部 72.2.22 法 (72) 律 1844 號函、經濟部 72.2.26 商 07556 號函）。

2.具備公司法第一七三條第一項規定繼續一年以上持有已發行股份總數百分之三以上股份的股東若已死亡，則其繼承人應向公司辦妥股票過戶手續後，始有公司法第一七三條第一、二項規定的適用（經濟部 81.10.20 商 229137 號函）。

【結論】

按承認少數股東權的目的，是為防止多數股東濫用權利而損害少數股東的利益。參照公司法第一六五條第一項，記名股票的過戶僅是對抗要件，而非成立或生效要件，因此，是否具有股東身分，有股東權，仍應依事實認定。申言之，未辦過戶的股東能否請求召集股東會，行使公司法第一七三條第一、二項的少數股東權，仍以其是否符合該條項的要件：⑴持有股份的時間；⑵持有股份總數的最低限制而定。故以肯定說為妥。是以，丙可否聯合乙的繼承人請求召集股東會，仍視乙的繼承人得否證明其具有股東身分。

【參考法條】

公司法第一六五條第一項

「股份之轉讓，非將受讓人之姓名或名稱及住所或居所，記載於公司股東名簿，不得以其轉讓對抗公司。」

公司法第一七三條

「繼續一年以上，持有已發行股份總數百分之三以上股份之股東，得以書面記明提議事項及理由，請求董事會召集股東臨時會。

前項請求提出後十五日內，董事會不為召集之通知時，股東得報經主管機關許可，自行召集。

依前二項規定召集之股東臨時會，為調查公司業務及財產狀況，得選任檢查人。

董事因股份轉讓或其他理由，致董事會不為召集或不能召集股東會時，得由持有已發行股份總數百分之三以上股份之股東，報經主管機關許可，自行召集。」

【練習題】

一、股東甲聯合股東乙、丙、丁，其持股總數始達公司已發行股份總數百分之三以上，是否可以四人名義報請地方主管機關許可，自行召集股東臨時會？

二、股東戊依公司法第一七三條第一項請求董事會召集股東臨時會，提出請求後十日，董事會即為召集，則戊得否再報請地方主管機關許可，自行召集股東臨時會？

問題六十二
公司法規定應經特別決議的事項，可否以假決議的方式為之？

> 甲股份有限公司因經濟景氣低迷，擬讓與公司主要部分的營業，惟甲公司召開股東會時，出席人數不足代表已發行股份總數過半數股東，為了迅速簽約，甲公司得否以假決議方式通過決議？

【解析】

一、假決議適用普通決議

公司法關於假決議制度的設計，是一臨時性的權宜措施，第一七五條以股份有限公司股東會「出席股東不足前條定額」為要件，而第一七四條則係就普通決議的決議方法而為規定，由此可知假決議適用於普通決議事項（經濟部 87.11.10 商 87225648 號函）。用以彌補出席股東所代表股份總數不足的法定數額，致股東會決議無法成立的情形。至於股東會出席的股東，如不足代表已發行股份總數過半數的情形，除依公司法第一七五條是否能作成假決議，係屬另一問題外，因無決議的能力，要無成立決議的餘地，更無所謂決議方法違法，抑為決議內容違法的問題（最高法院 69 年臺上字第 1415 號判決）。申言之，未經一定股份數額的股東出席而作成的決議，乃為決議不成立，自始即不生效力，無須再行訴請法院撤銷（最高法院 69 年臺上字第 2188 號判決）。

二、特別決議不得作成假決議

因為特別決議事項，均屬對公司營業有重大影響的事項，應慎重為之，為免由代表少數股份的股東出席，即可能就重大事項達成決議，故實務及學者見解均認為特別決議不得作成假決議（經濟部 65.5.26 商 13757 號函、71.1.5 商 00158 號函）。應經特別決議的議題，如出席股東不足法定數額時，即應認為會議不成立，而重行召集，不得以假決議的方式為之，否則

其決議無效。

三、改選董監事有無假決議的適用

　　按公司法於九十年修正前，公司選舉董監事的方法採「累積投票制」（公 §198、§227 準用），屬公司法規定的特別決議事項，自無公司法第一七五條假決議的適用（經濟部 69.5.7 商 14655 號函、75.3.3 商 18896 號函、88.9.10 商 88219376 號函）。惟鑑於董監事的選任方式係屬公司內部自治事項，為使公司能彈性處理，九十年公司法修正時，於第一九八條第一項增列「除公司章程另有規定外」，換言之，公司得以公司章程明定選舉董監事的方式，例如普通決議，則依前述假決議適用普通決議的說明，在此情形下，自得以假決議的方式改選董監事。惟前開修正後，部分公司經營者以及股權相對多數者，利用修改公司章程之方式，將公司選任董事之選舉方法，變更為全額連記法，不僅違反股東平等原則，影響股東投資意願，更使公司失去制衡力量變成一言堂，變成萬年董事長、萬年董事會，讓公司治理澈底崩盤。因此，一○○年修正公司法，將前開「除公司章程另有規定外」刪除，此後公司自不得再以章程規範董監事之選舉方式，改選董監事無適用假決議之餘地。

四、解任董監事有無假決議的適用

　　公司法於九十年修正前，解任董監事係採普通決議的方式（公 §199、§227 準用），是以，自得以假決議方式為之（經濟部 88.8.19 商 88218256 號函）。公司法九十年修正時，已將解任董監事的方法改採特別決議（公 §199 II、III、§227 準用），因此，自不得作成假決議。

【結論】

一、依公司法第一七五條文字意旨觀察，假決議係就普通決議出席股東所代表股份總數不足法定數額所設計，而特別決議事項，係屬對公司營業有重大影響的事項，不得作成假決議，以昭慎重。按公司擬讓與主要部分的營業，應以特別決議方式為之（公 §185 I、II、III），自不得作成假決議。

二、甲公司以假決議方式通過特別決議事項，其決議無效。

【參考法條】

公司法第一七四條

「股東會之決議，除本法另有規定外，應有代表已發行股份總數過半數股東之出席，以出席股東表決權過半數之同意行之。」

公司法第一七五條

「出席股東不足前條定額，而有代表已發行股份總數三分之一以上股東出席時，得以出席股東表決權過半數之同意，為假決議，並將假決議通知各股東，於一個月內再行召集股東會。

前項股東會，對於假決議，如仍有已發行股份總數三分之一以上股東出席，並經出席股東表決權過半數之同意，視同前條之決議。」

公司法第一九八條第一項

「股東會選任董事時，每一股份有與應選出董事人數相同之選舉權，得集中選舉一人，或分配選舉數人，由所得選票代表選舉權較多者，當選為董事。」

公司法第一九九條

「董事得由股東會之決議，隨時解任；如於任期中無正當理由將其解任時，董事得向公司請求賠償因此所受之損害。

股東會為前項解任之決議，應有代表已發行股份總數三分之二以上股東之出席，以出席股東表決權過半數之同意行之。

公開發行股票之公司，出席股東之股份總數不足前項定額者，得以有代表已發行股份總數過半數股東之出席，出席股東表決權三分之二以上之同意行之。

前二項出席股東股份總數及表決權數，章程有較高之規定者，從其規定。」

【練習題】

一、甲股份有限公司章程規定，本公司董監事的選任採公司法第一七四條的方式，則某次改選董監事的股東會因出席人數不足代表已發行股份總數過半數股東，是否仍得決議？

二、乙股份有限公司董事長丙，因股東會以假決議方式加以解任，心有不服，向法院提起撤銷股東會決議之訴，是否有理由？

問題六十三
股東會決議的方式有那些？

> 甲股份有限公司擬與乙股份有限公司合併，前者為公開發行股票公司，後者為非公開發行股票公司，則有關合併事項應採何種決議方式為之？

【解析】

一、普通決議

㈠意　義

即公司法第一七四條規定：「股東會之決議，除本法另有規定外，應有代表已發行股份總數過半數股東之出席，以出席股東表決權過半數之同意行之。」

1.所謂「本法另有規定」，指後述應以特別決議方法決議之事項。

2.所謂「過半數」之出席或同意，指「超過二分之一」。

3.出席股東之定額，係以「股份數」為據，並非以「股東人數」為據，股東不過為股份之行使人而已，故如一股東持有過半數以上之股份，即已超過召開股東會所需股數時，由其一人出席股東會作成之決議，應屬有效。惟其召集之程序及決議之方法仍應依照有關規定為之　（經濟部 65.1.17 商00447 號函）。

4.出席時，已有代表已發行股份總數過半數股東之出席，但因中途有人退席，致表決時，所代表之股份總數未超過已發行股份總數之二分之一，仍得進行表決（72 臺上字第 1066 號判決）。

㈡股份數之計算

1.股東會之決議，對無表決權股東之股份數，不算入已發行股份之總數（公 §180 I）。

2.股東會之決議，對依公司法第一七八條規定，不得行使表決權之股

份數，不算入已出席股東之表決權數（公 §180 II）。

㈢普通決議所需之最低出席定額與表決權數可否依公司章程，另訂高於本法第一七四條所要求之標準？ 實務上為肯定解釋 （大法官會議釋字第100 號解釋、經濟部 58.7.11 商 23820 號函）。

㈣普通決議，於出席股東不足最低定額時，可為「假決議」。

㈤凡非特別決議的事項，亦非採累積投票制的董監事選舉，均屬普通決議事項。

二、特別決議

㈠意　義

　　公司法修正前，特別決議原有「輕度特別決議」與「重度特別決議」之分，但九十年修正公司法時將舊法唯一規定重度特別決議事項之第三一六條規定修正為輕度特別決議。原所稱「輕度特別決議」，是指應有代表已發行股份總數三分之二以上股東的出席，以出席股東表決權過半數的同意行之。公開發行股票的公司，出席股東的股份總數不足前項定額者，得以有代表已發行股份總數過半數股東的出席，出席股東表決權三分之二以上的同意行之。而「重度特別決議」是指應有代表已發行股份總數四分之三以上股東的出席，以出席股東表決權過半數的同意行之。公開發行股票公司，出席股東的股份總數不足前項定額者，得以有代表已發行股份總數過半數股東的出席，出席股東表決權四分之三以上的同意行之。則修正後的特別決議方式統一如下：

　　1.特別決議之方法，原則上是指股東會之決議，應有代表已發行股份總數三分之二以上股東出席，以出席股東表決權過半數之同意行之而言。

　　2.公開發行股票之公司，出席股東之股份總數不足前揭定額者，得以有代表已發行股份總數過半數股東之出席，出席股東表決權三分之二以上之同意行之。其立法目的，為使規模較大公開發行股票之公司遇有特別議案時，股東會易於召開，在不違反多數決議之原則下，以緩和股東收購委託書之壓力，及保障大眾投資者權益。

　　3.前二項出席股東股份總數及表決權數，章程有較高之規定者，從其

規定。

㈡特別決議事項

1.除公開發行股票之公司外，公司決議轉投資總額不受公司法第十三條不得超過本公司實收股本百分之四十之限制（公§13 I ③、II、III）。一○七年公司法修正時，予以鬆綁，讓無限公司、有限公司、兩合公司或非公開發行股票之公司，不再受限；另考量公開發行股票之公司為多角化而轉投資，屬公司重大財務業務行為，涉及投資人之權益，為健全公開發行股票公司之財務業務管理，避免因不當投資而使公司承擔過高之風險，致影響公司業務經營及損及股東權益，針對公開發行股票之公司，仍有加以規範之必要。

2.締結、變更或終止關於出租全部營業、委託經營或與他人經常共同經營之契約（公§185 I ①、II、III）。

3.讓與全部或主要部分之營業或財產（公§185 I ②、II、III）。

4.受讓他人全部營業或財產，對公司營運有重大影響者（公§185 I ③、II、III）。

5.董事、監察人之解任（公§199 II、III、IV、§227準用§199）。

6.董事競業禁止之許可（公§209 II、III、IV）。

7.將應分派股息及紅利之全部或一部，以發行新股之方式為之（公§240 I、II、III）。

8.將法定盈餘公積及特定種類之資本公積全部或一部發給股東新股或現金之決議（公§241 I、§240 I、II、III）。

9.凡變更章程，依公司法第二七七條第二、三、四項，均須經特別決議，不以增、減資本之情形為限。惟變更章程致影響特別股股東之權利時，公司法第一五九條另設明文規定，須經（普通）股東會特別決議，並須經特別股股東會之特別決議。

10.公司之解散（公§316 I、II、III）。

11.公司之合併（公§316 I、II、III）。

12.公司之分割（公§316 I、II、III）。

三、假決議

㈠意　義

當出席股東不足代表已發行股份總數過半數之定額，而有代表已發行股份總數三分之一以上股東出席時，得以出席股東表決權過半數之同意，為假決議，並將假決議通知各股東，於一個月內再行召集股東會。前項股東會，對於假決議，如仍有已發行股份總數三分之一以上股東出席，並經出席股東表決權過半數之同意，視同普通決議（公 §175）。

㈡特別決議的事項不得作成假決議。假決議僅適用於普通決議事項。

【結論】

依公司法第三一六條規定，公司合併應採特別決議的方式，故乙公司應有代表已發行股份總數三分之二以上股東出席，以出席股東表決權過半數的同意行之（第一項）；而甲公司因是公開發行股票公司，出席股東的股份總數若不足前項定額時，則得以有代表已發行股份總數過半數股東的出席，出席股東表決權三分之二以上的同意行之（第二項）。又甲、乙二公司的章程若對出席股東股份總數及表決權數有較高的規定時，則從其規定（第三項）。

【參考法條】

公司法第一七四條

「股東會之決議，除本法另有規定外，應有代表已發行股份總數過半數股東之出席，以出席股東表決權過半數之同意行之。」

公司法第一七五條

「出席股東不足前條定額，而有代表已發行股份總數三分之一以上股東出席時，得以出席股東表決權過半數之同意，為假決議，並將假決議通知各股東，於一個月內再行召集股東會。

前項股東會，對於假決議，如仍有已發行股份總數三分之一以上股東出席，並經出席股東表決權過半數之同意，視同前條之決議。」

公司法第二七七條

「公司非經股東會決議，不得變更章程。

　前項股東會之決議，應有代表已發行股份總數三分之二以上之股東出席，以出席股東表決權過半數之同意行之。

　公開發行股票之公司，出席股東之股份總數不足前項定額者，得以有代表已發行股份總數過半數股東之出席，出席股東表決權三分之二以上之同意行之。

　前二項出席股東股份總數及表決權數，章程有較高之規定者，從其規定。」

公司法第三一六條

「股東會對於公司解散、合併或分割之決議，應有代表已發行股份總數三分之二以上股東之出席，以出席股東表決權過半數之同意行之。

　公開發行股票之公司，出席股東之股份總數不足前項定額者，得以有代表已發行股份總數過半數股東之出席，出席股東表決權三分之二以上之同意行之。

　前二項出席股東股份總數及表決權數，章程有較高之規定者，從其規定。

　公司解散時，除破產外，董事會應即將解散之要旨，通知各股東。」

【練習題】

一、甲股份有限公司章程中規定，本公司不論是公司法所規定的普通決議或特別決議事項，其表決權數均提高為三分之二以上的同意，是否適法？

二、乙股份有限公司某次召開股東臨時會改選董監事時，其出席股東符合法定出席股份總數，惟中途有人離席，致表決時出席股東已不足法定出席股份總數，是否仍可進行表決？

問題六十四
公司出租或讓與（受讓）全部營業或財產有何限制？

> 甲股份有限公司擬將公司部分廠房出租，請問是否須經董事會或股東會決議？又應採何種決議方法？

【解析】

一、公司重大營業事項或財產的變更

依公司法第一八五條第一項規定，公司重大營業事項或財產的變更包括下列三項：

㈠締結、變更或終止關於出租全部營業，委託經營或與他人經常共同經營的契約

　　1.如以部分多餘廠房出租，屬公司理財行為，並非公司經常的業務。惟出租全部廠房與他人經營，係公司經營方式的變更，須依公司法第一八五條規定辦理（經濟部 59.9.4 商 42149 號函、70.10.1 商 41399 號函）。

　　2.所謂委託經營，係指將公司全部營業委由他人經常經營而言（經濟部 79.12.17 商 224690 號函）。

㈡讓與全部或主要部分的營業或財產

　　1.所謂主要部分的營業或財產，係指該部分營業或財產的轉讓，足以影響公司所營事業的不能成就而言（最高法院 81 年臺上字第 2696 號判決）。此項規定乃為保障股東投資意願而設。

　　2.至於「主要部分」界限，應視各該公司的營業及其經營性質而有不同，無法作概括性的釋示。如某公司主要業務係砂糖的產銷，其主要財產為製糖設備，其以副產品工廠轉售他人，尚非讓與主要財產。因此涉及事實認定及私權問題，如有爭議，應循司法途徑解決（經濟部 69.2.23 商 05705 號函、82.8.5 商 220424 號函）。

㈢受讓他人全部營業或財產，對公司營運有重大影響

按公司受讓他人全部營業或財產的行為，非即一律應受公司法第一八五條的規範，尚須此項行為對公司營運有重大影響者始有適用。至於此項行為「是否對公司營運有重大影響」，尚難概括釋示，須視各公司的營業性質而定。又此因涉及私權，如有爭議，應由法院裁判（經濟部 81.6.20 商215681 號函）。

二、公司重大營業事項或財產變更應踐行的程序

㈠應先由董事會以特別決議（由有三分之二以上董事的出席，出席董事過半數的決議）向股東會提出議案（公 §185 IV）。

㈡股東會的召集通知及公告中應載明召集事由（不得以臨時動議提出）（公 §172 V）。

㈢經股東會特別決議（公 §185 I、II、III）。即：

1.應有代表已發行股份總數三分之二以上股東出席的股東會，以出席股東表決權過半數的同意行之。

2.公開發行股票的公司，出席股東的股份總數不足前項定額者，得以有代表已發行股份總數過半數股東的出席，出席股東表決權三分之二以上的同意行之。

3.前開出席股東股份總數及表決權數，章程有較高的規定者，從其規定。

㈣公司為第一八五條第一項所列行為時，未經依法決議不生效力（最高法院 69 年臺上字第 3362 號判決）。

三、反對股東可行使股份收買請求權

㈠行使股份收買請求權的要件（公 §186、§188）

1.於股東會決議前，已以書面通知公司反對該項行為的意思表示。

2.並於股東會為反對的表示。

3.股東會為第一八五條之決議時，未同時決議解散。

4.公司未取銷第一八五條第一項各款的行為。

5.股東於法定期間內請求。

㈡性　質

　　此為形成權，一經股東行使，股份買賣契約即為成立，無須公司承諾。

㈢得行使股份收買請求權的股東

　　1.原則上須決議時及請求收買時均持有股份，且為記載於股東名簿上的股東。如決議後已讓與股份或始取得股份，該股東均不得請求。

　　2.若股東受讓股份時，其前手股東已踐行行使股份收買請求權的要件，該股東仍得就該股份行使收買請求權。若股東於決議後讓與其股份，受讓的股東對自己持有的股份亦已履行收買請求權，可連同其受讓的股份一併請求公司收買。

㈣行使的時期、方式及價格的決定（公§187 I、II）

　　1.自第一八五條決議日起二十日內，提出記載股份種類及數額的書面請求。

　　2.股東與公司協議決定股份價格

　⑴達成協議時，公司應自決議日起九十日內支付價款。

　⑵自第一八五條決議日起六十日內未達協議者，股東應於此期間經過後三十日內，聲請法院為價格的裁定。

　　3.股份的移轉，依公司法第一八七條第三項規定，於支付價款時始生效。自第二項的期間屆滿日起，應支付法定利息，純為保護小股東而設，意在促使公司早日為價款的支付，非謂一經法院裁定價格，即發生股份移轉的效力（最高法院69年臺上字第2613號判例）。

㈤利息、價款的支付及股份移轉生效時期

　　公司對法院裁定的價格，自第一八七條第二項的期間屆滿日起，應支付法定利息，股份價款的支付，應與股票的交付同時為之，股份的移轉於價款支付時生效。

四、股份有限公司清算人將公司營業包括資產負債轉讓於他人時，應依公司法第一八五條的決議方法

㈠公司法第八十四條第二項所稱「應得全體股東之同意」，係對無限公司而言，此一規定顯與股份有限公司的性質未合，自不宜準用（經濟部

67.12.4 商 38909 號函）。

㈡股份有限公司在清算中，股東會仍為決定其主要事務的意思機關，其決
議方法應依事件的性質，適用普通決議（公 §174）或特別決議。是以，
股份有限公司清算人將公司營業包括資產負債轉讓於他人時，依公司法
第三三四條準用第八十四條第二項，仍應解為股東會應依第一八五條第
一項所定程序決定行之，方與股份有限公司股東會的決議方法相符。

【結論】

一、甲公司如僅以部分多餘廠房出租，屬公司理財行為，毋需依公司法第
　　一八五條規定辦理。

二、甲公司如是出租全部廠房與他人經營，為公司經營方式的變更，必須
　　先由董事會以特別決議向股東會提出議案（公 §185 IV），並於召集通
　　知及公告中載明召集事由（公 §172 V），再經股東會特別決議行之（公
　　§185 I、II、III）。

【參考法條】

公司法第一八五條

「公司為下列行為，應有代表已發行股份總數三分之二以上股東出席之股東會，以出
　席股東表決權過半數之同意行之：

　一　締結、變更或終止關於出租全部營業，委託經營或與他人經常共同經營之契
　　　約。

　二　讓與全部或主要部分之營業或財產。

　三　受讓他人全部營業或財產，對公司營運有重大影響者。

　公開發行股票之公司，出席股東之股份總數不足前項定額者，得以有代表已發行股
　份總數過半數股東之出席，出席股東表決權三分之二以上之同意行之。

　前二項出席股東股份總數及表決權數，章程有較高之規定者，從其規定。

　第一項之議案，應由有三分之二以上董事出席之董事會，以出席董事過半數之決議
　提出之。」

公司法第一八六條

「股東於股東會為前條決議前，已以書面通知公司反對該項行為之意思表示，並於股東會已為反對者，得請求公司以當時公平價格，收買其所有之股份。但股東會為前條第一項第二款之決議，同時決議解散時，不在此限。」

公司法第一八七條

「前條之請求，應自第一百八十五條決議日起二十日內，提出記載股份種類及數額之書面為之。

　股東與公司間協議決定股份價格者，公司應自決議日起九十日內支付價款，自第一百八十五條決議日起六十日內未達協議者，股東應於此期間經過後三十日內，聲請法院為價格之裁定。

　公司對法院裁定之價格，自第二項之期間屆滿日起，應支付法定利息，股份價款之支付，應與股票之交付同時為之，股份之移轉於價款支付時生效。」

公司法第一八八條

「第一百八十六條股東之請求，於公司取銷第一百八十五條第一項所列之行為時，失其效力。

　股東於前條第一項及第二項之期間內，不為同項之請求時亦同。」

【練習題】

一、股東甲反對公司受讓他人全部營業，請求公司依當時的市價收買其股份，是否合理？

二、股東乙反對公司受讓他人全部營業，向公司請求收買其股份後，又將其持股轉讓與丙，請問丙可否向公司請求收買該股份？

問題六十五
股東如何委託他人代理出席股東會及行使表決權？

> 股東甲自書一紙委託書，委託朋友（未具股東身分）乙代理出席股東會，是否可行？

【解析】

一、是否任何股東均得委託代理人出席股東會

㈠原則：凡得出席股東會行使表決權的股東，均得委託他人代理出席股東會及行使表決權。

㈡例外：股東本身若無表決權或其表決權的行使受限制者，則不得委託他人代理行使表決權，例如對於會議的事項，有自身利害關係致有害於公司利益之虞的股東（公 §178 前段）、無表決權的特別股股東、或公司自己持有的股份、從屬公司持有控制公司的股份、他公司持有控制公司及其從屬公司的股份（公 §179 II），既不得加入表決或無表決權，自不得委託他人代理行使表決權。

㈢法人股東可否委託代理人出席股東會？

實務見解認為法人股東已指派代表人者，不得同時委託代理人出席股東會（前司法行政部 68.4.16 臺 (68) 函參字第 03629 號函）。

㈣下列情形與委託代理人不同

股東親自出席，而將已領取的選舉票囑人代為填寫被選人姓名，並將其投入票櫃（最高法院 54 年臺上字第 1687 號判例、最高法院 55.3.28 民刑庭會議決議）。

二、代理人的資格

㈠原則：公司法對代理人的資格未加限制。因此，即使未具公司股東身分，亦得為代理人（經濟部 72.3.30 商 11957 號函）。

㈡例外：公開發行股票公司依「公開發行公司出席股東會使用委託書規則」
　　第五條規定，委託書徵求人，除第六條規定外，應為持有公司已發行股
　　份五萬股以上之股東；但於股東會有選舉董事或監察人議案者，徵求人
　　應為截至該次股東會停止過戶日，依股東名簿記載或存放於證券集中保
　　管事業之證明文件，持有該公司已發行股份符合下列條件之一者：

　　　　1.金融控股公司、銀行法所規範之銀行及保險法所規範之保險公司召
開股東會，徵求人應繼續一年以上，持有該公司已發行股份總數千分之五
以上。

　　　　2.前款以外之公司召開股東會，徵求人應繼續六個月以上，持有該公
司已發行股份八十萬股以上或已發行股份總數千分之二以上且不低於十萬
股。

　　　　符合前項資格之股東、第六條之信託事業、股務代理機構或其負責人，
有下列情事之一者，不得擔任徵求人：

　　　　1.曾犯組織犯罪防制條例規定之罪，經有罪判決確定，服刑期滿尚未
逾五年。

　　　　2.因徵求委託書違反刑法偽造文書有關規定，經有罪判決確定，服刑
期滿尚未逾三年。

　　　　3.曾犯詐欺、背信、侵占罪，經受有期徒刑六個月以上宣告，服刑期
滿尚未逾三年。

　　　　4.違反證券交易法、期貨交易法、銀行法、信託業法、金融控股公司
法及其他金融管理法，經受有期徒刑六個月以上宣告，服刑期滿尚未逾三
年。

　　　　5.違反本規則徵求委託書其代理之表決權不予計算，經判決確定尚未
逾二年。

　　　　「公開發行公司出席股東會使用委託書規則」第六條規定：繼續一年
以上持有公司已發行股份符合下列條件之一者，得委託信託事業或股務代
理機構擔任徵求人，其代理股數不受第二十條之限制：

　　　　1.金融控股公司、銀行法所規範之銀行及保險法所規範之保險公司召

開股東會，股東及其關係人應持有公司已發行股份總數百分之十以上，並符合下列條件之一：

⑴依金融控股公司法第十六條第一項、第三項、銀行法第二十五條第三項、第五項、保險法第一三九條之一第二項、第四項規定向本會申報或經本會核准者。

⑵合於同一人或同一關係人持有同一金融控股公司已發行有表決權股份總數超過一定比率管理辦法第十條、同一人或同一關係人持有同一銀行已發行有表決權股份總數超過一定比率管理辦法第十條或同一人或同一關係人持有同一保險公司已發行有表決權股份總數超過一定比率管理辦法第十一條規定者。

2.前款以外之公司召開股東會，股東應持有公司已發行股份符合下列條件之一：

⑴持有公司已發行股份總數百分之十以上。

⑵持有公司已發行股份總數百分之八以上，且於股東會有選任董事或監察人議案時，其所擬支持之被選舉人之一符合獨立董事資格。

3.對股東會議案有相同意見之股東，其合併計算之股數符合前二款規定應持有之股數，得為共同委託。

信託事業或股務代理機構依前項規定受股東委託擔任徵求人，其徵得委託書於分配選舉權數時，股東擬支持之獨立董事被選舉人之選舉權數，應大於各非獨立董事被選舉人之選舉權數。

信託事業或股務代理機構，具有下列情事之一者，於股東會有選舉董事或監察人議案時，不得接受第一項股東之委託擔任徵求人或接受徵求人之委託辦理代為處理徵求事務：

1.本身係召開股東會之公開發行公司之股務代理機構。

2.本身係召開股東會之金融控股公司之子公司。

第一項股東或其負責人具有前條第二項所定情事者，不得委託信託事業或股務代理機構擔任徵求人。

股東委託信託事業或股務代理機構擔任徵求人後，於該次股東會不得

再有徵求行為或接受徵求人之委託辦理代為處理徵求事務。

　　前項股東為金融控股公司者，其子公司於該次股東會亦不得再有徵求行為或接受徵求人之委託辦理代為處理徵求事務。

　　第三項第二款及前項所稱之子公司，指依金融控股公司法第四條所規定之子公司。

　　股東會有選任董事或監察人議案時，第一項委託徵求之股東，其中至少一人應為董事或監察人之被選舉人。但擬支持之被選舉人符合獨立董事資格者，不在此限。第一項第一款所稱關係人之範圍，依金融控股公司法第四條、第十六條第四項、銀行法第二十五條第四項、第二十五條之一第二項、保險法第一三九條之一第三項、第一三九條之二第二項規定辦理。

　　徵求人應於股東常會開會三十八日前或股東臨時會開會二十三日前，檢附出席股東會委託書徵求資料表、持股證明文件、代為處理徵求事務者資格報經行政院金融監督管理委員會（以下簡稱本會）備查之文件、擬刊登之書面及廣告內容定稿送達公司及副知財團法人中華民國證券暨期貨市場發展基金會（以下簡稱證基會）。公司應於股東常會開會三十日前或股東臨時會開會十五日前，製作徵求人徵求資料彙總表冊，以電子檔案傳送至證基會予以揭露或連續於日報公告二日。公司於前項徵求人檢送徵求資料期間屆滿當日起至寄發股東會召集通知前，如有變更股東會議案情事，應即通知徵求人及副知證基會，並將徵求人依變更之議案所更正之徵求資料製作電子檔案傳送至證基會予以揭露。股東會有選舉董事或監察人議案者，公司除依前二項規定辦理外，應彙總徵求人名單與徵求委託書之書面及廣告中擬支持董事被選舉人之經營理念內容，於寄發或以電子文件傳送股東會召集通知時，同時附送股東。第一項及第二項徵求人徵求資料彙總表冊，公司以電子檔案傳送至證基會者，應於股東會召集通知上載明傳送之日期、證基會之網址及上網查詢基本操作說明；以日報公告者，應於股東會召集通知上載明公告之日期及報紙名稱。徵求人或受其委託代為處理徵求事務者，不得委託公司代為寄發徵求信函或徵求資料予股東。徵求人非於第一項規定期限內將委託書徵求書面資料送達公司者，不得為徵求行為（「公開

發行公司出席股東會使用委託書規則」第七條)。

㈢自然人得委託法人為代理人出席股東會,但受委託的法人僅得指派自然人一人出席股東會 (經濟部 85.5.16 商 85208705 號函、85.12.17 商 85223526 號函)。

三、授權的方式

依公司法第一七七條的規定,股東委託他人代理出席股東會的授權方式如下:

㈠出具委託書

1.委託代理出席為要式行為

股東得於每次股東會,出具委託書,載明授權範圍,委託代理人,出席股東會。但公開發行股票之公司,證券主管機關另有規定者,從其規定。

2.股東所出具的委託書是否以公司統一印發的委託書為限?如股東自行書寫委託書,委託他人代理出席股東會,是否有效?

⑴非公開發行股票公司的股東得使用非公司印發的委託書,因公司法第一七七條第一項規定乃為便利股東委託他人出席而設,並非強制規定,公司雖未印發,股東仍可自行書寫此項委託書,委託他人代理出席 (最高法院 69 年臺上字第 3879 號判決)。又第一七七條第一項條文中使用「得」,而非「應」,自無強制性。因此,即使公司未印發委託書,並非股東會召集程序違反法令,不得據為訴請撤銷決議 (最高法院 65 年臺上字第 1410 號判例)。

⑵公開發行股票公司依「公開發行公司出席股東會使用委託書規則」第二條規定,公開發行公司出席股東會使用之委託書,其格式內容應包括填表須知、股東委託行使事項及股東、徵求人、受託代理人基本資料等項目,並於寄發或以電子文件傳送股東會召集通知時同時附送股東。其用紙,以公司印發者為限;公司寄發或以電子文件傳送委託書用紙予所有股東,應於同日為之。同規則第二十二條第一項第一款亦規定,使用的委託書用紙,非為公司印發者,其代理的表決權不予計算。

㈡委託書應於股東會開會五日前送達公司

　　1.此不過為便利公司的作業，與代理出席會議的人已否受合法委任無關，此五日的限制，非強行規定（最高法院 71 年臺上字第 2409 號判決）。受託代理出席的人有無受合法委任，仍須視該委任是否符合民法上有關委任的規定以為斷（經濟部 80.12.24 臺商（五）發字第 233666 號函）。

　　2.股東於開會當日報到始提出委託書者，公司得拒絕（經濟部 82.6.22 商 214389 號函）。

㈢股東出具的委託書應載明授權範圍

　　1.如股東會有選舉董監事的議案，而股東委託代理人出席股東會的委託書內如已載明委託行使該議案的表決權（或選舉權），雖未載明所支持的董監事，應認為合於第一七七條第一項所稱的「載明授權範圍」（經濟部 71.9.24 商 35154 號函）。

　　2.之所以規定載明授權範圍，乃為尊重股東的意思而保障其權益。如其不記明委託事項，則對於授權範圍未加限制，除法令另有規定外，該受委託人於當次股東會，得就委託的股東依法得行使表決權的一切事項代理行使表決權（法務部 71.12.10 法 (71) 律字第 14894 號函、經濟部 71.12.20 商 47593 號函）。

㈣一股東以出具一委託書，並以委託一人為限。委託書有重複時，以最先送達者為準。但聲明撤銷前委託者，不在此限。

㈤應於每次股東會出具委託書，不得一次為長期的授權

　　又股東會決議在五日內延期或續行集會（公 §182），因其與原來的股東會具有同一性，除原委託書有限制授權外，原代理人仍得出席會議，勿庸再具委託書。惟股東會開會後因故未完成議程，若未決議在五日內延期或續行集會，或決議延期、續行集會的時間在六日以上時，則因後集會仍應依公司法第一七二條規定另為召集的通知或公告，此際，股東若欲再委託他人代理出席股東會時，仍應依規定另出具委託書（經濟部 79.7.30 商 213825 號函）。

㈥若股東以書面或電子方式行使表決權並以委託書委託代理人出席股東會

者，以委託代理人出席行使之表決權為準（公 §177 之 2 III）。

四、可否撤回代理權

㈠代理權的撤回，原則上無須特別方式，但若委託書送達公司後，股東本人欲親自出席股東會者，至遲應於股東會開會二日前，以書面向公司為撤銷委託的通知；逾期撤銷者，以委託代理人出席行使之表決權為準（公 §177 IV）。又欲另外委託他人時，須聲明撤銷前委託（公 §177 III 但書）。

㈡公司法第一七七條第三項僅於委託他人出席股東會時，有於開會五日前送達委託書於公司的規定，股東撤銷前委託，而自行出席股東會，應不在該條限制範圍內。至委託他人代理出席股東會的委託書依法送達於公司後，復撤銷前委託而改委託他人，而未於開會五日前為之時，其效力如何？按撤銷前委託另行委託他人，仍不失為委託他人代理出席股東會，為貫徹公司法第一七七條第三項的立法意旨，宜解為仍應於開會五日前送達公司，始為適法（經濟部 79.8.27 商 215581 號函）。

五、表決權代理行使的限制

㈠除信託事業或經證券主管機關核准的股務代理機構外，一人同時受二人以上股東委託時，其代理的表決權不得超過已發行股份總數表決權的百分之三，超過時，其超過的表決權不予計算（公 §177 II）。

㈡一人僅受一股東的委託時，即無前開限制表決權的適用（經濟部 55.12.21 商 2922 號函）。

㈢公司法第一七七條第二項所稱「已發行股份總數表決權」，是指實際得行使表決權的股份，故同法第一七九條第一項及第二項「公司依本法自己持有之股份」依法既無表決權，自不包括在總表決權數之內（經濟部 56.1.26 商 02007 號函）。

㈣股東選舉董監事的選舉權（公 §198、§227），在本質上亦屬股東表決權的行使，除有特別規定外，仍應適用股東表決權的有關規定，故應受公司法第一七七條第二項的限制（經濟部 75.8.20 商 36747 號函、81.4.9 商 206389 號函）。

【結論】

一、公司法對代理出席股東會者的資格並未限制，故即使乙未具公司股東身分，亦得為代理人。

二、依公司法第一七七條第一項規定，股東應出具委託書委託他人代理出席股東會。如為非公開發行股票公司，因前開規定非強制性規定，故甲可自行書寫委託書，委託乙代理出席。如為公開發行股票公司，則所使用的委託書，必須合於「公開發行公司出席股東會使用委託書規則」的相關規定，甲使用的委託書既為自行書寫，乙代理的表決權自不予計算。

【參考法條】

民法第五三二條

「受任人之權限，依委任契約之訂定。未訂定者，依其委任事務之性質定之。委任人得指定一項或數項事務而為特別委任，或就一切事務，而為概括委任。」

公司法第一七七條

「股東得於每次股東會，出具委託書，載明授權範圍，委託代理人，出席股東會。但公開發行股票之公司，證券主管機關另有規定者，從其規定。

除信託事業或經證券主管機關核准之股務代理機構外，一人同時受二人以上股東委託時，其代理之表決權不得超過已發行股份總數表決權之百分之三，超過時其超過之表決權，不予計算。

一股東以出具一委託書，並以委託一人為限，應於股東會開會五日前送達公司，委託書有重複時，以最先送達者為準。但聲明撤銷前委託者，不在此限。

委託書送達公司後，股東欲親自出席股東會或欲以書面或電子方式行使表決權者，應於股東會開會二日前，以書面向公司為撤銷委託之通知；逾期撤銷者，以委託代理人出席行使之表決權為準。」

公司法第一七七條之二第三項

「股東以書面或電子方式行使表決權並以委託書委託代理人出席股東會者，以委託代

理人出席行使之表決權為準。」

證券交易法第二十五條之一

「公開發行股票公司出席股東會使用委託書應予限制、取締或管理；其徵求人、受託代理人與代為處理徵求事務者之資格條件、委託書之格式、取得、徵求與受託方式、代理之股數、統計驗證、使用委託書代理表決權不予計算之情事、應申報與備置之文件、資料提供及其他應遵行事項之規則，由主管機關定之。」

【練習題】

一、股東甲委託乙代理出席股東會，乙於開會當日出席時始出具甲的委託書，請問公司是否准許乙代理出席行使表決權？

二、股東丙委託丁代理出席股東會選舉董監事，委託書上並未載明丙委託丁選舉何人，則該授權是否無效？

問題六十六
法人股東指派數位自然人代表出席股東會，其表決權如何行使？

> 某股份有限公司的法人股東，指派甲、乙、丙三位自然人代表出席股東會，可否針對公司合併的議案，分別行使贊成及反對的表決權？

【解析】

一、表決權平等原則

公司各股東，原則上每股有一表決權（公 §179 I），為表決權平等原則，乃股東平等原則的具體表現。因此，政府或法人為股東時，其代表人雖不限於一人，但其表決權的行使，仍以其所持有的股份綜合計算（公 §181 I）。如其持有股份超過已發行股份總數百分之三時，依公司法九十年修正前第一七九條第一項但書的規定，公司應以章程限制其表決權。其立法目的原在限制大股東的表決權，以免大股東操縱公司業務，有害小股東利益。惟此限制違反一股一權的原則，且外國立法例均無此限制，因此，九十年修正公司法時刪除此規定。

二、法人股東指派數位自然人時表決權行使的方法

政府或法人股東所指派的代表人如有二人以上時，該代表人行使表決權應共同為之（公 §181 II）。例如同一議案的表決，除了依公司法第一九八條、第二二七條以累積投票制選舉董監事，得按董監事人數，集中選舉一人或分配選舉數人外，同一法人股東應為同一意見的表示，不得部分投票贊成，而部分投票否決。至於公司所指派的數位自然人代表，即使分別列明各代表人代表的股數，但不能作為股東名簿記載的依據，各代表的表決權以及代表人當選董監事應申報的股份等，仍應依該法人所持有的股份綜合計算（經濟部 69.3.31 商 10149 號函）。但公開發行公司之股東係為他人持有股份時，例外地，股東得主張分別行使表決權（公 §181 III）。

【結論】

　　依公司法第一八一條第二項規定，政府或法人股東指派出席股東會的代表有二人以上時，其代表人行使表決權應共同為之。因此，甲、乙、丙三位代表僅得就公司合併的議案，同時為贊成或同時為反對的表決。

【參考法條】

公司法第一七九條第一項

「公司各股東，除本法另有規定外，每股有一表決權。」

公司法第一八一條

「政府或法人為股東時，其代表人不限於一人；但其表決權之行使，仍以其所持有之股份綜合計算。

　前項之代表人有二人以上時，其代表人行使表決權應共同為之。

　公開發行公司之股東係為他人持有股份時，股東得主張分別行使表決權。

　前項分別行使表決權之資格條件、適用範圍、行使方式、作業程序及其他應遵行事項之辦法，由證券主管機關定之。」

公司法第一九八條

「股東會選任董事時，每一股份有與應選出董事人數相同之選舉權，得集中選舉一人，或分配選舉數人，由所得選票代表選舉權較多者，當選為董事。

　第一百七十八條之規定，對於前項選舉權，不適用之。」

【練習題】

一、某股份有限公司的法人股東，指派甲、乙、丙三位自然人代表出席股東會，選舉董監事，請問甲、乙、丙是否可分別投票給三位不同的候選人？

二、法人股東丁股份有限公司指派五位自然人出席股東會，並於指派文書中明白列出各人所代表的股數，則各該代表人是否以該明列的股數分別行使其表決權？

問題六十七

公司章程規定「公司所有決議事項，應經已發行股份股東全體同意」，其效力如何？

> 甲股份有限公司的章程中規定：「本公司所有決議事項，應經已發行股份股東全體同意。」是否有效？

【解析】

一、有效說

現行公司法第一七四條所定出席股東會之人數與表決權數乃為最低額之強制規定，故公司章程訂定公司所有之決議事項，應得已發行股份之股東同意，如低於公司法第一七四條規定，其訂定為無效。如果章程訂定應得已發行股份之股東全部同意時，乃係較法定所需額之最低額為高，並非違反強制規定，應認其記載為有效（大法官會議釋字第 100 號解釋）。

二、無效說

理由有二：

㈠按股份有限公司為資合公司，公司有關事項，應取決於多數，此與人合公司有關事項，恆須股東全體同意之情形不同。倘章程記載公司所有決議事項，應得已發行股份之股東全部同意，則與股份有限公司為資合公司之本質有違。蓋以資合之股份有限公司之股東，僅負繳納股款之責，與人合之無限公司股東，就公司債務應負無限責任有異。無限公司之事項，須得全體股東同意，有其立法上理由。股份有限公司因屬資合公司，關於少數股東之保護，法律已另設明文（如公 $168、$177、$200 等），如章程訂定應得全體股東同意，則股份有限公司將為少數股東所控制，有違資合公司之本質。

㈡大法官會議釋字第一〇〇號解釋在理論上尚有研究餘地，且該號解釋僅係就「較法定所需額為高時」而為解釋，是否包括應得全部股份之股東

同意在內，仍不無疑義。因此從理論上言之，此項章程記載應認為無效。

綜觀公司法中有關特別決議事項的立法設計，均於同條第三或四項中規定：「前二項出席股東股份總數及表決權數，章程有較高之規定者，從其規定。」（例如公 §185、§240、§277 等）且基於私法人自治原則，公司如認有需要時，於章程中為前開規定似無不可，自屬有效。惟此種情形無異賦與少數股東否決權，動輒可以不同意杯葛公司議案的可決，實務上自不可行。

【結論】

按甲股份有限公司於章程中規定：「本公司所有決議事項，應經已發行股份股東全體同意。」依實務見解並未違反強行規定，自屬有效。

【參考法條】

公司法第一七四條

「股東會之決議，除本法另有規定外，應有代表已發行股份總數過半數股東之出席，以出席股東表決權過半數之同意行之。」

公司法第二七七條

「公司非經股東會決議，不得變更章程。

前項股東會之決議，應有代表已發行股份總數三分之二以上之股東出席，以出席股東表決權過半數之同意行之。

公開發行股票之公司，出席股東之股份總數不足前項定額者，得以有代表已發行股份總數過半數股東之出席，出席股東表決權三分之二以上之同意行之。

前二項出席股東股份總數及表決權數，章程有較高之規定者，從其規定。」

【練習題】

一、甲股份有限公司的章程規定：「本公司所有決議事項，得以代表已發行股份總數三分之一以上股東的出席，出席股東表決權過半數的同意，作成決議。」是否有效？

二、乙股份有限公司的章程規定：「本公司董監事的選舉，應經已發行股份股東全體同意。」其效力如何？

問題六十八
股東會出席股東所代表的股份總數，不足最低法定出席數額時，其所為決議的效力如何？

> 甲股份有限公司因經營不善，擬將公司委託乙股份有限公司經營，甲公司於召開股東會時，雖出席股東所代表的股份總數，不足已發行股份總數的三分之二，但該公司仍以出席股東過半數的同意決議。甲公司的股東丙可否向法院訴請撤銷該決議？

【解析】

一、得撤銷說

現行公司法並未明文限制股東會的最低開議人數，公司法第一七四條規定乃為股東會決議的一般方法，並非對開會人數的限制；同法第一七五條第一項亦是限制假決議方式的規定，而非開會定足數的規定。綜觀公司法的規定，對股東會決議瑕疵的規範，僅區分為內容違反法令或章程而決議無效，以及召集程序或決議方法違反法令或章程而決議得撤銷二種。實務上採此說者如：

㈠公司為公司法第一八五條第一項所列的行為，出席的股東不足代表已發行股份總數三分之二以上，乃違反該條項的規定，為股東會的決議方法違法，依公司法第一八九條規定，僅股東得於決議之日起一個月內，訴請法院撤銷之，而不屬同法決議內容違法為無效的範圍（最高法院 63 年臺上字第 965 號判例、76 年臺上字第 4048 號判決）。

㈡股東會為特別決議，如出席股東不足法定人數者，該決議應為得撤銷。惟於普通決議，若股東會出席的股東，不足代表已發行股份總數的過半數時，則依公司法第一七五條第一項規定，根本已不得為決議，而只得為假決議。此際倘竟為所謂「決議」，除能否視為假決議，係另一問題外，要無成為決議的餘地，更無所謂究為決議方法違法，抑為決議的內

容違法的問題（最高法院 69 年臺上字第 1415 號判決、司法院 72 年 5 月司法業務研究會第 3 期研究意見）。

二、不成立說

　　我國公司法對決議的定足數，係採法定要件主義，而非章程主義，故對於股東會決議人數的最低限額規定，應屬強行規定，為決議是否成立的要件。並且如採得撤銷說，則可能造成僅有少數股東集會，即得作成決議的現象，會對多數股東的利益，造成影響，違背資合公司的本質。實務上採此說者如：

㈠股東會的決議，乃二人以上當事人基於平行與協同的意思表示相互合致而成立的法律行為，如法律規定其決議必須有一定數額以上股份的股東出席時，此一定數額以上股份的股東出席，即為該法律行為成立的要件。股東會決議欠缺此要件，尚非單純的決議方法違法問題，如認為決議不成立，自始即不發生效力（最高法院 65 年臺上字第 1375 號判決）。

㈡股份有限公司股東會，除公司法另有規定外，至少須有代表已發行股份總數過半數股東的出席，然後始有為決議的能力（最高法院 69 年臺上字第 2188 號判決）。

【結論】

　　所謂「定足數」，係指為為有效決議，出席股東所應達成的法定最低人數。公司法第一七四條明白規定，股東會的決議，應有代表已發行股份總數過半數的股東出席，始得為決議，若出席的股東不足前數額，則根本無從成立決議，要無所謂決議方式違法問題。至於特別決議的出席股東如不足法定人數，為股東會的決議方法違法，得依公司法第一八九條規定撤銷該決議。本題中甲公司擬將公司委託乙公司經營，為公司法第一八五條第一項第一款特別決議事項，因出席股東所代表的股份總數不足已發行股份總數的三分之二，仍為決議，依上述說明，丙自可向法院訴請撤銷該決議。

【參考法條】

公司法第一七五條

「出席股東不足前條定額,而有代表已發行股份總數三分之一以上股東出席時,得以出席股東表決權過半數之同意,為假決議,並將假決議通知各股東,於一個月內再行召集股東會。

前項股東會,對於假決議,如仍有已發行股份總數三分之一以上股東出席,並經出席股東表決權過半數之同意,視同前條之決議。」

公司法第一八五條

「公司為下列行為,應有代表已發行股份總數三分之二以上股東出席之股東會,以出席股東表決權過半數之同意行之:

一　締結、變更或終止關於出租全部營業,委託經營或與他人經常共同經營之契約。

二　讓與全部或主要部分之營業或財產。

三　受讓他人全部營業或財產,對公司營運有重大影響者。

公開發行股票之公司,出席股東之股份總數不足前項定額者,得以有代表已發行股份總數過半數股東之出席,出席股東表決權三分之二以上之同意行之。

前二項出席股東股份總數及表決權數,章程有較高之規定者,從其規定。

第一項之議案,應由有三分之二以上董事出席之董事會,以出席董事過半數之決議提出之。」

公司法第一八九條

「股東會之召集程序或其決議方法,違反法令或章程時,股東得自決議之日起三十日內,訴請法院撤銷其決議。」

公司法第二一二條

「股東會決議對於董事提起訴訟時,公司應自決議之日起三十日內提起之。」

【練習題】

一、甲股份有限公司擬對某位董事提起訴訟，惟股東會的出席股東所代表的股份總數，不足已發行股份總數的二分之一，公司仍以出席股東過半數決議通過，該決議是否有效？

二、不足代表已發行股份總數三分之一以上股東出席，得否以出席股東表決權過半數同意，為假決議？

問題六十九
提起撤銷決議之訴的股東，是否以其在股東會決議時，具有股東身分為必要？

股東甲於受讓乙股份有限公司的股份後，發現受讓前乙公司的股東臨時會有召集程序違法的情事，甲可否提起撤銷決議之訴？

【解析】

一、肯定說

公司法第一八九條既謂股東得訴請法院撤銷其決議，則提起撤銷之訴的原告，在起訴時須具有股東身分，其當事人的適格，始無欠缺（最高法院 57 年臺上字第 3381 號判例、72 年臺上字第 3410 號判決）。

二、否定說

公司法第一八九條僅稱股東得提起撤銷股東會決議之訴，而未明定以股東會決議時的股東為限，故提起撤銷股東會決議之訴的股東，不必限於股東會決議時已具有股東身分（最高法院 71 年臺上字第 2267 號判決）。

三、折衷說

撤銷訴權為股東權利中共益權的一種，亦即股東有參與公司經營，防止公司不當營運，及對不當的管理有謀求救濟的權利，其目的在賦予股東在多數決原則下，就不法的決議，仍有所救濟機會，故應以決議當時具有股東身分者為限，始得提起撤銷之訴；並且提起撤銷之訴的股東，須在決議之際，即曾就決議的不合法性提有異議，以避免股東的任意翻覆，影響決議的確定性及公司營運的安定。惟股東會決議時尚未具有股東資格者，若其前手，即出讓股份的股東，於股東會決議時，具有股東資格，且依民法第五十六條的規定取得撤銷訴權，則該股東即因股份受讓繼受取得前述訴權，而得提起撤銷股東會決議之訴（最高法院 72.9.6 民庭總會第 9 次會議決議、73 年臺上字第 595 號判例）。

四、撤銷決議之訴以公司為被告

依公司法第一八九條所定請求撤銷股東會決議之訴，應以股東會所屬的公司為被告，其當事人的適格始無欠缺（最高法院 68 年臺上字第 603 號判例）。

五、股東出席會議並無異議者，無撤銷權

㈠股東依公司法第一八九條規定訴請法院撤銷股東會的決議，有無民法第五十六條第一項但書規定的適用？

按民法第五十六條第一項規定：「總會之召集程序或決議方法，違反法令或章程時，社員得於決議後三個月內請求法院撤銷其決議。但出席社員，對召集程序或決議方法，未當場表示異議者，不在此限。」綜觀公司法股東訴請法院撤銷股東會決議的規定，始終一致，除其提起撤銷之訴，所應遵守的法定期間不同外，其餘要件，應無何不同。若謂出席而對股東會召集程序或決議方法，原無異議的股東，事後得轉而主張召集程序或決議方法為違反法令或章程，而得訴請法院撤銷該決議，不啻許股東任意翻覆，影響公司的安定甚鉅。法律程序，亦不容許任意干擾。又此係關於撤銷訴權的規定，股東於股東會決議時，雖尚未具有股東資格，然若其前手即出讓股份的股東，於股東會決議時，具有股東資格，且已依民法第五十六條規定，取得撤銷訴權時，其訴權固不因股份的轉讓而消滅。但若其前手未取得撤銷訴權，則繼受該股份的股東，亦無撤銷訴權可得行使（最高法院 73 年臺上字第 595 號判例、72.9.6 最高法院 72 年度第 9 次民事庭會議決議）。

㈡出席股東會的股東不能證明其對召集程序或決議方法曾當場表示異議，自不得提起撤銷股東會決議之訴（最高法院 73 年臺上字第 2800 號判決）。

㈢民法第五十六條所謂「當場」雖不以於股東會開會時，須自始至終均在現場為必要，然其異議，應係於股東會進行的現場所為者，方足當之。倘股東會尚未開始或業經終了，即無「當場」異議可言（最高法院 88 年臺上字第 152 號判決）。

六、受通知未出席會議的股東得提起撤銷決議之訴

股東依公司法第一八九條規定訴請法院撤銷股東會決議，仍受民法第五十六條第一項但書的限制，是指出席會議的股東而言。惟未出席股東會的股東，則因非可期待其事先預知股東會決議有違反章程或法令的情事而予以容許，亦無法當場表示異議，自應許其於法定期間內提起撤銷股東會決議之訴。故未出席股東會的股東不受民法第五十六條第一項但書的限制（最高法院 77 年臺上字第 518 號判決、86 年臺上字第 3604 號判決、88 年臺上字第 1081 號判決）。

【結論】

股東甲得否提起公司法第一八九條撤銷股東會決議之訴，應視其前手，即出讓股份的股東的情形而定。其前手如於股東會決議時，具有股東的資格，且已依民法第五十六條規定，取得撤銷訴權，則該訴權隨股份移轉予甲，甲自可提起撤銷股東會決議之訴。反之，如其前手未取得撤銷訴權，則甲受讓股份時，亦無撤銷訴權可得行使。

【參考法條】

民法第五十六條

「總會之召集程序或決議方法，違反法令或章程時，社員得於決議後三個月內請求法院撤銷其決議。但出席社員，對召集程序或決議方法，未當場表示異議者，不在此限。

總會決議之內容違反法令或章程者，無效。」

民法第二九五條第一項

「讓與債權時該債權之擔保及其他從屬之權利，隨同移轉於受讓人。但與讓與人有不可分離之關係者，不在此限。」

公司法第一七二條第五項

「選任或解任董事、監察人、變更章程、減資、申請停止公開發行、董事競業許可、盈餘轉增資、公積轉增資、公司解散、合併、分割或第一百八十五條第一項各款之

事項，應在召集事由中列舉並說明其主要內容，不得以臨時動議提出；其主要內容
得置於證券主管機關或公司指定之網站，並應將其網址載明於通知。」

公司法第一八九條

「股東會之召集程序或其決議方法，違反法令或章程時，股東得自決議之日起三十日
內，訴請法院撤銷其決議。」

【練習題】

一、股東甲未出席股東臨時會，會後始發現該次會議乃是由某一董事擅自
召集，請問甲可否向法院提起撤銷該決議之訴？

二、股東乙參加某次股東臨時會時，因有急事事先離席，數日後得知離席
後有人提出臨時動議解任董事長，並經決議通過，憤而打電話向公司
提出異議，並揚言向法院提起撤銷決議之訴。因公司置之不理，乙遂
提起撤銷決議之訴，是否有理由？

問題七十
反對公司重大營業或財產變更與反對公司分割、合併的股份收買請求權有何不同？

> 股東甲反對公司重大營業變更，向公司請求收買其股份，公司以甲開會前或開會時均未表示異議，亦未放棄表決權，而拒絕之，是否有理由？

【解析】

一、公司法第一八六條與第三一七條反對股東收買請求權的不同

	反對公司重大營業或財產變更的股份收買請求權	反對公司分割、合併的股份收買請求權
原因不同	公司為營業或財產的重大變更（公§186）	公司分割或與他公司合併（公§317）
要件不同	1.決議前以書面通知公司反對的意思表示 2.於股東會已為反對 3.股東會未決議解散，且未取銷變更行為 4.股東須於法定期間內請求	1.集會前或集會中，以書面表示異議或口頭表示異議經紀錄 2.放棄表決權 3.股東須於法定期間內請求 4.公司未取銷分割或合併行為

二、公司法第一八六條與第三一七條反對股東收買請求權相同之點

㈠權利性質相同

　　均屬形成權。

㈡行使時期相同

　　均須於股東會決議日起二十日內行使（公§187 I、§317 III）。

㈢行使方式相同

　　以書面記載股份種類及數額，提出於公司（公§187 I、§317 III）。

㈣收買價格的決定與支付價款的期間相同

1.收買價格原則上應經公司與股東協議決定

(1)如達成協議，公司應自股東會決議日起九十日內支付（公 §187 II 前段、§317 III）。

(2)如自公司股東會為決議日起六十日內未達成協議者，股東應於此期間經過後三十日內，聲請法院為價格的裁定（公 §187 II 後段、§317 III）。

2.收買價格如經法院裁定後，公司應自決議時起算至九十日期間屆滿日起，加給法定利息支付之（公 §187 III 前段、§317 III）。

3.股份價款的支付，應與股票的交付同時為之（公 §187 III 中段、§317 III）。

(五)股份移轉的生效時期相同

股份的移轉於價款支付時生效（公 §187 III 後段、§317 III）。

(六)股份收買請求權的失效原因相同

1.公司取銷決議行為（營業或財產的重大變更、或公司分割、合併）（公 §188、§317 III）。

2.未於法定期間內行使收買請求權（公 §188 II、§317 III）：

(1)股東於股東會決議日起二十日內，不為股份收買的請求。

(2)自股東會決議之日起六十日內，與公司未就收購股份的價格達成協議，而未於此期間經過後三十日內，聲請法院為價格的裁定。

【結論】

依公司法第一八六條規定，反對公司重大營業或財產變更的股東可請求公司收買其股份。成立此請求權的要件為(1)股東會決議前以書面表示反對；(2)於股東會決議時表示反對；(3)於法定期間內請求；(4)股東會未決議解散或未取銷變更決議行為。缺一不可。因此，股東甲如未於開會前或開會中表示反對，即不得向公司請求收買其股份。至於放棄表決權為反對公司分割、合併的股份收買請求權的要件，公司不得單以此理由拒絕收買甲的股份。

【參考法條】

公司法第一八五條第一項

「公司為下列行為，應有代表已發行股份總數三分之二以上股東出席之股東會，以出席股東表決權過半數之同意行之：

一　締結、變更或終止關於出租全部營業，委託經營或與他人經常共同經營之契約。

二　讓與全部或主要部分之營業或財產。

三　受讓他人全部營業或財產，對公司營運有重大影響。」

公司法第一八六條

「股東於股東會為前條決議前，已以書面通知公司反對該項行為之意思表示，並於股東會已為反對者，得請求公司以當時公平價格，收買其所有之股份。但股東會為前條第一項第二款之決議，同時決議解散時，不在此限。」

公司法第一八七條

「前條之請求，應自第一百八十五條決議日起二十日內，提出記載股份種類及數額之書面為之。

股東與公司間協議決定股份價格者，公司應自決議日起九十日內支付價款，自第一百八十五條決議日起六十日內未達協議者，股東應於此期間經過後三十日內，聲請法院為價格之裁定。

公司對法院裁定之價格，自第二項之期間屆滿日起，應支付法定利息，股份價款之支付，應與股票之交付同時為之，股份之移轉於價款支付時生效。」

公司法第一八八條

「第一百八十六條股東之請求，於公司取銷第一百八十五條第一項所列之行為時，失其效力。

股東於前條第一項及第二項之期間內，不為同項之請求時亦同。」

公司法第三一七條

「公司分割或與他公司合併時，董事會應就分割、合併有關事項，作成分割計畫、合併契約，提出於股東會；股東在集會前或集會中，以書面表示異議，或以口頭表示

異議經紀錄者,得放棄表決權,而請求公司按當時公平價格,收買其持有之股份。他公司為新設公司者,被分割公司之股東會視為他公司之發起人會議,得同時選舉新設公司之董事及監察人。

第一百八十七條及第一百八十八條之規定,於前項準用之。」

【練習題】

一、股東甲反對公司與他公司合併,向公司請求收買其股份,公司以甲未以書面通知公司表示反對,且未放棄表決權,而拒絕之,是否有理由?

二、股東乙以書面通知公司,反對公司與他公司合併後,旋即出國。回國後向公司請求收買其股份,公司以已逾請求期間而拒絕,乙辯稱其以書面通知公司當時即為向公司提出請求,是否有理由?

問題七十一
股東會決議得撤銷的情形有那些？

> 某股份有限公司董事長甲請秘書乙打電話通知公司各大股東，次日公司週年慶的晚宴上將舉行股東臨時會，決定赴大陸投資一事。次日果真有代表已發行股份總數三分之二股東的出席，出席股東表決權過半數同意此投資案。

【解析】

一、撤銷股東會決議的意義

依公司法第一八九條規定，股東會的召集程序或其決議方法，違反法令或章程時，股東得自決議之日起一個月內，訴請法院撤銷其決議。

二、撤銷股東會決議的事由

有兩種：

㈠股東會之召集程序違反法令或章程，例如：

1.董事長未經董事會決議（公 §206）而為股東會之召集（最高法院 62 年臺上字第 190 號判決）。

2.對一部分股東漏未為召集之通知而情形不嚴重者。

3.召集通知或公告未遵守法定期間。

4.召集通知及公告中，對不得列為臨時動議之事項未在召集事由中載明（亦即對於不得以臨時動議提出之事項，漏未於召集事由中載明，而於會議時提出議決，並經股東會決議通過）。

5.召集通知未用書面或電子方式為之，而僅以口頭為之。

6.股東會之地點不恰當：公司股東會舉行地點，公司法並無規定，如章程亦無特別規定者，可自由選擇適當地點召開股東會，惟公司股東會為公司最高決策機構，自應使全體股東皆有參與審議機會，如股東對股東會之召集程序認為有違反法令或章程時，可依公司法第一八九條規定訴請法

院裁判（經濟部 57.9.9 商 31763 號函）。

　　惟公司法第一八一條第一、二項：「政府或法人為股東時，其代表人不限於一人。但其表決權之行使，仍以其所持有之股份綜合計算」、「前項之代表人有二人以上時，其代表人行使表決權應共同為之」之規定，旨在簡化政府或法人為股東且其代表人有二人以上時之表決權行使方式及其計算，即各代表人就所代表政府或法人之表決權，不得割裂行使，且須綜合計算股份，非在限制多數代表人必須全部出席。故政府或法人股東之多數代表人中，有一位或部分代表出席股東會並行使表決權，即無決議方法違法之可言（最高法院 98 年臺上字第 2259 號民事判決）。

㈡股東會決議之方法違反法令或章程例，例如：

　　1.非股東亦非股東代理人之人參與表決。

　　2.准許未提出委託書之代理人參與表決。

　　3.有自身利害關係之股東參與表決或代理他股東行使表決權。

　　4.就不得以臨時動議提出之事項以臨時動議方式提案，並經股東會決議通過。

　　5.股東之表決權依章程應受限制者，未經限制而計入表決權數。

　　申言之，公司法第一八九條所謂決議方法的違反，係指非股東參與決議，自身利害關係人加入表決，或出席股東不足法定的定額等，對決議結果有影響的情形而言。股東會不採原定的表決方式，而採其他表決方式，僅屬議決權行使方式的違反，對決議結果並無影響，不得提起撤銷之訴（最高法院 75 年臺上字第 2034 號判決）。

三、提起撤銷決議之訴的法定期間及方式

㈠法定期間：決議之日起三十日。此為不變期間，且應自決議之日起算，非自股東知悉之日起算（最高法院 63 年臺上字第 548 號判決）。

㈡方式：僅得以訴訟方式為之。

四、撤銷訴權之取得

　　依據公司法第一九九條之一規定，股東會於董事任期未屆滿前，改選全體董事者，如未決議董事於任期屆滿始為解任，視為提前解任；依據該

法第一七一條、第一七二條第五項則規定，股東會由董事會召集，選任董監事之事項，應在召集事由中列舉。準此，公司如欲改選董事，須先經過董事會決議，復由董事會召集股東會辦理選舉，而非由股東會先就應否全面改選表決，再視表決結果另行改選，如股東會之召集程序或其決議方法違反法令或章程時，股東即得依據同法第一八九條規定，自決議之日起三十日內訴請法院撤銷其決議，惟股東須參照民法第五十六條第一項規定當場表示異議，方可取得撤銷訴權（臺灣高等法院 99 年上字第 1130 號民事判決）。

五、決議撤銷前後的效力

㈠決議未經法院判決撤銷前，仍然有效。惟決議撤銷的判決確定時，該決議即溯及決議時成為無效（最高法院 73 年臺上字第 2463 號判決）。

㈡逾越法定期間不提起撤銷決議之訴，該決議違法的瑕疵即被治癒，該決議有效成立。

㈢股東會之決議經撤銷後，若決議事項已為登記者，經法院為撤銷決議之判決確定後，主管機關經法院之通知或利害關係人之申請時，應撤銷其登記（公 §190），回復原狀。又公司登記事項之登記經主管機關撤銷者，僅喪失其對抗效力而已 （公 §12），與該登記事項本身效力之發生或喪失，並無關係。

㈣決議撤銷前，依該決議所為之行為，是否因決議之撤銷而影響其效力？不可一概而論，說明如下：

　　1.決議中諸如董事、監察人報酬之決定、會計表冊之承認及盈餘分派之決定等，依該決議即發生一定之效果，其履行亦不影響第三人之權益，且須溯及地否定決議之效力，始能達到撤銷決議之目的，故因決議之撤銷，其行為亦溯及地無效。

　　2.若公司所為之行為不以股東會之決議為有效要件者，決議雖因撤銷而溯及無效，其行為之效力不因之而受影響。

　　3.公司所為之行為，若以股東會之決議為成立或生效要件，且其履行與行為之相對人權益有關者，如公司分割、合併或為公司法第一八五條第

一項之行為等，則為了維護交易之安全計，應依照公司對於代表董事代表權所加之限制，不得對抗善意第三人之法理，以保護行為之相對人。

　　4.至董事之選任決議被撤銷，而該董事在決議撤銷前所為之行為，則應依表見代理之法理，保護行為之相對人。

六、濫用撤銷之訴時法院的駁回裁量權

　　九十年公司法修正時增訂了第一八九條之一規定：「法院對於前條撤銷決議之訴，認為其違反之事實非屬重大且於決議無影響者，得駁回其請求。」

㈠增訂理由：按法院受理前條撤銷決議之訴，如發現股東會召集程序或決議方法違反法令或章程之事實，非屬重大且於決議無影響，爰參酌日本商法第二五一條規定，特增訂法院得駁回其請求，以兼顧大多數股東之權益。

㈡審酌標準：法院對於股東會決議撤銷之訴，如認為其違反之事實非屬重大且於決議無影響者，得駁回其請求。蓋股東會召集程序或決議方法有違反法令或章程之事實者，如其情節非屬重大，且對決議無重大影響，一旦經法院裁判撤銷，公司即必須重新召開股東會，徒增公司成本之支出，故賦予法院得斟酌具體情事，本於職權裁量是否駁回撤銷決議之訴。

㈢例如法院認為違反法令或章程之事實非屬重大且於決議無影響（如對於決議方法違反法令或章程之股東表決權數全部扣除後，對於決議之結果並無影響）者，法院即得本於職權駁回撤銷決議之訴之請求

　　1.股東會之召集通知或公告有關召集權人記載有瑕疵。

　　2.股東會漏未通知少數股東（即漏未通知之情形不嚴重）。

　　3.少數非股東亦非股東代理人之人參與表決。

　　4.准許未提出委託書，或未提出合法委託書之代理人參與表決。

　　5.表決權之行使應迴避之股東（公 §178）參與表決或代理他股東行使表決權。

　　6.依章程規定表決權應受限制之股東參與表決。

【結論】

按董事長甲未經董事會決議（公 §206）而為股東會的召集；又以電話通知次日召開股東臨時會，召集通知既未遵守法定期間（公 §172 II），且亦未使用書面，凡此均屬召集程序違反法令，依公司法第一八九條規定，股東自得在決議之日起一個月內向法院提起撤銷決議之訴。

【參考法條】

公司法第一七二條第一、二項

「股東常會之召集，應於二十日前通知各股東。

　股東臨時會之召集，應於十日前通知各股東。」

公司法第一八九條

「股東會之召集程序或其決議方法，違反法令或章程時，股東得自決議之日起三十日內，訴請法院撤銷其決議。」

公司法第一八九條之一

「法院對於前條撤銷決議之訴，認為其違反之事實非屬重大且於決議無影響者，得駁回其請求。」

公司法第一九○條

「決議事項已為登記者，經法院為撤銷決議之判決確定後，主管機關經法院之通知或利害關係人之申請時，應撤銷其登記。」

公司法第二○六條第一項

「董事會之決議，除本法另有規定外，應有過半數董事之出席，出席董事過半數之同意行之。」

【練習題】

一、某股份有限公司於股東臨時會的召集通知的召集事由上未載明改選董
　　監事，卻於股東會開會時以臨時動議方式改選董監事，請問原任的董
　　監事應如何請求救濟？又新任董監事如已辦妥登記，應如何處理？

二、甲股份有限公司寄發股東會開會通知時，漏寄乙、丙二位股東，而乙、
　　丙二股東持股數僅各為一千股，請問乙或丙可否以甲公司股東會召集
　　程序違法而訴請撤銷股東會決議？

問題七十二
股東會決議不成立（不存在）的情形有那些？

> 　　某股份有限公司董事長甲趁邀請全體股東參加其生日宴會時，於餐會中提議變更章程，並請股東於同意書上簽名，獲得全體股東的同意。請問該決議的效力如何？

【解析】

一、股東會決議不成立（不存在）的意義

　　是指自決議的過程觀察，顯然違反法令，在法律上不能認為有股東會或股東會決議成立的情形。換言之，因欠缺股東會決議的成立要件，以致於可以否定有決議的存在。

二、股東會決議不成立（不存在）的事由

㈠未召集股東會或無決議的事實，而在議事錄為虛構的開會或決議的紀錄。

㈡由無召集權人，例如股東、總經理，召集股東會所為的決議

　　司法實務見解認為由無召集權人召集的股東會，既非合法成立的股份有限公司的意思機關，自不能為有效的決議，所為的決議當然無效（最高法院 28 年上字第 1911 號判例、70 年臺上字第 2235 號判決）。又前述法院實務所謂決議當然無效，與公司法第一九一條所規定決議內容違反法令章程致決議無效，並不相同。即學說上所謂的決議不成立。

㈢股東會的召集已有效延期或撤回，而仍為決議。

㈣股東會召集通知所預定的開會時間及地點已有效變更後，仍依原時間或在原地為決議。

㈤股東會已有效結束後，一部分股東留下來所為的決議。

㈥完全未為召集通知而為之決議。

三、救濟方式

　　任何人得隨時以任何方式主張該次股東會的決議不成立（不存在）。如

有爭執，得提起確認決議不存在之訴。

四、決議的效力

決議自始不成立（不存在），自亦不生任何效力。

【結論】

按股東會須由有召集權人依公司法第一七二條第一項至第三項規定，踐行通知及公告程序，並應於召集通知及公告上載明召集事由。因董事長甲乃是宴客，非已踐行前開股東會開會程序，在法律上不能認為有股東會存在，且縱使出席宴會的全體股東同意變更章程，亦不能認為股東會決議成立。

【參考法條】

民法第七十三條

「法律行為，不依法定方式者，無效。但法律另有規定者，不在此限。」

公司法第一七一條

「股東會除本法另有規定外，由董事會召集之。」

【練習題】

一、股東甲逕以個人名義發函召開股東臨時會，並經代表已發行股份總數三分之二以上股東的出席，出席股東表決權過半數同意，決議變更章程，減少資本。該決議效力如何？

二、乙股份有限公司發通知及公告變更股東臨時會的召開時間及地點，惟市場派股東仍聚集相當股東，於原時間原地點改選董監事，其決議效力如何？

問題七十三
股東會決議無效的情形有那些？

> 甲股份有限公司召開股東臨時會，以特別決議決定股東乙在外言論、行為嚴重損害公司，喪失股東身分，將其股份收回，前開決議效力如何？

【解析】

一、股東會決議無效的意義

依公司法第一九一條規定，股東會決議的內容違反法令或章程者，該決議無效。

二、股東會決議無效的事由

(一)決議內容違反股東平等原則。

(二)決議內容違反股東有限責任原則。

(三)決議內容侵害股東之固有權。

(四)決議內容違反股份轉讓自由原則。

(五)決議內容違反公序良俗或強行法規。

(六)「關於股東資格喪失」之決議，無效（最高法院 71 年臺上字第 1912 號判決）。

(七)未修正章程前，股東會所為增資之決議內容係違反章程，為自始絕對無效（經濟部 74.5.14 商 19483 號函）。

(八)股東會查核董事會造具的表冊及監察人的報告（公 §184 I），乃股東會的權利而非義務，雖未查核，亦難指其有何違反法令。至於董事會造具送股東會請求承認的表冊內容如有不實或其他舞弊，乃係董事應否負民刑事責任的另一問題，此與股東會決議違反法令的情形迥不相同（最高法院 70 年臺上字第 1862 號判決）。

三、救濟方式

(一)利害關係人得於任何時候提出無效的主張 （前司法行政部 64.8.14 臺

(64) 函民決字第 7136 號函)。

㈡股東會決議如為無效，係自始確定不生效力，無待任何人的主張，亦無待於法院的裁判，當然的不生法律上的效力。惟在該項決議是否無效生有爭執時，是否得依民事訴訟程序提起確認之訴，實務見解分歧：

　　1.肯定說

　　雖依目前實例上的見解，確認之訴必須以私法上法律關係為訴訟標的，且須有即受確認判決的法律上利益始得提起，然股東會的決議為二人以上基於平行與協同的意思表示，相互合致而成立的法律行為，如有即受確認判決的法律上利益時應得提起「確認某決議不成立之訴」（司法院 76.12.25 (76) 廳民一字第 3090 號函覆臺高院）。

　　2.否定說

　　確認之訴，除確認證書真偽之訴外，必須以法律關係為其訴訟標的。公司法第一九一條雖規定股東會決議的內容違反法令或章程者，無效，然此種決議的內容為法律關係發生的原因，要非法律關係的本身，當不能作為確認之訴的標的。倘其非有請求確認因該決議內容所生或受該決議危害影響的法律關係存在與否的真意，徒以該決議內容本身是否存在為其確認的標的，即非有當（最高法院 71 年臺上字第 4013 號判決）。

四、決議的效力

　　公司法第一九一條所謂股東會決議無效，是指該決議自始、當然、確定不生效力。至於無效決議選舉的董監事，自非公司的法定代理人（最高法院 71 年臺上字第 247 號判決）。

【結論】

　　按公司法第一六七條規定，除某些例外情形，公司不得將自己的股份收買、收回或收為質物。此為禁止規定，因此，甲公司決議股東乙喪失股東身分，將其股份收回，決議內容顯然違法，依公司法第一九一條規定，即屬無效。

【參考法條】

公司法第一六七條第一項

「公司除依第一百五十八條、第一百六十七條之一、第一百八十六條、第二百三十五條之一及第三百十七條規定外，不得自將股份收回、收買或收為質物。但於股東清算或受破產之宣告時，得按市價收回其股份，抵償其於清算或破產宣告前結欠公司之債務。」

公司法第一九一條

「股東會決議之內容，違反法令或章程者無效。」

【練習題】

一、甲股份有限公司在未經股東會通過修正章程前，即先以股東會決議增資基準日及認股期限，股東乙發存證信函指摘該決議無效，甲公司置之不理，請問乙應如何處理？

二、乙股份有限公司股東會決議，董事會造具的任何表冊只要經董事長簽名即可，毋需經股東會查核，該決議效力如何？

問題七十四
股東會有那些權限？

甲股份有限公司的股東會於九十年會計年度終了時，請求查核董事會造具的各項表冊，董事會遲不提出表冊供其查核，是否有理由？

【解析】

股東會的權限有三：

一、聽取報告權

㈠聽取董事會之報告：依公司法之規定，於下列情形，董事會應向股東會提出報告：

　　1.公司虧損達實收資本額二分之一時，董事會應於最近一次股東會報告（公 §211 I）。

　　2.公開發行股票之公司，得以章程授權董事會以三分之二以上董事之出席，及出席董事過半數之決議，將應分派股息及紅利之全部或一部，以發放現金之方式為之，並報告股東會（公 §240 V）。

　　3.公開發行股票之公司，將法定盈餘公積及第二四一條第一項第一、二款所列資本公積之全部或一部發給新股或現金，章程授權董事會決議辦理者，得以董事會三分之二以上董事之出席，及出席董事過半數之決議為之，並報告股東會（公 §241 II）。

　　4.公司經董事會決議後，得募集公司債；但須將募集公司債之原因及有關事項報告股東會（公 §246 I）。

㈡聽取監察人或檢查人之報告：

　　1.股東常會開會時，監察人對於董事會所造具，擬提出股東會請求承認之會計表冊（公 §228 I），應向股東會提出查核報告書（公 §228 I、§184 I）。

　　2.清算完結時，監察人或檢查人應行審查或檢查各項簿冊，向股東會報告，提請承認（公 §331）。

二、查核權

㈠股東會得查核董事會造具之表冊、監察人之報告（公§184 I 前段）。

㈡按每會計年度終了，董事會應編造會計表冊（公§228 I），先交監察人查核作成報告，然後提出於股東常會請求承認。前揭表冊經股東會決議承認後，除董事、監察人有不法行為外，視為公司已解除董事、監察人之責任（公§228 I、§230 I、§231 I）。

㈢執行前項查核時，股東會得選任檢查人（公§184 II）。

㈣對於股東會或檢查人查核有妨礙、拒絕或規避之行為者，各處新臺幣二萬元以上十萬元以下罰鍰（公§184 III）。

三、決議權

　　股東會為公司的最高意思機關，得以特別決議、普通決議的方式決定公司的事務、政策及經營方式。例如股東會得決議盈餘分派或虧損撥補（公§184 I 後段）。

【結論】

　　依公司法第一八四條規定，股東會得查核董事會造具的表冊，因此，甲股份有限公司的股東會有權利於會計年度終了時，請求董事會提出各項表冊，供其查核。董事會如不提出，則屬對於股東會的查核有妨礙、拒絕或規避的行為，可處新臺幣二萬元以上十萬元以下罰鍰。

【參考法條】

公司法第一八四條

「股東會得查核董事會造具之表冊、監察人之報告，並決議盈餘分派或虧損撥補。
　執行前項查核時，股東會得選任檢查人。
　對於前二項查核有妨礙、拒絕或規避之行為者，各處新臺幣二萬元以上十萬元以下罰鍰。」

公司法第二一一條

「公司虧損達實收資本額二分之一時，董事會應於最近一次股東會報告。

公司資產顯有不足抵償其所負債務時，除得依第二百八十二條辦理者外，董事會應即聲請宣告破產。

代表公司之董事，違反前二項規定者，處新臺幣二萬元以上十萬元以下罰鍰。」

【練習題】

一、甲股份有限公司的股東會得否以董事會為被告，請求其提出該年度財務報告，供其查核？

二、乙股份有限公司的董事會於公司虧損已達實收資本額二分之一時，仍遲遲不召集股東會報告，應如何處理？

問題七十五
如何製作、保存股東會議事錄？

> 甲股份有限公司開完股東會後，既未作成會議紀錄，亦未分送會議紀錄給各股東，則股東乙得否主張該次股東會決議無效？

【解析】

一、股東會議事錄的製作及分發

㈠股東會的議決事項應作成議事錄，由主席簽名或蓋章，並於會後二十日內將議事錄分發各股東（公§183 I）。前揭議事錄之分發，公開發行股票之公司，得以公告方式為之（公§183 III）。為節省公開發行股票公司辦理議事錄分發作業之成本及響應環保無紙化政策，並考量公開資訊觀測站之建置已臻完善，公開發行股票公司分發議事錄予股東時，不論股東持股多寡，均得以公告方式為之，一○○年六月二十九日公司法爰為修正。

㈡議事錄應記載會議的年、月、日、場所、主席姓名、決議方法、議事經過的要領及其結果（公§183 IV 前段）。

㈢股東於股東會開會後的同日將股份轉讓者，既已合法出席該次股東會，而有知悉決議事項的需要，仍應依法發給股東會議事錄（經濟部65.9.1商24059號函）。

㈣股東會、董事會議事錄的原本，原則上應由公司的紀錄人員製作。惟會計師如依其委任契約有為公司的股東會、董事會製作議事錄的權限時，該會計師即得依受任人的身分出席會議，並製作會議紀錄原本。反之，會計師依委任契約無製作議事錄原本的權限時，自不得違反約定擅自製作。如僅受託代製議事錄的正本或節本時，該正本或節本僅能參照該公司製作的原本，尚不得自行增刪編撰（經濟部74.8.3商33046號函）。

㈤公司應按股東名簿的記載，將議事錄及相關表冊分發各股東。是以，股

東死亡者，在其繼承人依遺產及贈與稅法的規定，向公司辦妥移轉登記後，固應以繼承人為分發對象；惟在未辦妥移轉登記前，可以遺產管理人的名義分發之（經濟部 86.6.25 商 86211648 號函）。

㈥九十四年六月公司法增訂第一八三條第二項的規定：前項議事錄之製作及分發，得以電子方式為之。

二、股東會議事錄的保存

㈠股東會議事錄在公司存續期間，應永久保存（公 §183 IV 後段）。在公司法九十年修正前，議事錄、股東簽名簿及委託書，公司究應保存多久，法無明文，為明確化，爰修正股東會議事錄為永久保存。至於出席股東的簽名簿及代理出席的委託書，其保存期限則為一年。但經股東依第一八九條提起訴訟者，應保存至訴訟終結為止（公 §183 V）。

㈡公司股東人數眾多，為便於股東會進行，先由公司印發記載有股東姓名及股權的簽到卡，其實質意義，與公司法第一八三條第五項所定簽名簿並無不同，亦應保存一年（最高法院 71 年臺上字第 2763 號判決、經濟部 58.2.1 商 03988 號函），以便於查考。

㈢公司應保存的議事錄、簽名簿及委託書，為各該文件的原本（經濟部 86.8.14 商 86214471 號函）。

㈣至於董監事選票的保存，公司法尚無限制規定，如無爭訟，允屬企業自治事項（經濟部 84.7.20 商 84212719 號函）。

三、股東會議事錄的更正

股東會議事錄僅為股東會議決事項等的證明文件之一，如確有誤載情事，自得由公司予以更正，並將更正後的議事錄分發各股東，公司尚無再召開股東臨時會說明更正股東會議事錄的規定（經濟部 87.11.17 商 87033128 號函）。

四、未製作、保存股東會議事錄的效力

㈠代表公司的董事違反作成、分發及保存股東會議事錄或保存出席股東簽名簿、代理出席委託書的規定者，處新臺幣一萬元以上五萬元以下罰鍰（公 §183 VI）。

㈡議事錄未依法分送，可逕請求公司補送，但不能否認所有會議的效力（經濟部 57.2.17 商 05129 號函）。

【結論】

　　股東乙僅得請求甲公司補送股東會議事錄，又甲公司的董事長因違反作成、分送股東會議事錄的義務，可處一萬元以上五萬元以下罰鍰。但乙不得因甲公司未製作、發送議事錄而主張股東會決議無效。

【參考法條】

公司法第一八三條

「股東會之議決事項，應作成議事錄，由主席簽名或蓋章，並於會後二十日內，將議事錄分發各股東。

　前項議事錄之製作及分發，得以電子方式為之。

　第一項議事錄之分發，公開發行股票之公司，得以公告方式為之。

　議事錄應記載會議之年、月、日、場所、主席姓名、決議方法、議事經過之要領及其結果，在公司存續期間，應永久保存。

　出席股東之簽名簿及代理出席之委託書，其保存期限至少為一年。但經股東依第一百八十九條提起訴訟者，應保存至訴訟終結為止。

　代表公司之董事，違反第一項、第三項或前項規定者，處新臺幣一萬元以上五萬元以下罰鍰。」

【練習題】

一、股東甲於閉鎖期間內死亡，請問公司於股東會會後是否仍須發送議事錄？又應發送予何人？

二、乙股份有限公司因股東會決議違法情事已纏訟二年，請問公司可否銷毀該次股東會的簽到卡、委託書等？

問題七十六
何人可以擔任股東會開會時的主席？

> 董事長甲於股東會會議進行中，因見改選董監事議案討論對其不利，於表決前逕行宣布散會。股東乙見狀，乃上臺繼續主持開會，並通過表決解任甲，是否適法？

【解析】

一、原則上以董事長為主席

依公司法第二〇八條第三項前段規定，董事長為股東會主席。如董事長請假或因故不能行使職權時，由副董事長代理之，無副董事長或副董事長亦請假或因故不能行使職權時，由董事長指定常務董事一人代理之；其未設常務董事者，指定董事一人代理之；董事長未指定代理人者，由常務董事或董事互推一人代理之（公 §208 III 後段）。

二、例　外

按股東會不全然均由董事會召集，至於由董事會以外之人召集，如少數股東申請許可自行召集的股東會或監察人認為有必要時所召集的股東會，究由何人擔任主席，由於法律未明文規定，不無疑義。公司法於九十年修正前，實務見解認為，由何人召集股東會，即由何人擔任主席。

㈠監察人召開的股東會應由監察人擔任主席，如由不得擔任股東會主席之人擔任主席，並主持股東會決議，其決議方法違反法令（最高法院 76 年臺上字第 957 號判決、經濟部 79.4.30 商 20638 號函）。

㈡由股東自行召集的股東臨時會，可由原申請召集的股東自行推選一人擔任（經濟部 69.6.23 商 20074 號函、83.5.27 商 208989 號函）。又少數股東依公司法第一七三條規定，報經地方主管機關許可，自行召集股東臨時會，其申請文件自可載明由何人召集及何人擔任主席（經濟部 84.8.8 商 84214891 號函、88.7.16 商 88215006 號函）。九十年公司法修正時為

杜絕爭議，增訂第一八二條之一第一項規定：「股東會由董事會召集者，其主席依第二百零八條第三項規定辦理；由董事會以外之其他召集權人召集者，主席由該召集權人擔任之，召集權人有二人以上時，應互推一人擔任之。」

三、主席違反議事規則宣布散會後仍得繼續開會

實務上屢見公司派系鬥爭，主席違反議事規則，任意宣布散會（議案未討論或討論未完畢），或無議事規則，會議進行紛亂等。因公司法就散會的程序並無規定，易流為主席的恣意行為，無法保障股東的權益，尤其股東會如再擇期開會，不但耗費諸多社會成本，亦影響國內經濟秩序，因此，九十年修正公司法時，增訂第一八二條之一第二項：「公司應訂定議事規則。股東會開會時，主席違反議事規則，宣布散會者，得以出席股東表決權過半數之同意推選一人擔任主席，繼續開會。」

【結論】

依九十年修正的公司法第一八二條之一第二項規定，如甲董事長違反議事規則，任意宣布散會，得以出席股東表決權過半數的同意推選一人擔任主席，繼續開會。本問題中的股東乙如未經推選，即自行擔任主席，主持會議並通過表決，其決議方法違反法令，股東得請求撤銷該決議（公§189）。若股東乙經推選擔任主席，則股東會決議適法。

【參考法條】

公司法第一八二條之一

「股東會由董事會召集者，其主席依第二百零八條第三項規定辦理；由董事會以外之其他召集權人召集者，主席由該召集權人擔任之，召集權人有二人以上時，應互推一人擔任之。

公司應訂定議事規則。股東會開會時，主席違反議事規則，宣布散會者，得以出席股東表決權過半數之同意推選一人擔任主席，繼續開會。」

公司法第二〇八條第三項

「董事長對內為股東會、董事會及常務董事會主席，對外代表公司。董事長請假或因
　故不能行使職權時，由副董事長代理之；無副董事長或副董事長亦請假或因故不能
　行使職權時，由董事長指定常務董事一人代理之；其未設常務董事者，指定董事一
　人代理之；董事長未指定代理人者，由常務董事或董事互推一人代理之。」

【練習題】

一、董事長甲因住院而請副董事長乙代理主持股東會，會議當日甲因擔心
　　議案不獲支持，仍抱病出席，則應由何人擔任主席？

二、股東丙、丁、戊於報請地方主管機關許可自行召集股東臨時會時，於
　　申請書上載明由丙、丁、戊三人共同擔任主席，主持會議，是否可行？

問題七十七
選任董監事的決議經法院判決撤銷或確認無效後，該董監事所為行為的效力如何？

甲股份有限公司的董事長乙，與丙簽訂土地買賣契約後，該公司的股東對選任乙為董事的該次股東會決議，提出撤銷之訴，判決確定，則乙所為的土地買賣契約效力如何？

【解析】

一、無權代理說

實務上有認為公司申請分公司地址變更登記一案，據稱係由股東會選舉出董事會所為的決議，該次選任的董事，既經法院判決無效確定，則其行為只能視為無權代理，但此項無權代理的行為，如經股東會追認者，可視為已經補正（經濟部 55.12.3 商 28344 號函）。

二、表見代理說

公司所為的行為，如以股東會的決議為成立或生效要件者，倘該決議為法院撤銷，或宣告無效時，如果該行為涉及相對人，應依公司法第五十八條、第二○八條規定的原理認為，對代表公司董事所為的限制，不得對抗善意第三人，以保障交易安全。關於董事的選任決議被撤銷，該董事在決議撤銷前所為的行為，則應依表見代理的法理解決，以保障行為的相對人。

三、無因管理說

實務見解有認為公司董事監察人任期屆滿，經由股東臨時會決議改選，因有股東訴請法院撤銷上開股東會決議，其當選資格自尚未確定，在未移交其職務以前，原任董事監察人仍應為公司利益繼續執行職務，倘其職務已經移交者，即可由新選任董事監察人執行職務，蓋股東依公司法第一八九條規定撤銷股東會決議之訴，在未經終局判決確定之前，其決議並非當

然無效，嗣後如經法院判決應撤銷者，其董事監察人執行職務行為所生法律上效果，應依民法無因管理法則解決之（經濟部 58.8.5 商 26762 號函）。

【結論】

依公司法第一八九條訴請法院撤銷股東會決議，該決議在未撤銷前，仍屬有效；因此依該決議所選任的董事乙，仍有權依法行使職權；惟若該決議經法院判決撤銷，則溯及的使該決議失其效力。換言之，乙即不具有董事的身分，應不得以董事長的資格為公司為法律行為，其以公司董事長身分所為的行為，係屬無權代理。又在該決議未撤銷前，與乙為交易行為的丙，實難期待其就交易公司股東會決議的瑕疵能有所知悉，因此，為顧及交易安全，及保護善意第三人，乙代表公司與丙簽訂的買賣契約應依表見代理處理（民 §107、公 §58），由甲公司負授權人（本人）的責任。至於公司與乙間的關係，則以無因管理的規定解決。

【參考法條】

民法第一○七條

「代理權之限制及撤回，不得以之對抗善意第三人。但第三人因過失而不知其事實者，不在此限。」

民法第一一四條第一項

「法律行為經撤銷者，視為自始無效。」

民法第一六九條

「由自己之行為表示以代理權授與他人，或知他人表示為其代理人而不為反對之表示者，對於第三人應負授權人之責任。但第三人明知其無代理權或可得而知者，不在此限。」

公司法第五十八條

「公司對於股東代表權所加之限制，不得對抗善意第三人。」

【練習題】

一、甲股份有限公司的董事長乙,與丙簽訂土地買賣契約後,乙因被選任為董事的決議乃偽造股東會會議紀錄,經法院確認該決議不存在判決確定,則乙、丙的買賣契約效力如何?

二、丁、戊被選任為新任董事的股東會決議,因有股東爭執召集程序違法,正在訴訟中,請問丁、戊可否執行董事職務?

問題七十八
選舉董監事得否以通信投票代替股東會的選舉？

> 甲股份有限公司為方便居住於臺灣各地的股東行使董監事選舉權，遂於開會通知單附寄選票，並告知股東得以通信投票方式投票，是否適法？

【解析】

一、選任董監事不以印發選票為必要

按選任董監事應以何種方式為之，公司法並無特別的限制，其選舉不以使用印發選票為必要（法務部 76.6.8 參字第 6585 號函）。

二、不宜以通信投票代替股東會的選舉

在傳統的定義下，所稱「開會」，不論是議事殿堂的集會、鄉鎮市公所的集會、抑或公司股東會的開會，應指集合數人（法定人數）於某一地點，而為意思的決定。如認股東得不出席而行使表決權，則與公司將討論案逐一洽詢每一位股東的意見而作成決議，或公司將股東會議事錄傳交每位股東同意且簽名並無不同，則公司法有關股東會決議方法的規定便形同具文。當然，於科技高度發展的今日，有謂為方便公司召開股東會，得以電傳視訊或網際網路的方式行使表決權，以節省人力、金錢。因此，公司法九十年修正時，鑑於電傳科技發達，人與人溝通已不侷限於同一時間、同一地點、從事面對面交談，如今以視訊畫面會議方式從事會談，亦可達到相互討論的會議效果，與親自出席無異，故增訂公司法第二〇五條第二項：「董事會開會時，如以視訊會議為之，其董事以視訊參與會議者，視為親自出席。」惟此僅明定於董事會的開會方式，而觀公司法第一七四條至第一七七條、第一八五條、第二〇六條、第二〇九條等等，均明定「出席」二字，由此可見，出席是現行公司法股東會行使表決權的法定程序之一，如未踐行此程序，應屬股東會決議方法違反法令，股東得訴請法院撤銷之（公

§189）。為保障股東的權益，自不宜以通信投票代替股東會的選舉。實務上亦採此見解（經濟部 69.7.1 商 21071 號函）。

三、公司法九十四年六月修正時新增及一〇七年修正

第一七七條之一：「公司召開股東會時，採行以書面或電子方式行使其表決權者，其行使方法應載明於股東會召集通知。但公開發行股票之公司，符合證券主管機關依公司規模、股東人數與結構及其他必要情況所定之條件者，應將電子方式列為表決權行使方式之一。」

第一七七條之二：「股東以書面或電子方式行使表決權者，其意思表示應於股東會開會五日前送達公司，意思表示有重複時，以最先送達者為準。但聲明撤銷前意思表示者，不在此限。股東以書面或電子方式行使表決權後，欲親自出席股東會者，至遲應於股東會開會前一日，以與行使表決權相同之方式撤銷前項行使表決權之意思表示；逾期撤銷者，以書面或電子方式行使之表決權為準。股東以書面或電子方式行使表決權，並以委託書委託代理人出席股東會者，以委託代理人出席行使之表決權為準。」

由此可見，公司法修正後已開放得以通信投票的方式行使股東會的表決權。又為方便外資股東行使表決權，一〇〇年六月二十九日公司法又修正第一七七條之二，將第一項有關以書面或電子方式行使表決權者，其意思表示送達公司之時間，由「開會五日前」修正為「開會二日前」；且鑑於股務作業處理上，時間甚為緊迫，將第二項「開會前一日」修正為「開會二日前」，以利實務運作。此外，鑑於近年來上市上櫃公司之年度股東會日期，有過度集中現象，致股東無法一一出席股東會行使其表決權，影響股東權益甚鉅，且電子投票平臺已由證券主管機關協助業者建制完成，為落實電子投票制度，鼓勵股東參與公司經營，強化股東權益之保護，一〇一年修正公司法時，於第一七七條之二第一項增訂但書，明定證券主管機關應視公司規模、股東人數與結構及其他必要情況，命公司將電子方式列為表決權行使管道之一。

【結論】

　　公司法於九十四年六月修法前有關股東會決議方式的規定，其前提是均須有法定足數的股東「出席」，以便於計算其表決權。其既曰「出席」，且未如公司法第二〇五條第二項有董事以視訊參與會議視為親自出席的規定，自不得未出席，而逕以通信投票方式投票。惟九十四年六月公司法修正時，已增訂第一七七條之一、第一七七條之二，允許股東會得以書面或電子方式行使表決權，則股東即無出席的必要。

【參考法條】

公司法第一七四條

「股東會之決議，除本法另有規定外，應有代表已發行股份總數過半數股東之出席，以出席股東表決權過半數之同意行之。」

公司法第一七七條第一項

「股東得於每次股東會，出具委託書，載明授權範圍，委託代理人，出席股東會。但公開發行股票之公司，證券主管機關另有規定者，從其規定。」

公司法第一七七條之一

「公司召開股東會時，採行以書面或電子方式行使表決權者，其行使方法應載明於股東會召集通知。但公開發行股票之公司，符合證券主管機關依公司規模、股東人數與結構及其他必要情況所定之條件者，應將電子方式列為表決權行使方式之一。
前項以書面或電子方式行使表決權之股東，視為親自出席股東會。但就該次股東會之臨時動議及原議案之修正，視為棄權。」

公司法第一七七條之二

「股東以書面或電子方式行使表決權者，其意思表示應於股東會開會二日前送達公司，意思表示有重複時，以最先送達者為準。但聲明撤銷前意思表示者，不在此限。
股東以書面或電子方式行使表決權後，欲親自出席股東會者，應於股東會開會二日前，以與行使表決權相同之方式撤銷前項行使表決權之意思表示；逾期撤銷者，以

書面或電子方式行使之表決權為準。

股東以書面或電子方式行使表決權，並以委託書委託代理人出席股東會者，以委託代理人出席行使之表決權為準。」

公司法第一八五條

「公司為下列行為，應有代表已發行股份總數三分之二以上股東出席之股東會，以出席股東表決權過半數之同意行之：

一　締結、變更或終止關於出租全部營業，委託經營或與或他人經常共同經營之契約。

二　讓與全部或主要部分之營業或財產。

三　受讓他人全部營業或財產，對公司營運有重大影響者。

公開發行股票之公司，出席股東之股份總數不足前項定額者，得以有代表已發行股份總數過半數股東之出席，出席股東表決權三分之二以上之同意行之。

前二項出席股東股份總數及表決權數，章程有較高之規定者，從其規定。

第一項之議案，應由有三分之二以上董事出席之董事會，以出席董事過半數之決議提出之。」

【練習題】

一、股東甲以公司召開股東臨時會時未印發選票，而向法院提起撤銷之訴，是否有理由？

二、乙股份有限公司於開會通知單上附註，未於○月○日前將意見表寄回公司者，視為同意本議案，是否適法？

問題七十九
股份有限公司的董事、監察人之人數、任期、資格有無限制？

> 甲未具乙股份有限公司股東的身分，得否被推選為公司董事？

【解析】

一、董監事的定義

㈠董事：為董事會的構成員，為股份有限公司的法定必備、常設機關。

㈡監察人：為股份有限公司的法定、常設、必備的監督機關。

二、董監事的人數

董監事的人數為公司章程絕對必要記載事項（公§129⑤）。

㈠董事的人數不得少於三人（公§192 I）。

㈡監察人的人數至少一人（公§216 I），公開發行股票公司，監察人至少須有二人以上（公§216 II），無上限限制。

三、董監事的任期

㈠董監事任期不得逾三年。但得連選連任（公§195 I、§217 I）。按董監事與公司間的關係，為民法的委任關係，委任契約期間屆滿，公司本應召集股東會改選。然而，現行實務上，因公司經營權的爭執而遲遲未改選的事例，比比皆是，為保障股東的權益，促進公司業務正常經營，以貫徹其立法目的，九十年公司法修正時，爰規定董監事任期屆滿而不及改選時，延長其執行職務至改選董監事就任時為止。但主管機關得依職權限期令公司改選；屆期仍不改選者，自限期屆滿時，當然解任（公§195 II、§217 II）。

㈡公司與董監事間的關係，除公司法另有規定外，依民法關於委任的規定（公§192 V）。因此，被選任的董監事如未予接受，則選任的要約已因未接受而消滅，如擬予補足應另召開股東會補選（經濟部61.9.30商

27356 號函）。

㈢公司的董事並非任期屆滿即不得再執行職務，必俟改選的董事就任時，始喪失原任董事的資格（最高法院 84 年臺抗字第 268 號裁定）。惟公司如於上屆董監事任滿前改選新任的董監事者，自無延長原董監事執行職務的必要（經濟部 84.6.9 商 84210196 號函）。

㈣公司不得於章程中限制董監事連任的次數。按選任董監事及被選為董監事，均屬股東的固有權，不應予以限制。如公司於章程中規定：「董監事連任以一屆為限」，其限制連任一屆的董監事不得再被選任為董監事，除一方面限制股東的被選舉權外，同時亦限制股東選舉權的行使，於法自有未合（經濟部 82.8.18 商 219002 號函）。

㈤改選的董事非選出時即得執行職務，其董事資格需待就任，始能取得（最高法院 87 年臺抗字第 274 號裁定）。

㈥董監事如不予改選，尚無停職的規定（經濟部 60.5.11 商 18596 號函）。

㈦依公司法第二十七條的規定，政府或法人股東代表擔任董監事而改派者，僅係補足原任期，並不另行起算其任期（經濟部 77.12.16 商 38919 號函）。

㈧公司不得決議董監事的任期超過三年（經濟部 80.11.15 商 228118 號函）。

㈨公司法第一九五條第一項、第二一七條第一項為強制規定（經濟部 87.10.15 商 87223329 號函）。

㈩股份有限公司董監事的任期不得向前追溯（經濟部 88.9.13 商 88219903 號函）。

四、董監事的資格

㈠積極資格

　　1.自然人任董監事不須具有股東資格，但須有行為能力（公 §192 I）。

　　⑴公司法於九十年修正前，董監事須具有股東資格，是認董事與公司立於利害相關休戚與共的地位，於執行職務時，較能期望其善盡注意義務，以謀公司利益；然此規定並不能與企業所有與企業經營分離的世界潮流相契合，且公司的獲利率與公司董事由股東選任無特殊關聯，故董事不以具有股東身分為必要。又為發揮監察人監督的

功能，加強監察人的專業性及獨立性，監察人不以具有股東身分為必要，故刪除董監事須具股東資格的規定。

⑵公開發行股票的公司選任的董監事，其全體董事或監察人合計持股比例，證券管理機關另有規定者，從其規定（公 §192 III、§216 II）。

⑶民法第十五條之二及第八十五條（限制行為能力人因法定代理人的允許，得獨立營業）對於董事行為能力不適用之（公 §192 IV）。

⑷監察人不須具有中華民國國籍，但必須至少一人在國內有住所（公 §216 I）。

2.法人股東當選為董監事，須指定代表人（自然人）行使職務，或由代表人當選為董監事（公 §27）。

㈡消極資格

1.準用第三十條規定。有下列情形之一者，不得充任股份有限公司的董監事，其已充任者當然解任（公 §192 VI、§216 IV）：

⑴曾犯組織犯罪防制條例規定的罪，經有罪判決確定，服刑期滿尚未逾五年者。

⑵曾犯詐欺、背信、侵占罪經受有期徒刑一年以上宣告，服刑期滿尚未逾二年者。

⑶曾服公務虧空公款，經判刑確定，服刑期滿尚未逾二年者。

⑷受破產的宣告，尚未復權者。

⑸使用票據經拒絕往來尚未期滿者。

⑹無行為能力或限制行為能力者。

2.監察人不得兼任公司董事、經理人或其他職員（公 §222）。

㈢其他注意事項

1.職工福利委員會具有法人資格，得擔任董事（經濟部 86.11.29 商 86037387 號函）。

2.實務上曾見公司於章程內訂定設置「常務監察人」，係基於內部處理業務需要，惟其非公司法規定的登記事項，對外不發生特定的效力，如股東仍有爭議，允屬私權爭議，應循司法途徑解決（經濟部 60.2.21 商 04877

號函、84.6.9 商 209905 號函、86.11.19 商 86223081 號函)。

　　3.公司法第二一六條第一項所稱監察人中至少須有一人在國內有「住所」，應專指民法第二十條的永久住所而言，並不包括同法第二十三條以居所視為住所的情形在內（經濟部 79.9.17 商 216889 號函）。

　　4.以現職公務員身分被選任為公司監察人，雖與公務員服務法第十三條第一項規定有違，其被選為公司監察人，仍非當然無效（司法院院字第2097 號解釋、最高法院 67 年臺上字第 113 號判決）。

五、章程載明始有候選人提名制度

　　按公司法第一九二條之一第一項規定：「公司董事選舉，採候選人提名制度者，應載明於章程，股東應就董事候選人名單中選任之。但公開發行股票之公司，符合證券主管機關依公司規模、股東人數與結構及其他必要情況所定之條件者，應於章程載明採董事候選人提名制度。」準此，公開發行公司董事選舉，如擬採候選人提名制度者，應在章程中載明。如未於章程中載明者，即無候選人提名制度之適用（經濟部 98.7.15 經商字第09802090250 號）。

【結論】

　　公司法修正前，董事須從有行為能力的股東中選任（公 §192 I）；換言之，董事須有股東資格。惟九十年修正公司法時，刪除此限制，故甲未具乙公司股東的身分，仍可被推選為乙公司的董事。

【參考法條】

公司法第三十條

「有下列情事之一者，不得充經理人，其已充任者，當然解任：

一　曾犯組織犯罪防制條例規定之罪，經有罪判決確定，尚未執行、尚未執行完畢，或執行完畢、緩刑期滿或赦免後未逾五年。

二　曾犯詐欺、背信、侵占罪經宣告有期徒刑一年以上之刑確定，尚未執行、尚未執行完畢，或執行完畢、緩刑期滿或赦免後未逾二年。

三　曾犯貪污治罪條例之罪，經判決有罪確定，尚未執行、尚未執行完畢，或執行完畢、緩刑期滿或赦免後未逾二年。

四　受破產之宣告或經法院裁定開始清算程序，尚未復權。

五　使用票據經拒絕往來尚未期滿。

六　無行為能力或限制行為能力。

七　受輔助宣告尚未撤銷。」

公司法第一九二條

「公司董事會，設置董事不得少於三人，由股東會就有行為能力之人選任之。

公司得依章程規定不設董事會，置董事一人或二人。置董事一人者，以其為董事長，董事會之職權並由該董事行使，不適用本法有關董事會之規定；置董事二人者，準用本法有關董事會之規定。

公開發行股票之公司依第一項選任之董事，其全體董事合計持股比例，證券管理機關另有規定者，從其規定。

民法第十五條之二及第八十五條之規定，對於第一項行為能力不適用之。

公司與董事間之關係，除本法另有規定外，依民法關於委任之規定。

第三十條之規定，對董事準用之。」

公司法第一九五條

「董事任期不得逾三年。但得連選連任。

董事任期屆滿而不及改選時，延長其執行職務至改選董事就任時為止。但主管機關得依職權限期令公司改選；屆期仍不改選者，自限期屆滿時，當然解任。」

公司法第二一六條

「公司監察人，由股東會選任之，監察人中至少須有一人在國內有住所。

公開發行股票之公司依前項選任之監察人須有二人以上，其全體監察人合計持股比例，證券管理機關另有規定者，從其規定。

公司與監察人間之關係，從民法關於委任之規定。

第三十條之規定及第一百九十二條第一項、第四項關於行為能力之規定，對監察人準用之。」

公司法第二一七條

「監察人任期不得逾三年。但得連選連任。

監察人任期屆滿而不及改選時，延長其執行職務至改選監察人就任時為止。但主管機關得依職權，限期令公司改選；屆期仍不改選者，自限期屆滿時，當然解任。」

公司法第二二二條

「監察人不得兼任公司董事、經理人或其他職員。」

【練習題】

一、甲股份有限公司的章程中規定：「董監事只能連任二屆」，是否適法？

二、美國籍的乙當選為丙股份有限公司的董事，其在我國設有居所，是否適法？

問題八十
股份有限公司如何選任、解任董事、監察人？

甲股份有限公司以普通決議的方式改選董監事，是否適法？

【解析】

一、董監事的選任

㈠選任機關

　　1.首任董監事的選任機關

　⑴於發起設立時由發起人選任（公§131 I 後段）。

　⑵於募股設立時由創立會選任（公§146 I 前段）。

　　2.公司成立後的選任機關——股東會（公§192 I 後段、§216 I 前段）。

㈡選任方法

　　1.採累積投票制

　　即每一股份有與應選出董事人數相同的選舉權，得集中選舉一人，或分配選舉數人，由所得選票代表選舉權較多者，當選為董事（或監察人）（公§198、§227）。例如某股份有限公司擬選任董事三人，候選人有五位，以股東 A、B、C、D、E、F 為例：

被選任人選	股東	
甲	A	1 萬股×3＝3 萬選舉權
乙	B	2 萬股×3＝6 萬選舉權
丙	C	5 千股×3＝1 萬 5 千選舉權
丁	D	10 萬股×3＝30 萬選舉權
戊	E	1 萬股×3＝3 萬選舉權
	F	5 千股×3＝1 萬 5 千選舉權

　　D 可將三十萬選舉權平均分配給五位候選人，每位候選人可得六萬選

舉權；C及F可將各持有的一萬五千選舉權集中支持甲，甲即得三萬選舉權；B可將其六萬選舉權，分配給乙一萬選舉權、丙二萬選舉權、戊三萬選舉權。最後計算得選舉權最多的三人當選。

累積投票制的目的在使少數派股東所推派的代表有當選董監事的可能。

2.不得以章程另規定選任方式

公司法九十年新修正內容，鑑於董監事的選任方式係屬公司內部自治事宜，爰參酌日本商法第二五六條之三的規定，增列「除公司章程另有規定外」，俾為彈性處理。換言之，公司章程如規定董監事的選舉採普通決議或特別決議，均無不可。然因部分公司經營者以及股權相對多數者，利用修改公司章程之方式，將公司選任董事之選舉方法，變更為全額連記法，不僅違反股東平等原則，影響股東投資意願，更使公司失去制衡力量變成一言堂，變成萬年董事長、萬年董事會，讓公司治理澈底崩盤，因此，為匡正弊端，於一〇〇年修正公司法時，已將此刪除。即公司不得再以章程另定董監事選任方法。

3.選舉董監事的出席股東定足數

如章程有特別規定，應優先適用章程。如章程無特別規定，採累積投票制時，則解釋上應依公司法第一七四條前段，須有代表已發行股份總數過半數股東的出席。

4.董監事的選任不適用公司法第一七八條的規定，不受「表決權行使迴避」的限制。

5.公司法第一七七條第二項、第一七九條第二項 「表決權計算的限制」，於董監事的選任仍有適用。

㈢公司與董監事間的法律關係

除本法另有規定外，依民法關於委任的規定（公 §192 V、§216 III）。所謂「本法另有規定」，例如董監事的報酬（公 §196、§227）、解任（公 §195、§197、§199、§199 之 1、§200、§227）、競業禁止（公 §209）。

㈣董事的補選

　　董事缺額達三分之一時，董事會應於三十日內召開股東臨時會補選之。但公開發行股票之公司，董事會應於六十日內召開股東臨時會補選之（公§201）。

㈤監察人的補選

　　監察人全體均解任時，董事會應於三十日內召開股東臨時會補選。但公開發行股票的公司，董事會應於六十日內召開股東臨時會補選（公§217之1）。

㈥公司法九十四年六月修正時，新增第一九二條之一公開發行股票公司董事及監察人選舉的特別規定。一○七年修正為：「公司董事選舉，採候選人提名制度者，應載明於章程，股東應就董事候選人名單中選任之。但公開發行股票之公司，符合證券主管機關依公司規模、股東人數與結構及其他必要情況所定之條件者，應於章程載明採董事候選人提名制度。公司應於股東會召開前之停止股票過戶日前，公告受理董事候選人提名之期間、董事應選名額、其受理處所及其他必要事項，受理期間不得少於十日。持有已發行股份總數百分之一以上股份之股東，得以書面向公司提出董事候選人名單，提名人數不得超過董事應選名額；董事會提名董事候選人之人數，亦同。前項提名股東應敘明被提名人姓名、學歷及經歷。董事會或其他召集權人召集股東會者，除有下列情事之一者外，應將其列入董事候選人名單：

　　一、提名股東於公告受理期間外提出。

　　二、提名股東於公司依第一百六十五條第二項或第三項停止股票過戶時，持股未達百分之一。

　　三、提名人數超過董事應選名額。

　　四、提名股東未敘明被提名人姓名、學歷及經歷。公司應於股東常會開會二十五日前或股東臨時會開會十五日前，將董事候選人名單及其學歷、經歷公告。但公開發行股票之公司應於股東常會開會四十日前或股東臨時會開會二十五日前為之。公司負責人或其他

召集權人違反第二項或前二項規定者，各處新臺幣一萬元以上五萬元以下罰鍰。但公開發行股票之公司，由證券主管機關各處公司負責人或其他召集權人新臺幣二十四萬元以上二百四十萬元以下罰鍰。」

按原第一項規定，董事選舉，僅限公開發行股票之公司得採行候選人提名制度。惟非公開發行股票之公司亦有意願採行董事候選人提名制度，爰刪除第一項「公開發行股票之」之文字，讓非公開發行股票之公司，亦得採行董事候選人提名制度。另增訂但書授權證券主管機關就公開發行股票公司應採董事候選人提名制度者，訂定一定公司規模、股東人數與結構及其他必要情況之條件，以符合授權明確性原則。又為簡化提名股東之提名作業程序，修正第四項之「檢附」為「敘明」，且僅需敘明被提名人姓名、學歷、經歷即可。至於「當選後願任董事之承諾書、無第三十條規定情事之聲明書」者，鑒於是否當選，尚屬未定，實無必要要求提前檢附，況被提名人一旦當選，公司至登記主管機關辦理變更登記時，即知是否願任，爰刪除該等文件；另「被提名人為法人股東或其代表人者，並應檢附該法人股東登記基本資料及持有之股份數額證明文件」者，基於法人股東登記基本資料及持有之股份數額證明文件，公司已有相關資料，亦無必要要求檢附，爰予刪除。鑒於第一項修正後，所有股份有限公司均得採董事候選人提名制度，原第七項前段針對公開發行股票之公司所設計之「公司應於股東常會開會四十日前或股東臨時會開會二十五日前」將董事候選人名單等資料公告之期限規定，改置於但書，本文則規範非公開發行股票公司之期限規定，以利適用。另配合第四項及第五項之修正，刪除原公告持有股份數額等資料及有關審查董事被提名人之相關規定。

第二一六條之一：「公司監察人選舉，依章程規定採候選人提名制度者，準用第一百九十二條之一第一項至第六項規定。公司負責人或其他召集權人違反前項準用第一百九十二條之一第二項、第五項或第六項規定者，各處新臺幣一萬元以上五萬元以下罰鍰。但公開發行股票之公司，由證券主管機關各處公司負責人或其他召集權人新臺幣二十四萬元以上二百四十

萬元以下罰鍰。」

二、董監事的解任

解任的原因如下：

㈠因任期屆滿而解任。

㈡因提前改選而提前解任（公 §199 之 1）。即股東會於董事任期未屆滿前，改選全體董事者，如未決議董事於任期屆滿始為解任，視為提前解任。

按公司法第一九九條之一：「股東會於董事任期未屆滿前，改選全體董事者，如未決議董事於任期屆滿始為解任，視為提前解任」，係於九十年十一月十二日增訂，其立法理由謂：依第一九五條第一項規定，董事係採任期制，又依第一七二條規定改選案，雖未同時於議程中就現任董事為決議解任，而實務上均於新任董事就任日視為提前解任，爰增訂本條，俾釐清董事與公司之權益關係。觀其文義，無非釐清新、舊董事與公司之權益關係，並無股東會於董事任期未屆滿前，經決議改選全體董事，而未決議提前解任全體董事者，視為有提前解任之決議，應依第一九九條特別決議為之之意思（最高法院 98 年臺上字第 2159 號民事判決）。一〇一年修正公司法第一九九條之一第二項謂「前項改選，應有代表已發行股份總數過半數股東之出席。」一〇七年修正時，基於股東會於董事任期未屆滿前，提前改選全體董事者，只要有代表已發行股份總數過半數股東之出席，並依第一九八條規定辦理即可，無庸於改選前先經決議改選全體董事之程序，爰修正第一項，刪除「經決議」等字。股份有限公司董事之選任、解任以及提前改選等事項，依公司法第二二七條規定，亦得準用於監察人。關於同法第一九九條之一規定以「視為提前解任」，改選全體董事前無須經決議解任全體董事之程序，應認該解任性質屬法律所定當然解任之一種，而非決議解任，此與改選之意義不同，無須於改選前先經特別決議解任全體董事、監察人；故以股東會於董事任期未屆滿前，任意決議改選全體董事、監察人，經視為提前解任之董事、監察人應得請求損害賠償（最高法院 98 年度臺上字第 2261 號判決、臺灣高等法院 99 年上更（一）字第 2 號民事判決）。

㈢逾期不改選而當然解任（公 §195 II、§217 II）。

㈣因委任終止事由發生而解任

　　1.法定終止事由：例如董事死亡、破產或喪失行為能力（民 §550）。

　　2.意定終止事由：例如董事得隨時向公司辭職，以終止委任關係（民 §549 I）。

　　公司監察人若要終止此委任，該終止權之行使，依民法第九十五條第一項規定，應向他方當事人以意思表示為之，若非對話而為意思表示者，其意思表示以通知達到相對人時，發生效力，若以寄發存證信函予公司辭任監察人職務，倘若並未送達，則該辭任自亦不生效力，而仍為公司之監察人（臺灣臺北地方法院 99 年審訴字第 348 號民事判決）。

㈤股東會特別決議解任

　　1.董監事得由股東會的決議隨時解任。如於任期中無正當理由將其解任時，董監事得向公司請求賠償因此所受的損害（公 §199 I、§227）。

　　2.被解任的董監事對於解任決議屬有自身利害關係，既不得加入表決，亦不得代理他股東行使其表決權（公 §178）。

　　3.公司法九十年修正前，解任董監事以普通決議為之即可。九十年修正為須有代表已發行股份總數三分之二以上股東的出席，以出席股東表決權過半數的同意行之。公開發行股票的公司，出席股東的股份總數不足前項定額者，得以有代表已發行股份總數過半數股東的出席，出席股東表決權三分之二以上的同意行之。前二項出席股東股份總數及表決權數，章程有較高規定者，從其規定（公 §199 II 至 IV）。

㈥法院裁判解任董監事

　　即董監事執行業務有重大損害公司的行為或違反法令或章程的重大事項，股東會未為決議將其解任時，得由持有已發行股份總數百分之三以上股份的股東，於股東會後三十日內，訴請法院裁判之（公 §200、§227）。

㈦公開發行股票的公司董事轉讓持股超過二分之一，當然解任（公 §197）。

㈧其他解任事由

　　例如公司因合併而消滅，其原代表人被選任為董監事者，亦應當然解

任（經濟部 57.6.10 經 (57) 商字第 20631 號函）。

【結論】

公司法九十年修正時，修正公司法第一九八條規定，謂除公司章程另有規定外，董監事的選舉原則上仍採累積投票制。因此，甲公司如於公司章程中特定改選董監事得以普通決議的方式為之，自為適法。如公司章程無選任董監事的特別方式，則甲公司以普通決議方式改選董監事，即為股東會決議方法違法，依公司法第一八九條，得提起撤銷股東會決議之訴。惟一〇〇年修正公司法時，已將「除公司章程另有規定外」刪除，即公司不得再以章程另定董監事選任方法。申言之，董監事之選舉僅得採取累積投票制，否則為股東會決議方法違法，依公司法第一八九條，得提起撤銷股東會決議之訴。

【參考法條】

公司法第一三一條

「發起人認足第一次應發行之股份時，應即按股繳足股款並選任董事及監察人。

　前項選任方法，準用第一百九十八條之規定。

　發起人之出資，除現金外，得以公司事業所需之財產、技術抵充之。」

公司法第一四六條第一項

「創立會應選任董事、監察人。董事、監察人經選任後，應即就前條所列事項，為確實之調查並向創立會報告。」

公司法第一七四條

「股東會之決議，除本法另有規定外，應有代表已發行股份總數過半數股東之出席，以出席股東表決權過半數之同意行之。」

公司法第一九二條之一

「公司董事選舉，採候選人提名制度者，應載明於章程，股東應就董事候選人名單中選任之。但公開發行股票之公司，符合證券主管機關依公司規模、股東人數與結構及其他必要情況所定之條件者，應於章程載明採董事候選人提名制度。

公司應於股東會召開前之停止股票過戶日前，公告受理董事候選人提名之期間、董事應選名額、其受理處所及其他必要事項，受理期間不得少於十日。

持有已發行股份總數百分之一以上股份之股東，得以書面向公司提出董事候選人名單，提名人數不得超過董事應選名額；董事會提名董事候選人之人數，亦同。

前項提名股東應敘明被提名人姓名、學歷、經歷。

董事會或其他召集權人召集股東會者，除有下列情事之一者外，應將其列入董事候選人名單：

一　提名股東於公告受理期間外提出。

二　提名股東於公司依第一百六十五條第二項或第三項停止股票過戶時，持股未達百分之一。

三　提名人數超過董事應選名額。

四　提名股東未敘明被提名人姓名、學歷及經歷。

公司應於股東常會開會二十五日前或股東臨時會開會十五日前，將董事候選人名單及其學歷、經歷公告。但公開發行股票之公司應於股東常會開會四十日前或股東臨時會開會二十五日前為之。

公司負責人或其他召集權人違反第二項或前二項規定者，處新臺幣一萬元以上五萬元以下罰鍰。但公開發行股票之公司，由證券主管機關各處公司負責人或其他召集權人新臺幣二十四萬元以上二百四十萬元以下罰鍰。」

公司法第一九八條

「股東會選任董事時，每一股份有與應選出董事人數相同之選舉權，得集中選舉一人，或分配選舉數人，由所得選票代表選舉權較多者，當選為董事。

第一百七十八條之規定，對於前項選舉權，不適用之。」

公司法第一九九條

「董事得由股東會之決議，隨時解任；如於任期中無正當理由將其解任時，董事得向公司請求賠償因此所受之損害。

股東會為前項解任之決議，應有代表已發行股份總數三分之二以上股東之出席，以出席股東表決權過半數之同意行之。

公開發行股票之公司，出席股東之股份總數不足前項定額者，得以有代表已發行股

份總數過半數股東之出席，出席股東表決權三分之二以上之同意行之。

前二項出席股東股份總數及表決權數，章程有較高之規定者，從其規定。」

公司法第二二七條

「第一百九十六條至第二百條、第二百零八條之一、第二百十四條及第二百十五條之
規定，於監察人準用之。但第二百十四條對監察人之請求，應向董事會為之。」

公司法第二一六條之一

「公司監察人選舉，依章程規定採候選人提名制度者，準用第一百九十二條之一第一
項至第六項規定。

公司負責人或其他召集權人違反前項準用第一百九十二條之一第二項、第五項或第
六項規定者，各處新臺幣一萬元以上五萬元以下罰鍰。但公開發行股票之公司，由
證券主管機關各處公司負責人或其他召集權人新臺幣二十四萬元以上二百四十萬
元以下罰鍰。」

【練習題】

一、甲股份有限公司為公開發行股票公司，以普通決議的方式解任董監事，
　　是否適法？

二、乙股份有限公司有監察人三人，因故解任僅餘一人時，是否應召開股東
　　臨時會補選？

問題八十一
股東會決議的事項是否以公司法或章程規定者為限？

> 甲股份有限公司董事會決議，將公司不動產抵押給銀行貸款，股東乙抗議董事會無此權責，應召開股東會決議始為適法。乙的抗議是否有理由？

【解析】

一、公司法九十年修正前股東會權限的爭議

九十年修正公司法之前，股東會得為決議的事項，是否以法令或章程規定者為限，有下列二說：

㈠概括規定說

公司法第二〇二條後段規定，除本法或章程規定，應由股東會決議的事項外，均得由董事會行之。條文中僅規定「得」由董事會行之，而非「應」由董事會行之，可見該條為劃分董事會與股東會權限的概括規定，並不代表限縮股東會的權能。蓋股東會為公司最高的意思機關，股東會決議所為的事項，如未違反法令或章程，董事會均應遵循辦理。

㈡限縮規定說

為避免股東會權限的擴大及複雜，近來在立法上對股東會的權限有縮小的趨勢，如日本商法第二三〇條之二規定，股東會以本法或章程所規定的事項為限，得為決議，其目的在維持「企業自體」的原則，強調企業經營與企業所有分離的原則。

前開爭議，實務見解並未明確指明，惟由「公司以不動產設定抵押權借款應業務之需係屬董事會的職權，如公司章程別無規定應經股東會決議者，自可由董事會決議行之」（經濟部 56.9.7 商 23287 號函），似採限縮規定說。

二、公司法九十年修正後明確劃分股東會與董事會的職權

　　有關董事會與股東會權限劃分問題，其本質即屬企業所有與企業經營的分離與結合的問題。傳統的家族企業，股權集中，股東人數有限，股東經常聚集一堂，共同商議公司的業務經營，因此，企業的所有權與經營權呈現結合的狀態。而現代化的巨型企業，則因規模龐大，股東人數眾多，股權分散，股東會的召集次數有限，更無法經常聚集一堂商議公司業務，公司業務經營的決定權乃漸漸旁落到少數經營者的手中，所有權與經營權即呈現分離的狀態。再者，縮小股東會權限，使董事會成為獨立機關，以任經營的權責，乃現行各國公司法的立法趨勢。是以，公司法於九十年修正時，將第二○二條修正為：「公司業務之執行，除本法或章程規定應由股東會決議之事項外，均應由董事會決議行之。」由此可知，股東會得為決議的事項，應以法令、章程所規定者為限；法令或章程未賦予股東會決議權者，均屬董事會決議的事項。

【結論】

　　因將公司的不動產抵押給銀行貸款，非屬公司法明定為股東會議決事項，因此，如甲公司章程未明定公司不動產設定抵押貸款係屬股東會應議決事項，董事會自有權限決議行之。乙的抗議無理由。

【參考法條】

公司法第二○二條

「公司業務之執行，除本法或章程規定應由股東會決議之事項外，均應由董事會決議行之。」

【練習題】

一、甲股份有限公司董事會決議解任常務董事乙，乙抗辯董事會無此權責，不生解任的效力，除非股東會決議解任其職務。乙的抗辯是否有理由？

二、董事丙抗議董事會未經股東會決議，即減少其報酬，是否有理由？

問題八十二
董事的車馬費是否屬於報酬，應經章程訂明，或由股東會議定？

> 甲股份有限公司未於章程中訂明董事的報酬，則董事乙向公司請求支領的車馬費，是否應由股東會議定？

【解析】

一、董事的「報酬」與「車馬費」有別

㈠所謂董事的「報酬」，是指董事為公司服務應得的酬金而言。所謂「車馬費」，則指董事前往公司或為公司與他人洽商業務所應支領的交通費用而言，自與董事的報酬有別（最高法院 69 年臺上字第 4049 號判決、71 年臺上字第 415 號判決、經濟部 81.7.17 商 217298 號函）。

㈡政府或法人為公司股東時，無論係政府或法人本身被推定為執行業務股東或當選為董事或監察人，而由其指定的自然人代表行使職務，抑其代表被推定為執行業務股東或當選為董事或監察人，該代表人與政府或法人間實屬民法上的委任關係，依民法第五四一條第一項規定，受任人因處理委任事務所收取的金錢物品及孳息，應交付於委任人，因此公司支付於董監事的酬勞金，應歸為股東的政府或法人所有，至於車馬費係供實際需要的費用，由其代表人支領（司法行政部 63.7.20 臺 (63) 函參 6303 號函、經濟部 63.8.5 商 20211 號函）。

㈢按公司盈餘之分派，分為股息及紅利，而登記實務上，紅利又分為股東紅利、員工紅利、董監事酬勞。是以，董監事酬勞，屬盈餘分派之範疇。至董監事報酬，則指董事、監察人為公司服務應得之酬金，屬公司法第一九六條、第二二七條之範疇。是以，報酬與酬勞，係屬二事，先為敘明（經濟部 94.12.26 經商字第 09402199670 號）。

㈣公司章程所規定分派予董事、監察人之酬勞，為董事、監察人所得享有

之私法上權利，尚非不得拋棄。公司為盈餘分派決議前，全體或部分個別董事、監察人拋棄上述酬勞分派權利，公司對拋棄者之董事、監察人酬勞應不予分派，該項酬勞仍屬公司盈餘之一部，應列入公司年度盈餘之分派或保留為公司未分配盈餘款項。至董事、監察人於股東會為盈餘分派之決議後始拋棄者，因盈餘分派之議案一經股東會決議，即生效力，所分配之董監事酬勞已非盈餘之一部，董事會應就股東會所分派之董監事酬勞分派予董事、監察人，至全體或部分個別董事、監察人拋棄或未領取其酬勞，就會計而言，應屬公司之「其他收入」。又董事監察人酬勞屬紅利性質，股息及紅利之分派基準日除分派股、股東紅利及員工紅利外，亦包括董事監察人酬勞之分派。另董事監察人酬勞應以董事監察人為分配對象，而其受配比例或金額，則屬公司內部自治事項（經濟部94.8.17 經商字第 09400586770 號）。

二、如何議定董事的報酬

㈠董事的報酬，未經章程訂明者，應由股東會議定，不得事後追認（公 §196）。

㈡由股東會議定時，以普通決議為之即可。

㈢董事對於決定其報酬的股東會決議具有自身利害關係，故不得加入表決，並不得代理他股東行使其表決權（公 §178）。

三、董事退職酬勞金不是報酬

　　公司法第一九六條所定「董事的報酬」，係指對於董事在職期間處理委任事務支付的對價而言。至於董事退職酬勞金，顧名思義，通常係指對於退職董事給與金錢，以資酬勞，並非董事處理委任事務的對價，性質上不在公司法第一九六條所定報酬之列（最高法院 77 年臺上字第 1 號判決）。

四、董事不再參與分配員工獎勵金

　　公司董事係由股東會選任，與公司應業務的需要所聘僱的職工有別。則支付員工的獎勵金，自可不再分配與公司董事（經濟部 64.1.7 商 00343 號函）。

【結論】

依前開解析的說明，車馬費不是報酬，故公司法第一九六條不適用之。換言之，車馬費既毋庸訂明於章程，亦無須經股東會議定。因其乃是董事公務所需支領的交通費用，應依實際情形給與。當然，目前實務上屢見變相為董事的另一類報酬，以規避公司法第一九六條的規定，也可避稅，不無疑義。

【參考法條】

公司法第一七八條

「股東對於會議之事項，有自身利害關係致有害於公司利益之虞時，不得加入表決，並不得代理他股東行使其表決權。」

公司法第一九六條

「董事之報酬，未經章程訂明者，應由股東會議定，不得事後追認。」

【練習題】

一、甲股份有限公司於章程中訂明董事的報酬、車馬費、三節獎金各為多少，並授權董事會視物價指數調整，是否適法？

二、乙、丙為法人股東指定至公司行使董事職務的代表，則乙、丙如何支領董事報酬或車馬費？

問題八十三
公司章程規定董事的報酬授權董事會議定，則是否尚須經股東會決議追認？

> 甲股份有限公司的章程中訂定，董事的報酬授權董事會決定，是否適法？

【解析】

一、董事報酬的議定為股東會權限

按公司法第一九六條規定：「董事之報酬，未經章程訂明者，應由股東會議定之，不得事後追認。」由此可見，董事的報酬是由股東會議定（即使是訂明於章程，亦須經股東會決議）。又依同法第二○二條明確劃分股東會與董事會的職權，除本法或章程規定應由股東會決議的事項外，均應由董事會決議行之。公司法既規定董事報酬的議定為股東會的權限，則自不能由董事會議定。

二、董事報酬授權董事會議定，尚須股東會決議

依前開說明，董事的報酬既屬股東會決議權限，因此，不因授權董事會議定而免除股東會決議的程序。申言之，如公司章程規定董事的報酬授權董事會議定之，則仍須股東會決議，但不得事後追認。因九十八年一月公司法修正，股東會不得事後追認董事之報酬，故以往實務見解謂董事報酬非經股東會追認不生拘束公司的效力（最高法院 77 年臺上字第 2158 號判決），不再援用。

【結論】

雖然甲公司的章程中訂定，董事的報酬授權董事會決定，但基於公司法第一九六條、第二○二條規定，董事報酬的議定係屬股東會權限，是故，縱使甲公司董事的報酬已經董事會議定，尚須經股東會追認後，始對公司發生效力。

【參考法條】

公司法第一九六條

「董事之報酬，未經章程訂明者，應由股東會議定，不得事後追認。」

公司法第二〇二條

「公司業務之執行，除本法或章程規定應由股東會決議之事項外，均應由董事會決議
　行之。」

【練習題】

一、甲股份有限公司的章程中訂定，經理的委任及報酬授權董事會決定，
　　是否適法？

二、乙股份有限公司的章程中訂定，常務董事、經理的職權授權董事長決
　　定，是否適法？

問題八十四
董事任期中持股轉讓有何限制？

> 　某法人股東指派自然人甲代表當選為董事，則在董事甲任期中，法人股東持股轉讓逾二分之一，則甲是否解任董事職務？

【解析】

一、公開發行股票公司董事轉讓持股超過二分之一，當然解任

　　公司法九十年修正前第一九七條第一項原規定，董事選任當時所持有公司股份數額，在任期中不得轉讓其二分之一以上，超過二分之一時，其董事當然解任。九十年修正為「公開發行股票之公司董事」在任期中轉讓持股超過二分之一時，其董事當然解任。此一修正乃是配合證券交易法第二十六條的規定。修正後，不公開發行股票的公司董事，即使在任期中轉讓其選任當時所持有的公司股份數額超過二分之一，亦不解任。

㈠轉讓的股份如恰為二分之一，並不影響董事的職務（經濟部 56.4.21 商 10005 號函）。

㈡股份設質與他人，與轉讓股份有別，不能適用公司法第一九七條規定（經濟部 72.6.3 商 21648 號函）。

㈢公司重整期間董監事轉讓持有股份超過選任當時所持有的二分之一時，仍應予解任（經濟部 76.12.15 商 63595 號函）。

㈣公司董監事在任期中，將所持有的股份信託轉讓他人，依信託法的規定，如所有權已移轉與受託人，股份數額既有變更，自有公司法第一九七條規定的適用（經濟部 87.4.16 商 87207834 號函）。

㈤董監事依證券交易法的規定，將持股送交證券集中保管事業集中「保管」者，如無轉讓持股的情事，自無公司法第一九七條當然解任規定的適用（經濟部 88.2.9 商 87231124 號函）。

二、當然解任的時點

(一)「實際轉讓持股二分之一時」說

　　1.公司法第一六五條第一項規定記名股票的轉讓非經將受讓人的名稱、住所記載於股票及股東名簿，不得以其轉讓對抗公司，純為受讓人與公司間的關係而設，即非經將受讓人名稱住所登記，公司可不承認其股東身分，但與出讓股份契約的效力無關，更與公司法第一九七條董事當然解任的規定不生影響（最高法院 62 年臺抗字第 307 號裁定）。

　　2.公司法第一九七條第二項的規定，係為便利主管機關的監督而設，董事股份增減的申報及公告並非生效要件 （最高法院 65 年臺上字第 1410 號判例）。

　　3.董監事當然解任並不以其股份轉讓已否辦理過戶為要件。股票辦理更名過戶手續，僅為股東對抗公司的要件（經濟部 56.5.29 商 13465 號函、80.7.1 商 215721 號函）。

(二)「於辦理過戶手續時」說

　　受讓人未向公司辦理過戶手續，因公司股東名簿所記載的股票持有人仍為原董事，故董事與受讓人間的轉讓契約雖然有效，但因受讓人未為變更股東名義的登記，故公司尚不能承認受讓人為該公司股東的身分，因此原董事職務，並不因其轉讓即時解任。

三、如何認定「選任當時所持有的公司股份數額」

　　董事經選任後，應向主管機關申報其選任當時所持有的公司股份數額。董事在任期中其股份有增減時，應向主管機關申報並公告之（公 §197 I 前段、II）。應注意的是，此規定並未限定僅適用於公開發行股票公司，故不公開發行股票公司也有適用。

(一)公司法第一九七條規定董事經選任後，應向主管機關申報，其選任當時所持有的公司股份數額，係以選任當時股東名簿所記載的股份數額為準，其實際持有尚未辦妥過戶手續者，不包括在內，至任期中股份雖有變動，仍以選任當時所持有的股份數額為計算標準 （經濟部 57.6.19 商 21911 號函、77.2.3 商 03310 號函、79.6.13 商 209806 號函、82.4.19 商 207681 號函）。

㈡董事經選任後，應向主管機關申報其選任當時所持有的公司股份數額，係指在股東會中選舉時，其本名所持有的股份數額，亦即停止過戶時股東名簿所記載的股份數額（經濟部 69.6.4 商 18170 號函）。又此應包括其在選任時持有的記名股票及無記名股票（經濟部 75.1.11 商 01289 號函）。

四、法人股東股份轉讓超過法定數額，其代表人當選董事亦當然解任

法人股東指派代表人擔任董事、監察人或其代表人當選為董事、監察人者時，如法人股東轉讓股份超過法定數額，其指派的代表人即應當然解任，尚不生如何認定各代表人持股數的問題（經濟部 56.3.17 商 06391 號函、82.2.16 商 001346 號函）。

五、於閉鎖期間內轉讓持股逾二分之一，是否當然解任

公司法九十年修正前，此實務上爭議問題被認為「因其轉讓持股係於董事選任之前，似與條文所稱『任期中不得轉讓』的規定未盡相合。……」謂無當然解任的適用（司法院秘書長 81.9.24 秘臺廳（一）字第 14850 號函、經濟部 81.10.30 商 228437 號函、81.11.10 商 226226 號函）。惟鑑於董事經選任後，若許其將持有股份隨意轉讓，必易使其無心於業，影響公司業務經營，因此，九十年修正公司法時，增訂公司法第一九七條第三項：「董事任期未屆滿提前改選者，當選之董事，於就任前轉讓超過選任當時所持有之公司股份數額二分之一時，或於股東會召開前之停止股票過戶期間內，轉讓持股超過二分之一時，其當選失其效力。」一〇二年時調整文字為「公開發行股票之公司董事當選後，於就任前轉讓超過選任當時所持有之公司股份數額二分之一時，或於股東會召開前之停止股票過戶期間內，轉讓持股超過二分之一時，其當選失其效力。」自不適用於非公開發行股票公司。

【結論】

依公司法第一九七條第一項規定，公開發行股票的公司董事在任期中轉讓超過選任當時所持有的公司股份數額二分之一時，其董事當然解任。按九十年公司法修正時，將當然解任的規定僅適用於公開發行股票公司的

董事。因此，甲所擔任董事的公司如為公開發行股票公司，則甲所代表的法人股東持股轉讓逾二分之一時，甲當然解任董事職務；反之，若非為公開發行股票公司，則無該規定的適用。

【參考法條】

公司法第一九七條

「董事經選任後，應向主管機關申報，其選任當時所持有之公司股份數額；公開發行股票之公司董事在任期中轉讓超過選任當時所持有之公司股份數額二分之一時，其董事當然解任。

董事在任期中其股份有增減時，應向主管機關申報並公告之。

公開發行股票之公司董事當選後，於就任前轉讓超過選任當時所持有之公司股份數額二分之一時，或於股東會召開前之停止股票過戶期間內，轉讓持股超過二分之一時，其當選失其效力。」

【練習題】

一、某股份有限公司的董事長甲，在任期中轉讓其持股已逾二分之一，但遲遲未辦理過戶登記，甲抗辯股東名簿上其持股記載並未變更，而主張其仍具董事長資格，是否有理由？

二、董事乙在公司提前改選董事前轉讓持股已超過法定數額，其辯稱應以改選後就任當時持股數為認定標準，因此未逾選任當時的持股數，不發生解任的效果，是否有理由？

問題八十五
董事辭職是否須經股東會或董事會的決議始生效力？

> 甲股份有限公司董事乙以存證信函方式向甲公司辭去董事職務，甲公司以乙的辭職未經股東會同意而拒絕，是否有理由？

【解析】

一、董事得隨時向公司辭職

按公司與董事、監察人間的關係，除本法另有規定外，依民法關於委任的規定（公 §192 V、§216 III）。即公司與董事、監察人間為民法委任契約關係。因此，依民法第五四九條第一項規定，當事人的任何一方，得隨時終止委任契約。至於該董事、監察人若於不利於公司的時期終止委任關係者，則可能有刑法上的背信責任或有民法上的損害賠償責任（經濟部86.10.2 商 86219377 號函）。

二、董事辭職的方式

董事不論是否有任期，或其事由如何，得為一方的辭任，不須經公司的承諾。董事的辭職，向公司的代表人（董事長或其代理人）為辭任意思表示即生效力。至於辭任的意思表示，以口頭或書面為之，並無限制。僅前者依民法第九十四條的規定，以相對人了解時，發生效力；而後者以通知達到相對人時，發生效力（民 §95）（經濟部 80.9.7 商 223815 號函、81.5.6 商 211608 號函）。

三、董事辭職無須公司同意

公司與董事間的關係，係因選任行為及承諾表示而成立的委任關係，故董事一經提出辭職，無須公司的同意，即當然失其董事的身分（最高法院 62 年臺上字第 262 號判決）。又依民法第五四九條第一項當事人的任何一方，得隨時終止委任契約的規定，董事辭職並不需要以股東會或董事會

的決議為生效要件（經濟部 55.8.31 商 19825 號函）。

【結論】

依民法第五四九條第一項規定，乙得隨時終止其與甲公司的委任契約關係。因此，乙以書面（存證信函）方式向甲公司辭職，只要達到公司即發生辭任的效果，無須公司同意。甲公司以乙的辭職未經股東會同意而拒絕，顯無理由。

【參考法條】

民法第五四九條

「當事人之任何一方得隨時終止委任契約。

　當事人之一方，於不利於他方之時期終止契約者，應負損害賠償責任。但因非可歸責於該當事人之事由，致不得不終止契約者，不在此限。」

【練習題】

一、甲有限公司的經理乙以 E-mail 向甲公司辭職，甲公司不予理會，亦不辦理經理人變更登記，是否有理由？

二、董事丙在董事會會議中因堅持不同意某投資案，憤而表示，如果該投資案仍決議通過，其願辭職下臺。若該投資案確已決議通過，丙是否發生辭任董事的效果？

問題八十六
董事缺額達三分之一時如何處理？

> 甲股份有限公司原有五位董事，因其中二位董事辭職，僅餘的三位董事可否以原選次多數的被選人代行職務，為董事會決議？

【解析】

一、應召開股東臨時會補選

按公司法於九十年修正前原第二〇一條第一項規定，董事缺額達三分之一時，應即召集股東臨時會補選之。惟所稱「應即召集」，並無一定時間上的限制，實務上易滋生爭議，九十年爰修正為「應於三十日內召開股東臨時會補選之。但公開發行股票之公司，董事會應於六十日內召開股東臨時會補選之。」避免董事會拖延召集股東臨時會的時日，影響公司正常經營。

㈠公司董事名額總數的計算，應以依法選任並以實際在任而能應召出席者以為認定。董事會應出席的人數，如有法定當然解任而發生缺額情形，應予扣除（經濟部 61.7.22 商 20114 號函）。

㈡公司常務董事人數符合公司法第二〇八條規定的限額，因董事的解任而超出限額時，如缺額未達三分之一，可不必補選董事（經濟部 70.2.20 商 6284 號函）。

二、未及補選不得代行職務

公司法九十年修正前原第二〇一條第二項規定，董事缺額未及補選而有必要時，得以原選次多數的被選人代行職務。因所稱「代行職務」，其法律上的權義關係如何，語意不明；又為消弭現行實務藉口董事缺額未及補選，而以原選次多數的被選人代行職務，拖延補選董事情事，九十年修正公司法時刪除本條項的規定。因此，已無代行職務的問題。又公司董事缺額達三分之一，若以修改章程方式降低董事人數，使不發生缺額補選的情

形，於法尚無不合（經濟部 84.12.7 商 84226829 號函）。此外，公司章程亦不得為「設候補董事○人，候補監察人○人，依序遞補董監事缺額」的記載（董事、監察人的人數，為章程絕對必要記載事項，自不得另設候補董事、監察人，以任意記載事項作相反的規定（經濟部 75.9.1 商 38824 號函））。

【結論】

　　九十年修正公司法時，已刪除第二○一條第二項，董事缺額得以原選次多數的被選人代行職務的規定，故甲公司如為非公開發行股票公司，應於三十日內召開股東臨時會補選之；如為公開發行股票公司，則應於六十日內召開股東臨時會補選之（公 §201），不發生代行職務的問題。

【參考法條】

公司法第二○一條

「董事缺額達三分之一時，董事會應於三十日內召開股東臨時會補選之。但公開發行股票之公司，董事會應於六十日內召開股東臨時會補選之。」

【練習題】

一、甲股份有限公司董事缺額達三分之一，是否有方法可以不補選董事？

二、乙股份有限公司修訂章程，增訂「本公司設候補董事二人，於董事缺額時遞補」，是否適法？

問題八十七
如何召集董事會？

甲股份有限公司的董事長當然解任後，由誰召集董事會？

【解析】

一、董事會的召集人

㈠原則上董事會由董事長召集之（公 §203 之 1 I）。

㈡每屆第一次董事會，由所得選票代表選舉權最多的董事於改選後十五日內召開之。但董事係於上屆董事任滿前改選，並決議自任期屆滿時解任者，應於上屆董事任滿後十五日內召開之（公 §203 I）。

㈢得選票代表選舉權最多的董事，未於第一項或前項期限內召開董事會時，得由過半數當選的董事，自行召集之（公 §203 IV）。

㈣每屆第一次董事會未能依規定程序產生董事長時，所得票數代表選舉權最多的董事會議召集權並不因此而喪失，仍應由其繼續召集董事會，直至選出常務董事及董事長為止（經濟部 62.9.17 商 29340 號函）。

㈤報經地方主管機關許可自行召集董事會的董事，其地位相當於每屆所得選票代表選舉權最多的董事；繼續自行召集的第二次董事會，毋庸再報經地方主管機關許可（經濟部 73.10.18 商 40536 號函）。

㈥如董事長拒不召集時，尚不得由公司常務董事互推一人召集並由其擔任主席（經濟部 63.5.13 商 12051 號函）。如董事長有當然解任的情事者，在未及補選前，得類推適用公司法第二○八條第三項規定，由副董事長，無副董事長者，由常務董事或董事互推一人暫時執行董事長職務，以利董事會的召開，尚不生依公司法第二○三條規定自行召集董事會的問題（經濟部 80.6.4 商 213564 號函）。

㈦公司章程如規定：「過半數以上的董事以書面請求董事長召開董事會時，董事長應召集之。前項請求提出後十五日內董事長不為召集的通知時，

得由過半數以上的董事自行召集之。」與公司法第二○三條之一第一項
規定不合（經濟部 82.3.17 商 202200 號函）。

二、董事會的召集時期

㈠每屆第一次董事會，由所得選票代表選舉權最多之董事於改選後十五日
內召開之。但董事係於上屆董事任滿前改選，並決議自任期屆滿時解任
者，應於上屆董事任滿後十五日內召開之（公 §203 I）。

㈡董事如係於上屆董事任期屆滿前改選者，則依舊條文規定，須於上屆董
事任滿後十五日內始得召開第一次董事會，據此，董事長、副董事長、
常務董事無法於任期屆滿前改選，銜接視事，公司運作相當不便，為便
利新、舊任交接，九十年公司法修正時，增訂第二○三條第三項：「董事
係於上屆董事任期屆滿前改選，並經決議自任期屆滿時解任者，其董事
長、副董事長、常務董事之改選得於任期屆滿前為之，不受前項之限
制。」（一○七年修正為第二項）

㈢第一次董事會的召開，出席之董事未達選舉常務董事或董事長的最低出
席人數時，原召集人應於十五日內繼續召開，並得適用第二○六條（即
過半數董事的出席，出席董事過半數的同意行之）的決議方法選舉之（公
§203 III）。

三、董事會的召集程序

㈠董事會的召集，應於三日前通知各董事及監察人。但章程有較高之規定
者，從其規定。公開發行股票之公司董事會之召集，其通知各董事及監
察人之期間，由證券主管機關定之，不適用前項規定。有緊急情事時，
董事會之召集，得隨時為之。前三項召集之通知，經相對人同意者，得
以電子方式為之。董事會之召集，應載明事由（公 §204）。

㈡公司法第二○四條規定既謂「應載明事由」，則本條的通知自須以書面為
之。又本條所謂「緊急情事」，係指事出突然，又急待董事會商決的事項
而言，至於「有緊急情事，得隨時召集之」，乃指有緊急情事時，得不在
七日前通知召集。至於遇有緊急情事得否以書面通知，應視公司章程有
否明定，易言之，原則上仍應以書面為之，如章程另有規定者，從其規

定（經濟部 74.10.24 商 46656 號函）。應注意的是，因應電子科技之進步，一〇〇年六月二十九日公司法修正時認為董事會之召集通知，應比照股東會之召集通知，經相對人同意者，得以電子方式為之，爰增訂第四項：「前三項召集之通知，經相對人同意者，得以電子方式為之。」

四、董事會召集程序違法

董事會的召集程序違反法令或章程時，其效力如何？公司法未如股東會設有明文，學界通說認為，其決議均應不生效力（即無效）。實務見解亦同，例如：

㈠按公司法於股份有限公司設董事會制度的趣旨，在於使全體董事於董事會會議，經互換意見，詳加討論後，決定公司業務執行的方針。依同法第二〇三條之一第一項及第二〇八條第三項規定，董事會應由董事長召集，並以董事長為主席。因之，董事會會議如經董事長宣布散會，應認為會議已經結束；嗣後雖仍有過半數的董事繼續集會，惟此項集會既與上開規定有違，且無董事長不能行使職權的情形（公 §208 III 後段），其所作的決議，似不能認係董事會的決議（法務部 82.8.2 律決 16021 號函）。

㈡董事會的召集漏未通知部分董事，致有影響決議結果之虞時，因董事會的召集程序違反法令時，公司法並未設特別規定，亦無準用公司法第二〇四條的規定，而查董事會係全體董事於會議時經互換意見，詳加討論後，決定公司業務執行的方針，依設定董事會制度的趣旨以觀，應認該決議係當然無效（臺灣高等法院 65 年法律座談會結論、經濟部 74.10.24 商 46656 號函）。

【結論】

甲股份有限公司的董事長當然解任後，在未及補選前，如公司設有副董事長者，則由副董事長；無副董事長，由常務董事或董事互推一人暫時執行董事長職務，召開董事會。

【參考法條】

公司法第二〇三條

「每屆第一次董事會，由所得選票代表選舉權最多之董事於改選後十五日內召開之。但董事係於上屆董事任滿前改選，並決議自任期屆滿時解任者，應於上屆董事任滿後十五日內召開之。

董事係於上屆董事任期屆滿前改選，並經決議自任期屆滿時解任者，其董事長、副董事長、常務董事之改選得於任期屆滿前為之，不受前項之限制。

第一次董事會之召開，出席之董事未達選舉常務董事或董事長之最低出席人數時，原召集人應於十五日內繼續召開，並得適用第二百零六條之決議方法選舉之。

得選票代表選舉權最多之董事，未在第一項或前項限期內召開董事會時，得由過半數當選之董事，自行召集之。」

公司法第二〇三條之一

「董事會由董事長召集之。

過半數之董事得以書面記明提議事項及理由，請求董事長召集董事會。

前項請求提出後十五日內，董事長不為召開時，過半數之董事得自行召集。」

公司法第二〇四條

「董事會之召集，於三日前通知各董事及監察人。但章程有較高之規定者，從其規定。

公開發行股票之公司董事會之召集，其通知各董事及監察人之期間，由證券主管機關定之，不適用前項規定。

有緊急情事時，董事會之召集，得隨時為之。

前三項召集之通知，經相對人同意者，得以電子方式為之。

董事會之召集，應載明事由。」

公司法第二〇八條第三項

「董事長對內為股東會、董事會及常務董事會主席，對外代表公司。董事長請假或因故不能行使職權時，由副董事長代理之；無副董事長或副董事長亦請假或因故不能行使職權時，由董事長指定常務董事一人代理之；其未設常務董事者，指定董事一

人代理之；董事長未指定代理人者，由常務董事或董事互推一人代理之。」

【練習題】

一、甲股份有限公司現任董監事於五月三十日始任期屆滿，則提前於四月十日改選的新任董監事，可否於五月一日召開該屆第一次董事會？

二、乙股份有限公司的董事長丙因案被通緝，遲遲不召開董事會，則常務董事丁可否召集董事會，決議解任丙？

問題八十八
董事可否委託其他人代理出席董事會？

> 董事甲可否出具委託書委託股東乙經常代理其出席董事會？

【解析】

一、原則上應親自出席

　　董事會開會，原則上董事應親自出席。按公司法第二○五條第一項規定：「董事會開會時，董事應親自出席。但公司章程訂定得由其他董事代理者，不在此限」。據此，章程如未訂有董事出席董事會之代理者，則董事委託其他董事代理出席董事會對公司不生效力（經濟部 99.2.22 經商字第 09900521880 號）。

　　例如甲公司召開董事會，其法人董事長乙公司（公 §27 I）所指派之代表人（自然人 A）無法出席董事會，該法人董事長乙公司自得依公司法第二十七條第三項之規定，依其職務關係隨時改派其他人為之，補足原任期。於此情形，由新任之代表人出席董事會擔任董事長，不生依公司法第二○八條第三項規定產生董事長代理人之問題。倘該法人董事長乙公司不改派代表人，而欲委託他人代理出席者，則應符合公司法第二○五條第一項規定。準此，受委託人應以甲公司之其他董事為限。至於此時甲公司召開董事會時，因董事長並未出席，董事會之主席應依公司法第二○八條第三項規定之程序產生。有關董事長因故不能出席董事會應如何處理一節，公司法已有規定，應依公司法規定辦理，自不再適用民法委任之規定。是以，法人董事長乙公司擬委任不具甲公司董事身分之人出席董事會行使董事相關權利及義務並擔任甲公司董事會主席，於法尚有未合（經濟部 99.10.21 經商字第 09902424890 號函）。

二、例　外

㈠得以視訊會議為之

按公司法於九十年修正前，基於董事會的議事，應作成議事錄（公§207 I），議事錄應記載會議的「年、月、日、場所」與「出席股東的簽名簿」及「代理出席的委託書」一併保存（公§207 II準用§183）。是以實務見解認為董事會的召開，如未經董事親自或委託他人代理「出席」於「某時」在「某地」（即場地）舉行的集會，而由散居各地的董事以電話或其他視訊方式溝通、討論與決議，尚難謂已合法召開董事會（經濟部75.3.19商11789號函、87.2.5商87202808號函）。惟鑑於電傳科技發達，人與人溝通已不侷限於同一時間、同一地點、從事面對面交談，如今以視訊畫面會議方式從事會議，亦可達到相互討論的會議效果，與親自出席無異。九十年修法時，增訂第二○五條第二項：「董事會開會時，如以視訊會議為之，其董事以視訊參與會議者，視為親自出席。」

㈡公司章程訂定得由其他董事代理者，董事得不親自出席（公§205 I但書）。

㈢臨時代理

董事委託其他董事代理出席董事會時，應於每次出具委託書，並列舉召集事由的授權範圍。前項代理人以受一人的委託為限（公§205 III、IV）。

1.代理人以同一公司的董事為限。

2.每次均須出具委託書（要式行為）。

3.法人董事已指派自然人充其代表者，委託非董事代表出席董事會於法不合（經濟部56.11.3商30003號函）。

4.解散公司並無第二○五條第四項的適用（經濟部86.9.27商86218765號函）。

5.按常務董事得否互為代理，法無明文，惟常務董事係由董事互選產生，並依同條第四項規定常務董事於董事會休會時，依法令……以集會方式經常執行董事會職權。準此，常務董事會係董事會休會時所為的設置，

如公司章程訂定董事得由其他董事代理時，自得比照代理之 （經濟部87.3.21 商 87205438 號函）。

㈣經常代理（一○七年刪除）

一○七年修法前，董事居住國外者，得以書面委託居住國內的其他股東，經常代理出席董事會（公 §205 V）。前項代理，應向主管機關申請登記，變更時亦同（公 §205 VI）。依原第五項規定，董事經常代理制度，容許居住國外之董事得以書面委託居住國內之其他股東，經常代理出席董事會。此種制度下，居住國外之董事，可經常性不親自出席董事會，有違董事應盡之義務，並不妥適，況董事會開會已開放得以視訊會議為之，爰刪除原第五項及第六項。

1.依原第一項及第二項規定，僅允許董事會以實體集會或視訊會議方式召開。而香港法原則上對董事會開會方式允許任何方式為之，董事會得以書面決議取代實際開會，但會前須取得全體董事同意；日本會社法亦有類似之規定，爰仿外國立法例，容許多元方式召開董事會，增訂第二○五條第五項，明定公司得於章程訂明經全體董事同意，董事就當次董事會議案以書面方式行使其表決權，可不實際集會，以利公司運作之彈性及企業經營之自主。

2.公司倘於章程訂明經全體董事同意，董事就當次董事會議案得以書面方式行使其表決權時，為明確規定其效果，爰增訂第二○五條第六項，明定視為已召開董事會，毋庸實際集會；又董事就當次董事會議案以書面方式行使其表決權者，其法律效果，亦予明定視為親自出席董事會。

三、違反委任規定的效力

㈠公司法第二○五條第三項旨在限制董事為概括的委任，以杜絕少數董事操縱董事會之弊，違反本條項而為委任者，不生委託出席的效力（最高法院 70 年臺上字第 3410 號判例）。

㈡公司法第二○五條第三項所規定的委託書，乃係證明當事人間委託處理事務及權限範圍的文書，關於其形式，公司法尚無特別的限制。若董事未於委託書上蓋原登記印鑑章，如當事人間對於委託書的真實性並無爭

執，於委託書的效力，應不生影響（經濟部 78.6.19 商 205443 號函）。

【結論】

一○七年公司法修正前，依公司法第二○五條第五項規定，董事擬委託居住國內的其他股東經常代理出席董事會的前提，為該董事居住國外。如該董事居住於國內，僅可依同條第三項委託「其他董事」代理出席董事會。惟依本條第一、二項規定，允許董事會以實體集會或視訊會議方式召開，因此，刪除原第五項規定，新增第五、六項規定，公司章程得訂明經全體董事同意，董事就當次董事會議案以書面方式行使其表決權，而不實際集會。前項情形，視為已召開董事會；以書面方式行使表決權之董事，視為親自出席董事會。基此，甲可否委託股東乙經常代理其出席董事會，以與其居住於國內或國外無涉。

【參考法條】

公司法第二○五條

「董事會開會時，董事應親自出席。但公司章程訂定得由其他董事代理者，不在此限。

董事會開會時，如以視訊會議為之，其董事以視訊參與會議者，視為親自出席。

董事委託其他董事代理出席董事會時，應於每次出具委託書，並列舉召集事由之授權範圍。

前項代理人，以受一人之委託為限。

公司章程得訂明經全體董事同意，董事就當次董事會議案以書面方式行使其表決權，而不實際集會。前項情形，視為已召開董事會；以書面方式行使表決權之董事，視為親自出席董事會。

前二項規定，於公開發行股票之公司，不適用之。」

【練習題】

一、甲出具委託書，載明授權乙於該年度全權代理其出席董事會，是否適
　　法？

二、董事丙委託股東丁代理出席董事會後，於董事會開會當日又親自出席，
　　公司應如何處理？

問題八十九
董事會如何行使表決權？

> 某股份有限公司召開董事會，討論董事甲競業的問題，甲不但出席董事會，亦參加決議，是否適法？

【解析】

一、董事的表決權

㈠董事會的決議，每一董事有一表決權（公 §206 I、§208 I 參照）。

㈡董事表決權行使的限制

1.董事對於會議的事項有自身利害關係，致有害於公司利益之虞時，不得加入表決，並不得代理他董事行使其表決權（公 §206 IV 準用 §178）。且董事對於會議之事項，有自身利害關係時，應於當次董事會說明其自身利害關係之重要內容(此為一〇一年公司法修正時新增公 §206 II 所規定)，俾為健全公司治理，促使董事之行為更透明化，以保護投資人權益。但非謂董事會的召集權人，享有不通知有利害關係的董事出席的權限（最高法院 70 年臺上字第 3410 號判決）。倘公司有八位董事，召開董事會時，八位董事全部出席（符合法定開會門檻），如其中七席於決議事項有利害關係致有害於公司利益之虞，依經濟部 91.5.16 經商字第 09102088350 號函釋，僅餘一人可就決議事項進行表決，該一人就決議事項如同意者，則以一比零之同意數通過　（符合決議門檻）　（經濟部 99.4.26 經商字第 09902408450 號）。

2.董事不得行使表決權，即不得算入已出席董事的表決權數（公 §206 IV 準用 §180 II）。惟有學者認為該董事不算入已出席董事人數內。

3.公司法第二〇五條第二項規定，董事會開會時，如以視訊會議為之，其董事以視訊參與會議者，視為親自出席。又經濟部於九十三年三月十一日以經商字第 09302036200 號函稱，股東會之開會方式，不得類推適用公

司法第二○五條第二項有關董事會之開會方式，以視訊會議方式為之。益証以視訊會議參與系爭臨時股東會之股數五十萬股不應列入本件出席股東人數、股數中。至公司法於九十四年六月二十二日固修正公布第一七七條之一，規定公司召開股東會時得採行書面或電子方式行使其表決權，而以電子方式，依立法理由說明係指「依電子簽章法規定之電子方式行使其表決權」，則從現行電子簽章法規定以觀，以網際網路、語音電話進行表決，應無疑問，但以「視訊會議」進行表決，即有疑義，尚非可採。從而，上訴人主張股東之股數不應計入出席人數、股數一節，即堪採取（臺灣高等法院臺中分院 98 年上字第 226 號民事判決）。

二、董事會的決議方法

㈠普通決議

即應有過半數董事的出席，出席董事過半數的同意行之（公 §206 I）。凡不屬於特別決議的事項，均得以普通決議為之。

㈡特別決議

即應有三分之二以上董事的出席，出席董事過半數的同意行之。下列事項須以特別決議方法為之：

1.公司法第一八五條第一項第一款至第三款公司重大營業事項之提出（公 §185 IV）。

2.董事長、副董事長及常務董事的互選（公 §208 I、II）。

3.公開發行股票公司章程授權董事會決議辦理盈餘轉增資 （公 §240 V）。

4.公開發行股票公司授權董事會決議辦理公積轉增資（公 §241 II 準用 §240 V）。

5.募集公司債的決議（公 §246 II）。

6.發行新股的決議（公 §266 II）。

7.聲請公司重整的決議（公 §282 II）。

㈢三分之二以上董事的出席係指已依法選出的董事而言，如尚未獲得選出者，不計入三分之二董事的數額（最高法院 88 年臺上字第 1418 號判決）。

㈣出席董事會的董事如已超過半數即得進行表決。不因表決時有董事離席而受影響，至其表決是否通過仍應視是否已超過出席董事的半數，而非以超過在場董事的半數為斷（最高法院 77 年臺上字第 400 號判決）。同樣地，常務董事會的決議亦以現有實際人數為計算基準（經濟部 62.8.30 商 27284 號函）。

㈤公司法第二○六條第一項所謂 「過半數」 不包含半數在內 （經濟部 74.7.5 商 28292 號函）。

㈥公司法明定專屬「董事會」決議的事項，不論係普通決議或特別決議，均不得由常務董事會決議（經濟部 86.12.26 商 86224536 號函）。

三、董事會決議方法違法的效力

㈠按董事會會議有程序上或內容上的瑕疵時，其效力如何，依學者通說及臺灣高等法院六十五年法律座談會的結論，咸認均屬無效，惟因公司法就此部分並無如股東會會議得撤銷或無效的明文規定 （公 §189 及 §191），如有爭議，宜循司法途徑解決（經濟部 81.4.20 商 205876 號函）。

㈡公司董事會議所為決議，係屬法律行為中的共同行為，即指多數意思表示平行的一致而成立的法律行為，如股份有限公司設董事三人，開董事會時僅二人出席，且出席的二人，係其中一人代理另一人出席，僅有一董事在會場，無從成立多數意思表示平行的一致，似難有效成立決議（法務部 70.7.14 法 70 律 8791 號函、經濟部 70.7.24 商 29930 號函）。

㈢董事會召集程序、決議內容違反法律者，應認為當然無效（最高法院 97 年臺上字第 925 號判決參照）。是以，董事違反公司法第二○六條第二項所定之說明義務時，董事會決議因程序瑕疵而當然無效。又董事違反說明義務參與表決者，依同條第四項準用第一七八條規定，董事會決議因決議方法違法而無效。

四、董事會之會議中途有董事離席，是否影響其出席數之計算

　關此問題，有下列二說：

㈠甲說：出席人數之計算，自仍應以簽到簿所列者為準。

　理由：按內政部頒會議規範第七條規定：「開會後缺額問題會議進行中，

經主席或出席人提出額數問題時，主席應立即按鈴，或以其他方法，催促暫時離席之人，回至議席，並清點在場人數，如不足額，主席應宣布散會或改開談話會，但無人提出額數問題時，會議仍照常進行。在談話會中，如已足開會數額時，應繼續進行會議。」之意旨，足認其出席人數之計算，自仍應以簽到簿所列者為準（臺灣臺北地方法院95年度訴字第7722號判決參照）。依公司法第二〇六條第一項規定之文義解釋，可知出席董事如已超過半數，即得進行表決，不因表決時有董事離席而受影響，故表決時仍應以簽到簿出席人數為計算基準，而非以在場董事之人數為斷。

㈡乙說：出席董事人數要件，應就該議案表決時之實際在場董事人數認定。

理由：我國公司法有關董事會決議成立要件之規定，其規範對象為董事會之「議案」，而非該次董事會本身，故就各議案決議時，具體認定其是否符合法定成立要件為斷。倘以議案決議時之實際在場董事人數作為出席董事是否過半數之認定基準，會形成該議案實際出席董事人數，並未超過全體董事半數之情形，致該議案未符合法定成立要件。公司董事會採以會議體之設計，且於公司運作中被定位為業務經營機關，乃希冀董事會能集思廣益為業務決定，以追求公司最大利益，即出席會議參與議案之討論與表決，係公司董事基本義務，故依美國模範公司法規定，董事會須於議案表決當時，仍達法定出席人數，方可為合法決議。易言之，公司董事離席後表決之任何議案，仍不得將該離席之董事計入已出席人數。又我國公司法雖未明文定之，惟依我國公司法第二〇五條、第二〇六條規定意旨觀之，亦蘊含前揭美國模範公司法之「公司治理」之核心概念，故議案表決時，仍應以實際在場董事人數作為出席董事人數之計算。

臺灣高等法院暨所屬法院九十九年法律座談會民事類提案第十二號研討結果採乙說。

【結論】

　　按董事對於會議的事項有自身利害關係，致有害於公司利益之虞時，應於當次董事會說明其自身利害關係之重要內容，且不得加入表決，並不得代理他董事行使其表決權（公 §206 II、IV 準用 §178）。因本題董事會會議擬討論董事甲競業的問題，顯然涉及甲自身利害關係，故甲不得行使表決權，但並不妨礙其出席權。

【參考法條】

公司法第二○六條

「董事會之決議，除本法另有規定外，應有過半數董事之出席，出席董事過半數之同意行之。

　董事對於會議之事項，有自身利害關係時，應於當次董事會說明其自身利害關係之重要內容。

　董事之配偶、二親等內血親，或與董事具有控制從屬關係之公司，就前項會議之事項有利害關係者，視為董事就該事項有自身利害關係。

　第一百七十八條、第一百八十條第二項之規定，於第一項之決議準用之。」

公司法第二○八條

「董事會未設常務董事者，應由三分之二以上董事之出席，及出席董事過半數之同意，互選一人為董事長，並得依章程規定，以同一方式互選一人為副董事長。

　董事會設有常務董事者，其常務董事依前項選舉方式互選之，名額至少三人，最多不得超過董事人數三分之一。董事長或副董事長由常務董事依前項選舉方式互選之。

　董事長對內為股東會、董事會及常務董事會主席，對外代表公司。董事長請假或因故不能行使職權時，由副董事長代理之；無副董事長或副董事長亦請假或因故不能行使職權時，由董事長指定常務董事一人代理之；其未設常務董事者，指定董事一人代理之；董事長未指定代理人者，由常務董事或董事互推一人代理之。

　常務董事於董事會休會時，依法令、章程、股東會決議及董事會決議，以集會方式

經常執行董事會職權，由董事長隨時召集，以半數以上常務董事之出席，及出席過半數之決議行之。

第五十七條及第五十八條對於代表公司之董事準用之。」

【練習題】

一、甲股份有限公司有七位董事，董事會開會當天有六位出席，則討論公司重大營業事項變更時，須經多少人決議？又決議時，其中二位董事已提前離席，其計算方式是否不同？

二、乙股份有限公司有三位董事，董事會開會當日僅有一人出席，其並同時代理其他二位董事，則決議是否適法？

問題九十
董事解任僅餘二人，得否以董事會名義召集股東會改選？

甲股份有限公司有乙、丙、丁（董事長）三位董事，丁因持股轉讓超過二分之一而解任，僅餘乙、丙二位董事，得否召開董事會，決議以董事會名義召集股東會，補選董事一名？

【解析】

一、董事會應出席人數的計算

㈠董事會應出席人數的計算，以依法選任並以實際在任而能應召出席者，……如有法定當然解任而發生缺額情形，應予扣除（經濟部 61.7.22 商 20114 號函）。

㈡公司因董監事股份轉讓而當然解任的結果，僅剩董事長一人及董事一人，在此情形下，應依法選任並以實際在任而能應召出席者，以為認定董事會應出席的人數，可由該董事長及僅剩的董事以董事會名義召集股東臨時會，並由原董事長任主席，改選或補選董監事（經濟部 68.6.15 商 17754 號函）。

二、無召集權人召集的董事會、股東會，決議無效

按股東會的召集原則上不論為股東常會或股東臨時會，除本法另有規定外，由董事會召集之（公 §171）。因此，無召集權人召集的股東會所為的決議，固屬當然無效。又依公司法第二○三條之一第一項規定，董事會由董事長召集之，因此，若實際在任而能應召出席者包括董事長在內，自不待言，董事長自得召開董事會作成決議，召集股東臨時會補選董事；若董事長業經當然解任，則縱使尚餘董事二人，得為召集股東會的決議，惟其所召集的董事會既屬無召集權人的召集，參酌無召集權人召集的股東會所為的決議當然無效的實務見解（最高法院 28 年上字第 1911 號判決、行

政法院 52 判 361 號），則未經董事長召集的董事會，其決議自屬當然無效，而依此無效的董事會所召集的股東會，所為董事選任的決議亦屬非法，不能承認其效力。

【結論】

　　原則上董事會係由董事長召集之（公 §203 之 1 I），而股東會係由董事會召集之（公 §171）。依實務通說見解，無召集權人所召集的董事會、股東會，其決議無效。由此可見，董事長丁既因持股轉讓超過二分之一而解任，雖仍餘乙、丙二位董事，但因其二位無法合法召集董事會，故嗣後所召集的股東會，亦因屬無召集權人召集，其所為補選的決議自為無效。

【參考法條】

公司法第一七一條

「股東會除本法另有規定外，由董事會召集之。」

公司法第二○三條第一項

「每屆第一次董事會，由所得選票代表選舉權最多之董事於改選後十五日內召開之。但董事係於上屆董事任滿前改選，並決議自任期屆滿時解任者，應於上屆董事任滿後十五日內召開之。」

公司法第二○三條之一第一項

「董事會由董事長召集之。」

【練習題】

一、甲股份有限公司有乙、丙、丁（董事長）三位董事，乙、丙因辭職僅餘丁一位董事，丁得否以董事會名義召集股東會，補選董事？

二、戊股份有限公司有己、庚、辛（董事長）三位董事，己因受破產的宣告而解任，請問庚、辛二人可否召開董事會，決議以董事會名義召集股東臨時會？

問題九十一
董監事於任期屆滿前提前改選，新任董監事的任期應自何時起算？

甲股份有限公司的現任董監事將於九月一日任期屆滿，為便利新舊任董監事交接，遂於七月三十日召開股東會選任新任董監事，則新任董監事的任期究於九月一日起算？或自七月三十日起算？

【解析】

一、公司法九十年修正前的見解

按公司為便利新、舊任董監事辦理交接，實務上公司多於現任董監事任期屆滿前召開股東會改選，因現任董監事的任期尚未屆滿，又股東會改選時未決議舊任董監事是否提前解任?亦未明示新任董監事任期的起迄日，則新任董監事的任期究應自何時起算，不無疑義。因修法前的公司未明示解決的方法，故有下列二見解：

㈠甲說：股東會若無決議董監事的起任日期，則新任董監事的任期應自當選之日起算。

　　1.公司與董監事間，乃依民法關於委任契約的規定（公§192 V、§216 III）。董監事當選後，參照民法第五三〇條規定，不即為拒絕的通知時，視為允受委託。

　　2.依前開說明，是以，董監事的任期除股東會決議定有起迄日期或自舊任董監事任期屆滿計算者外，應自當選之日起算。

㈡乙說：股東會若無決議解任董監事者，則舊任董監事於任期屆滿時始生解任的效力；若股東會已先決議解任舊任董監事，再進行改選者，則新任董監事的任期應自當選之日起算。

　　1.查董監事的選任依公司法第一九八條、第二二七條規定，係採累積投票制的方式；而董監事之解任，依同法第一九九條、第二二七條規定（修

法前），則係採股東會普通決議的方式。

　　2.按董監事的選任與解任方式二者的法定程序既有不同，則公司於舊任董監事任期屆滿前召開股東會改選，若未在會中先決議解任董監事者，則舊任董監事於任期屆滿時始生解任的效力（修法前公§203 II）；反之，若已依同法第一九九條規定在會中先決議解任舊任董監事者，則新任董監事的任期應自當選之日起算。

　　以上二說，實務見解採甲說（經濟部81.2.29臺商（五）發字第203109號函）。惟論理上「選任」的行為不當然包含「解任」的意思在內，何況公司法第一九九條、第二二七條規定，董監事定有任期者，如無正當理由而於任滿前將其解任時，董監事得向公司請求賠償因此所受的損害，因董監事的解任攸關其既得權，是以，未經股東會決議解任的意思表示，即直接推論其任期自當選之日起算，似嫌擅斷。

二、公司法九十年修正後的規定

　　依公司法第一九五條第一項規定（公§227準用），董監事係採任期制。惟實務上公司於董監事任期中提前改選者頗多，而依其所附會議紀錄及召集通知，均僅載明改選董監事議案；又依同法第一七二條規定，改選案係經董事會議決通過，始行通知各股東開會，雖未同時於議程中就現任董監事為決議解任，而實務上均於新任董監事就任日視為提前解任，為釐清董監事與公司的權益關係，九十年修正公司法時，增訂第一九九條之一：「股東會於董事任期未屆滿前，改選全體董事者，如未決議董事於任期屆滿始為解任，視為提前解任。」

　　按公司法第一九九條之一的立法意旨係鑑於董事雖採任期制，惟實務上，公司於董事任期中提前改選者頗多，依公司所附會議紀錄及召集通知，均僅載明改選董監事議案；又依第一七二條規定改選案，係經董事會議決通過，始行通知各股東開會，雖未同時於議程中就現任董事為決議解任，而實務上均於新任董事就任日，視為提前解任，爰增訂本條，俾釐清董事與公司之權益關係。準此，股東會依本條規定所為決議者，係提前改選全體董事之議案，並非解任全體董事之議案，自無適用同法第一九九條第二

項有關解任董事出席門檻之可言。換言之，股東會依本條規定提前改選全體董事時，其股東出席數，與一般董事選舉同，應有代表已發行股份總數過半數股東之出席，並依同法第一九八條規定選任之（經濟部 97.7.16 經商字第 09702083190 號）。

【結論】

依九十年公司法修正時，新增訂的第一九九條之一規定，甲公司於七月三十日召開股東會選任新任董監事，因屬上屆董監事未屆滿前提前改選（九月一日），如未決議舊任董監事於任期屆滿始為解任，則舊任董監事視為於七月三十日即解任，而新任董監事的任期則自七月三十日起算；如股東會決議舊任董監事於九月一日任期屆滿始解任，則新任董監事的任期自九月一日起算。

【參考法條】

公司法第一九九條之一

「股東會於董事任期未屆滿前，改選全體董事者，如未決議董事於任期屆滿始為解任，視為提前解任。」

【練習題】

一、甲股份有限公司於五月一日召開股東會改選董監事，是否代表亦同時解任原任董監事？

二、乙股份有限公司的現任董監事於九月一日任期屆滿，乙公司於九月三十日始召開股東會選任新任董監事，則新任董監事的任期自何時起算？

問題九十二
公司於董事任期屆滿前提前改選，改選的新任董事得否於就任前先行召集每屆第一次董事會？

甲股份有限公司現任董事於十月一日任期屆滿，為便利新、舊任董事交接，提前於九月一日改選，則當選的新任董事得否於九月十五日召集該屆第一次董事會，選任董事長？

【解析】

一、公司法九十年修正前的見解

按公司法九十年修正前第二〇三條第二項規定：「每屆第一次董事會應於改選後十五日內召集之。但董事係於上屆董事任滿前改選者，應於上屆董事任滿後十五日內召集之。」因公司法修正前並無第一九九條之一的設計，因此，實務見解均認為除非改選時亦同時決議解任原任董事，否則原任董事應於任期屆滿時始生解任的效力，以保障董事係採任期制的期限利益；否則，公司無正當理由，於董事任期屆滿前將其解任者，該董事得向公司請求賠償因此所受的損害（舊法 §199 但書）。基此，原任董事既於任期屆滿始為解任，即使新任董事為原任董事的連任，新任董事因尚未就任，故不發生於上屆董事任滿前召開董事會改選董事長的問題。

二、公司法九十年修正後的見解

鑑於目前實務上為便利新舊任董事交接，習慣在原任董事任滿前改選，且新任董事於就任前先召集每屆第一次董事會選任董事長，因此，配合第一九九條之一的新增，修正第二〇三條第二項為「每屆第一次董事會應於改選後十五日內召開之。但董事係於上屆董事任滿前改選，並決議自任期屆滿時解任者，應於上屆董事任滿後十五日內召開之。」又為方便新任董事長、副董事長、常務董事銜接視事，又增訂同條第三項：「董事係於上屆董事任期屆滿前改選，並經決議自任期屆滿時解任者，其董事長、副董事

長、常務董事之改選得於任期屆滿前為之，不受前項之限制。」應注意的是，新任董事所召開的董事會，只能選舉董事長、副董事長、常務董事，而不得為其他決議，否則該決議不生效力。

三、公司法一〇七年之修正

每屆第一次董事會，由所得選票代表選舉權最多之董事於改選後十五日內召開之。但董事係於上屆董事任滿前改選，並決議自任期屆滿時解任者，應於上屆董事任滿後十五日內召開之。董事係於上屆董事任期屆滿前改選，並經決議自任期屆滿時解任者，其董事長、副董事長、常務董事之改選得於任期屆滿前為之，不受前項之限制。第一次董事會之召開，出席之董事未達選舉常務董事或董事長之最低出席人數時，原召集人應於十五日內繼續召開，並得適用第二〇六條之決議方法選舉之。得選票代表選舉權最多之董事，未在第一項或前項期限內召開董事會時，得由過半數當選之董事，自行召集之。原第一項本文移列第二〇三條之一第一項：「每屆第一次董事會，由所得選票代表選舉權最多之董事於改選後十五日內召開之。但董事係於上屆董事任滿前改選，並決議自任期屆滿時解任者，應於上屆董事任滿後十五日內召開之。」

【結論】

一、甲公司現任董事於十月一日任期始屆滿，於九月一日提前改選董事，則原任董事是否提前於九月一日解任？

㈠甲公司於改選新任董事時，如未決議董事於任期屆滿始為解任，原任董事視為提前解任（公 §199 之 1），即九月一日即解任。

㈡甲公司於改選新任董事時，如決議董事於任期屆滿始解任，則原任董事於十月一日始解任。

二、於前揭不同情形下，原任董事如於九月一日解任，則新任董事依第二〇三條第一項規定，自得於改選後十五日內召開第一次董事會，選任董事長，且決議案不以選舉案為限。至於原任董事如於十月一日解任，則為方便新、舊任董事交接，依公司法第二〇三條第二項，自得於新

任董事未就任前選任董事長、副董事長及常務董事。除了選任案外，其他決議應於原任董事任滿後十五日內召開之（公§203 I）。

【參考法條】

公司法第二〇三條

「每屆第一次董事會，由所得選票代表選舉權最多之董事於改選後十五日內召開之。但董事係於上屆董事任滿前改選，並決議自任期屆滿時解任者，應於上屆董事任滿後十五日內召開之。

董事係於上屆董事任期屆滿前改選，並經決議自任期屆滿時解任者，其董事長、副董事長、常務董事之改選得於任期屆滿前為之，不受前項之限制。

第一次董事會之召開，出席之董事未達選舉常務董事或董事長之最低出席人數時，原召集人應於十五日內繼續召開，並得適用第二百零六條之決議方法選舉之。

得選票代表選舉權最多之董事，未在第一項或前項限期內召開董事會時，得由過半數當選之董事，自行召集之。」

【練習題】

一、甲股份有限公司於十月一日改選董事，且於會後直接選任董事長、副董事長，是否適法？

二、乙股份有限公司於十月一日改選董事，並決議現任董事於任期屆滿始為解任，則當選的新任董事於九月十日召開董事會，決議召集股東臨時會，是否適法？

問題九十三
董事會決議時，如議案表決正反兩方意見同數，董事長是否享有可決權？

> 甲股份有限公司股東會決議於章程中增訂：「董事會開會時如遇決議事項可否同數時，董事長有議決權。」是否適法？

【解析】

一、每一董事僅有一表決權

依公司法第二〇六條第一項規定：「董事會之決議，除本法另有規定外，應有過半數董事之出席，出席董事過半數之同意行之。」又同法第二〇八條第一項亦規定，董事會未設常務董事者，應由三分之二以上董事的出席，及出席董事過半數的同意，互選一人為董事長，並得依章程規定，以同一方式互選一人為副董事長。由此二規定得知，每一董事僅有一表決權，且即使董事持有公司股份數不相同，但其與股東在股東會，係以每股有一表決權的原則（公§179 I）迥然不同。

二、董事長享有的表決權與董事一致

董事長係由董事互選之（公§208 I），從而，董事長享有的表決權應與董事一致，僅有一表決權。因此，當董事會決議，在正反意見同數時（此應指董事長已參與表決），董事長不得行使可決權（即董事長不享有二表決權）（經濟部80.11.7臺商（五）發字第229163號函、81.2.1商200876號函）。

【結論】

依公司法第二〇六條第一項、第二〇八條第一項規定可知，每一董事僅有一表決權，董事長既屬董事，自亦僅有一表決權。再者，股東會決議於章程中增訂：「董事會開會時如遇決議事項可否同數時，董事長有議決權。」顯然違反法律規定，該決議無效。

【參考法條】

公司法第二○六條第一項

「董事會之決議,除本法另有規定外,應有過半數董事之出席,出席董事過半數之同意行之。」

公司法第二○八條第一項

「董事會未設常務董事者,應由三分之二以上董事之出席,及出席董事過半數之同意,互選一人為董事長,並得依章程規定,以同一方式互選一人為副董事長。」

【練習題】

一、甲股份有限公司董事會決議,董事長可事先不參與表決,當董事會正反意見同數時,始行使其表決權,是否適法?

二、乙股份有限公司於章程中訂定:「董事會決議以董事持股數計算其表決權。」是否適法?

問題九十四
董事可否未踐行決議方法，而採各別董事分別「會簽」方式作成會議紀錄？

> 甲股份有限公司董事長乙未召開董事會，以聚餐名義宴請所有董事，席上對於某投資案達成共識，乙遂於會後請其特別助理逐一找各董事會簽作成會議紀錄，是否適法？

【解析】

一、董事會議事錄的制作

　　按公司法第二〇七條規定，董事會的議事，應作成議事錄，且準用第一八三條股東會議事錄制作、保存的規定。依此，董事會議事錄之作成及分發情形如下：

㈠議事錄應記載會議的年、月、日、場所、主席姓名、決議方法、議事經過的要領及其結果（準用公 §183 III 前段）。

㈡主席應簽名或蓋章（準用公 §183 I 前段）。

㈢董事會會後二十日內，將董事會議事錄分發給各董事（準用公 §183 I 後段）。

二、董事會議事錄的保存

　　董事會議事錄在公司存續期間，應永久保存（準用公 §183 IV 後段）。

三、未制作、分發或保存董事會議事錄的處罰

㈠代表公司的董事，違反制作、分發或保存董事會議事錄的規定時，可處新臺幣一萬元以上五萬元以下罰鍰（公 §207 II 準用公 §183 VI）。

㈡又公司法修正前，原第一八三條第四項後段規定：「公司負責人有虛偽記載時，依刑法或特別刑法有關規定處罰。」因此乃屬贅文，故九十年公司法修正時，予以刪除，然此非謂虛偽記載議事錄無刑法或特別刑法的適用，是否構成犯罪？構成何罪？仍由法院依法認定之。

四、可否以「會簽」方式作成會議紀錄

　　公司法明定董事會議事錄制成的目的乃在確立公司職權行使與決議同一，必由議事錄證其事實，是以，原則上董事會議事錄必於議事時紀錄完成，由主席簽名蓋章，事後再將其議事錄分發各董事。爾後決議是否合法有所爭執時，可藉此為徵信的文書。因此，如果董事會根本未開會，或未踐行決議方法，而採各別董事分別「會簽」方式作成會議紀錄，因實際上未舉行董事會開會程序，董事會的決議自始即不存在。至於董事未經決議，卻制作董事會議事錄，為虛偽記載，自有刑法偽造文書罪的適用。然而，公司法於九十年修正後，增訂公司法第二○五條第二項，即董事不用親自出席，同聚一場合開會，以視訊方式參加會議，亦視為親自出席，因此，在此情形下，似無法要求以視訊方式開會的董事當場簽名，如在議事錄中詳加紀錄會議的方式、決議的方法係採視訊方式，且於會後「會簽」以視訊參加會議的董事，作成會議紀錄，自無不可。

【結論】

　　甲公司的董事長乙事實上既未召集董事會，亦未經董事由會議程序決議，而各別會簽各董事，作成董事會議事錄，因該決議自始不存在，顯然無效，乙虛偽記載會議紀錄，自有刑法偽造文書罪的適用。

【參考法條】

公司法第一八三條

「股東會之議決事項，應作成議事錄，由主席簽名或蓋章，並於會後二十日內，將議事錄分發各股東。

　前項議事錄之製作及分發，得以電子方式為之。

　第一項議事錄之分發，公開發行股票之公司，得以公告方式為之。

　議事錄應記載會議之年、月、日、場所、主席姓名、決議方法、議事經過之要領及其結果，在公司存續期間，應永久保存。

　出席股東之簽名簿及代理出席之委託書，其保存期限至少為一年。但經股東依第一

百八十九條提起訴訟者，應保存至訴訟終結為止。

代表公司之董事，違反第一項、第三項或前項規定者，處新臺幣一萬元以上五萬元以下罰鍰。」

公司法第二○七條

「董事會之議事，應作成議事錄。

前項議事錄準用第一百八十三條之規定。」

【練習題】

一、甲股份有限公司開完董事會後，並未制作董事會議事錄，是否有處罰規定？處罰公司或特定人？

二、乙股份有限公司董事長丙，於主持某次董事會時，因有要事提前離席，而由副董事長丁代為主持，則董事會議事錄應由何人簽名？

問題九十五
如何制止董事會的違法行為？

> 甲股份有限公司的董事長乙，不顧股東會反對轉投資的決議，逕行執行該投資案，何人有制止的權限？

【解析】

一、股東的制止權

公司法第一九四條規定，董事會決議，為違反法令或章程的行為時，繼續一年以上持有股份的股東，得請求董事會停止其行為。此為單獨股東權的規定，其立法目的在強化小股東的股權，使之為保護公司及股東的利益，得對董事會的違法行為，予以制止，藉以防範董事的濫用權限。因此，下列二情形宜予注意：

㈠董事長或董事為董事會的成員，若董事長或董事恣意侵害公司及股東的利益，而為違法行為，是否仍應拘泥須為董事會的違法行為，始有上開規定的適用？依司法實務的見解，探求法律規定的目的，董事侵害公司及股東的利益而為違法行為時，似得類推適用公司法第一九四條規定，予以制止（最高法院 80 年臺上字第 1127 號判決）。

㈡公司法第一九四條必以董事會的組成為合法，且其所作成的決議有違反法令或章程等情形為其前提。倘由不具董事身分的人所非法組成董事會而作成決議，自非屬於董事會的決議，即不生股東行使制止請求權的問題（最高法院 87 年臺上字第 433 號判決）。

㈢股東停止請求權的行使，可以任何方式為之，非以訴訟方式為必要。

二、監察人的制止權

董事會或董事執行業務有違反法令、章程或股東會決議的行為者，監察人應即通知董事會或董事停止其行為（公 §218 之 2 II）。此目的在強化監察人權限，加強其職責，以減輕公司的損失。故公司若有數監察人時，

監察人各得單獨行使此一請求權（公 §221）。至於如何行使，亦不以提起訴訟為必要。又公司法九十年修正前，董事會僅有董事參與，並未規定監察人有參與董事會並陳述意見的權利。然而，監察人既為公司業務的監督機關，其妥善行使職權的前提乃須明瞭公司的業務經營，若使監察人得出席董事會，則監察人往往能較早發覺董事等的瀆職行為。是以，九十年修法時，增訂公司法第二一八條之二第一項：「監察人得列席董事會陳述意見」。

三、參與違法決議的董事應負賠償責任

董事會執行業務，應遵守法令、章程及股東會的決議。如董事會的決議，違反法令、章程或股東會的決議，致公司受損害時，參與決議的董事，對於公司負賠償責任，但經表示異議的董事有紀錄及書面聲明可證者，免其責任（公 §193）。

四、對董事的訴訟

㈠公司對董事提起訴訟

股東會依公司法第二一二條規定，決議對董事提起訴訟時（普通決議），公司應自決議日起三十日內提起之。此時訴訟的當事人，乃公司與董事，自不宜由董事代表公司，故除法律另有規定外（如公 §214 I 所規定的少數股東），應由監察人代表公司為之；股東會亦得另選代表公司為訴訟的人（公 §213）。至於監察人發現董事有違法行為時，是否得未經股東會決議，逕行代表公司對董事提起訴訟？實務見解認為，監察人行使監察權，如認董事有違法失職，僅得依公司法第二二〇條召集股東會，由股東會決議是否對董事提起訴訟，監察人不得依職權決定（最高法院 69 年臺上字第 1995 號判決）。

㈡少數股東對董事提起訴訟

為保障少數股東的權利，繼續六個月以上，持有已發行股份總數百分之一以上的股東，得以書面請求監察人為公司對董事提起訴訟。監察人自有前項之請求日起，三十日內不提起訴訟時，前項之股東，得為公司提起訴訟。惟為防止少數股東濫行起訴，故法院因被告的聲請，得命自行起訴

的股東提供相當擔保,俾將來如因敗訴,致公司受有損害時,應由起訴的
股東賠償,公司可由此擔保金求償(公§214 II後段)。股東提起前項訴訟,
其裁判費超過新臺幣六十萬元部分暫免徵收(公§214 III)。

【結論】

　　董事長乙不顧股東會反對轉投資的決議,逕行執行該投資案,顯然為
執行業務違反股東會決議,監察人可依公司法第二一八條之二第二項規定,
通知乙停止其行為。

【參考法條】

公司法第一九三條

「董事會執行業務,應依照法令章程及股東會之決議。

　董事會之決議違反前項規定,致公司受損害時,參與決議之董事,對於公司負賠償
　之責。但經表示異議之董事有紀錄或書面聲明可證者,免其責任。」

公司法第一九四條

「董事會決議,為違反法令或章程之行為時,繼續一年以上持有股份之股東,得請求
　董事會停止其行為。」

公司法第二一二條

「股東會決議對於董事提起訴訟時,公司應自決議之日起三十日內提起之。」

公司法第二一四條

「繼續六個月以上,持有已發行股份總數百分之一以上之股東,得以書面請求監察人
　為公司對董事提起訴訟。

　監察人自有前項之請求日起,三十日內不提起訴訟時,前項之股東,得為公司提起
　訴訟;股東提起訴訟時,法院因被告之申請,得命起訴之股東,提供相當之擔保;
　如因敗訴,致公司受有損害,起訴之股東,對於公司負賠償之責。」

公司法第二一八條之二

「監察人得列席董事會陳述意見。

　董事會或董事執行業務有違反法令、章程或股東會決議之行為者,監察人應即通知
　董事會或董事停止其行為。」

【練習題】

一、甲股份有限公司董事會決議違反章程不得將公司不動產抵押的規定，決議時，董事乙當場抗議反對，並憤而離席，請問乙是否須對公司負賠償責任？

二、丙股份有限公司董事丁，趁董事長出國期間，邀集其他董事召開董事會，作成決議案，請問董事長回國後可否行使制止請求權？

問題九十六
董事長死亡或被假處分禁止執行職務，應由何人代行職務？

> 　　某股份有限公司的董事長甲被假處分，禁止執行董事長職務，則此時應由何人代行其職務？又甲不理會假處分命令，仍繼續執行職務者，其法律效果如何？

【解析】

一、董事長的代行職務

　　按董事長對內為股東會、董事會及常務董事會主席，對外代表公司。董事長請假或因故不能行使職權時，由副董事長代理之；無副董事長或副董事長亦請假或因故不能行使職權時，由董事長指定常務董事一人代理之；其未設常務董事者，指定董事一人代理之；董事長未指定代理人者，由常務董事或董事互推一人代理之（公 §208 III）。此為董事長請假或因故不能行使職權，由何人代行職務的規定。關於此問題，須注意下列情形：

㈠本條規定可排除民法第二十七條法人機關規定的適用（最高法院 69 年臺上字第 4065 號判決）。

㈡股份有限公司的董事長或其他有權代表公司的人與第三人訂立契約時，只須表明代表公司的意旨為已足，非以加蓋公司的印章為必要，不得以契約未加蓋公司印章而否認其效力（最高法院 71 年臺上字第 3416 號判決、84 年臺上字第 1743 號判決、87 年臺上字第 801 號判決）。

㈢常務董事或董事互推一人的方式，以半數以上常務董事（或董事）的出席，及出席過半數的決議行之（經濟部 64.3.26 商 06566 號函）。

㈣依本條項規定，董事長既對外代表公司，公司對外一切事務，董事長即不得授權總經理為之（經濟部 67.8.7 商 26873 號函）。

㈤董事長如已死亡，其人格權業已消滅，無公司法第二〇八條第三項後段

互推代理人的適用。應即依法補選董事長，惟在董事長未及選出之前，得由常務董事互推一人暫時執行董事長職務（非代理人），以利改選董事長會議的召開及公司業務的執行（經濟部 71.2.13 商 04192 號函）。又董事長辭職，其職權消滅，亦應迅依公司法第二○八條第一、二項補選董事長，在董事長未及補選出前，得類推適用公司法第二○八條第三項規定，暫時執行董事長職務（經濟部 80.6.12 商 214490 號函）。

㈥公司不得另聘他人代為行使董事、監察人職權（經濟部 74.1.8 商 00746 號函）。

㈦公司不得在章程內或董事會規程中將董事長的職權明定一部分為副董事長的職權（因依法副董事長僅得於董事長請假或因故不能行使職權時，暫時代理執行董事長的職務），否則與公司法第二○八條第三項規定未合（經濟部 88.3.17 商 88204911 號函）。

㈧法院裁示停止執行職務的假處分，一經執行，被禁止執行職務的債務人，在假處分的命令撤銷前，當然失其執行職務的權限，所為的行為應屬無效。是以，股份有限公司的董事長，既經假處分執行，被禁止執行董事長職務，則在假處分的命令撤銷前，自不得行使該公司董事長職權。公司法第二○八條第三項所定由董事長指定代理人行使其職權的指定權，屬董事長職務的一部分，此部分職權，亦不得行使。至於董事長被禁止執行董事長職務期間，依法所產生的董事長職務代理人（或代行人）的身分，於假處分命令撤銷時，當然消滅（司法院 82.8.17 秘臺廳民一字第 14801 號函）。

二、臨時管理人

公司因董事死亡、辭職或當然解任，致董事會無法召開行使職權；或董事全體或大部分均遭法院假處分不能行使職權，甚或未遭假處分執行的剩餘董事消極地不行使職權，致公司業務停頓，影響股東權益及國內經濟秩序，特於九十年公司法修正時，增訂第二○八條之一：「董事會不為或不能行使職權，致公司有受損害之虞時，法院因利害關係人或檢察官之聲請，得選任一人以上之臨時管理人，代行董事長及董事會之職權。但不得為不

利於公司之行為。前項臨時管理人，法院應囑託主管機關為之登記。臨時管理人解任時，法院應囑託主管機關註銷登記。」

　　臨時管理人不得為不利於公司之行為。臨時管理人解任時，法院應囑託主管機關註銷登記；其係為因應董事死亡、辭職或當然解任時，公司無法召開董事會而設，為避免業務停頓並進而影響股東權益和經濟秩序，始得由法院選任臨時管理人，惟如該董事會已能正常行使職權或有進行清算人行清算程序等理由時，自可聲請法院為解任之動作（臺灣臺北地方法院99年司字第9號民事裁定）。依照非訟事件法第六十四條第三項規定，法院得按代行事務性質、繁簡、法人財務狀況及其他情形，命法人酌給第一項臨時董事相當報酬；其數額由法院徵詢主管機關、檢察官或利害關係人意見後定之；而法人之臨時董事和臨時管理人均屬不能行使職權，而有致生損害之虞時所得聲請而選任者，其本質應屬相同，故針對該法所未提及之臨時管理人部份，其報酬應認可類推適用（臺灣臺北地方法院99年度司字第9號民事裁定）。此外，非訟事件法第六十四條第一項規定，法人之董事一人、數人或全體不能或怠於行使職權，或對於法人之事務有自身利害關係，致法人有受損害之虞時，法院因主管機關、檢察官或利害關係人之聲請，得選任臨時董事代行其職權。但不得為不利於法人之行為。同法第一八三條第一項規定，公司法第二〇八條之一所定選任臨時管理人事件，由利害關係人或檢察官向法院聲請。前者為有關法人監督及維護之一般規定，後者則係配合公司法第二〇八條之一規定而增訂，為公司監督之特別規定。財政部所詢有限公司董事長死亡後，未選任新董事長，即擅自歇業他遷不明，無董事亦無經理人時，依前開說明，應優先適用非訟事件法第一八三條第一項規定，由利害關係人或檢察官向法院聲請選任臨時管理人（司法院秘書長96年10月22日秘臺廳民三字第0960019313號函）。

　　依公司法第八條、第二〇八條之一規定，在股份有限公司，董事當然為公司負責人，只要係公司董事，不管其是否實際負責公司業務，均屬於公司負責人，係採形式主義。至公司之經理人或清算人，股份有限公司之發起人、監察人、檢查人、重整人或重整監督人，則僅在執行職務範圍內，

始為公司負責人，係採實質主義。此外，一〇一年修正公司法，新增本條第三項：「公開發行股票之公司之非董事，而實質上執行董事業務或實質控制公司之人事、財務或業務經營而實質指揮董事執行業務者，與本法董事同負民事、刑事及行政罰之責任。但政府為發展經濟、促進社會安定或其他增進公共利益等情形，對政府指派之董事所為之指揮，不適用之。」引進實質董事觀念。一〇七年修正時，為強化公司治理並保障股東權益，實質董事之規定，不再限公開發行股票之公司始有適用，爰修正第三項，刪除「公開發行股票之」之文字。是以，董事的認定不宜再依據形式上名稱，而須使實際上行使董事職權，或對名義上董事下達指令者，均負公司負責人責任。又公司法對公司負責人並非僅限於第八條所定之人，同法第二〇八條之一第一項所定之臨時管理人，在代行董事長及董事會時，自屬公司負責人，如其非公司負責人，如何能行使董事長及董事會之職權，是以被選定之臨時管理人，依公司法第二〇八條之一第一項之規定，足認其為公司負責人，自難以其未在同法第八條第二項規定之列而遽認其非股份有限公司之法定負責人。……公司法第二十三條第一項明定公司負責人應忠實執行業務並善盡善良管理人之義務，如違反致公司受有損害者，負損害賠償責任，故公司負責人不得為不利於公司之行為，仍屬當然法理；是以同法第二〇八條之一第一項但書僅屬特別提醒之注意規定，並非除臨時管理人以外之公司負責人即得為不利於公司之行為。從而，財政部限制違章當時股份有限公司之臨時管理人出境——於法並無不合，自不得以此推認臨時管理人非公司負責人（最高行政法院 98 年判字第 97 號判決）。

【結論】

按公司法第二〇八條第三項前段規定，董事長對外代表公司，乃採董事長單獨代表制，且為了釐清董事長無法代表公司時的權利義務關係，明文訂定代行職務的人。甲被假處分，禁止執行董事長職務，係屬「因故不能行使職權」，在此情形，若公司設有副董事長，即由副董事長代理之；未設有副董事長，或副董事長亦請假或因故不能行使職權，則由董事長指定

常務董事一人代理之；未設常務董事者，指定董事一人代理之。若甲未指定代理人時，則由常務董事或董事互推一人代理。本題甲違反法院的假處分命令，仍執行董事長職務，依實務見解，甲已經喪失執行職務的權限，所為的行為當然無效。

【參考法條】

公司法第二○八條第三項

「董事長對內為股東會、董事會及常務董事會主席，對外代表公司。董事長請假或因故不能行使職權時，由副董事長代理之；無副董事長或副董事長亦請假或因故不能行使職權時，由董事長指定常務董事一人代理之；其未設常務董事者，指定董事一人代理之；董事長未指定代理人者，由常務董事或董事互推一人代理之。」

公司法第二○八條之一

「董事會不為或不能行使職權，致公司有受損害之虞時，法院因利害關係人或檢察官之聲請，得選任一人以上之臨時管理人，代行董事長及董事會之職權。但不得為不利於公司之行為。

前項臨時管理人，法院應囑託主管機關為之登記。

臨時管理人解任時，法院應囑託主管機關註銷登記。」

【練習題】

一、某股份有限公司的董事長甲死亡，應由何人代理其職務？

二、某股份有限公司的三位董事，均遭法院假處分，禁止行使董事職務，請問在此情形下應由何人代行職務？

問題九十七
公司得否另設置「名譽董事長」或「榮譽董事長」，對外行使董事長的職權？

> 甲股份有限公司於章程上規定：「本公司設名譽董事長一人，由常務董事互推之，對外代表公司。」是否適法？

【解析】

一、代表與代理不同

按代表與代理的內涵不同，代表所為的法律行為，即為法人本人自為的行為；而代理與法人（本人）在法律上非同一法律上人格，代理人係自為法律行為而效果歸屬本人。基此，代理人得為二人以上，而代表理論上只有一人。公司法第二〇八條第三項前段規定，董事長對外代表公司，換言之，理論上公司只得有一位董事長，為公司對外的代表人，否則無異於法人人格分裂。

二、「名譽董事長」或「榮譽董事長」非屬公司規定事項

公司法並無「名譽董事長」或「榮譽董事長」的設置由前述說明得知，原則上公司也只能有一位董事長，為公司對外的代表人。是以，公司如設置「名譽董事長」或「榮譽董事長」，當然不發生法律上的效力（經濟部81.10.19商227432號函）。如章程有類此的規定者，應將其刪除（經濟部69.2.6商04260號函）。至於假如股東會決議於董事長之外，增列名譽董事長一名對外代表公司，並享有董事長相同的權責，則該決議的內容違反法令，應為無效（公§191）。

三、董事長職務之代理

依公司法第二〇八條第三項後段規定，董事長請假或因故不能行使職權時，由副董事長代理之；無副董事長或副董事長亦請假或因故不能行使職權時，由董事長指定常務董事一人代理之；其未設常務董事者，指定董

事一人代理之；董事長未指定代理人者，由常務董事或董事互推一人代理之。因此，若公司未設副董事長而設有常務董事，公司董事長因故不能行使職權時，未指定常務董事一人代理其職權，而指定董事一人代理其職權，核與公司法第二〇八條第三項有關董事長職務代理之規定未符　（經濟部99.5.13 經商字第 09900578700 號函）。

【結論】

按公司法第二〇八條第三項前段既規定，董事長對內為股東會、董事會及常務董事會主席，對外代表公司。且基於法理，代表人理論上只有一人，因此，公司只能有一位董事長，公司如設置「名譽董事長」或「榮譽董事長」，當然不發生法律上的效力。綜上所述，甲股份有限公司章程上規定：「本公司設名譽董事長一人，由常務董事互推之，對外代表公司。」應將其刪除。

【參考法條】

公司法第四十二條

「公司之內部關係，除法律有規定者外，得以章程定之。」

公司法第一九一條

「股東會決議之內容，違反法令或章程者無效。」

公司法第二〇八條第三項

「董事長對內為股東會、董事會及常務董事會主席，對外代表公司。董事長請假或因故不能行使職權時，由副董事長代理之；無副董事長或副董事長亦請假或因故不能行使職權時，由董事長指定常務董事一人代理之；其未設常務董事者，指定董事一人代理之；董事長未指定代理人者，由常務董事或董事互推一人代理之。」

【練習題】

一、甲股份有限公司股東會決議：「本公司另設置名譽董事長一名，擔任中南部分公司的對外代表。」是否適法？

二、乙股份有限公司董事會決議，頒給卸任董事長丙「名譽董事長」職銜，於現任董事長出國或請假期間代理之，是否適法？

問題九十八

董事未經許可兼任其他公司董事的行為效力如何？

甲股份有限公司的董事乙，為協助其小舅子經營同類業務，未告知甲公司，即兼任其小舅子所設立公司的經理人。嗣後甲公司知情，得向乙主張何種權利？

【解析】

一、競業禁止

因董事熟悉公司內情、營業機密，如許董事在公司外與公司自由競業，恐有損害公司利益之虞，因此，原則上公司法禁止董事為自己或他人為屬於公司營業範圍內的行為（公 §209 I）。

㈠所謂「為自己或他人」，只須其行為的經濟上效果歸屬於自己或他人即屬之。

㈡所謂「屬於公司營業範圍內的行為」，係指章程所載公司所營事業中公司實際上所進行的業務而言（經濟部 79.12.17 商 224690 號函）。包括公司已著手準備，或公司已進行但暫時停止的事業在內。

㈢禁止的行為應屬具有營利性或商業性者。

㈣是否競業應視董事所擔任者是否為其他同類業務公司的職務，而該職務不論是董事長或經理人，均屬之。反之，即使擔任他公司的董事或經理人，若他公司非同類業務公司，則不構成競業行為。

二、競業禁止的例外——競業禁止的許可

依公司法第二○九條第一項規定，董事為自己或他人為屬於公司營業範圍內的行為，若對股東會說明其行為的重要內容，並取得其許可，即得為競業行為。

㈠股東會為此項許可，應經特別決議。即應有代表已發行股份總數三分之

二以上股東的出席，以出席股東表決權過半數的同意行之。公開發行股票公司，出席股東的股份總數不足前項定額者，得以有代表已發行股份總數過半數股東的出席，出席股東表決權三分之二以上的同意行之。前二項出席股東股份總數及表決權數，章程有較高的規定者，從其規定（公§209 II、III、IV）。

㈡競業的董事因屬有自身利害關係致有害於公司利益之虞時，不得加入表決，亦不得代理他人行使表決權（公§178）。

㈢股份有限公司的董事長欲兼任另一同類業務的股份有限公司經理時，應分別經原公司股東會及所兼任經理公司的董事會的同意（公§32）（經濟部66.8.29商25392號函）。

㈣公司法第二〇九條第一項係指董事應於「事前」「個別」向股東會說明行為的重要內容，並取得許可，並不包括由股東會「事後」「概括性」解除所有董事責任的情形。故股東會決議解除董事競業禁止的限制，應探求股東會的真意，是否係在免除董事已為競業行為的歸入權行使（經濟部86.8.20商8621697號函）。

㈤董事若未對股東會就「競業行為的重要內容」（指提供股東會為許可決定所必要的判斷資料）為充分地說明，或為虛偽的說明，其所取得的許可，應歸無效。

三、違反競業禁止的效果

㈠董事違反競業禁止的行為本身並非無效，對於董事職權的行使亦無影響，僅該行為的所得是否應履行所謂歸入權的問題（經濟部62.9.18商29481號函、82.1.22臺商（五）發字第203809號函）。

㈡公司得對競業董事行使歸入權

即股東會得以決議將董事競業行為的所得，視為公司的所得，此即所謂歸入權（公§209 V）。

1.股東會以普通決議行使歸入權即可。

2.股東會決議時，董事不得加入表決，亦不得代理他股東行使表決權（公§178）。

3.股東會決議行使歸入權時，須由監察人代表公司（公 §223）。

4.歸入權行使的除斥期間為自所得產生起算一年（公 §209 V 但）。

【結論】

　　乙為自己或他人經營同類業務，同時擔任甲公司的董事及乙小舅子公司的經理人，依公司法第二○九條第一項規定，乙有競業禁止的義務，除非取得甲公司股東會決議的同意；又依同法第三十二條規定，乙兼任經理人亦須經其小舅子公司董事會的決議同意，否則，甲公司得向乙主張歸入權，將其所得產生起一年內者視為公司的所得。

【參考法條】

公司法第三十二條

「經理人不得兼任其他營利事業之經理人，並不得自營或為他人經營同類之業務。但
　　經依第二十九條第一項規定之方式同意者，不在此限。」

公司法第二○九條

「董事為自己或他人為屬於公司營業範圍內之行為，應對股東會說明其行為之重要內
　　容，並取得其許可。

　　股東會為前項許可之決議，應有代表已發行股份總數三分之二以上股東之出席，以
　　出席股東表決權過半數之同意行之。

　　公開發行股票之公司，出席股東之股份總數不足前項定額者，得以有代表已發行股
　　份總數過半數股東之出席，出席股東表決權三分之二以上之同意行之。

　　前二項出席股東股份總數及表決權數，章程有較高之規定者，從其規定。

　　董事違反第一項之規定，為自己或他人為該行為時，股東會得以決議，將該行為之
　　所得視為公司之所得。但自所得產生後逾一年者，不在此限。」

【練習題】

一、甲股份有限公司的董事長乙，兼任同類業務丙公司的董事，甲公司可否主張乙違反競業禁止，行為無效？

二、丁股份有限公司股東會決議，同意該公司董事在任期中兼任他公司的負責人，只要事前或事後報備即可，是否適法？

問題九十九
董事會有那些義務？

> 甲股份有限公司虧損達實收資本額二分之一時，董事會應踐行何種義務？又違反此義務應如何處理？

【解析】

一、董事會的義務

㈠作成並保存議事錄的義務（公 §207、§183）。

㈡備置章程及各項簿冊以供查閱、抄錄或複製的義務（公 §210）。

㈢召集股東會的義務：董事會於下列情形有召集股東會的義務

1.應於每會計年度終結後六個月內召集股東常會（公 §170 I ①、II、III）。

2.公司虧損達實收資本額二分之一時，董事會應於最近一次股東會報告（公 §211 I）。

3.董事缺額達三分之一時，董事會應於三十日內召開股東臨時會補選之。但公開發行股票之公司，董事會應於六十日內召開股東臨時會補選之（公 §201）。

4.監察人全體均解任時，董事會應於三十日內召開股東臨時會選任之。但公開發行股票之公司，董事會應於六十日內召開股東臨時會選任之（公 §217 之 1）。

㈣向股東會報告的義務：有下列情事時，董事會應向股東會報告

1.公司虧損達實收資本額二分之一時，董事會應於最近一次股東會報告，代表公司之董事違反此一規定時，處新臺幣二萬元以上十萬元以下罰鍰（公 §211 I、III）。

2.公開發行股票之公司，董事會經章程授權辦理股息及紅利之分派者，於辦理後，應報告股東會（公 §240 V）。

　　3.公開發行股票之公司，董事會經章程授權辦理公積發給股東新股或現金者，於辦理後，應報告股東會（公 §241 II、§240 V）。

　　4.公司發行公司債後，董事會應將募集公司債之原因及有關事項報告股東會（公 §246 I）。

㈤會計上的義務

　　1.編造會計表冊交監察人查核之義務（公 §228）。

　　2.備置會計表冊及供股東查閱之義務（公 §229）。

　　3.請求股東會承認會計表冊及將其分發公告等義務（公 §230）。

㈥通知公告公司解散的義務：公司解散時，董事會應即將解散之要旨，通知各股東。但公司因破產而解散者，不在此限（公 §316 IV）。

㈦聲請宣告公司破產的義務：公司資產顯有不足抵償其所負債務（即債務超過）時，除得依第二八二條辦理者外，董事會應即聲請宣告公司破產（公 §211 II）。代表公司之董事違反此一義務時，處新臺幣二萬元以上十萬元以下罰鍰（公 §211 III）。

二、董事的義務

㈠執行業務的忠實義務及注意義務：公司法第二十三條第一項規定：「公司負責人應忠實執行業務並盡善良管理人之注意義務，如有違反致公司受有損害者，負損害賠償責任。」董事為股份有限公司之負責人（公 §8 I），於執行業務（包含業務執行之決定）時，有自上述之忠實義務及注意義務。一○一年修正公司法第二十三條，新增第三項，明定如公司法第二○九條第三項「股東歸入權」之規定，以避免公司負責人動輒中飽私囊並逕為脫產。即公司負責人違反忠實義務及注意義務，為自己或他人為該行為時，股東會得以決議，將該行為之所得視為公司之所得。但自所得產生後逾一年者，不在此限。

㈡基於委任關係所生的義務：公司與董事間屬於有償委任關係，故董事有依下列民法規定為報告及計算之義務（亦稱為「交代義務」）：

　　1.報告義務：受任人（董事）應將委任事務進行（即執行業務）之狀況，報告委任人（公司），委任關係終止時（即董事解任時），應明確報告

其顛末（民 §540）。

　　2.交付金錢物品孳息及移轉權利之義務：

　　⑴受任人（董事）因處理委任事務，所收取之金錢物品及孳息，應交
　　　付於委任人（公司）（民 §541 I）。

　　⑵受任人（董事）以自己之名義，為委任人（公司）取得之權利，應
　　　移轉於委任人（公司）（民 §541 II）。

　　3.支付利息及損害賠償：受任人（董事）為自己之利益使用應交付於
委任人（公司）之金錢或使用應為委任人（公司）利益而使用之金錢者，
應自使用之日起，支付利息。如有損害，並應賠償（民 §542）。

㈢報告損害的義務：董事發現公司有受重大損害之虞時，應立即向監察人
　報告（公 §218 之 1）。

㈣於公司證券簽名或蓋章的義務：股份有限公司發行之股票或公司債券均
　須經代表公司之董事簽名或蓋章（公 §162 I、§257 I）。故董事有於公司
　所發行之證券簽名或蓋章之義務。

㈤申報持股的義務：

　　1.董事經選任後，應向主管機關申報其選任當時所持有之公司股份數
額；公開發行股票之公司董事在任期中轉讓超過選任當時所持有之公司股
份數額二分之一時，其董事當然解任（公 §197 I）。

　　2.董事在任期中其股份有增減時，應向主管機關申報並公告之（公
§197 II）。

㈥股份設定或解除質權的通知、申報義務：九十年新增訂之公司法第一九
　七條之一規定：「董事之股份設定或解除質權者，應即通知公司，公司應
　於質權設定或解除後十五日內，將其質權變動情形，向主管機關申報並
　公告之。但公開發行股票之公司，證券管理機關另有規定者，不在此
　限。」本條於一○○年新增第二項規定：「公開發行股票之公司董事以股
　份設定質權超過選任當時所持有之公司股份數額二分之一時，其超過之
　股份不得行使表決權，不算入已出席股東之表決權數。」蓋發生財務困
　難之上市、上櫃公司，其董監事多將持股質押以求護盤，使持股質押比

例往往較一般公司高；但股價下跌時，為免遭銀行催補擔保品，又再大肆借貸力守股價，惡性循環之結果導致公司財務急遽惡化，損害投資大眾權益。為健全資本市場與強化公司治理，實有必要對設質比重過高之董事、監察人加強控管。藉此杜絕企業主炒作股票之動機與歪風，及防止董監事信用過度膨脹、避免多重授信。

　　宜注意的是前開規定究指董事持股設質係在任期前或任期中，實務見解曾出現紛歧意見，採肯定說者如「按公司法第一百九十七條之一第二項規定，公開發行股票之公司董事以股份設定質權超過選任當時所持有之公司股份數額二分之一時，其超過之股份不得行使表決權，不算入已出席股東之表決權數。核其立法意旨，無非係因發生財務困難之上市、上櫃公司，其董監事多將持股質押以求護盤，使持股質押比例往往較一般公司高；但股價下跌時，為免遭銀行催補擔保品，又再大肆借貸力守股價，惡性循環之結果導致公司財務急遽惡化，損害投資大眾權益。為健全資本市場與強化公司治理，實有必要對設質比重過高之董事、監察人加強控管，以杜絕企業主炒作股票之動機與歪風，及防免董監事信用過度膨脹、多重授信。故無論董監事之持股設質係在任期前或任期中，對其超過一定比例之股份限制其表決權之行使，始符法意。則依此規定計算董監事股份設質數時，應不以其於任期中之設質為限。」（最高法院 103 年臺上字第 1732 號民事判決）採否定說者如「股東於擔任董監事前將股份設質，並無違反對公司之忠實義務，因此公司法第一九七條之一第二項表決權之限制，係屬規範董監事任職期間，將股份設質之行為，而不包括股東擔任董監事之前將股份設質之情形。若包括股東擔任董監事之前將股份設質之情形，則與立法目的不合。此外，設質股份過半之表決權予以扣除，其決議方法違反之事實非屬重大且於決議無影響，法院得依公司法第一八九條駁回撤銷股東會決議之請求。」（臺灣高等法院 102 年上字第 604 號民事判決）

㈦不為競業行為的義務：董事為自己或他人為屬於公司營業範圍內之行為，應對股東會說明其行為之重要內容，並取得其許可（公 §209 I）。

【結論】

依公司法第二一一條第一、三項規定，公司虧損達實收資本額二分之一時，董事會應於最近一次股東會報告，代表公司的董事（一般是指董事長）違反此一規定時，處新臺幣二萬元以上十萬元以下罰鍰。

【參考法條】

公司法第二十三條

「公司負責人應忠實執行業務並盡善良管理人之注意義務，如有違反致公司受有損害者，負損害賠償責任。

公司負責人對於公司業務之執行，如有違反法令致他人受有損害時，對他人應與公司負連帶賠償之責。

公司負責人對於違反第一項之規定，為自己或他人為該行為時，股東會得以決議，將該行為之所得視為公司之所得。但自所得產生後逾一年者，不在此限。」

公司法第一九七條之一

「董事之股份設定或解除質權者，應即通知公司，公司應於質權設定或解除後十五日內，將其質權變動情形，向主管機關申報並公告之。但公開發行股票之公司，證券管理機關另有規定者，不在此限。

公開發行股票之公司董事以股份設定質權超過選任當時所持有之公司股份數額二分之一時，其超過之股份不得行使表決權，不算入已出席股東之表決權數。」

公司法第二一一條

「公司虧損達實收資本額二分之一時，董事會應於最近一次股東會報告。

公司資產顯有不足抵償其所負債務時，除得依第二百八十二條辦理者外，董事會應即聲請宣告破產。

代表公司之董事，違反前二項規定者，處新臺幣二萬元以上十萬元以下罰鍰。」

公司法第二一七條之一

「監察人全體均解任時，董事會應於三十日內召開股東臨時會選任之。但公開發行股票之公司，董事會應於六十日內召開股東臨時會選任之。」

公司法第二一八條之一

「董事發現公司有受重大損害之虞時，應立即向監察人報告。」

【練習題】

一、九十年公司法修正時，針對「地雷股」事件，增訂董事有何種揭露資訊的義務，俾對投資人及貸款機構為預警作用？

二、甲股份有限公司的全體監察人向公司辭職，在此情形下，董事會有何義務？

問題一○○
監察人代表公司依公司法第二一三條與董事訴訟，是否須先經股東會決議？

> 甲股份有限公司與董事乙訴訟，究由監察人丙依職權代表公司為之？抑須經股東會決議，始得對乙訴訟？

【解析】

一、公司法第二一三條不以無董事長為前提

按公司法第二一三條規定：「公司與董事間訴訟，除法律另有規定外，由監察人代表公司，股東會亦得另選代表公司為訴訟之人。」本條是為保護公司的利益而設，不論是以董事或董事長為起訴的對象，均由監察人代表公司起訴，非以公司無董事長代表起訴為前提（最高法院 65 年臺上字第 2365 號判決）。

二、無論何人提起均有適用

公司法第二一三條所謂公司與董事間訴訟，無論由何人提起，均有其適用，且亦不限於其訴的原因事實係基於董事資格而發生，即其事由基於個人資格所生的場合，亦包括在內（最高法院 69 年臺上字第 846 號判決）。又本項訴訟應包括所有民刑事訴訟在內（最高法院 77 年臺上字第 1048 號判決）。

三、「法律另有規定」

公司法第二一三條所稱「除法律另有規定」外，係指同法第二一四條所定不經股東會決議的例外情形而言。蓋股東會為公司最高權力機關，惟其有權決定公司是否對董事（或監察人）提起訴訟（最高法院 69 年臺上字第 1995 號判決）。

四、提起自訴應以公司名義為之

按犯罪的被害人固得提起自訴，但此所謂被害人，以直接被害人為限，

依法組織的公司被人侵害，雖股東（包括監察人）的利益亦受影響，但直接受害者究為公司，當以公司為直接被害人，僅得由公司的代表人以公司名義提起自訴。公司與董事間訴訟，依公司法第二一三條，監察人雖得代表公司，仍須監察人以公司名義提起自訴（最高法院 69 年臺上字第 3920 號判決）。

五、須經股東會決議

　　查公司法第二一三條係規定公司與董事間訴訟時，何人應為公司的代表人，就條文規定的體系而言，自仍有前條，即同法第二一二條規定的適用。且股東會為股份有限公司的最高意思機關，公司應否對董事提起訴訟，自當由其意思機關的股東會依法作成決議，或法定比例以上股東的書面請求（公 §214 I）。至於監察人行使監察權，如認董事有違法失職，僅得依第二二〇條召集股東會，由股東會決議是否對董事提起訴訟，監察人不得依職權決定之（司法院 72.5.14 司法業務研究會第 3 期、司法院 79.10.29 廳民一字第 914 號函）。

　　公司對董事或清算人之訴訟，依公司法第二一二、二一三條規定，除有公司法第二一四條所定情形外，尚須經股東會決議，監察人始得代表公司對董事提起訴訟，股東會並得另選代表公司為訴訟之人，監察人非得任意代表公司為訴訟行為。準此，於董事或清算人對公司提起之訴訟時，如監察人有二人以上，而未經股東會選任者，自應列全體監察人為公司之法定代理人，始為適法。又公司監察人依公司法第二二一條規定，固得單獨行使監察權，惟行使監察權與對外代表公司係屬二事，尚不得以監察人得單獨行使監察權，而謂董事或清算人對公司訴訟時，得任選一監察人為公司之法定代理人進行訴訟（最高法院 99 年臺抗字第 142 號民事裁定）。公司法第二一三條規定公司與董事間訴訟，除法律另有規定外，由監察人代表公司，股東會亦得另選代表公司為訴訟之人。所謂公司與董事間之訴訟，當指同法第二一二條所定股東會決議對於董事提起訴訟而言，蓋股東會為公司最高權力機關，惟其有權決定公司是否對董事提起訴訟。至監察人行使監察權，如認董事有違法失職，僅得依同法第二二〇條召集股東會，由

股東會決議是否對董事提起訴訟。同法第二一三條所稱除法律另有規定外，則指如同法第二一四條所定不經股東會決議之例外情形而言（最高法院95年臺抗字第484號民事裁定）。

【結論】

　　觀公司法第二一三條規定：「公司與董事間訴訟……由監察人代表公司……。」係緊接於第二一二條規定：「股東會決議對於董事提起訴訟時，公司應自決議之日起三十日內提起之。」之後，是監察人所得代表公司為公司與董事間的訴訟，當係指該條所定股東會決議對於董事提起訴訟而言。再觀第二一三條後段規定：「股東會亦得另選代表公司為訴訟之人。」益足證明監察人代表公司為公司與董事間的訴訟時，應經股東會決議。股東會為公司最高權力機關，唯其有權決定公司是否對董事提起訴訟，監察人不得逕自代表公司對董事訴訟。

【參考法條】

公司法第二一二條

「股東會決議對於董事提起訴訟時，公司應自決議之日起三十日內提起之。」

公司法第二一三條

「公司與董事間訴訟，除法律另有規定外，由監察人代表公司，股東會亦得另選代表
　公司為訴訟之人。」

公司法第二一四條

「繼續六個月以上，持有已發行股份總數百分之一以上之股東，得以書面請求監察人
　為公司對董事提起訴訟。

　監察人自有前項之請求日起，三十日內不提起訴訟時，前項之股東，得為公司提起
　訴訟；股東提起訴訟時，法院因被告之申請，得命起訴之股東，提供相當之擔保；
　如因敗訴，致公司受有損害，起訴之股東，對於公司負賠償之責。

　股東提起前項訴訟，其裁判費超過新臺幣六十萬元部分暫免徵收。

　第二項訴訟，法院得依聲請為原告選任律師為訴訟代理人。」

【練習題】

一、甲股份有限公司董事長乙違法轉投資，股東丙鑑於監察人遲遲不召開
　　股東會決議對乙訴訟，遂逕行以自己名義對乙起訴，是否適法？

二、丁股份有限公司監察人戊與董事庚訴訟時，董事長辛主張其為公司代
　　表人，應由其代表公司訴訟，戊的起訴不合法，是否有理由？

問題一〇一

董事一人或數人為自己或他人與公司為法律行為時，倘該法律行為屬公司業務之執行，且非依公司法或章程規定應由股東會決議之事項者，於監察人代表公司為該法律行為前，是否應先經董事會之決議？

> 甲股份有限公司之董事乙與公司簽訂租賃契約，監察人丙依職權代表公司與乙簽約前是否須經董事會決議？

【解析】

關此問題，有下列三說：

一、否定說：不須先經董事會決議。

理由：參酌公司法第二二三條立法規範意旨，在於董事為自己或他人與本公司為買賣、借貸或其他法律行為時，不得同時作為公司之代表，以避免利害衝突，並防範董事長礙於同事情誼，而損及公司利益，故監察人代表公司與董事為法律行為時，無須經公司董事會之決議核准。

二、肯定說：須先經董事會決議。

理由：

㈠依公司法第二〇二條：「公司業務之執行，除本法或章程另有規定應由股東會決議之事項外，均應由董事會決議行之」規定之文義，凡屬公司業務之執行事項，均須經股東會或董事會決議，並無例外；同法第二一八條第一項前段規定：「監察人應監督公司業務之執行」，第二二二條並規定：「監察人不得兼任公司董事、經理人或其他職員」，亦無例外，已見董事會屬「業務執行機關」，監察人屬「業務執行監督機關」，二者各有權限，本不得跨越。又同法第二二三條規定之「由監察人為公司之代

表」，與第二〇八條第三項前段規定之「董事長……對外代表公司」，並無語意上之不同，均係公司對外代表權人之規定，僅後者屬原則，前者屬例外。故依現行公司法相關條文之文義解釋，就公司業務之執行事項，於董事長依公司法第二〇八條第三項規定代表公司時，應經董事會之決議，於監察人依公司法第二二三條規定為公司之代表時，似無為相異解釋之空間，而得謂不須經董事會決議。

㈡況與公司為法律行為之董事如有利害衝突，公司法已有董事利益迴避機制可予防免（公 §206 IV 準用 §178）。又倘其他董事參與之董事會基於同事情誼所為之決議確有損害公司利益情事，除參與之董事均依權於列席董事會時陳述不同意見，並於董事會決議通過後通知董事會或董事停止其行為（公 §218 之 2），更得拒絕對外代表公司，即可達到保障公司利益之目的。

㈢如認監察人得就未經董事會決議之關於公司業務執行事項，有權逕行代表公司對外為之，不須先經董事會決議，將使公司經營之全部權限集中於監察人一身，不符以內部控制為目標之公司治理原則，亦有違權力分立與制衡原則。且與其僅由監察人就公司業務之執行事項獨自決定，並就其違反法令、章程或怠忽職務之所為對公司負賠償責任（公 §224），毋寧事前增加董事會之決議及監察人之實質審查，事後由參與決議且未表示異議之董事就其法令章程及股東會決議之所為對公司負賠償責任（公 §193），甚或與監察人成為連帶債務人（公 §226），對公司及股東利益之保障更加充分。

㈣參酌證券交易法於九十五年一月十一日修正時，於增設獨立董事或審計委員會之同時，就涉及董事自身利害關係之事項，均明文規定應提董事會決議通過（參見證券交易法 §14 之 2 至 §14 之 5），更見董事會之業務執行權限，不因監督機關之代表或介入而受影響，此實為立法之趨勢。

三、折衷說：董事欲為自己或他人與公司為買賣、借貸或其他法律行為，應經股東會同意；如未召集股東會為同意與否表示，因股東會選任監察人，係授權監察人監督董事及董事會業務之執行及於董事與公司間

交易行為時，為公司之代表，則監察人依公司法第二二三條規定代表公司與董事為本條所定交易行為，係源自股東會授與之監督權及代表權，亦無須經董事會決議，但董事會應向監察人報告利弊得失，監察人認無損公司利益時，始代表公司與董事為交易行為。

理由：

㈠按股份有限公司董事受公司委任組成董事會，執行公司業務（公§193 I）。通常公司業務之執行，除公司法或章程規定應由股東會決議之事項外，固均由董事提案，經董事會討論後決議行之（公§202），如有對外與第三人為法律行為必要時，則由有代表權之董事（如董事長）對外代表公司或授權他人與該第三人為法律行為。於此情形，監察人如認董事會或董事執行業務有違背法令、章程或股東會決議之行為者，應行使其監察權，即通知董事會或董事停止其行為（公§218之2）。

㈡至董事欲為自己或他人與公司為買賣、借貸或其他法律行為，事涉內部人交易，非公司通常業務之執行，依民法第一○六條規定，應經股東會同意，股東會同意者，即得由董事長或有代表權之董事代表公司與該董事為交易行為。如未召集股東會，因股東會選任監察人，係委任並授權監察人監督董事或董事會執行業務，並於董事欲為內部人交易時代表公司，故監察人依公司法第二二三條規定代表公司與董事為交易行為，係源自股東會授與之監督權及代表權，自無須經董事會決議。

㈢董事欲為內部人交易，基於利益迴避原則，董事會向股東會報告，由股東會決議是否同意。如未召集股東會，應由欲為交易行為之董事依公司法第二一八條之一向監察人報告，監察人為盡其善良管理人注意義務，應依同法第二一八條第一項規定，請求（通知）董事會就該交易行為之利弊得失提出報告，經審查後如認該交易行為無損公司利益，監察人始依公司法第二二三條規定代表公司與該董事為交易行為。

㈣監察人之監察權、代表權既源自股東會之授權，授權人即股東會自得以決議限制監察人代表權之行使（如限制於一定金額範圍之內之交易始得由監察人本諸監察權代表公司）。又股東會之召集，除由董事會召集外，

監察人亦得以該交易行為影響公司利益重大，依公司法第二二○條規定召集股東會。

最高法院一○○年度第三次民事庭會議採否定說。

【結論】

甲股份有限公司之董事乙與公司簽訂租賃契約，依公司法第二二三條規定，為避免利害衝突，由監察人丙依職權代表公司與乙簽約，依前開立法意旨及實務見解，丙於簽約前毋需經董事會決議。

【參考法條】

公司法第二○二條

「公司業務之執行，除本法或章程規定應由股東會決議之事項外，均應由董事會決議行之。」

公司法第二○六條第二、四項

「董事對於會議之事項，有自身利害關係時，應於當次董事會說明其自身利害關係之重要內容。

第一百七十八條、第一百八十條第二項之規定，於第一項之決議準用之。」

公司法第二一八條之二

「監察人得列席董事會陳述意見。

董事會或董事執行業務有違反法令、章程或股東會決議之行為者，監察人應即通知董事會或董事停止其行為。」

公司法第二二三條

「董事為自己或他人與公司為買賣、借貸或其他法律行為時，由監察人為公司之代表。」

【練習題】

一、甲股份有限公司之董事乙將登記自己名義之不動產賣給甲公司時，應由何人代表公司簽訂買賣契約？

二、甲股份有限公司董事會決議由董事乙代表公司與董事長丙簽訂借貸契約，監察人丁開會時有列席，但未陳述意見，會後丁可否主張應由其代表公司與丙簽約？又前開董事會決議效力如何？

問題一〇二
監察人是否在董事會不能召集股東會，或不為召集時，始得召集股東會？

甲股份有限公司監察人乙，發覺董事會有嚴重淘空公司資金的情形，得否以監察人的名義逕自召集股東會，解任董事？

【解析】

一、監察人召集股東會的情形

㈠董事會不為召集或不能召集股東會

公司法九十年修正前，第二二〇條規定：「監察人認為必要時，得召集股東會。」所稱「必要時」，因屬籠統、模糊用語，故實務見解均以「原則上應於董事會不能召開或不為召集股東會的情形下，基於公司利害關係而召集始為相當」的解釋，以為補充。蓋董事會倘無不能召集或不為召集股東會的情形，任由監察人憑一己的主觀意旨隨時擅自行使此一補充召集的權限，勢將影響公司的正常營運，自失立法原意（最高法院 68 年臺上字第 880 號判決、70 年臺再字第 130 號判決、77 年臺上字第 2160 號判例、經濟部 61.9.21 商 26540 號函、81.10.22 商 226799 號函、82.12.14 商 230685 號函）。據此，公司法九十年修正時，爰將前開解釋意旨明定於法條內，以杜爭議。惟應注意的是，前開見解後來似有所更易：「監察人得為公司利益，於必要時，召集股東會，不以董事會不為召集或不能召集之情形為限。」（經濟部 98.12.17 經商字第 09802168820 號函）

監察人依公司法第二二〇條規定召集股東臨時會，即屬該次股東臨時會之召集權人，原則上得辦理股東會召集之相關事項，包括依公司法第一七二條規定辦理股東會召集通知之寄發、第一七七條規定印發委託書及收受委託書、第一七七條之三編製股東會議事手冊、第一八三條規定分發股東會議事錄予各股東等，並得要求公司及股務代理機構提供股東名簿，提

供方式除影印外，亦得以光碟或儲存媒體方式為之，以落實公司法第二二○條之立法意旨及強化監察人功能。惟監察人於召集股東會時要求公司或股務代理機構提供股東名簿，與股東依據公司法第二一○條規定檢具利害關係證明文件，指定範圍，隨時請求查閱、抄錄或複製公司章程及簿冊，係屬二事。按公司法第二一八條第一項規定：「監察人應監督公司業務之執行，並得隨時調查公司業務及財務狀況，查核、抄錄或複製簿冊文件，並得請求董事會或經理人提出報告」。上開規定之「簿冊」與經濟部 81.12.8 經商字第 232851 號函所稱簿冊，二者定義相同，包括歷屆股東會議事錄、資產負債表、股東名簿及公司債存根簿等。是以，監察人依公司法第二一八條第一項規定得調查公司業務及財務狀況，並查核簿冊文件，該簿冊文件之範圍包括股東名簿在內。又監察人須影印公司簿冊文件時，公司應配合辦理（經濟部 92.7.9 經商字第 09202140200 號函參照）。準此，監察人基於監察權之行使，自得要求公司及股務代理機構提供股東名簿，提供方式除影印外，亦得以光碟或儲存媒體方式為之，違反公司法第二一八條第一項規定，妨礙、拒絕或規避監察人檢查行為者，依同條第三項規定，各處新臺幣二萬元以上十萬元以下罰鍰（經濟部 99.10.8 經商字第 09902140320 號函）。

㈡得為公司利益，於必要時召集股東會

除前述董事會不為或不能召集情形下，為積極發揮監察人功能，公司法九十年修正時，參考德國股份法的立法例，由監察人認定於「為公司利益，而有必要」的情形，亦得召集之。

㈢法院得命監察人召集股東會

繼續六個月以上，持有已發行股份總數百分之一以上的股東，得檢附理由、事證及說明其必要性，聲請法院選派檢查人，於必要範圍內，檢查公司業務帳目、財產情形、特定事項、特定交易文件及紀錄。法院對於檢查人的報告認為必要時，得命監察人召集股東會（公 §245 I、II）。

二、監察人依本法召集股東會時，由其擔任主席

按股東會會議主席，主持並指揮會議的進行，對於會議決議的過程及

結果有極大的影響，故如由無法定資格者擔任主席，則經其主持的股東會決議，其決議方法，不能謂非違反法令，自構成決議撤銷的原因。按股東會除公司法另有規定外，由董事會召集之，又董事長為股東會、董事會主席（公 §171、§208 III），是股東會由董事會召集時，應由董事長擔任主席，固無疑義。惟如由監察人依公司法第二二〇條規定召集股東會時，因是在董事會不為召集或不能召集股東會的情形下，即宜由監察人擔任股東會主席，始能達成監察人為行使監察權而召集股東會的目的（最高法院 76 年臺上字第 957 號判決、經濟部 59.12.4 商 55816 號函）。

三、其他宜注意情形

㈠監察人任期屆滿而不及改選時，延長其執行職務至改選監察人就任時為止（公 §217 II 本文）。是以，監察人任期縱已屆滿，如就公司有利害關係事項，而認為有必要時，自仍得依法召開股東會（經濟部 56.1.6 商 00251 號函）。

㈡公司法第二二〇條的召集權專屬於監察人，監察人不得委託他人代為召集（經濟部 66.8.3 商 22414 號函）。

㈢董監事僅餘監察人一人，該監察人不召集股東會時，得由股東依公司法第一七三條規定召集股東會（經濟部 84.10.9 商 84224365 號函）。

㈣按公司法第二二〇條規定：「監察人除董事會不為召集或不能召集股東會外，得為公司利益，於必要時，召集股東會」。監察人依上開規定召集股東臨時會，即屬該次股東臨時會之召集權人，依公司法規定應辦理股東會召集之相關事項，包括依公司法第一七二條規定辦理股東會召集通知之寄發、第一七七條規定印發委託書及收受委託書、第一七七條之三編製股東會議事手冊、第一八三條規定分發股東會議事錄予各股東等，召集權人均可自行為之，並得要求公司及股務代理機構提供股東名簿（經濟部 99.10.8 經商字第 09900678120 號函）。

【結論】

依公司法第二二○條規定，監察人乙欲以監察人的名義逕行召集股東會，必須具備下列二情形之一：㈠董事會不為召集或不能召集股東會；㈡得為公司利益，於必要時召集股東會。因此，甲公司即使董事會無不為召集或不能召集股東會的情形，因董事會有嚴重淘空公司資金之虞，乙自得依法召集股東會。

【參考法條】

公司法第二二○條

「監察人除董事會不為召集或不能召集股東會外，得為公司利益，於必要時，召集股東會。」

公司法第二四五條

「繼續六個月以上，持有已發行股份總數百分之一以上之股東，得檢附理由、事證及說明其必要性，聲請法院選派檢查人，於必要範圍內檢查公司業務帳目及財產情形、特定事項、特定交易文件及紀錄。

法院對於檢查人之報告認為必要時，得命監察人召集股東會。

對於檢查人之檢查有規避、妨礙或拒絕行為者，或監察人不遵法院命令召集股東會者，處新臺幣二萬元以上十萬元以下罰鍰。再次規避、妨礙、拒絕或不遵法院命令召集股東會者，並按次處罰。」

【練習題】

一、法院於調查甲股份有限公司資金被淘空一案，得否命監察人召集股東會？

二、監察人乙依公司法第二二○條規定召集股東會，於擔任股東會主席時，公司董事長丙於開會中途出席，請問是否由丙擔任主席，主持會議？

問題一〇三
資本公積的使用在法律上有無限制？

> 甲股份有限公司股東會決議，將資本公積分派股息及紅利，是否適法？

【解析】

一、資本公積的意義

為公司盈餘以外的財源（即公司非營業活動所獲致的利益）中，法律強制其應積存的公積。性質上屬於法定公積，其財源多來自於資本交易，即伴隨著自己資本本身增減的經濟活動，所得的剩餘額。

二、資本公積的提列

依公司法九十年修正前的第二三八條規定，下列金額應累積為資本公積：

㈠超過票面金額發行股票所得的溢額（但應扣除發行經費）。

㈡每一營業年度，自資產的估價增值，扣除估價減值的溢額。

㈢處分資產的溢價收入。

㈣自因合併而消滅的公司所承受的資產價額，減除自該公司所承受的債務額及向該公司股東給付額的餘額。

㈤受領贈與的所得。

惟公司法九十年修正時，認為資本公積的規定，係屬商業會計處理問題，何種金額應累積為資本公積，商業會計法及相關法令已有明定且更周延，公司法毋庸另為規定，故刪除本條，以回歸前開法令的適用。

依商業會計處理準則第二十八條規定，資本公積，指公司因股本交易所產生之權益。又同法第二十七條所列資本公積，應按其性質分別列示。即其應揭露事項如下：⑴股本之種類、每股面額、額定股數、已發行股數及特別條件。⑵各類股本之權利、優先權及限制。⑶庫藏股股數或由其子

公司所持有之股數。但刪除公司法第二三八條後，所衍生資本公積相關處理問題，業經主管機關於九十一年二月二十七日邀集各界討論後，獲致結論如下（經商字第09102057680號函）：

㈠「處分資產的溢價收入」的會計處理：

　　1.九十年度發生者，依商業會計處理準則第三十四條第三項規定，依其性質列為營業外收入或非常損益。

　　2.八十九年度以前所累積者，依企業自治原則，由公司自行決定要保持為資本公積，或轉列為保留盈餘，惟應經最近一次股東會或全體股東同意，且所有數額應採同一方式且一次處理。

㈡資產重估增值在公司法修正後已無須轉列資本公積，惟商業會計法第五十二條仍規定應轉列資本公積，在商業會計法未修法前，仍應依其規定辦理。

㈢修正後公司法第二四一條「超過票面金額發行股票所得之溢額」其範圍包括：

　　1.以超過面額發行普通股或特別股溢價。

　　2.公司因企業合併而發行股票取得他公司股權或資產淨值所產生的股本溢價。

三、資本公積使用上的限制

㈠以資本公積填補虧損的限制

　　依公司法第二三九條第一項前段規定，法定盈餘公積及資本公積，除填補公司虧損外，不得使用之。所謂「虧損」，指公司的純財產額較公司資本及歷年累積的法定公積的和為少。至於資本公積填補虧損的順序，非於盈餘公積填補資本虧損，仍有不足時，不得以資本公積補充之（公§239 II）。

㈡以資本公積發給股東新股或現金的限制

　　1.須具備下列三要件

　　⑴須經股東會的特別決議或董事會的特別決議

　　不公開發行股票的公司原則上由股東會依公司法第二四○條所規定的特別決議方式通過。即須有代表已發行股份總數三分之二以上股東的出席，

以出席股東表決權過半數的同意為之（公 §241 I 前段、§240 I）。又出席股東股份總數及表決權數，公司章程有較高規定者，從其規定（公 §241 I、§240 III）。至於公開發行股票的公司除應由股東會依前揭特別決議方式通過，如章程授權董事會辦理資本公積撥充資本者，則得以董事會三分之二以上董事的出席，及出席董事過半數的同意決議，並報告股東會（公 §241 II 準用 §240 V）。

⑵以資本公積發行新股時，其所擬發行的新股須在公司章程所定的授權股份總數內，如有超過，須先完成變更章程的程序。

⑶應按股東原有股份的比例發給新股（公 §241 I 後段）。

　2.以特定種類的資本公積發給股東新股或現金的限制

⑴不論是否為公開發行股票公司，須先填補虧損，始得將資本公積撥充資本（蓋公司法九十年修正前的 §239 I 但書規定，公司得不先填補虧損，而以法定盈餘公積撥充資本。則公司有虧損時，雖無法正常分配盈餘，仍得將公積撥充資本，配發新股給股東，此將導致公司在虧損狀態下，股本不斷繼續膨脹，無法改善公司的財務狀況）。

⑵限於已實現的特定種類資本公積始得撥充資本（公 §241 I）

　　①超過票面金額發行股票所得的溢額。

　　②受領贈與的所得。

⑶公開發行股票的公司，以資本公積撥充資本者，應以其一定比率為限（證券交易法 §41 II 後段）。

㈢不得以資本公積分派股息及紅利（公 §232 II 反面解釋）。

【結論】

依一〇一年一月四日修正前公司法第二三二條第二項但書規定，公司僅得以法定盈餘公積分派股息及紅利。換言之，公司不得以資本公積分派股息及紅利。因此，甲公司股東會決議將資本公積分派股息及紅利，顯然決議的內容違反法令（公 §191），無效。一〇一年一月四日刪除公司法第二三二條第二項但書規定後，公司無盈餘時，不得分派股息及紅利。公司

股東會決議如違反此規定分派股息及紅利，亦屬決議內容違反法令，無效。

【參考法條】

公司法第二三九條

「法定盈餘公積及資本公積，除填補公司虧損外，不得使用之。但第二百四十一條規定之情形，或法律另有規定者，不在此限。

公司非於盈餘公積填補資本虧損，仍有不足時，不得以資本公積補充之。」

公司法第二四〇條

「公司得由有代表已發行股份總數三分之二以上股東出席之股東會，以出席股東表決權過半數之決議，將應分派股息及紅利之全部或一部，以發行新股方式為之；不滿一股之金額，以現金分派之。

公開發行股票之公司，出席股東之股份總數不足前項定額者，得以有代表已發行股份總數過半數股東之出席，出席股東表決權三分之二以上之同意行之。

前二項出席股東股份總數及表決權數，章程有較高規定者，從其規定。

依本條發行新股，除公開發行股票之公司，應依證券管理機關之規定辦理者外，於決議之股東會終結時，即生效力，董事會應即分別通知各股東，或記載於股東名簿之質權人。

公開發行股票之公司，得以章程授權董事會以三分之二以上董事之出席，及出席董事過半數之決議，將應分派股息及紅利之全部或一部，以發放現金之方式為之，並報告股東會。」

公司法第二四一條

「公司無虧損者，得依前條第一項至第三項所定股東會決議之方法，將法定盈餘公積及下列資本公積之全部或一部，按股東原有股份之比例發給新股或現金：

一　超過票面金額發行股票所得之溢額。

二　受領贈與之所得。

前條第四項及第五項規定，於前項準用之。

以法定盈餘公積發給新股或現金者，以該項公積超過實收資本百分之二十五之部分為限。」

【練習題】

一、將資本公積撥充資本有無限制？

二、甲股份有限公司因受到經濟不景氣的影響，擬以資本公積填補虧損，是否可行？

問題一○四

公司得否以股東會決議就上年度未分派盈餘為二次以上的分配？

> 甲股份有限公司召開股東會，於同一年度內就上年度未分配盈餘，二次決議分派股息或紅利，是否適法？

【解析】

一、年度會計表冊的編造

㈠按公司法九十年修正前第二二八條第一項規定，每營業年度終了，董事會應編造下列表冊，於股東常會開會三十日前交監察人查核：

    1.營業報告書。

    2.資產負債表。

    3.主要財產的財產目錄。

    4.損益表。

    5.股東權益變動表。

    6.現金流量表。

    7.盈餘分派或虧損撥補的議案。

    公司法九十年修正時，配合商業會計法第六條將「營業年度」修正為「會計年度」，並將前述「資產負債表、損益表、股東權益變動表、現金流量表」修正為「財務報表」；而「主要財產的財產目錄」，因公司財產種類繁多，編列成冊，耗時費資，並無實益，且有監察人的監督，股東的查閱抄錄表冊等機制可為監督，遂將其刪除。

㈡公司法第二二八條第一項所稱「三十日」期間，乃在賦予監察人相當的時間以利完成查核工作，故董事會未遵守此一期間將有關表冊交給監察人查核者，僅生監察人得否異議或拒絕查核的問題，尚與股東會日後對於有關表冊所為決議的效力無涉（經濟部 79.3.21 商 20325 號函）。

㈢公司停業期間內雖無營業行為，然董事會仍有就公司的財務狀況、現金流量、資產存在狀態及保管、股東權益變動、經營方針……等提出報告的義務，俾股東得適度監督公司並確切了解自身的投資狀況。是以，公司法第二二八條的規定，於公司停業期間仍有適用。至於若公司停業期間超過整個會計年度時，係屬上開表冊內容，依具體情形，可能得較為簡略的問題，尚不影響前開規定的適用（經濟部 86.11.27 商 86222989 號函）。

㈣編造會計表冊屬董事會的職權，不得由董事長單獨行之（經濟部 88.4.28 商 88208460 號函）。

二、公司不得於章程中訂明授權董事會辦理盈餘分派事宜

盈餘分派乃專屬於股東會的決議事項，性質上為強制規定，應不得以章程變更為授權董事會辦理事項（經濟部 79.5.4 商 207413 號函）。

三、增資的新股若於上年度盈餘分派議案編造前發行則可享盈餘分配

現金增資發行的新股若於董事會完成該會計年度盈餘分派議案編造前，已完成發行新股，自可享受該會計年度的盈餘分配；若於董事會完成該會計年度盈餘分派議案編造後，始完成發行新股，自無享受該會計年度盈餘分配的權利（經濟部 80.3.13 商 205844 號函）。

四、不允許就上年度未分派盈餘為二次以上的分配

公司法第二二八條關於股份有限公司盈餘分派的議案，應於會計年度終了後由董事會提案經股東會決議，乃寓有僅准予就上年度盈餘為一次分派之意，公司法尚不允許就上年度未分派盈餘為二次以上決議分派股息或紅利（經濟部 80.10.14 商 225912 號函）。

五、僅同年度的股東會可以變更盈餘分配案

按股東常會的決議，可由其後的股東臨時會加以變更（經濟部 62.4.4 商 09047 號函）。故盈餘分派議案經股東常會決議後，應僅限於股東常會召開當年度營業終結前召開的股東臨時會，得以變更股東常會的決議（經濟部 82.11.26 商 229192 號函、87.7.16 商 87216356 號函）。

【結論】

　　目前實務見解認為從公司法第二二八條條文意旨來看，只准就上年度盈餘為一次分派；公司法並不允許就上年度未分派盈餘為二次以上分派。

【參考法條】

公司法第二二八條

「每會計年度終了，董事會應編造左列表冊，於股東常會開會三十日前交監察人查核：

一　營業報告書。

二　財務報表。

三　盈餘分派或虧損撥補之議案。

前項表冊，應依中央主管機關規定之規章編造。

第一項表冊，監察人得請求董事會提前交付查核。」

【練習題】

一、甲股份有限公司董事會於股東常會開會五日前始將公司各項表冊交監察人，股東會可否以此為理由拒絕承認？

二、乙股份有限公司已於前年度召開股東常會決議盈餘分派案，又於今年度股東常會決議變更前開議案，重新分派盈餘，是否適法？

問題一〇五
公司無盈餘時，分派股息及紅利的效力如何？

> 甲股份有限公司董事長乙明知公司無盈餘，仍指示分派股息及紅利，乙須負何種法律責任？又可否請求退還該股息、紅利？

【解析】

一、何謂「盈餘」

所謂盈餘，是指公司純財產超過公司資本及公積的差額，為公司營業活動所賺取的利益。

二、公司有盈餘時，分派股息及紅利的要件

㈠須完納一切稅捐（公 §237 I 前段）。

㈡須彌補虧損（公 §232 I）。

㈢須提列法定盈餘公積（公 §232 I、§237 I 前段）。

㈣若章程或股東會決議須提列特別盈餘公積者，須提列特別盈餘公積（公 §237 II）。

尚有剩餘時，始得對股東分派股息及紅利。

三、公司無盈餘時

㈠不得分派股息及紅利（公 §232 II 本文）。以維護資本維持原則。

㈡一〇一年修正公司法前，公司法第二三二條第二項但書規定，無盈餘之公司，於法定盈餘公積超過實收資本額百分之五十時，仍得分派股息及紅利。鑑於公司無盈餘，甚至嚴重虧損時，卻仍得分派股息及紅利，而未先將法定盈餘公積用於彌補虧損，顯不利公司之正常經營，爰將前開但書予以刪除。

㈢預付建業（設）股息的要件

為獎勵一般大眾投資於需長時間準備而具有建設性的事業，例如鋼鐵、高速鐵路業等，為提起投資人的興趣，使公司易於募集資金而早日成立，

故公司法第二三四條規定，公司依其業務的性質，自設立登記後如需二年以上的準備，始能開始營業，經主管機關的許可，得依章程的規定，於開始營業前分派股息，此種股息謂之建業股息，屬於預付股息的性質。分派建業股息須具備下列要件：

　　1.須公司依其業務的性質，自設立登記後，需二年以上的準備，始能開始營業。

　　2.須章程就開始營業前分派股息的事項有所規定。

　　3.須經主管機關的許可。

　　4.須於開始營業前分派股息。

　　由於建業股息的分派並非來自盈餘，違背資本維持原則，故公司法特別規定其金額應以預付股息列入資產負債表的股東權益項下，公司開始營業後，每屆分派股息及紅利超過實收資本額百分之六時，應以其超過的金額扣抵沖銷之（公 §234 II）。

　　建設股息之分派，係指公司開始營業前依公司章程規定分派股息予股東，公司一旦開始營業，即須嚴守資本維持原則，回歸盈餘分配之規定，不得發放建設股息。此外，開始營業，應係為一事實狀態，於公司實際對外招攬客戶，出售公司之商品或勞務，而有營業收入時應即屬之，尚不以全面開始營業為必要。如公司營業項目屬特種及特許業務，則公司是否開始營業，自應先經該業務之目的事業主管機關加以認定，始得判斷（臺灣高等法院 103 年重上字第 1011 號民事判決、臺灣高等法院 103 年重上字第 404 號民事判決）。

四、違法分派股息、紅利的效果

㈠公司負責人違反公司法第二三二條第一、二項規定分派股息及紅利時，各處一年以下有期徒刑、拘役或科或併科新臺幣六萬元以下罰金（公 §232 III）。

㈡公司違反公司法第二三二條分派股息及紅利時，公司的債權人得請求退還，並得請求賠償因此所受的損害（公 §233）。被請求退還的是受溢額盈餘分派的股東及員工，且只能退還給公司，非債權人。

【結論】

依公司法第二三二條第二項本文規定，公司無盈餘時，不得分派股息及紅利。乙明知公司無盈餘，仍指示分派，須負一年以下有期徒刑、拘役或科或併科新臺幣六萬元以下罰金的刑事責任（公 §232 III）。又公司債權人亦得請求受溢額盈餘分派的股東及員工退還所分派的股息、紅利，如有損害，並得向公司請求賠償（公 §233）。

【參考法條】

公司法第二三二條

「公司非彌補虧損及依本法規定提出法定盈餘公積後，不得分派股息及紅利。

公司無盈餘時，不得分派股息及紅利。

公司負責人違反第一項或前項規定分派股息及紅利時，各處一年以下有期徒刑、拘役或科或併科新臺幣六萬元以下罰金。」

公司法第二三七條

「公司於完納一切稅捐後，分派盈餘時，應先提出百分之十為法定盈餘公積。但法定盈餘公積，已達實收資本額時，不在此限。

除前項法定盈餘公積外，公司得以章程訂定或股東會議決，另提特別盈餘公積。

公司負責人違反第一項規定，不提法定盈餘公積時，各處新臺幣二萬元以上十萬元以下罰鍰。」

【練習題】

一、請說明公司有盈餘時，如何分派股息及紅利？

二、公司開始營業前可否分派股息？

問題一〇六
公司得否於同一次股東會中,先行變更章程,再依變更後章程分派上年度盈餘?

> 甲股份有限公司於同一次股東會中,同時變更章程盈餘分派的方法,並依新方法分派盈餘,是否適法?

【解析】

一、否定說——股份有限公司年度盈餘分派應以編造議案當時有效的章程為據

按股份有限公司章程定有盈餘分派的方法者,董事會於每會計年度終了,應依據已生效的公司章程(不以登記為生效要件)編造上年度盈餘分派議案,於股東常會開會前三十日交監察人查核,備置公司供股東查閱,並提出於股東常會請求承認後,據以分派上年度盈餘(公§228~§230)。準此,股東會依法變更章程中關於盈餘分派方法後,雖未經登記,而董事會依據變更後章程編造上年度盈餘分派議案,並已踐行公司法第二二八條、第二二九條、第二三〇條規定者,自無不可。惟若公司於召開股東常會時,未先為盈餘分派議案的承認,即先行變更章程,並於同次股東會決議依變更後章程分派上年度盈餘時,即與前揭規定不合。董事會未依據已生效的公司章程編造上年度盈餘分派議案,則顯屬董事會執行業務違反章程,即有公司法第一九三條第二項的適用(經濟部79.8.28商214784號函、84.6.22商211381號函)。

二、肯定說

㈠採否定說的實務見解,究其意旨,係因其依同次股東會決議變更後的章程分派上年度盈餘,未踐履公司法第二二八條、第二二九條董事會編造表冊、監察人查核及備置公司供股東查閱的程序,是以,若公司已履行前開程序,依法即無不合。

㈡若採否定說，公司為依修正後的章程分派盈餘，勢必重開股東會，將徒費時間、經濟及人力。準此，兩案併陳的方式於法亦屬可行。

　以上二說以採否定說為宜，理由補充如下：

㈠基於法律安定性的原則，為避免公司有數案併陳的情形，以依已生效的公司章程編造上年度盈餘分派議案為宜。

㈡按投資人於投資時均據已生效的公司章程所定盈餘分派方法，作為明確衡量投資的標準。是以，若允准公司依不同的章程分派盈餘，將影響眾多投資人的判斷，頗滋紛擾。

㈢若採肯定說，則公司依據現行有效的章程及擬修改的章程分別編造兩案盈餘分派案，併陳股東會決議，有助內線交易之虞。

㈣公司法第一九三條第一項規定：「董事會執行業務，應依照法令章程及股東會之決議。」又股息、紅利的分派，除公司法另有規定外，以各股東持有股份的比例為準，公司法第二三五條訂有明文。據此，若董事會未依據已生效的公司章程編造上年度盈餘分派議案，則顯屬董事會的決議違反章程，即有公司法第一九三條第二項的適用。由此可見，肯定說亦有違法之嫌，自不足採。

　此外，應注意一〇四年修正公司法，為降低公司無法採行員工分紅方式獎勵員工之衝擊，公司應於章程訂明以當年度獲利狀況之定額或比率，即參考第一五七條體例之定額或定率方式，合理分配公司利益，以激勵員工士氣，惟獲利狀況係指稅前利益扣除分配員工酬勞前之利益，是以一次分配方式。至於公營事業之經營係基於各種政策目的及公共利益，以發揮經濟職能，其性質實與民營事業有所區別與不同，其員工酬勞得否分配予員工，應視個別情況而定。又權衡人才與資金對企業經營的重要性及必要性，員工酬勞以現金發放或股票須經董事會特別決議通過，嗣後並報告股東會以兼顧股東權益。員工酬勞係發給現金或股票時，其發放之範圍對象可擴大至從屬公司員工，惟須於章程訂明。新增第二三五條之一：「公司應於章程訂明以當年度獲利狀況之定額或比率，分派員工酬勞。但公司尚有累積虧損時，應予彌補。公營事業除經該公營事業之主管機關專案核定於

章程訂明分派員工酬勞之定額或比率外，不適用前項之規定。前二項員工酬勞以股票或現金為之，應由董事會以董事三分之二以上之出席及出席董事過半數同意之決議行之，並報告股東會。公司經前項董事會決議以股票之方式發給員工酬勞者，得同次決議以發行新股或收買自己之股份為之。章程得訂明依第一項至第三項發給股票或現金之對象包括符合一定條件之控制或從屬公司員工。」

【結論】

甲股份有限公司章程定有盈餘分派的方法者，其年度盈餘分派應以編造議案當時有效的章程為依據。本問題中，甲同時變更章程，同時依新方法分派盈餘，即與法有違（公 §228～§230）。

【參考法條】

公司法第一九三條

「董事會執行業務，應依照法令章程及股東會之決議。

董事會之決議，違反前項規定，致公司受損害時，參與決議之董事，對於公司負賠償之責。但經表示異議之董事有紀錄或書面聲明可證者，免其責任。」

公司法第二三五條

「股息及紅利之分派，除本法另有規定外，以各股東持有股份之比例為準。」

公司法第二三五條之一

「公司應於章程訂明以當年度獲利狀況之定額或比率，分派員工酬勞。但公司尚有累積虧損時，應予彌補。

公營事業除經該公營事業之主管機關專案核定於章程訂明分派員工酬勞之定額或比率外，不適用前項之規定。

前二項員工酬勞以股票或現金為之，應由董事會以董事三分之二以上之出席及出席董事過半數同意之決議行之，並報告股東會。

公司經前項董事會決議以股票之方式發給員工酬勞者，得同次決議以發行新股或收買自己之股份為之。

章程得訂明依第一項至第三項發給股票或現金之對象包括符合一定條件之控制或從屬公司員工。」

【練習題】

一、甲股份有限公司董事會於會計年度終了，分別依據章程原定盈餘分派方法及擬修改的章程中盈餘分派的方法，編造兩案盈餘分派議案，交監察人查核，並提出於股東會由其決議採那個議案。是否適法？

二、乙股份有限公司董事會以特別決議方式，決議先召開股東臨時會，修正章程中盈餘分派方法，嗣該股東會決議通過後，再依新方法編造盈餘分派表冊提股東會承認。是否適法？

問題一〇七
以發行新股分派股息及紅利於股東，是否須經股東會或董事會的決議？

甲為股票上市公司，擬以發行新股分派股息及紅利於股東，是否須經股東會的決議？若該議案係由董事會於股東會開會時以臨時動議提出，是否影響該議案決議的效力？

【解析】

一、股息及紅利分派的方法

㈠原則：現金分派。由股東會以普通決議決定（公§184 I 後段及§174）。

㈡例外：股份分派。亦即以發行新股之方式分派股息及紅利（公§240 I）。

　　1.以股份分派股息及紅利給股東，又稱為「股票股利」或「盈餘轉作資本」（盈餘轉增資）。

　　2.以股份分派紅利給員工，又稱為「員工分紅入股」。

㈢公司決定以發行新股之方式分派股息及紅利，如有不滿一股之金額，以現金分派（公§240 I 後段）。

二、以股份分派股息及紅利的程序

㈠須經股東會或董事會特別決議的通過，因公司是否公開發行股票而有不同

　　1.不公開發行股票公司

　　⑴原則：由股東會以特別決議通過（且得以臨時動議案提出）。申言之，公司欲為股份分派時，須有代表已發行股份總數三分之二以上股東出席之股東會，以出席股東表決權過半數之決議通過，始得為之（公§240 I）。

　　⑵例外：出席股東股份總數及表決權數，章程有較高規定者，從其規定（公§240 I、III）。

　2.公開發行股票公司

⑴原則：亦應由股東會以前述的特別決議通過（公 §240 I），但不得以臨時動議案提出（證交法 §26 之 1）。

⑵例外：有三：

　①由股東會依變通規定，決議以股份分派股息及紅利。申言之，公開發行股票之公司，出席股東之股份總數不足前述特別決議所規定之定額者，得以有代表已發行股份總數過半數股東之出席，出席股東表決權三分之二以上之同意行之（公 §240 II）。惟應注意，依證券交易法第二十六條之一，公開發行公司不得以臨時動議提出此議案。否則，其決議得依公司法第一八九條之規定，撤銷之。

　②公開發行股票之公司，關於以股份分派股息及紅利之決議（同樣不得以臨時動議案提出），如出席股東股份總數及表決權數，公司章程另有較高之規定者，從其規定（公 §240 III）。

　③公開發行股票之公司，其股息及紅利之分派，章程訂明定額或比率並授權董事會決議辦理者，得以董事會三分之二以上董事之出席，及出席董事過半數之決議，將應分派股息及紅利之全部或一部，以發行新股之方式為之，並報告股東會（公 §240 V）（如係以現金分派股利，董事會依公 §206 I 之規定，以普通決議通過後，應依 §228、§230 規定向股東會提出，請求「承認」），此際，即得以董事會之決議代替股東會之特別決議。此為六十九年修改公司法時所增訂之新規定，於法定盈餘公積及特定種類資本公積撥充資本之決議，亦有適用（公 §241 II、§240 V）。

㈡公開發行股票的公司，須依證券管理機關的規定辦理（九十年修正的公 §240 V 前段）

　　證券交易法第二十二條規定：「有價證券之募集與發行，除政府債券或經財政部核定之其他有價證券外，非經主管機關核准或向主管機關申報生效後，不得為之；其處理準則，由主管機關定之。已依本法發行股票之公司，於依公司法之規定發行新股時，除依第四十三條之六第一項及第二項

規定辦理者外，仍應依前項之規定辦理。」為配合此一規定，九十年修正的公司法第二四〇條第四項前段規定，公開發行股票之公司，應依證券管理機關之規定辦理（一〇七年修正時移列為第五項）。

㈢董事會應進行通知、公告程序

　　董事會於為股份分派決議之股東會（或董事會）終結後，如為公開發行公司，則俟證券管理機關核准或向主管機關申報生效後，應即分別通知股東，或記載於股東名簿之質權人（公§240 IV），俾股東或其質權人知悉。

㈣以股份分派股息紅利而發行新股，應於發行新股結束後十五日內，向主管機關申請登記；以股份分派股息紅利，超過授權股份數，須變更公司章程並申請變更登記

　　1.以股份分派股息及紅利，擬發行之新股若超過授權股份數，股份數因而增加，必須先變更公司章程。因此，登記事項如有變更者，應於變更後十五日內，向主管機關申請為變更之登記。但經目的事業主管機關核准應於特定日期登記者，不在此限（公司登記辦法§5 I）。否則，不得以之對抗第三人（公§12）。

㈤公開發行股票之公司，應於設立登記或發行新股變更登記後三個月內發行股票（公§161之1 I）。如係公開發行股票之公司，應於依公司法得發行股票之日起三十日內對認股人交付股票，並應於交付前公告之（證交法§34 I）。

三、以股份分派股息及紅利時，發行新股之生效時期

　　以股份分派股息及紅利所發行之新股，於為股份分派決議之股東會（或董事會）終結時，即生效力。惟公開發行股票之公司則須俟證券管理機關核准或申報生效後，始生效力（公§240 IV）。

【結論】

一、甲上市公司為公開發行股票公司，以發行新股方式分派股息及紅利，須經股東會特別決議。即由有代表已發行股份總數三分之二以上股東

　　出席股東會，以出席股東表決權過半數決議。如出席股東的股份總數不足前項定額者，得以有代表已發行股份總數過半數股東的出席，出席股東表決權三分之二以上的同意。又出席股東股份總數及表決權數，章程有較高規定者，從其規定（公 §240 I 至 III）。

二、依證券交易法第二十六條之一規定，公開發行股票公司以發行新股方式分派股息及紅利，不得以臨時動議提出。甲上市公司董事會以臨時動議提出，即屬股東會召集程序違法，股東得訴請撤銷該決議（公 §189）。

【參考法條】

公司法第二四○條

「公司得由有代表已發行股份總數三分之二以上股東出席之股東會，以出席股東表決權過半數之決議，將應分派股息及紅利之全部或一部，以發行新股方式為之；不滿一股之金額，以現金分派之。

　　公開發行股票之公司，出席股東之股份總數不足前項定額者，得以有代表已發行股份總數過半數股東之出席，出席股東表決權三分之二以上之同意行之。

　　前二項出席股東股份總數及表決權數，章程有較高規定者，從其規定。

　　依本條發行新股，除公開發行股票之公司，應依證券管理機關之規定辦理者外，於決議之股東會終結時，即生效力，董事會應即分別通知各股東，或記載於股東名簿之質權人。

　　公開發行股票之公司，得以章程授權董事會以三分之二以上董事之出席，及出席董事過半數之決議，將應分派股息及紅利之全部或一部，以發放現金之方式為之，並報告股東會。」

證券交易法第二十六條之一

「已依本法發行有價證券之公司召集股東會時，關於公司法第二百零九條第一項、第二百四十條第一項及第二百四十一條第一項之決議事項，應在召集事由中列舉並說明其主要內容，不得以臨時動議提出。」

【練習題】

一、甲非為股票上市公司，可否於股東會以臨時動議方式決議公司以發行新股方式分派股息及紅利？或決議授權董事會辦理？

二、乙為公開發行股票公司，擬授權董事會以發行新股方式分派股息及紅利，其程序如何？

問題一○八
何謂「無實體交易制度」？

> 甲股份有限公司得否將公司發行的股份總數合併印製成一張股票？

【解析】

一、實體股票的發行

㈠實體發行的股票，均應編號（公§162 I 本文）。

㈡依公司法第一六二條第一項規定，應載明下列事項：

　　1.公司名稱。

　　2.設立登記或發行新股變更登記的年、月、日。

　　3.採行票面金額股者，股份總數及每股金額；採行無票面金額股者，股份總數。

　　4.本次發行股數。

　　5.發起人股票應標明發起人股票的字樣。

　　6.特別股票應標明其特別種類的字樣。

　　7.股票發行的年、月、日。

　　以上諸事項，除 5.和 6.兩項為相對必要記載事項外，其餘均為絕對必要記載事項，股票的發行不得欠缺必要記載事項，否則其股票無效。

㈢股票應用股東姓名，其為同一人所有者，應記載同一姓名；股票為政府或法人所有者，應記載政府或法人的名稱，不得另立戶名或僅記載代表人本名（公§162 II）。

㈣股票應經簽證

　　1.發行股票之公司印製股票者，股票應編號，載明下列事項，由代表公司之董事簽名或蓋章，並經依法得擔任股票發行簽證人之銀行簽證後發行之。第一項股票之簽證規則，由中央主管機關定之。但公開發行股票之公司，證券主管機關另有規定者，不適用之（公§162 I、III）。證券交易法

第三十五條亦規定，公司發行股票或公司債券，應經簽證。

2.若股票未經簽證而發行，該股票是否有效？

⑴有效說：簽證係屬行政上管理規定事項，未簽證的股票仍為有效。

⑵無效說：認為依公司法第一六二條第一項規定，簽證與董事簽名並舉，故簽證為要式行為的一部分，未簽證的股票當然無效。

二、實體公司債的發行

㈠印製表彰每一單位債券金額的「小面額公司債券」（公 §260、§261）。

㈡表彰該次發行公司債總額而合併印製的「大面額公司債券」。

三、九十年公司法修正時引入無實體交易制度的理由

為發揮有價證券集中保管功能，簡化現行股票發行成本及交付作業，公司法九十年修正時爰引入「無實體交易」、「無實體發行」制度，規定公開發行股票的公司發行新股時，其股票就該次發行總數合併印製成單張股票，或免印製股票，存放於集中保管事業機構，而透過集中保管事業機構發給應募人有價證券存摺的方式，解決目前股票實體交易所帶來的手續繁複及流通過程風險。

四、無實體交易制度的內容

㈠股票部分

1.免印製股票

依九十年新增訂的第一六二條之二規定，公開發行股票的公司，其發行的股份得免印製股票。依此發行的股份，應洽證券集中保管事業機構登錄。本條規定於一〇七年修正時，移至第一六一條之二規定：「發行股票之公司，其發行之股份得免印製股票。依前項規定未印製股票之公司，應洽證券集中保管事業機構登錄其發行之股份，並依該機構之規定辦理。經證券集中保管事業機構登錄之股份，其轉讓及設質，應向公司辦理或以帳簿劃撥方式為之，不適用第一百六十四條及民法第九百零八條之規定。前項情形，於公司已印製之股票未繳回者，不適用之。」

2.合併印製股票

依九十年新增訂的第一六二條之一規定，公開發行股票的公司發行新

股時，其股票得就該次發行總數合併印製。依此規定發行的股票，應洽證券集中保管事業機構保管。且不適用第一六二條第一項股票應編號及第一六四條背書轉讓的規定。一〇七年修正公司法時，有鑑於單張大面額股票係為降低公開發行股票公司股票發行之成本，其股票須洽證券集中保管事業機構保管，為我國在上市、上櫃及興櫃公司有價證券全面無實體化前之過渡階段而設，配合有價證券集中保管實務，依此規定發行者均為上市、上櫃及興櫃公司。而我國現行上市、上櫃及興櫃公司股票業已全面無實體，證券集中保管事業機構就上市、上櫃及興櫃有價證券，將全面採無實體登錄方式保管，故本條已無適用之可能及存在之必要，爰予刪除。

㈡公司債部分

　　1.未印製公司債券

　　依九十年新增訂的第二五七條之二規定，公司發行的公司債，得免印製債券，並應洽證券集中保管事業機構登錄。及依該機構之規定辦理。經證券集中保管事業機構登錄之公司債，其轉讓及設質應向公司辦理或以帳簿劃撥方式為之，不適用第二六〇條及民法第九〇八條之規定。前項情形，於公司已印製之債券未繳回者，不適用之。透過集中保管事業機構發給應募人有價證券存摺的方式，進行公司債的無實體交易。

　　2.合併印製公司債券

　　依九十年新增訂的第二五七條之一規定，公司發行公司債時，其債券就該次發行總額得合併印製，並應洽證券集中保管事業機構保管。依此發行公司債時，不適用公司法第二四八條第一項第二款、第二五七條、第二五八條及第二六〇條有關債券每張金額、編號及背書轉讓的規定。一〇七年公司法修正時，因單張大面額公司債與第一六二條之一之單張大面額股票均係為降低公司發行成本，為我國在上市、上櫃及興櫃公司有價證券全面無實體化前之過渡階段而設。因應目前我國上市、上櫃及興櫃公司有價證券已全面無實體發行，本條已無適用之可能，爰予刪除。

【結論】

按公司法九十年修正時，為發揮有價證券集中保管功能，簡化現行股票發行成本及交付作業，解決股票實體交易所帶來的手續繁複及流通過程風險，爰於股票、公司債的發行引入「無實體發行」、「無實體交易」制度。因此，公開發行股票的公司發行新股時，因應我國上市、上櫃及興櫃公司有價證券已全面無實體發行，已無合併印製股票之需求（公 §162 之 1、§257 之 1 修正刪除），毋需編號，且不發生以背書轉讓的問題，而是洽證券集中保管事業機構保管，由集保公司發給有價證券存摺，以紀錄數額、交易。

【參考法條】

公司法第一六二條

「發行股票之公司印製股票者，股票應編號，載明下列事項，由代表公司之董事簽名或蓋章，並經依法得擔任股票發行簽證人之銀行簽證後發行之：

一　公司名稱。

二　設立登記或發行新股變更登記之年、月、日。

三　採行票面金額股者，股份總數及每股金額；採行無票面金額股者，股份總數。

四　本次發行股數。

五　發起人股票應標明發起人股票之字樣。

六　特別股票應標明其特別種類之字樣。

七　股票發行之年、月、日。

股票應用股東姓名，其為同一人所有者，應記載同一姓名；股票為政府或法人所有者，應記載政府或法人之名稱，不得另立戶名或僅載代表人姓名。

第一項股票之簽證規則，由中央主管機關定之。但公開發行股票之公司，證券主管機關另有規定者，不適用之。」

公司法第一六二條之一　（刪除）

公司法第一六一條之二

「公開發行股票之公司，其發行之股份得免印製股票。

　依前項規定未印製股票之公司，應洽證券集中保管事業機構登錄其發行之股份，並依該機構之規定辦理。

　經證券集中保管事業機構登錄之股份，其轉讓及設質，應向公司辦理或以帳簿劃撥方式為之，不適用第一百六十四條及民法第九百零八條之規定。

　前項情形，於公司已印製之股票未繳回者，不適用之。」

公司法第二五七條

「公司債之債券應編號載明發行之年、月、日及第二百四十八條第一項第一款至第四款、第十八款及第十九款之事項，有擔保、轉換或可認購股份者，載明擔保、轉換或可認購字樣，由代表公司之董事簽名或蓋章，並經依法得擔任債券發行簽證人之銀行簽證後發行之。

　有擔保之公司債除前項應記載事項外，應於公司債正面列示保證人名稱，並由其簽名或蓋章。」

公司法第二五七條之一　　（刪除）

公司法第二五七條之二

「公司發行之公司債，得免印製債券，並應洽證券集中保管事業機構登錄及依該機構之規定辦理。

　經證券集中保管事業機構登錄之公司債，其轉讓及設質應向公司辦理或以帳簿劃撥方式為之，不適用第二百六十條及民法第九百零八條之規定。

　前項情形，於公司已印製之債券未繳回者，不適用之。」

【練習題】

一、甲股份有限公司未印製公司股票，請問其股東如何證明自己股東的身分？又如何辦理股份轉讓？

二、乙股份有限公司股東會決議，該公司擬發行的公司債，合併印製一張大面額公司債券，是否適法？

問題一〇九
公司發行公司債有無限制？

> 甲股份有限公司因向某銀行貸款，目前仍有遲延支付本息的情形，請問其可否發行公司債？

【解析】

一、公司得募集公司債的立法理由

股份有限公司之資金，原則上是股東繳納之股款而來。但有時為擴展業務或其他原因，公司常以發行新股或對外舉債來籌措其所需之資金。但以發行新股之方法增加資本，常因程序繁雜，緩不濟急，且資本增加後，公司之組織相對地擴大，如因情勢變遷，致此大量資金不再需要時，公司之組織已難以即時收縮。若以借貸之方式對外舉債，又因一般借貸數額不大，期限過短，利息較高，不如以較低的利息，大量吸收多數人之資金，集少成多，以達公司籌措之目的，此即公司得募集公司債之立法理由。

二、公司發行公司債的限制

㈠發行總額的限制

股份有限公司的股東僅負有限責任，公司財產為公司全體債權人債權的總擔保，為防止公司濫行舉債，保護公司債權人，自須對公司債的發行總額加以限制。

 1.有擔保公司債、轉換公司債或附認股權公司債發行總額之限制

⑴原則：公開發行股票之公司債之總額，不得逾公司現有全部資產減去全部負債後之餘額（公 §247 I）。「現有全部資產」，指公司現有一切之有形與無形資產。

故公司現有全部資產，除減去負債額外，尚須減去無形資產，其餘額方為實在。

⑵例外：證券交易法第二十八條之四規定：「已依本法發行股票之公

司，募集與發行有擔保公司債、轉換公司債或附認股權公司債，其發行總額，除經主管機關徵詢目的事業中央主管機關同意者外，不得逾全部資產減去全部負債餘額之百分之二百，不受公司法第二百四十七條規定之限制。」

2.無擔保公司債發行總額之限制

無擔保公司債之總額，不得逾前述餘額二分之一（公 §247 II），蓋因其無擔保，保障力差，故減少其發行額。

(二)發行的禁止

1.公開募集發行公司債之禁止

(1)公司債發行之禁止：公司法第二五〇條規定，公司有左列情形之一者（即公司債信有動搖的事實），不得發行公司債

①對於前已發行之公司債或其他債務有違約或遲延支付本息之事實，尚在繼續中者。

②最近三年或開業不及三年之開業年度課稅後之平均淨利，未達原定發行之公司債負擔年息總額之百分之一百者，但經銀行保證發行之公司債不受限制。

(2)無擔保公司債發行之禁止：公司法第二四九條規定，公司有下列情形之一者，不得發行無擔保公司債

①對於前已發行之公司債或其他債務，曾有違約或遲延支付本息之事實已了結者，自了結之日起三年內。

②最近三年或開業不及三年之開業年度課稅後之平均淨利，未達原定發行之公司債，應負擔年息總額之百分之一百五十者。

按公司債既無特定財產供擔保，則公司的償付債息，完全仰賴公司之營利能力。倘公司營利能力不充沛，將來難免有遲延支付本息之虞，故亦不宜募集公司債，以保護社會大眾。一〇一年公司法修正時，鑑於公司一旦發生違約或遲延支付本息之事實，不論金額大小、清償與否，均永久不得發行無擔保公司債，對於該事實已了結，且努力改善經營體質，而成為穩定健全營運之公司，有所不公。另公司發行無擔保公司債，需向證券主

管機關申請，藉由證券主管機關之審查機制，已可排除體質不良公司發行無擔保公司債，爰修正本條第一款「自違約或遲延支付本息之事實了結之日起三年內」，不得發行無擔保公司債。

　　2.私募發行公司債之禁止

　　九十年增訂之公司法第二四八條第二項前段規定：「普通公司債、轉換公司債或附認股權公司債之私募不受第二百四十九條第二款及第二百五十條第二款之限制。」可知新法對於私募公司債，並不要求公司過去三年具備一定的獲利能力，申言之，過去獲利能力不佳之公司，私募發行公司債，由投資人自行判斷是否值得投資，風險亦由投資人自行承擔。但私募發行公司債，於有公司法第二五〇條第一款及第二四九條第一款之情形時，仍應禁止，即：

　　⑴私募發行公司債的禁止：公司對於前已發行之公司債或其他債務有違約或遲延支付本息之事實，尚在繼續中者，不得私募發行公司債（公 §248 II 前段、§250 ①）。

　　⑵私募發行無擔保公司債的禁止：公司對於前已發行之公司債或其他債務，曾有違約或遲延支付本息之事實已了結之日起三年內者，不得私募發行無擔保之公司債（公 §248 II 前段、§249 ①）。

三、公司債發行的程序

㈠公開募集發行公司債的程序

　　1.董事會的特別決議

　　即應由三分之二以上董事的出席，及出席董事過半數的同意行之（公§246 II）。因此為董事會的專屬權限，不必經股東會決議，董事會只須將募集的原因及有關事項報告股東會即可（公 §246 I）。但發行可轉換公司債、附認股權公司債時，依九十年增訂的公司法第二四八條第七項規定，如超過公司章程所定股份總數時，應先完成變更章程增加資本額後（公 §277），始得為之。

　　2.利他性信託契約的訂立

　　公司在公開募集公司債前，應與金融或信託業者（公 §248 VI）成立

利他性的信託契約，使第三人介入其間，以代表債權人的利益（公 §248 I ⑫）。

　3.向證券主管機關申請核准或申報生效（公 §248 I、證券交易法 §22）。

　4.公司債應募書的備置與公告

⑴公司發行公司債的申請經核准後，董事會應於核准通知到達之日起三十日內，備就公司債應募書，附載第二四八條第一項各款事實，加記核准的證券管理機關與年、月、日、文號，並同時將其公告，開始募集。但第二四八條第一項第十一、十二、十四、十五、十六、二十款等事項，得免予公告（公 §252 I）。

⑵超過前項期限未開始募集而仍須募集者，應重行申請（公 §252 II）。

⑶違反規定不備應募書者，對代表公司的董事，得處新臺幣一萬元以上五萬元以下罰鍰（公 §252 III）。

　5.公開募集與應募（公 §252 I 前段、§253）。

　6.催繳債款（公 §253 I、§254）。

　7.實體公司債券的製作、無實體公司債的登錄與發行（公 §257、§257之2）。

　8.公司債存根簿的製作（公 §258）。

㈡私募發行公司債的程序

　九十年增訂公司法第二四八條第二、三項規定，普通公司債、轉換公司債或附認股權公司債的私募不受第二四九條第二款及第二五〇條第二款的限制，並於發行後十五日內檢附發行相關資料，向證券主管機關報備；私募的發行公司不以上市、上櫃、公開發行股票的公司為限。前項私募人數不得超過三十五人。但金融機構應募者，不在此限。

　1.私募公司債的公司，不要求其過去三年須具備一定的獲利能力。

　2.為簡化私募程序，公司不需先向證券主管機關申請核准或申報生效。

　3.不公開發行股票的公司亦得私募公司債。

　4.私募公司債只能對少數特定人募集，應募人原則上不得超過三十五人，但應募人為金融機構，例外地不受三十五人的限制。

5.私募程序採事後報備制，惟仍須經下列程序：

⑴須經董事會特別決議。

⑵利他性信託契約的訂立。

⑶備置應募書、催繳股款、債券製作、登錄、公司債存根簿的製作等。

【結論】

依公司法第二五〇條第一款規定，公司對於前已發行的公司債或其他債務有違約或遲延支付本息的事實，尚在繼續中者，不得發行公司債。因甲股份有限公司目前仍有遲延支付銀行本息的情形，依前述規定，自不得發行公司債。

【參考法條】

公司法第二四七條

「公開發行股票公司之公司債之總額，不得逾公司現有全部資產減去全部負債後之餘額。

無擔保公司債之總額，不得逾前項餘額二分之一。」

公司法第二四八條

「公司發行公司債時，應載明下列事項，向證券主管機關辦理之：

一　公司名稱。

二　公司債總額及債券每張之金額。

三　公司債之利率。

四　公司債償還方法及期限。

五　償還公司債款之籌集計畫及保管方法。

六　公司債募得價款之用途及運用計畫。

七　前已募集公司債者，其未償還之數額。

八　公司債發行價格或最低價格。

九　公司股份總數與已發行股份總數及其金額。

十　公司現有全部資產，減去全部負債後之餘額。

十一　證券主管機關規定之財務報表。

十二　公司債權人之受託人名稱及其約定事項。公司債之私募不在此限。

十三　代收款項之銀行或郵局名稱及地址。

十四　有承銷或代銷機構者，其名稱及約定事項。

十五　有發行擔保者，其種類、名稱及證明文件。

十六　有發行保證人者，其名稱及證明文件。

十七　對於前已發行之公司債或其他債務，曾有違約或遲延支付本息之事實或現況。

十八　可轉換股份者，其轉換辦法。

十九　附認股權者，其認購辦法。

二十　董事會之議事錄。

二一　公司債其他發行事項，或證券主管機關規定之其他事項。

普通公司債、轉換公司債或附認股權公司債之私募不受第二百四十九條第二款及第二百五十條第二款之限制，並於發行後十五日內檢附發行相關資料，向證券主管機關報備；私募之發行公司不以上市、上櫃、公開發行股票之公司為限。

前項私募人數不得超過三十五人。但金融機構應募者，不在此限。

公司就第一項各款事項有變更時，應即向證券主管機關申請更正；公司負責人不為申請更正時，由證券管理機關各處新臺幣一萬元以上五萬元以下罰鍰。

第一項第七款、第九款至第十一款、第十七款，應由會計師查核簽證；第十二款至第十六款，應由律師查核簽證。

第一項第十二款之受託人，以金融或信託事業為限，由公司於申請發行時約定之，並負擔其報酬。

第一項第十八款之可轉換股份數額或第十九款之可認購股份數額加計已發行股份總數、已發行轉換公司債可轉換股份總數、已發行附認股權公司債可認購股份總數、已發行附認股權特別股可認購股份總數及已發行認股權憑證可認購股份總數，如超過公司章程所定股份總數時，應先完成變更章程增加資本額後，始得為之。」

公司法第二四九條

「公司有左列情形之一者，不得發行無擔保公司債：

一　對於前已發行之公司債或其他債務，曾有違約或遲延支付本息之事實已了結，自了結之日起三年內。

二　最近三年或開業不及三年之開業年度課稅後之平均淨利，未達原定發行之公司債，應負擔年息總額之百分之一百五十者。」

公司法第二五〇條

「公司有左列情形之一者，不得發行公司債：

一　對於前已發行之公司債或其他債務有違約或遲延支付本息之事實，尚在繼續中者。

二　最近三年或開業不及三年之開業年度課稅後之平均淨利，未達原定發行之公司債應負擔年息總額之百分之一百者。但經銀行保證發行之公司債不受限制。」

【練習題】

一、甲股份有限公司獲利能力不佳，得否私募發行公司債？

二、乙股份有限公司擬發行公司債，是否須經股東會特別決議？又乙公司可否不備應募書，而私下找特定人募集公司債？

問題一一〇
股份有限公司所發行的記名債券，可否應債權人的請求，變更為無記名債券？

> 　　甲取得乙股份有限公司的記名債券五萬元，為了轉讓方便，向乙公司請求將其改為無記名式，乙公司得否拒絕？

【解析】

一、公司債的轉讓

㈠公司債的實體交易轉讓

　　1.記名公司債的轉讓

　　得由持有人以背書轉讓之。但非將受讓人的姓名或名稱記載於公司債券，並將受讓人的姓名或名稱及住所或居所記載於公司債存根簿，不得以其轉讓對抗公司（公 §260）。

　　2.無記名公司債的轉讓

　　非經交付，不生效力。

㈡公司債的無實體交易轉讓

　　依公司法第二五七條之二第一、二項規定，亦採透過證券集中保管事業機構登錄及依該機構之規定辦理。經證券集中保管事業機構登錄之公司債，其轉讓及設質應向公司辦理或以帳簿劃撥方式為之，不適用第二六〇條及民法第九〇八條之規定。

二、無記名公司債得改為記名公司債

　　依公司法第二六一條規定，債券為無記名式者，債權人得隨時請求改為記名式。

三、得否請求將記名公司債改為無記名公司債

㈠肯定說

　　認為股份有限公司發行公司債，雖分為記名式與無記名式，此僅為債

券的記載方式不同，其所表彰的債權並無二異，且將記名債券變更為無記名式，對公司的經營並不生影響，應無不許之理。

㈡否定說

認為公司法只明定，無記名債券的持有人，可隨時請求將該債券改為記名式，由此可見，並未容許將記名式債券改為無記名式。

以上二說，如從公司債券的性質，及公司法對發行公司債的立法政策來看，以肯定說為宜。蓋所謂的公司債，係指公司以發行債券的方式，向社會不特定的人所募集的債務。公司債券上有債權人姓名記載者，為記名公司債；無債權人姓名記載者，則為無記名債券。記名公司債與無記名公司債的區別實益，在於債權移轉設質方式，以及出席公司債權人會議的方式不同（公 §260、§263 III、民 §908）。惟二者所表彰的債權，並不因其係記名式或無記名式而有所差別。因此，雖然公司法並未明定對記名式公司債券可否請求改為無記名式，惟為方便債券的流通，應無加以限制的必要。

【結論】

因記名式公司債與無記名式公司債所表彰的債權並無不同，且法未禁止，故甲向乙公司請求將其記名公司債券改為無記名公司債券，應無不可。

【參考法條】

公司法第一六四條
「股票由股票持有人以背書轉讓之，並應將受讓人之姓名或名稱記載於股票。」

公司法第二六〇條
「記名式之公司債券，得由持有人以背書轉讓之。但非將受讓人之姓名或名稱，記載於債券，並將受讓人之姓名或名稱及住所或居所記載於公司債存根簿，不得以其轉讓對抗公司。」

公司法第二六一條
「債券為無記名式者，債權人得隨時請求改為記名式。」

【練習題】

一、甲股份有限公司未發行實體公司債券，請問其公司債持有人如何轉讓其公司債？

二、乙持有丙股份有限公司的無記名債券，請問乙可否向丙公司請求改為記名式？

問題一一一
董事會可否逕依股東會所作成公司分次發行新股的決議辦理新股的相關事宜？

甲股份有限公司股東會決議發行新股後，董事長乙得否未經董事會決議，逕行依該決議內容發行新股？

【解析】

一、發行新股是否為法定專屬董事會的決議事項

在授權資本制之下，所謂發行新股，是指公司成立後，發行公司章程所載股份總數中未於設立時發行的股份（即未發行股份），或於章程所載股份總數悉數發行後，經變更章程增加股份總數後（即增資後）發行所增加的股份而言。此從公司法第二六六條第一項：「公司依第一百五十六條第四項分次發行新股，依本節之規定」可以得知。因此等新股的發行，只增加公司已發行資本（實收資本），而不影響章程所載的股份總數，故無須變更章程，從而，無須經股東會的特別決議通過，只須經董事會以董事三分之二以上出席，及出席董事過半數同意的決議發行（公 §266 I、II）。因此，公司成立後，於需要資金時，得隨時由董事會發行新股，手續簡便，對公司籌措營運資金，頗有助益。

實務見解亦認為，依公司法第二六六條第二項規定得知，公司發行新股係屬董事會的專屬權，無論分次發行新股或發行增資後的新股，均應由董事會以特別決議方式議決之。故董事會、董事長或總經理等不得據股東會所作分次發行新股的決議辦理發行新股的事宜 （經濟部 81.1.22 商234631 號函）。

二、董事會發行新股的決議方式

依公司法第二六六條第二項規定，董事會發行新股須以特別決議行之（即董事三分之二以上出席，及出席董事過半數同意的決議）。至於董事會

決議作成議案交股東會討論的議事錄，僅須由過半數董事的出席，出席董事過半數的同意行之（公 §206）（經濟部 69.6.18 商 19727 號函）。

三、章程額定資本額未予修正及增資案未經股東會通過，得辦理發行新股

一〇七年公司法修正前公司非將已規定的股份總數，全數發行後，不得增加資本（公 §278 I）。因此，公司章程額定資本額未予修正及增加資本案未經股東會通過前，超過額定資本總額時，不得辦理發行新股（經濟部 68.9.14 商 30104 號函）。又股份有限公司辦理增資，不論為現金增資、盈餘轉增資或公積轉增資，均應發行新股，不得採取增資不增股的方式辦理（經濟部 75.3.12 商 10544 號函）。股份有限公司以股息、紅利或公積的增資而發行新股，仍應適用公司法第二六六條第二項的規定（經濟部 77.9.1 商 26479 號函）。

然而，在授權資本制之下，公司得於章程所定股份總數（即授權股份數）之範圍內，按照實際需要，經董事會決議，分次發行股份，無庸經變更章程之程序。倘公司欲發行新股之股數加計已發行股份數，逾章程所定股份總數時，應允許公司可逕變更章程將章程所定股份總數提高，不待公司將已規定之股份總數，全數發行後，始得變更章程提高章程所定股份總數（增加資本），原第一項規定限制公司應將章程所定股份總數全數發行後，始得增加資本，並無必要，爰予刪除，以利公司於適當時機增加資本，便利企業運作。又增加資本後之股份總數，本得分次發行，不待規定，爰刪除本條第二項。

四、公司法第二六六條第二項所稱董事會，係指股東會後實際決議發行新股的董事會

股份有限公司於章程規定的資本總額內分次發行新股時，無須另行召開股東臨時會（經濟部 71.5.13 商 16176 號函）。公司增資發行新股，雖於股東會終結時即生效力（公 §240 II），惟實際發行新股係屬執行機關董事會的職權（公 §266 II），仍須由董事會決議發行。故公司法第二六六條第二項所稱董事會，係指股東會後實際決議發行新股的董事會而言（經濟部 69.6.18 商 19727 號函、78.11.14 商 212929 號函）。

五、公司發行新股可否於董事會議中授權董事長訂定發行新股年、月、日

按發行新股日期，非公開發行公司應由董事會決議，而公開發行公司發行新股尚須先經財政部證券暨期貨管理委員會核准，費時較長，且如僅為決定發行新股日期，而要求公司召集董事會，可能造成公司諸多不便，基於事實需要，公開發行公司得由董事會決議授權董事長決定（經濟部88.9.28 商 88220524 號函）。

六、董事會所為的決議有違公司法第二六六條的規定者，應屬無效（法務部 77.2.1 法參 2302 號函）

【結論】

依公司法第二六六條第二項規定，公司發行新股係屬董事會的專屬權，應由董事會以特別決議方式議決，故董事長乙不得據股東會所作發行新股的決議逕行發行新股。

【參考法條】

公司法第一五六條第四項

「公司章程所定股份總數，得分次發行；同次發行之股份，其發行條件相同者，價格應歸一律。但公開發行股票之公司，其股票發行價格之決定方法，得由證券主管機關另定之。」

公司法第二六六條

「公司依第一百五十六條第四項分次發行新股，均依本節之規定。

公司發行新股時，應由董事會以董事三分之二以上之出席，及出席董事過半數同意之決議行之。

第一百四十一條、第一百四十二條之規定於發行新股準用之。」

【練習題】

一、甲股份有限公司董事會決議發行新股時，附帶同意授權董事長乙訂定
　　發行新股的年、月、日，是否適法？

二、丙股份有限公司董事會以過半數董事出席，出席董事過半數決議發行
　　新股，是否適法？

問題一一二
何謂「股東的新股認購權」?「第三人的新股認購權」?

> 甲股份有限公司發行新股時,得否強制股東每人均須認購一定數額的股份?

【解析】

一、新股認購權的意義

乃股份有限公司發行新股時,享有優先認購新股的權利。又稱為新股承購權。

二、股東的新股認購權

公司發行新股時,除依公司法第二六七條第一、二項保留予員工優先承購的部分外,應公告及通知原有股東,按照原有股份比例儘先分認,並聲明逾期不認購者,喪失其權利;原有股東持有股份比例不足分認一新股者,得合併共同認購或歸併一人認購;原有股東未認購者,得公開發行或洽由特定人認購(公 §267 III)。

㈠股東的新股認購權,是股東的「固有權」,不得以章程或股東會的決議加以限制或剝奪。

㈡股東的新股認購權,有股東平等原則的適用。

㈢股東是否認購新股,有抉擇的權利,公司不得強制股東認股,否則即違反股東有限責任的原則。惟公司已依規定公告及通知原股東,而股東逾期仍不認購者,自應喪失其權利,俾公司得就其未認購的新股公開發行或洽由特定人協議認購(公 §267 III)。

㈣除外規定

股東的新股認購權,於公司通常發行新股時,始得享有。因此,公司因特殊目的而增發新股時,股東自無優先認購權,說明如下:

　　1.股份有限公司因下列情形而發行新股，股東無優先認購權（公 §267 VIII）：

　　⑴公司因合併他公司而發行新股。

　　⑵公司因分割而發行新股。

　　⑶公司因重整計畫而發行新股（九十五年一月公司法修正時新增，俾利重整程序之進行）。

　　⑷公司因員工依「公司與員工的認股權契約」認購公司股份而發行新股（公 §167 之 2）。

　　⑸公司因債權人以轉換公司債轉換股份而發行新股（公 §262 I）。

　　⑹公司因債權人以附認股權公司債認購公司股份而發行新股（公 §262 II、證交 §28 之 3 I）。

　　⑺公司因有人依公司發行的認股權憑證認購公司股份而發行新股（公 §268 之 1、證交 §28 之 3 I）。

　　⑻公司因持有附認股權特別股的股東認購公司股份而發行新股　（公 §268 之 1、證交 §28 之 3 I）。

　　2.公司設立後得發行新股作為受讓他公司股份的對價，需經董事會以三分之二董事出席，出席董事過半數決議行之，不受第二項但書、第二六七條第一項至第三項、第二七八條第二項的限制（公 §156 之 3）。因此，公司因交換股份而發行新股，股東無優先認購權。

　　3.證交法第二十八條之一、第二十八條之三均有排除股東優先認購權的規定。

㈤股東新股認購權得獨立轉讓（公 §267 IV）。

三、第三人的新股認購權

　　其情形有下列四種：

㈠公司法第二六七條第三項後段規定：「……原有股東未認購者，得公開發行或洽由特定人認購。」第二七二條規定，公司公開發行新股時，應以現金為股款，但由原有股東認購或由特定人協議認購，而不公開發行者，得以公司事業所須的財產為出資。上述規定，即是賦與第三人新股認購權。

㈡按證券交易法第二十八條規定，公開發行公司發行新股時，得由財政部命令公開招募，或於招募不足時規定優先認股權人，此亦賦與第三人有新股認購權。惟九十五年一月修正時已刪除本規定。

㈢依證券交易法第二十八條之一第一項規定，股票未在證券交易所上市或未於證券商營業處所買賣之公開發行股票公司，其股權分散未達主管機關依第二十二條之一第一項所定標準者，於現金發行新股時，除主管機關認為無須或不適宜對外公開發行者外，應提撥發行新股總額之一定比率，對外公開發行，不受公司法第二六七條第三項關於原股東儘先分認規定之限制。

㈣證券交易法第二十八條之三第一項規定，募集、發行認股權憑證、附認股權特別股或附認股權公司債之公開發行公司，於認股權人依公司所定認股辦法行使認股權時，有核給股份之義務，不受公司法……第二六七條第一項、第二項及第三項員工、原股東儘先分認規定之限制。由於前開規定中持有認股權憑證或附認股權公司債的人，可能為股東、員工以外的第三人，於其認購公司的股份時，股東、員工均無優先認購權。

【結論】

　　按新股認購權雖是股東的「固有權」，但股東是否認購新股，有選擇的權利，公司不得強制股東認股，故甲公司強制股東每人均須認購一定數額的股份，乃違法的行為。

【參考法條】

公司法第二六七條

「公司發行新股時，除經目的事業中央主管機關專案核定者外，應保留發行新股總數百分之十至十五之股份由公司員工承購。

　　公營事業經該公營事業之主管機關專案核定者，得保留發行新股由員工承購；其保留股份，不得超過發行新股總數百分之十。

　　公司發行新股時，除依前二項保留者外，應公告及通知原有股東，按照原有股份比

例儘先分認，並聲明逾期不認購者，喪失其權利；原有股東持有股份按比例不足分認一新股者，得合併共同認購或歸併一人認購；原有股東未認購者，得公開發行或洽由特定人認購。

前三項新股認購權利，除保留由員工承購者外，得與原有股份分離而獨立轉讓。

第一項、第二項所定保留員工承購股份之規定，於以公積抵充，核發新股予原有股東者，不適用之。

公司對員工依第一項、第二項承購之股份，得限制在一定期間內不得轉讓。但其期間最長不得超過二年。

章程得訂明依第一項規定承購股份之員工，包括符合一定條件之控制或從屬公司員工。

本條規定，對因合併他公司、分割、公司重整或依第一百六十七條之二、第二百三十五條之一、第二百六十二條、第二百六十八條之一第一項而增發新股者，不適用之。

公司發行限制員工權利新股者，不適用第一項至第六項之規定，應有代表已發行股份總數三分之二以上股東出席之股東會，以出席股東表決權過半數之同意行之。

公開發行股票之公司出席股東之股份總數不足前項定額者，得以有代表已發行股份總數過半數股東之出席，出席股東表決權三分之二以上之同意行之。

章程得訂明依第九項規定發行限制員工權利新股之對象，包括符合一定條件之控制或從屬公司員工。

公開發行股票之公司依前三項規定發行新股者，其發行數量、發行價格、發行條件及其他應遵行事項，由證券主管機關定之。

公司負責人違反第一項規定者，各處新臺幣二萬元以上十萬元以下罰鍰。」

證券交易法第二十八條之一

「股票未在證券交易所上市或未於證券商營業處所買賣之公開發行股票公司，其股權分散未達主管機關依第二十二條之一第一項所定標準者，於現金發行新股時，除主管機關認為無須或不適宜對外公開發行者外，應提撥發行新股總額之一定比率，對外公開發行，不受公司法第二百六十七條第三項關於原股東儘先分認規定之限制。

股票已在證券交易所上市或於證券商營業處所買賣之公開發行股票公司，於現金發

行新股時，主管機關得規定提撥發行新股總額之一定比率，以時價向外公開發行，不受公司法第二百六十七條第三項關於原股東儘先分認規定之限制。

前二項提撥比率定為發行新股總額之百分之十。但股東會另有較高比率之決議者，從其決議。

依第一項或第二項規定提撥向外公開發行時，同次發行由公司員工承購或原有股東認購之價格，應與向外公開發行之價格相同。」

證券交易法第二十八條之三

「募集、發行認股權憑證、附認股權特別股或附認股權公司債之公開發行公司，於認股權人依公司所定認股辦法行使認股權時，有核給股份之義務，不受公司法第一百五十六條第六項價格應歸一律與第二百六十七條第一項、第二項及第三項員工、原股東儘先分認規定之限制。

前項依公司所定認股辦法之可認購股份數額，應先於公司章程中載明，不受公司法第二百七十八條第一項及第二項規定之限制。」

【練習題】

一、在那些情形下，股東無新股認購權？

二、甲股份有限公司發行新股時，得否要求認購人僅得以現金為股款？

問題一一三
何謂「員工的新股承購權」？

> 　　甲為乙股份有限公司的員工，其於乙公司每次發行新股時，是否均享有新股承購權？

【解析】

一、民營公司員工的新股承購權

　　按公司營業的興衰與員工努力工作與否極有關係，為使員工與公司融合一體，同舟共濟，必使其對於公司業務發生直接利害關係，激勵其工作情緒，而緩和並減免勞資間的糾紛，此乃公司法承認員工新股承購權的理由。

㈠原則：公司應保留原發行新股總數百分之十至十五的股份由員工承購（公§267 I）。

㈡例外：經目的事業中央主管機關專案核定的民營公司，例外地無員工新股承購權。

二、公營事業公司員工的新股承購權

　　鑑於公營事業的經營係基於政策目的及公共利益以發揮經濟職能，其性質與民營事業有別，其發行新股保留部分由員工承購，應經該公營事業的主管機關專案核定始得為之。

㈠原則：無新股承購權。

㈡例外：公營事業經該公營事業的主管機關專案核定者，例外得保留發行新股由員工承購；其保留股份，不得超過發行新股總數百分之十 （公§267 II）。

三、公司不得強制員工承購

　　新股承購權是員工的權利而非其義務，是否承購，員工自有抉擇的權利，公司不得強制員工必須承購。

四、除外規定

㈠公司法修正前第二六七條第五項原規定，第一、二項所定保留員工承購股份的規定，於以公積或資產增值抵充，核發新股予原有股東者，不適用之。按本規定於九十年十一月十二日修正時，刪除第二三八條有關資本公積之規定，係鑑於資本公積之規定，核屬商業會計處理問題，何種金額應累積為資本公積，應回歸商業會計法令處理。九十年十一月十二日修正前，資產重估增值應累積為資本公積，惟資產重估增值係屬未實現利得，其性質與資本公積不同。由於未實現利得係由資產重估增值而產生，資本公積係由資本帳戶之交易而產生，故在財務會計觀點上，資產重估增值不應列為資本公積。商業會計法業於九十五年五月二十四日修正第五十二條，將原列於資本公積項下之資產重估增值準備改列為業主權益項下之未實現重估增值。又本法之增資發行新股，限於現金增資、盈餘轉增資及資本公積轉增資三種。基此，自無再以資產重估增值發行新股之餘地，爰於一○○年六月二十九日刪除本條第五項「或資產增值」等文字。

㈡對於因合併他公司、分割、公司重整或依公司法第一六七條之二、第二百三十五條之一、第二六二條、第二六八條之一第一項而增發新股者，不適用之（公 §267 VII）。

㈢依公司法第二四○條第一項規定，以發行新股方式分派股息及紅利者，因是以新股代替現金的給付，自不能保留予員工認購的權利。

㈣公司設立後得發行新股作為受讓他公司股份的對價，不受公司法第二六七條第一項至第三項的限制（公 §156 之 3）。

㈤募集、發行認股權憑證、附認股權特別股或附認股權公司債的公開發行公司，於認股權人依公司所定認股辦法行使認股權時，有核給股份的義務，不受公司法第二六七條第一項至第三項員工、原股東儘先分認規定的限制（證交 §28 之 3 I）。

五、員工新股承購權的轉讓

㈠員工之新股承購權不得獨立轉讓（公 §267 IV）。

㈡公司對員工行使新股承購權所購得的股份，得限制其在一定期間內不得轉讓。但其期間最長不得超過二年（公§267 VI）。如公司未限制其轉讓，員工得自由轉讓。

【結論】

應視乙公司為民營公司或公營事業公司而定。

㈠乙公司如為民營公司，則除非經目的事業主管機關專案核定無員工新股承購權外，公司應保留發行新股總數百分之十至十五的股份由員工承購（公§267 I）。

㈡乙公司如為公營事業公司，則原則上員工無新股承購權，例外地經主管機關專案核定，始得保留發行新股由員工承購（公§267 II）。

【參考法條】

公司法第二六七條

「公司發行新股時，除經目的事業中央主管機關專案核定者外，應保留發行新股總數百分之十至十五之股份由公司員工承購。

公營事業經該公營事業之主管機關專案核定者，得保留發行新股由員工承購；其保留股份，不得超過發行新股總數百分之十。

公司發行新股時，除依前二項保留者外，應公告及通知原有股東，按照原有股份比例儘先分認，並聲明逾期不認購者，喪失其權利；原有股東持有股份按比例不足分認一新股者，得合併共同認購或歸併一人認購；原有股東未認購者，得公開發行或洽由特定人認購。

前三項新股認購權利，除保留由員工承購者外，得與原有股份分離而獨立轉讓。

第一項、第二項所定保留員工承購股份之規定，於以公積抵充，核發新股予原有股東者，不適用之。

公司對員工依第一項、第二項承購之股份，得限制在一定期間內不得轉讓。但其期間最長不得超過二年。

章程得訂明依第一項規定承購股份之員工，包括符合一定條件之控制或從屬公司員工。

本條規定，對因合併他公司、分割、公司重整或依第一百六十七條之二、第二百三十五條之一、第二百六十二條、第二百六十八條之一第一項而增發新股者，不適用之。

公司發行限制員工權利新股者，不適用第一項至第六項之規定，應有代表已發行股份總數三分之二以上股東出席之股東會，以出席股東表決權過半數之同意行之。

公開發行股票之公司出席股東之股份總數不足前項定額者，得以有代表已發行股份總數過半數股東之出席，出席股東表決權三分之二以上之同意行之。

章程得訂明依第九項規定發行限制員工權利新股之對象，包括符合一定條件之控制或從屬公司員工。

公開發行股票之公司依前三項規定發行新股者，其發行數量、發行價格、發行條件及其他應遵行事項，由證券主管機關定之。

公司負責人違反第一項規定者，各處新臺幣二萬元以上十萬元以下罰鍰。」

【練習題】

一、甲股份有限公司章程規定，員工於發行新股時所承購的股份，於公司任職期間不得轉讓，如有轉讓，視為辭職，是否適法？

二、乙股份有限公司於某次發行新股時，強制員工必須購買一定數額的股份，否則將予以解職，是否適法？

問題一一四

股份有限公司於決議解散，清算人就任後，得否再以股東會決議撤銷前解散的決議，並解任清算人，繼續公司業務的進行？

> 　　甲股份有限公司因經濟不景氣，股東會決議解散公司，並選任董事長乙擔任清算人。惟於清算程序中，鑑於政府推行「經濟改革」政策，有助於紓困，則得否再經股東會決議，撤銷前開解散的決議，並解任清算人乙的職務，繼續營業？

【解析】

一、股份有限公司的解散事由

　　依公司法第三一五條規定，股份有限公司有下列情形之一者，應予解散：

㈠章程所定解散事由。例如公司章程訂定的公司存續期間屆滿。

㈡公司所營事業已成就或不能成就。但公司亦可變更章程，修改所營事業，繼續經營。

㈢股東會為解散的決議。須經特別決議，即應有代表已發行股份總數三分之二以上股東的出席，以出席股東表決權過半數的同意行之；公開發行股票公司，出席股東的股份總數不足前項定額者，得以有代表已發行股份總數過半數股東的出席，出席股東表決權三分之二以上的同意行之；前開出席股東股份總數及表決權數，章程有較高規定者，從其規定（公§316 I 至 III）。

㈣有記名股票的股東不滿二人。但政府或法人股東一人者，不在此限。

㈤與他公司合併。

㈥分割。

㈦破產。

㈧解散的命令或裁判。指主管機關依公司法第十條命令解散，或法院依公司法第十一條裁定解散。

二、清算人的產生及解任

㈠以董事為清算人，但公司法或章程另有規定或股東會另選清算人時，不在此限。不能依前開規定定清算人時，法院得因利害關係人的聲請，選派清算人（公 §322）。

㈡清算人應於就任後十五日內，將其姓名、住所或居所及就任日期，向法院聲報。清算人由法院選派時，應公告之。違反聲報期限規定者，各處新臺幣三千元以上一萬五千元以下罰鍰（公 §334 準用 §83 I、III、IV）。

㈢清算人除由法院選派者外，得由股東會決議解任。法院因監察人或繼續一年以上持有已發行股份總數百分之三以上股份股東的聲請，得將清算人解任（公 §323）。

㈣清算人的解任，應由股東於十五日內向法院聲報。由法院解任時，應公告之。違反前述聲報期限的規定，各處新臺幣三千元以上一萬五千元以下罰鍰（公 §334 準用 §83 II、III、IV）。

三、股東會得決議撤銷解散的決議

關於公司已決議解散並依法呈報清算人就任後，是否得決議撤銷原解散的決議，並解任清算人繼續營業的問題，司法實務及學者均採肯定見解。蓋股份有限公司的股東會，為公司最高意思機關，其得決議的事項，並不以公司法有明文規定者為限，公司股東會以後決議變更前決議，既與公司法第一八九條所定股東會的召集程序或決議方法違背法令或章程得訴請撤銷其決議的情形有別，依私法人自治的原則，自無不可。又公司在未為清算登記前，股東會既仍得行使職權，而公司繼續營業，亦與企業維持的精神無違，似無不予准許之理。此外，此項決議的方法，解釋上應適用公司法第三一六條特別決議的程序（經濟部 60.5.25 商 20521 號函）。

【結論】

依司法實務及學者見解，甲公司得經股東會決議，撤銷前解散的決議，並解任清算人乙的職務；但應採用公司法第三一六條特別決議的方式。

【參考法條】

公司法第三一六條

「股東會對於公司解散、合併或分割之決議，應有代表已發行股份總數三分之二以上股東之出席，以出席股東表決權過半數之同意行之。

公開發行股票之公司，出席股東之股份總數不足前項定額者，得以有代表已發行股份總數過半數股東之出席，出席股東表決權三分之二以上之同意行之。

前二項出席股東股份總數及表決權數，章程有較高之規定者，從其規定。

公司解散時，除破產外，董事會應即將解散之要旨，通知各股東。」

公司法第三二二條

「公司之清算，以董事為清算人，但本法或章程另有規定或股東會另選清算人時，不在此限。

不能依前項之規定定清算人時，法院得因利害關係人之聲請，選派清算人。」

公司法第三二三條

「清算人除由法院選派者外，得由股東會決議解任。

法院因監察人或繼續一年以上持有已發行股份總數百分之三以上股份股東之聲請，得將清算人解任。」

【練習題】

一、法院為甲股份有限公司選派乙律師為其清算人，甲公司股東會得否決議將其解任，並指定董事長為清算人？

二、乙股份有限公司股東會以普通決議的方式決議解散，是否適法？

問題一一五

公司如何辦理增資、減資？

> 甲股份有限公司因資金過剩，擬將多餘資金發還股東；乙股份有限公司因投資不利慘遭鉅額虧損，則二公司應如何減資？

【解析】

一、增資須變更章程

採行票面金額股者，股份總數及每股金額；採行無票面金額股者，股份總數為股份有限公司章程絕對必要記載事項（公 §129 I ③），如股份總數或每股金額有所增加，即屬增加資本，必須變更章程。

㈠增加資本的要件

1.一〇七年公司法修正前，公司非將已規定之股份總數，全數發行後，不得增加資本（公 §278 I）。增加資本後之股份總數得分次發行（公 §278 II）。按在授權資本制之下，公司得於章程所定股份總數（即授權股份數）之範圍內，按照實際需要，經董事會決議，分次發行股份，無庸經變更章程之程序。倘公司欲發行新股之股數加計已發行股份數，逾章程所定股份總數時，應允許公司可逕變更章程將章程所定股份總數提高，不待公司將已規定之股份總數，全數發行後，始得變更章程提高章程所定股份總數（增加資本），原第一項規定限制公司應將章程所定股份總數全數發行後，始得增加資本，並無必要，爰予刪除，以利公司於適當時機增加資本，便利企業運作。增加資本後之股份總數，本得分次發行，不待規定，爰刪除原第二項。

2.增加資本須經股東會之特別決議變更章程（公 §277）。

㈡增加資本的程序

1.須經股東會特別決議通過（公 §277）：如係公司為彌補虧損，於會計年度終了前，有增加資本之必要，依公司法第一六八條之一規定，董事

會應將財務報表及虧損撥補之議案，於股東會開會三十日前交監察人查核後，提請股東會決議。董事會應造具表冊之規範事項準用第二二九條至第二三一條有關股東常會之相關規定。此一公司增加資本之事項，並須於股東會召集之通知及公告中載明增加資本變更章程之召集事由，不得以臨時動議提出增加資本之議案（公§172 V）。

　　2.發行新股。

　　3.申請變更登記：公司增加資本，涉及章程絕對必要記載事項之變更，自應申請變更登記。

　　公司法第一二九條第三款規定，發起人應以全體之同意訂立章程，採行票面金額股者，股份總數及每股金額；採行無票面金額股者，股份總數，並簽名或蓋章；該法第一五六條第一項亦規定，股份有限公司之資本，應分為股份，擇一採行票面金額股或無票面金額股。由此可知，股東僅就其所認股份對公司負其責任，公司向股東所募集之資金，即成為公司之資本並形成公司之財產，倘公司未經修改章程增加股份總數，而發行超過章程所訂股份總數之股票時，自應解為無效（最高法院99年臺上字第1792號民事判決）。

二、減資須變更章程

㈠減資的意義

　　公司因資金過剩，為將多餘資金發還股東，可進行「實質上之減資」，以發還每股減少金額或有償銷除股份（支付金額將一部分股份收回銷除）之方式使公司實際上之積極財產減少。如公司之經營發生鉅額虧損，亦可進行「形式上之減資」，以計算上減少每股金額或無償銷除股份總數（未支付任何金額將一部分股份收回銷除）之方式，使公司資本總額與現實積極財產趨於一致。

㈡減少資本的程序

　　1.須經股東會之特別決議：公司法第一六八條之一規定：「公司為彌補虧損，於會計年度終了前，有減少資本……之必要者，董事會應將財務報表及虧損撥補之議案，於股東會開會三十日前交監察人查核後，提請股東

會決議。第二百二十九條至第二百三十一條之規定，於依前項規定提請股東臨時會決議時，準用之。」此外，減少資本之章程變更議案不得以臨時動議提出（公 §277、§172 V）。

　　2.履踐保護公司債權人之程序：公司法第二八一條規定，第七十三條及第七十四條之規定，於減少資本準用之。申言之

　⑴公司決議減少資本時，應即編造資產負債表及財產目錄（公 §281 準用 §73 I）。

　⑵公司應將減資方法向各債權人分別通知及公告，並指定三十日以上期限，聲明債權人得於期限內提出異議（公 §281 準用 §73 II）。

　⑶公司不對債權人通知公告，或對於其在指定之期限內提出異議之債權人不為清償，或不提供相當之擔保者，不得以其減資對抗債權人（公 §281 準用 §74）。

　3.減資之實行：其方法有三

　⑴減少每股金額：每股金額減少，須依公司法第二七九條規定進行換股程序。

　⑵銷除股份：即將公司之股份收回並加以銷除。如係有償之銷除股份以進行「實質上之減資」時，自亦須將銷除股份應支付之款項交付股東。

　⑶合併股份：即將二以上股份合併為一股，以減少股份總數。此時亦須依第二七九條之規定進行換股程序。

　4.換發新股票

　⑴因減少資本換發新股票時，公司應於減資登記後，定六個月以上之期限，通知各股東換取，並聲明逾期不換取者，喪失其股東之權利（公 §279 I）。

　⑵股東於前項期限內不換取者，即喪失其股東之權利，公司得將其股份拍賣，以賣得之金額，給付該股東（公 §279 II）。因減少資本而合併股份，如股東所持有之股份不適於合併者，例如以三股合併換一股，持有一千股之股東換得三百三十三股，尚有舊股一股無法合

併時，公司亦得將無法合併之畸零股拍賣，以賣得之金額給付該股東（公 §280 準用 §279 II）。

(3)公司負責人違反前述通知期限之規定時，各處新臺幣三千元以上一萬五千元以下罰鍰（公 §279 III）。

5.申請減資登記：股份有限公司應於每次減少資本結束後十五日內，向主管機關申請登記（公司登記辦法 §4）。

【結論】

甲公司得以發還每股減少金額或支付金額將一部分股份收回銷除的方式，使公司實際上的積極財產減少，為「實質上的減資」。而乙公司得以減少每股金額或未支付金額將一部分股份收回銷除的方式，使公司資本總額與現實積極財產趨於一致，為「形式上的減資」。

【參考法條】

公司法第二七七條

「公司非經股東會決議，不得變更章程。

　前項股東會之決議，應有代表已發行股份總數三分之二以上之股東出席，以出席股東表決權過半數之同意行之。

　公開發行股票之公司，出席股東之股份總數不足前項定額者，得以有代表已發行股份總數過半數股東之出席，出席股東表決權三分之二以上之同意行之。

　前二項出席股東股份總數及表決權數，章程有較高之規定者，從其規定。」

公司法第二七八條　（刪除）

公司法第二七九條

「因減少資本換發新股票時，公司應於減資登記後，定六個月以上之期限，通知各股東換取，並聲明逾期不換取者，喪失其股東之權利。

　股東於前項期限內不換取者，即喪失其股東之權利，公司得將其股份拍賣，以賣得之金額，給付該股東。

公司負責人違反第一項通知期限之規定時，各處新臺幣三千元以上一萬五千元以下罰鍰。」

公司法第二八〇條

「因減少資本而合併股份時，其不適於合併之股份之處理，準用前條第二項之規定。」

【練習題】

一、甲股份有限公司辦理增資後，第一次發行的股份是否有限制？

二、乙股份有限公司股東會決議減資，應如何辦理換發新股票？

問題一一六
如何辦理公司重整？

甲股份有限公司因投資東南亞失利，致資金周轉困難，經聲請重整裁定准許後，公司業務應由何人經營？又此時董事長乙是否得執行其職權？

【解析】

一、公司重整的意義

公司重整，乃公開發行股票或公司債之股份有限公司，因財務困難，暫停營業或有停業之虞，而有重建更生之可能，得由公司或利害關係人向法院聲請，經法院裁定准予重整，以調整公司債權人、股東及其他利害關係人之利益，並謀求公司事業之維持與復興的制度。其目的在拯救公司免於破產，以達公司企業之再生，並保護投資大眾及債權人之利益，以維護社會經濟秩序的安定。

二、公司重整的聲請人

依公司法第二八二條規定，有權聲請公司重整的人如下：

㈠公司：公司重整，事關重要，故公司為重整之聲請，應有董事三分之二以上之出席，及出席董事過半數同意之決議行之（公§282 I、II）。

㈡股東：繼續六個月以上持有已發行股份總數百分之十以上股份之股東（公§282 I ①）。

㈢債權人：相當於公司已發行股份總數金額百分之十以上之公司債權人（公§282 I ②）。

㈣工會：指下列工會（公§282 III）

　　1.企業工會。

　　2.會員受僱於公司人數，逾其所僱用勞工人數二分之一之產業工會。

　　3.會員受僱於公司之人數，逾其所僱用具同類職業技能勞工人數二分

之一之職業工會。

㈤公司三分之二以上之受僱員工。所稱之受僱員工，以聲請時公司勞工保
　險投保名冊人數為準（公 §282 IV）。

三、公司重整的原因

　　依公司法第二八二條第一項前段之規定，須有下列原因之一，始得聲
請公司重整：

㈠公司因財務困難而暫停營業：例如公司因資金周轉失靈，營業已暫行停
　止。

㈡公司因財務困難而有停業之虞：例如公司資金因調度困難，有停止營業
　之虞。

四、聲請書狀及管轄法院

㈠書狀：公司重整之聲請，應由聲請人以書狀連同副本五份向法院為之。
　書狀應載明公司法第二八三條第一項所列之七款事項。

㈡管轄法院：公司重整事件之管轄，準用民事訴訟法之規定。應由本公司
　所在地之地方法院管轄（公 §314 準用民訴 §2 II）。

五、法院為裁定重整前的調查與處分

　　法院為准許或駁回之裁定前，應為如下之調查或處分：

㈠徵詢主管機關、目的事業中央主管機關、中央金融主管機關及證券管理
　機關之意見（公 §284 I）。

㈡公司繳納稅捐之情形，有助於了解公司之營運情形，公司法第二八四條
　第二項規定：「法院對於重整之聲請，並得徵詢本公司所在地之稅捐稽徵
　機關及其他有關機關、團體之意見。」

㈢前二項被徵詢意見之機關，應於三十日內提出意見（公 §284 III）。

㈣聲請人為股東或債權人時，通知被聲請公司（公 §284 IV）。

㈤選任檢查人，檢查公司實況及是否具備重整條件（公 §285）。

㈥命令公司造報債權人或股東名冊：法院於裁定重整前，得令公司負責人，
　於七日內就公司債權人及股東，依其權利之性質，分別造報名冊，並註
　明住所或居所及債權或股份總金額（公 §286）。

㈦為各種處分：法院為公司重整裁定前，得因公司或利害關係人之聲請或依職權，以裁定為左列之處分（公 §287 I）

　　1.公司財產之保全處分。

　　2.公司業務之限制。

　　3.公司履行債務及對公司行使債權之限制。

　　4.公司破產、和解或強制執行程序之停止。

　　5.公司記名式股票轉讓之禁止。

　　6.公司負責人對於公司損害賠償責任之查定及其財產之保全處分。

　　法院為前述處分之裁定時，應將裁定通知證券管理機關及相關之目的事業中央主管機關（公 §287 IV）。且前述各項處分，除法院准予重整外，其期間不得超過九十日；必要時，法院得由公司或利害關係人之聲請或依職權以裁定延長之；其延長期間不得超過九十日（公 §287 II）。

六、法院為公司重整准駁裁定的期限

　　公司法第二八五條之一第一項規定：「法院依檢查人之報告，並參考目的事業中央主管機關、證券管理機關、中央金融主管機關及其他有關機關、團體之意見，應於收受重整聲請後一百二十日內，為准許或駁回重整之裁定，並通知各有關機關。」同條第二項並規定，前項一百二十日之期間，法院得以裁定延長之，每次延長不得超過三十日。但以二次為限。

七、駁回公司重整聲請的裁定

㈠公司法第二八三條之一規定，重整之聲請，有左列情形之一者，法院應裁定駁回：

　　1.聲請程序不合者。但可以補正者，應限期命其補正。

　　2.公司未依本法公開發行股票或公司債者。

　　3.公司經宣告破產已確定者。

　　4.公司依破產法所為之和解決議已確定者。

　　5.公司已解散者。

　　6.公司被勒令停業限期清理者。

㈡公司法第二八五條之一第三項規定，有左列情形之一者，法院應裁定駁

回重整之聲請：

　　1.聲請書狀所記載事項有虛偽不實者。

　　2.依公司業務及財務狀況無重建更生之可能者。

　　法院依前項第二款於裁定駁回時，其合於破產規定者，法院得依職權宣告破產（公 §285 之 1 IV）。

八、准許重整的裁定及裁定後應為的處置

㈠法院就公司重整之聲請，經審查結果，認為公司確因財務困難，暫停營業或有停業之虞，而有重建更生之可能者，得裁定准予重整（公 §282）。

㈡公司法第二八九條第一項規定，法院為重整裁定時，應就對公司經營，具有專門學識及經驗者或金融機構，選任為重整監督人，並決定下列事項：

　　1.債權及股東權之申報期間及場所，其期間應在十日以上，三十日以下。

　　2.所申報之債權及股東權之審查期日及場所，其期日應在前款申報期間屆滿後十日以內。

　　3.第一次關係人會議期日及場所，其期日應在第一款申報期間屆滿後三十日內。

　　前項重整監督人，應受法院監督，並得由法院隨時改選（公 §289 II）。

　　重整監督人有數人時，關於重整事務之監督執行，以其過半數之同意行之（公 §289 III）。

㈢公告重整及送達重整裁定

　　法院為重整裁定後，為使與公司重整有利害關係之人有知悉公司重整之機會，應即將下列各事項公告之（公 §291 I）：

　　1.重整裁定之主文及其年、月、日。

　　2.重整監督人、重整人之姓名或名稱、住所或處所。

　　3.第二八九條第一項所定期間、期日及場所。

　　4.公司債權人怠於申報權利時，其法律效果。

　　⑴所謂法律效果，指於公告中載明如怠於申報權利，在債權人則不得

依重整程序受償，股東之權利，依股東名簿之記載（公 §297 I、III）。

⑵法院對於重整監督人、重整人、公司、已知之公司債權人及股東，仍應將前項裁定及所列各事項，以書面送達之（公 §291 II）。此之所謂已知之公司債權人及股東，得以法院於裁定重整前命公司負責人所造報之債權人及股東名冊為準（公 §286）。

㈣公司帳簿之處置

法院於重整裁定送達公司時，應派書記官於公司帳簿，記明截止意旨，簽名或蓋章，並作成節略，載明帳簿狀況（公 §291 III）。

㈤通知公司主管機關為重整開始之登記

法院為重整裁定後，應檢同裁定書，通知主管機關，為重整開始之登記。並由公司將裁定書影本黏貼於該公司所在地公告處（公 §292）。

九、准許公司重整裁定的效力

法院為准許公司重整之裁定，其效力如下：

㈠業務經營權之移屬：依公司法第二九三條之規定

1.重整裁定送達公司後，公司業務之經營及財產之管理處分權移屬於重整人，由重整監督人監督交接，並聲報法院，公司股東會、董事及監察人之職權，應予停止。

2.前項交接時，公司董事及經理人，應將有關公司業務及財務之一切帳冊、文件與公司之一切財產，移交重整人。

3.公司之董事、監察人、經理人或其他職員，對於重整監督人或重整人所為關於業務或財務狀況之詢問，有答覆之義務。

4.公司之董事、監察人、經理人或其他職員，有左列行為之一者，各處一年以下有期徒刑、拘役或科或併科新臺幣六萬元以下罰金。

⑴拒絕移交。

⑵隱匿或毀損有關公司業務或財務狀況之帳冊文件。

⑶隱匿或毀棄公司財產或為其他不利於債權人之處分。

⑷無故對前項詢問不為答覆。

⑸捏造債務或承認不真實之債務。

㈡各項程序之停止：裁定重整後，公司之破產、和解、強制執行及因財產關係所生之訴訟等程序，當然停止（公 §294）。

㈢法院得為保全處分：法院在公司重整裁定前，依第二八七條第一項第一、第二、第五及第六各款所為之各項保全處分，不因裁定重整失其效力，其未為各該處分者，於裁定重整後，仍得依利害關係人或重整監督人之聲請或依職權裁定為之（公 §295）。

㈣各種債權行使之限制：對公司之債權，在重整裁定前成立者，為重整債權。其依法享有優先受償權者為優先重整債權。其有抵押權、質權或留置權為擔保者，為有擔保重整債權，無此項擔保者，為無擔保重整債權，各該債權，非依重整程序，均不得行使（公 §296 I）。

十、重整債權人申報債權的效力

依公司法第二九七條規定：

㈠重整債權人，應提出足資證明其權利存在之文件，向重整監督人申報。經申報者，其時效中斷；未經申報者，不得依重整程序受清償。

㈡前項應為申報之人，因不可歸責於自己之事由，致未依限申報者，得於事由終止後十五日內補報之。但重整計畫已經關係人會議可決時，不得補報。

㈢股東之權利，依股東名簿之記載。

十一、重整的機關

公司經重整裁定後，其股東會、董事及監察人之職權，均應停止（公 §293 I），此時分別由重整人接管公司業務之經營及財產之管理，重整監督人監督重整人職務之執行，關係人會議則取代股東會之職權，故公司原來之機關，於重整期間為重整之機關所取代。

㈠重整人：公司重整人由法院就債權人、股東、董事、目的事業中央主管機關或證券管理機關推薦之專家中選派之（公 §290 I）。另外，九十五年一月公司法修正時，增訂第二九〇條第二項：「第三十條之規定，於前項公司重整人準用之。」明文規定重整人之消極資格限制。

㈡重整監督人：應就對公司業務，具有專門學識及經營經驗者或金融機構

選任之（公 §289 I）。

㈢關係人會議

　　1.關係人會議，乃重整債權人及股東所組成，以重整監督人為召集人，並為主席，而重整人及公司負責人應列席備詢（公 §300）。

　　2.依公司法第三〇一條之規定，關係人會議之任務，主要者有：

　　⑴聽取關於公司業務與財務狀況之報告及對於公司重整之意見。

　　⑵審議及表決重整計畫。

　　⑶決議其他有關重整之事項。

　　3.關係人會議之決議較為特殊，應按重整債權人及股東分組行使表決權。其決議以經各組表決權總額二分之一以上之同意行之。而對於重整計畫之可決，原規定應經各組表決權總額三分之二以上之同意行之，但三分之二以上同意之規定，在實務上難以運作，因此，為加速重整執行之步伐，避免企業價值之流失，九十五年一月公司法修正時遂刪除該規定。若公司無資本淨值時，股東組則不得行使表決權（公 §302）。

十二、重整計畫

㈠重整計畫的擬定與提出

　　1.重整人應擬定重整計畫，連同公司業務及財務報表，提請第一次關係人會議審查。重整人經依第二九〇條之規定另選者，重整計畫，應由新任重整人於一個月內提出之（公 §303）。

　　2.該計畫，除記載公司重整之必要事項外，並應記載公司法第三〇四條第一項所列各款事項。

　　3.前項重整計畫之執行，除債務清償期限外，自法院裁定認可確定之日起算不得超過一年；其有正當理由，不能於一年內完成時，得經重整監督人許可，聲請法院裁定延展期限；期限屆滿仍未完成者，法院得依職權或依關係人之聲請裁定終止重整（公 §304 II）。

㈡重整計畫的可決及認可

　　1.重整計畫應經關係人會議之可決，其可決依有表決權各組之可決為主。

2.經關係人會議可決之重整計畫，重整人應聲請法院裁定認可後執行之，並報主管機關備查（公§305 I），且生如下之效力（公§305 II）：

　　⑴該計畫對於公司及關係人均有拘束力，故重整人執行該計畫所載事項時，公司及關係人均有遵守之義務。

　　⑵債權人就重整計畫所載之給付義務，適於為強制執行之標的者，對於公司取得執行名義，得逕予強制執行。

㈢重整計畫的修正

　　1.可決修正：重整計畫未得關係人會議之可決時，重整監督人應即報告法院，進行修正重整計畫，亦即法院得依公正合理之原則，指示變更方針，命關係人會議在一個月內再予審查（公§306 I）。

　　2.認可修正：修正重整計畫（即經法院指示變更再予審查之重整計畫）如未獲關係人會議可決時，原則上，法院應裁定終止重整（公§306 II前段）。但限於公司確有重整之價值者，法院得例外依第三○六條第二項所定第一款至第三款之方法之一，裁定認可重整計畫之修正。

　　3.重行可決修正

　　⑴重整計畫可決修正及認可修正後，因情事變遷或有正當理由致不能或無須執行時，法院可依重整監督人、重整人或關係人之聲請，以裁定命關係人會議重行審查，其顯無重整之可能或必要者，得裁定終止重整（公§306 III）。

　　⑵重行審查可決之重整計畫，仍應聲請法院裁定認可，始生效力（公§306 IV）。

㈣法院為前述第三○五條重整計畫之認可，或為第三○六條重整計畫之修正及裁定終止時，應徵詢主管機關、目的事業中央主管機關及證券管理機關之意見（公§307 I）。

十三、公司重整的終了

㈠裁定終止

　　1.公司重整無法完成，由法院裁定終止，其情形有三：

　　⑴因重整計畫未獲可決而終止（公§306 I、II）。

⑵因重整計畫不能或無須執行而終止（公§306 III）。

⑶為避免公司重整狀態久懸不決、法律關係長久處於不確定狀態而終止（九十五年一月新增）：關係人會議，未能於重整裁定送達公司後一年內可決重整計畫者，法院得依聲請或依職權裁定終止重整；其經法院依第三項裁定命重行審查，而未能於裁定送達後一年內可決重整計畫者，亦同（公§306 V）。

　2.法院為終止重整之裁定時，應檢同裁定書，通知主管機關；裁定確定時，主管機關應即為終止重整之登記，其合於破產規定，法院得依職權宣告其破產（公§307 II）。

　3.法院裁定終止重整，除依職權宣告公司破產者，依破產法之規定外，有左列效力（公§308）：

⑴依第二八七條、第二九四條、第二九五條或第二九六條所為之處分或所生之效力，均失效力。

⑵因怠於申報權利，而不能行使權利者，恢復其權利。

⑶因裁定重整，而停止之股東會董事及監察人之職權，應即恢復。

㈡重整完成

　1.公司重整人，應於重整計畫所定期限內完成重整工作；重整完成時，應聲請法院為重整完成之裁定，並於裁定確定後，召集重整後之股東會選任董事、監察人（公§310 I）。

　2.前項董事、監察人於就任後，應會同重整人向主管機關申請登記或變更登記（公§310 II）。

　3.公司重整完成後，即發生如下效力：

⑴已申報之債權未受清償部分，除依重整計畫處理，移轉重整後之公司承受者外，其請求權消滅；未申報之債權亦同（公§311 I①）。

⑵股東股權經重整而變更或減除之部分，其權利消滅，（公§311 I②）。

⑶重整裁定前，公司之破產、和解、強制執行及因財產關係所生之訴訟等程序，即行失其效力（公§311 I③）。

(4)公司債權人對於公司債務之保證人及其他共同債務人之權利，不因公司重整而受影響（公 §311 II）。

(5)左列各款，為公司之重整債務，優先於重整債權而為清償（公 §312 I）：

①維持公司業務繼續營運所發生之債務。

②進行重整程序所發生之費用。

【結論】

按甲公司如因財務困難而暫停營業或有停業之虞，得依公司法第二八二條第一項前段聲請重整。且於重整裁定後，公司的股東會、董事及監察人的職權均應停止。因此，董事長乙自不得再繼續執行其職務。此時由重整人接管公司業務的經營及財產的管理，由法院就未具第三十條所規定情事之一之債權人、股東、董事、目的事業主管機關或證券管理機關推薦的專家中選派，擔任重整人。

【參考法條】

公司法第二八二條

「公開發行股票或公司債之公司，因財務困難，暫停營業或有停業之虞，而有重建更生之可能者，得由公司或下列利害關係人之一向法院聲請重整：

一　繼續六個月以上持有已發行股份總數百分之十以上股份之股東。

二　相當於公司已發行股份總數金額百分之十以上之公司債權人。

三　工會。

四　公司三分之二以上之受僱員工。

公司為前項聲請，應經董事會以董事三分之二以上之出席及出席董事過半數同意之決議行之。

第一項第三款所稱之工會，指下列工會：

一　企業工會。

二　會員受僱於公司人數，逾其所僱用勞工人數二分之一之產業工會。

三　會員受僱於公司之人數,逾其所僱用具同類職業技能勞工人數二分之一之職業
　　工會。

第一項第四款所稱之受僱員工,以聲請時公司勞工保險投保名冊人數為準。」

公司法第二八七條

「法院為公司重整之裁定前,得因公司或利害關係人之聲請或依職權,以裁定為左列
　各款處分:

一　公司財產之保全處分。

二　公司業務之限制。

三　公司履行債務及對公司行使債權之限制。

四　公司破產、和解或強制執行等程序之停止。

五　公司記名式股票轉讓之禁止。

六　公司負責人,對於公司損害賠償責任之查定及其財產之保全處分。

前項處分,除法院准予重整外,其期間不得超過九十日;必要時,法院得由公司或
利害關係人之聲請或依職權以裁定延長之;其延長期間不得超過九十日。

前項期間屆滿前,重整之聲請駁回確定者,第一項之裁定失其效力。

法院為第一項之裁定時,應將裁定通知證券管理機關及相關之目的事業中央主管機
關。」

公司法第二八九條

「法院為重整裁定時,應就對公司業務,具有專門學識及經營經驗者或金融機構,選
　任為重整監督人,並決定左列事項:

一　債權及股東權之申報期間及場所,其期間應在裁定之日起十日以上,三十日以
　　下。

二　所申報之債權及股東權之審查期日及場所,其期日應在前款申報期間屆滿後十
　　日以內。

三　第一次關係人會議期日及場所 ,其期日應在第一款申報期間屆滿後三十日以
　　內。

前項重整監督人,應受法院監督,並得由法院隨時改選。

重整監督人有數人時,關於重整事務之監督執行,以其過半數之同意行之。」

公司法第二九〇條第一、二項

「公司重整人由法院就債權人、股東、董事、目的事業中央主管機關或證券管理機關
　推薦之專家中選派之。

　第三十條之規定，於前項公司重整人準用之。」

公司法第三〇〇條

「重整債權人及股東，為公司重整之關係人，出席關係人會議，因故不能出席時，得
　委託他人代理出席。

　關係人會議由重整監督人為主席，並召集除第一次以外之關係人會議。

　重整監督人，依前項規定召集會議時，於五日前訂明會議事由，以通知及公告為
　之。一次集會未能結束，經重整監督人當場宣告連續或展期舉行者，得免為通知及
　公告。

　關係人會議開會時，重整人及公司負責人應列席備詢。

　公司負責人無正當理由對前項詢問不為答覆或為虛偽之答覆者，各處一年以下有期
　徒刑、拘役或科或併科新臺幣六萬元以下罰金。」

公司法第三〇一條

「關係人會議之任務如左：

　一　聽取關於公司業務與財務狀況之報告及對於公司重整之意見。

　二　審議及表決重整計畫。

　三　決議其他有關重整之事項。」

【練習題】

一、公司在重整中，由那個組織取代股東會的職權？又其主要有那些任務？
　　決議的方法為何？

二、法院為准許或駁回重整的裁定前應為那些調查或處分？

問題一一七
何謂閉鎖性股份有限公司？其設立及股份轉讓有何限制？

甲是否可找志同道合的友人設立一家股東人數限制的股份有限公司，並於章程規定限制股份轉讓？又前開公司可否公開發行或募集有價證券？

【解析】

一、閉鎖性股份有限公司的意義

為建構我國成為適合全球投資之環境，促使我國商業環境更有利於新創產業，吸引更多國內外創業者在我國設立公司，並且因應科技新創事業之需求，賦予企業有較大自治空間與多元化籌資工具及更具彈性之股權安排，故引進英、美等國之閉鎖性公司制度，立法院於一〇四年六月十五日通過公司法修正案，總統於同年七月一日公布公司法第五章「股份有限公司」增訂「閉鎖性股份有限公司」專節（第十三節）。本次修法目的係為了鼓勵新創及中小型企業之發展及因應科技新創事業之需求，將賦予企業較大自治空間，使其得在股權安排及運作上，較現行非閉鎖性公司更具有彈性。由於尚需時準備及宣導，其施行日期由行政院定之（公 §449）；行政院亦於一〇四年九月四日公布施行。依公司法第三五六條之一第一項規定，閉鎖性股份有限公司，指股東人數不超過五十人，並於章程定有股份轉讓限制之非公開發行股票公司。由此可知，閉鎖性股份有限公司僅能係股份有限公司型態，且其股票不公開發行，並須具備下列二要件：

(一)股東人數之限制

參考新加坡、香港閉鎖性公司之股東人數為五十人，我國閉鎖性股份有限公司之股東人數，原則上為五十人以下。但考量未來社會經濟情況變遷及商業實際需要，有調整所定股東人數之必要，授權中央主管機關得視

社會經濟情況及實際需要增加之；其計算方式及認定範圍，由中央主管機關定之（公§356之1 II）。

㈡章程應記載其屬性並定有股份轉讓限制

　　鑑於閉鎖性股份有限公司之公司治理較為寬鬆，企業自治之空間較大，為利一般民眾辨別，並達公示效果，明定公司於章程應載明閉鎖性之屬性，並由中央主管機關公開於其資訊網站，以保障交易安全（公§356之2）。

二、閉鎖性股份有限公司之設立方式

㈠發起設立

　　1.閉鎖性股份有限公司雖享有較大企業自治空間，惟因其受有不得公開發行及募集之限制，且股東進出較為困難，是以，發起人選擇此種公司型態時，須經全體發起人同意。又基於閉鎖性之特質，不應涉及公開發行或募集，僅允許以發起設立之方式為之，不得以募集設立之方式成立，且發起人應全數認足第一次應發行之股份，以充實公司資本，故於本條第一項規定：「發起人得以全體之同意，設立閉鎖性股份有限公司，並應全數認足第一次應發行之股份。」

　　2.參酌其他國家之作法及因應實務需要，於本條第二、三項明定發起人之出資除現金外，得以公司事業所需之財產、技術、勞務或信用抵充之。但以勞務、信用抵充之股數，不得超過公司發行股份總數之一定比例。前項之一定比例，由中央主管機關定之。又鑑於非以現金出資者，其得抵充之金額及公司核給之股數等，涉及其他股東權益，爰於第四項明定應經全體股東同意，章程並應載明其種類、抵充之金額及公司核給之股數。以該等方式出資者，中央或地方主管機關應依該章程所載明之事項辦理登記，並公開於中央主管機關之資訊網站，以達公示效果，同時保障交易安全。另於會計師查核簽證公司之登記資本額時，就非現金出資抵充部分，公司無須檢附鑑價報告。

　　3.新制度允許股東在一定比例內，以信用、勞務出資，亦即缺乏資金的年輕創業家，得以本身的信用或專業技能作為出資創業，減少創業初期的資金壓力。然為避免有心人士濫用此新制度，影響民眾對於公司制度之

信賴，對閉鎖性股份有限公司在具有一定的公司資本適足，以維持正常營運與承擔商業經營風險，以及保障交易安全下，宜循序漸進適度容許公司一定比例之信用、勞務出資有其必要。經濟部經由一〇四年七月二十四日邀集新創業者、律師公會、會計師公會及各專家學者共同深入討論後，達成共識決定公司實收資本未達新臺幣三千萬元之公司，其資本以信用、勞務合計抵充出資之股數，不得超過公司發行股份總數的二分之一；公司實收資本額為新臺幣三千萬元以上之公司，其上限比例則為四分之一。

　　4.至於閉鎖性股份有限公司發起人選任董事及監察人之方式，除章程另有規定者外，準用第一九八條規定，依累積投票制之方式為之（公 §356 之 3 V）。

㈡禁止募集設立

　　依公司法第三五六條之三第六項規定，閉鎖性股份有限公司之設立，不適用第一三二條至第一四九條及第一五一條至第一五三條規定。換言之，閉鎖性股份有限公司禁止以募集設立之方式成立，故第六項明定排除本法有關募集設立之規定。

三、禁止發行（募集）股票之原則及例外

　　基於閉鎖性之特質，閉鎖性股份有限公司原則上不得公開發行或募集有價證券。惟為利該等公司得透過群眾募資平臺募資，例外地經由證券主管機關許可之證券商經營股權群眾募資平臺募資者，不在此限（公 §356 之 4 I）。但依前揭例外規定辦理群眾募資者，仍受第三五六條之一之股東人數及公司章程所定股份轉讓之限制（公 §356 之 4 II）。

四、股份轉讓之限制

　　基於閉鎖性股份有限公司之最大特點，係股份之轉讓受到限制，以維持其閉鎖特性，爰於公司法第三五六條之五第一項規定公司股份轉讓之限制，應於章程載明。至於股份轉讓之限制方式，由股東自行約定，例如股東轉讓股份時，應得其他股東事前之同意等。又因股份受讓人如無適當管道知悉前開股份轉讓限制，對受讓人保障明顯不足，故於本條第二項規定：「股份轉讓之限制，公司印製股票者，應於股票以明顯文字註記；不發行

股票者，讓與人應於交付受讓人之相關書面文件中載明。」至於違反前揭規定者，係屬私權範疇之爭議，應由當事人循民事爭訟途徑解決。股份轉讓之受讓人亦得請求公司給與章程影本（公§356之5 III）。

五、閉鎖性股份有限公司與非閉鎖性股份有限公司之轉換

㈠閉鎖性股份有限公司可在設立後變更為非閉鎖性股份有限公司嗎？

閉鎖性股份有限公司可能因企業規模、股東人數之擴張，而有變更之需求。公司法第三五六條之十三規定，閉鎖性股份有限公司得經有代表已發行股份總數三分之二以上股東出席之股東會，以出席股東表決權過半數之同意，變更為非閉鎖性股份有限公司。前項出席股東股份總數及表決權數，章程有較高之規定者，從其規定。公司倘不符合閉鎖性股份有限公司之要件時，應變更為非閉鎖性股份有限公司，並辦理變更登記。未依規定辦理變更登記者，主管機關得依第三八七條第五項規定責令限期改正，並按次處罰；其情節重大者，主管機關得依職權命令解散之（公§356之13 III、IV）。

㈡非閉鎖性股份有限公司可變更為閉鎖性股份有限公司嗎？

為使非公開發行股票之股份有限公司有變更為閉鎖性股份有限公司之機會，於公司法第三五六條之十四第一項明定經全體股東之同意者，得變更之。另依第一〇六條第三項規定，有限公司得經股東表決權過半數之同意減資或變更其組織為股份有限公司，所定「股份有限公司」包括「閉鎖性股份有限公司」在內。為保障債權人權益，全體股東為前開變更同意後，公司應即向各債權人分別通知及公告（公§356之13 II）。

【結論】

一〇四年公司法修正，新增第十三節閉鎖性股份有限公司，據此，於該節在一〇四年九月四日公布施行後，甲自可設立閉鎖性股份有限公司，原則上股東人數不超過五十人，且應在章程中標明其閉鎖性質，並且由主管機關公開於資訊網站。於章程中亦應載明公司股份轉讓之限制，股份轉讓之限制方式，由股東自行約定。閉鎖性股份有限公司只能允許以發起設

立之方式為之，不得以募集設立之方式成立，且發起人應全數認足第一次應發行之股份。此外，公司的出資及資本額，仍須由會計師查核簽證，股份轉讓時，也應給予相關書面文件，以保障整體交易安全。

【參考法條】

公司法第三五六條之一

「閉鎖性股份有限公司，指股東人數不超過五十人，並於章程定有股份轉讓限制之非
　公開發行股票公司。

　前項股東人數，中央主管機關得視社會經濟情況及實際需要增加之；其計算方式及
　認定範圍，由中央主管機關定之。」

公司法第三五六條之二

「公司應於章程載明閉鎖性之屬性，並由中央主管機關公開於其資訊網站。」

公司法第三五六條之三

「發起人得以全體之同意，設立閉鎖性股份有限公司，並應全數認足第一次應發行之
　股份。

　發起人之出資除現金外，得以公司事業所需之財產、技術或勞務抵充之。但以勞務
　抵充之股數，不得超過公司發行股份總數之一定比例。

　前項之一定比例，由中央主管機關定之。

　以技術或勞務出資者，應經全體股東同意，並於章程載明其種類、抵充之金額及公
　司核給之股數；主管機關應依該章程所載明之事項辦理登記，並公開於中央主管機
　關之資訊網站。

　發起人選任董事及監察人之方式，除章程另有規定者外，準用第一百九十八條規
　定。

　公司之設立，不適用第一百三十二條至第一百四十九條及第一百五十一條至第一百
　五十三條規定。

　股東會選任董事及監察人之方式，除章程另有規定者外，依第一百九十八條規
　定。」

公司法第三五六條之四

「公司不得公開發行或募集有價證券。但經由證券主管機關許可之證券商經營股權群眾募資平臺募資者，不在此限。

前項但書情形，仍受第三百五十六條之一之股東人數及公司章程所定股份轉讓之限制。」

公司法第三五六條之五

「公司股份轉讓之限制，應於章程載明。

前項股份轉讓之限制，公司印製股票者，應於股票以明顯文字註記；不發行股票者，讓與人應於交付受讓人之相關書面文件中載明。

前項股份轉讓之受讓人得請求公司給與章程影本。」

公司法第三五六條之十三

「公司得經有代表已發行股份總數三分之二以上股東出席之股東會，以出席股東表決權過半數之同意，變更為非閉鎖性股份有限公司。

前項出席股東股份總數及表決權數，章程有較高之規定者，從其規定。

公司不符合第三百五十六條之一規定時，應變更為非閉鎖性股份有限公司，並辦理變更登記。

公司未依前項規定辦理變更登記者，主管機關得依第三百八十七條第五項規定責令限期改正並按次處罰；其情節重大者，主管機關得依職權命令解散之。」

公司法第三五六條之十四

「非公開發行股票之股份有限公司得經全體股東同意，變更為閉鎖性股份有限公司。

全體股東為前項同意後，公司應即向各債權人分別通知及公告。」

公司法第四四九條

「本法除中華民國八十六年六月二十五日修正公布之第三百七十三條及第三百八十三條、一百零四年七月一日修正公布之第五章第十三節條文、一百零七年七月六日修正之條文之施行日期由行政院定之，及九十八年五月二十七日修正公布之條文自九十八年十一月二十三日施行外，自公布日施行。」

【練習題】

一、閉鎖性股份有限公司發起人之出資是否僅以現金為限？如非以現金出資，是否有限制？

二、甲為 A 閉鎖性股份有限公司股東，其將持股轉讓給乙，因 A 公司章程記載股東轉讓股份時，應得其他股東事前之同意，則甲未經其他股東同意即轉讓其持股，應如何處理？

問題一一八
閉鎖性股份有限公司發行股票、盈餘分派或虧損撥補有無限制？閉鎖性股份有限公司可否私募公司債？

> 　　甲擬邀集志同道合的友人設立一家 A 閉鎖性股份有限公司，發行股份中有一半是無票面金額，有一半有票面金額，是否可行？又公司設立時在章程上訂定發行有複數表決權之特別股，是否可行？

【解析】

一、閉鎖性股份有限公司可否發行無票面金額股

　　為提供新創事業之發起人及股東在股權部分有更自由之規劃空間，引進國外無票面金額股制度，惟為避免公司除發行票面金額股外亦發行無票面金額股之情形，將產生不同制度股東權益認定困擾，一○七年公司法修正前於公司法第三五六條之六第一項規定：「公司發行股份，應擇一採行票面金額股或無票面金額股。」明定公司應選擇其中一種制度發行之，不允許公司發行之股票有票面金額股與無票面金額股併存之情形。又同條第二項規定，公司選擇採行無票面金額股發行者，應於章程載明；另發行無票面金額股所得之股款，應全數撥充資本，不適用第二四一條第一項第一款溢價發行之資本公積轉增資及發給現金之規定。然而，依修正條文第一二九條及第一五六條規定，所有股份有限公司均得採行無票面金額股制度，閉鎖性股份有限公司亦屬股份有限公司，是以，閉鎖性股份有限公司應以第一二九條及第一五六條為適用之依據，爰予刪除本條規定。至於公司股份如無票面金額者，第一二九條第三款所定章程應載明之「每股金額」及第一六二條第一項第三款所定股票應載明之「每股金額」，即毋庸記載。

二、閉鎖性股份有限公司發行特別股有何限制

　　本於閉鎖性之特質，股東之權利義務如何規劃始為妥適，宜允許閉鎖性股份有限公司有充足之企業自治空間。此外，就科技新創事業而言，為了因應其高風險、高報酬、知識密集之特性，創業家與投資人間，或不同階段出資之認股人間，需要有更周密、更符合企業特質之權利義務安排，爰特別股之存在及設計，經常成為閉鎖性股份有限公司（特別是科技新創事業）設立及運作過程中不可或缺之工具。美國商業實務上，新創事業接受天使投資人或創投事業之投資時，亦多以特別股為之。是以，公司法第三五六條之七規定，公司發行特別股時，應就下列各款於章程中定之：

㈠特別股分派股息及紅利之順序、定額或定率。

㈡特別股分派公司賸餘財產之順序、定額或定率。

㈢特別股之股東行使表決權之順序、限制、無表決權、複數表決權或對於特定事項之否決權。

㈣特別股股東被選舉為董事、監察人之禁止或限制，或當選一定名額之權利。

㈤特別股轉換成普通股之轉換股數、方法或轉換公式。

㈥特別股轉讓之限制。

㈦特別股權利、義務之其他事項。

　　第一五七條第二項規定，於前項第三款複數表決權特別股股東不適用之。

　　申言之，除第一五七條固有特別股類型外，於第三款及第五款放寬公司可發行複數表決權之特別股、對於特定事項有否決權之特別股、可轉換成複數普通股之特別股等；第四款允許特別股股東被選舉為董事、監察人之權利之事項；另如擁有複數表決權之特別股、對於特定事項有否決權之特別股、可轉換成複數普通股之特別股，得隨意轉讓股份，對公司經營將造成重大影響，是以，第六款允許公司透過章程針對特別股之轉讓加以限制。

三、閉鎖性股份有限公司發行新股之方式

依公司法第三五六條之十二規定，公司發行新股之程序，除章程另有規定者外，應由董事會以董事三分之二以上之出席，及出席董事過半數同意之決議行之。公司設立後，新股認購人出資之方式，除準用發起人之出資方式外，亦得以對公司所有之貨幣債權抵充之。又為使閉鎖性股份有限公司在股權安排上更具彈性，新股之發行，不適用第二六七條規定（例如不用保留一定成數由員工承購）。

四、閉鎖性股份有限公司盈餘分派、激勵員工

公司得每半年分派盈餘或對公司優秀的員工發行新股或可轉換公司債或附認股權公司債等，並搭配發行無面額股票，將可以更有效地激勵認同發展前景之員工留任與投入事業之經營，或是針對不同的潛在合作夥伴發行可轉換公司債或附認股權公司債，奠定雙方策略合作的基礎。

五、閉鎖性股份有限公司發行公司債之方式

為期明確，公司法第三五六條之十一規定，公司私募普通公司債，應由董事會以董事三分之二以上之出席，及出席董事過半數同意之決議行之。鑑於公司債轉換為股權或行使認購權後，涉及股東人數之增加，公司私募轉換公司債或附認股權公司債，應經前項董事會之決議，並經股東會決議。但章程規定無須經股東會決議者，從其規定。基於閉鎖性之特質，公司債債權人行使轉換權或認購權後，仍受第三五六條之一之股東人數及公司章程所定股份轉讓之限制。宜注意的是，閉鎖性股份有限公司私募普通公司債、轉換公司債或附認股權公司債時，不適用第二四六條、第二四七條、第二四八條第一項、第四項至第七項、第二四八條之一、第二五一條至第二五五條、第二五七條之二、第二五九條及第二五七條第一項有關簽證之規定。

【結論】

依第一二九條及第一五六條規定，所有股份有限公司均得採行無票面金額股制度，閉鎖性股份有限公司亦屬股份有限公司，是以，閉鎖性股份

有限公司應以第一二九條及第一五六條為適用之依據，故 A 公司只能發行無票面金額股。為尊重閉鎖性股份有限公司企業自治空間，公司法第三五六條之七第一項第三款規定，閉鎖性股份有限公司得於章程中訂定發行有複數表決權的特別股。

【參考法條】

公司法第一五七條

「公司發行特別股時，應就下列各款於章程中定之：

一 特別股分派股息及紅利之順序、定額或定率。

二 特別股分派公司賸餘財產之順序、定額或定率。

三 特別股之股東行使表決權之順序、限制或無表決權。

四 複數表決權特別股或對於特定事項具否決權特別股。

五 特別股股東被選舉為董事、監察人之禁止或限制，或當選一定名額董事之權利。

六 特別股轉換成普通股之轉換股數、方法或轉換公式。

七 特別股轉讓之限制。

八 特別股權利、義務之其他事項。

前項第四款複數表決權特別股股東，於監察人選舉，與普通股股東之表決權同。

下列特別股，於公開發行股票之公司，不適用之：

一 第一項第四款、第五款及第七款之特別股。

二 得轉換成複數普通股之特別股。」

公司法第三五六條之六 （刪除）

公司法第三五六條之七

「公司發行特別股時，應就下列各款於章程中定之：

一 特別股分派股息及紅利之順序、定額或定率。

二 特別股分派公司賸餘財產之順序、定額或定率。

三 特別股之股東行使表決權之順序、限制、無表決權、複數表決權或對於特定事項之否決權。

四 特別股股東被選舉為董事、監察人之禁止或限制，或當選一定名額之權利。

五　特別股轉換成普通股之轉換股數、方法或轉換公式。

六　特別股轉讓之限制。

七　特別股權利、義務之其他事項。

第一百五十七條第二項規定，於前項第三款複數表決權特別股股東不適用之。」

公司法第三五六條之十　（刪除）

公司法第三五六條之十一

「公司私募普通公司債，應由董事會以董事三分之二以上之出席，及出席董事過半數同意之決議行之。

公司私募轉換公司債或附認股權公司債，應經前項董事會之決議，並經股東會決議。但章程規定無須經股東會決議者，從其規定。

公司債債權人行使轉換權或認購權後，仍受第三百五十六條之一之股東人數及公司章程所定股份轉讓之限制。

第一項及第二項公司債之發行，不適用第二百四十六條、第二百四十七條、第二百四十八條第一項、第四項至第七項、第二百四十八條之一、第二百五十一條至第二百五十五條、第二百五十七條之二、第二百五十九條及第二百五十七條第一項有關簽證之規定。」

公司法第三五六條之十二

「公司發行新股，除章程另有規定者外，應由董事會以董事三分之二以上之出席，及出席董事過半數同意之決議行之。

新股認購人之出資方式，除準用第三百五十六條之三第二項至第四項規定外，並得以對公司所有之貨幣債權抵充之。

第一項新股之發行，不適用第二百六十七條規定。」

【練習題】

一、閉鎖性股份有限公司募集公司債是否須經董事會及股東會之同意？又前開同意須採何種決議方式？

二、閉鎖性股份有限公司何時可分派盈餘？為獎勵公司優秀員工有哪些作法？

問題一一九
閉鎖性股份有限公司發行股票有無限制？

> 閉鎖性股份有限公司召開股東會時，股東得否不親自出席，僅以書面行使表決權即可？

【解析】

一、閉鎖性股份有限公司股東會開會方式

按閉鎖性股份有限公司股東人數較少，股東間關係緊密，且股東通常實際參與公司運作，為放寬股東會得以較簡便方式行之，故公司法第三五六條之八第一、二項明定公司股東會開會得以視訊會議或其他經中央主管機關公告之方式為之，且股東得以視訊參與會議者，視為親自出席股東會。換言之，閉鎖性股份有限公司的股東不用親自出席股東會即可行使表決權。

二、閉鎖性股份有限公司股東得以書面方式行使表決權

為利閉鎖性股份有限公司召開股東會之彈性，公司法第三五六條之八第三、四項亦明定公司章程得訂明經全體股東同意，股東就當次股東會議案以書面方式行使其表決權，而不實際集會。前開情形即視為已召開股東會；以書面方式行使表決權之股東，則視為親自出席股東會。

三、閉鎖性股份有限公司股東得共同行使表決權

為使閉鎖性股份有限公司之股東得以協議或信託之方式，匯聚具有相同理念之少數股東，以共同行使表決權方式，達到所需要之表決權數，鞏固經營團隊在公司之主導權，參照企業併購法第十條第一項及第二項規定，於公司法第二五六條之九第一項明定：「股東得以書面契約約定共同行使股東表決權之方式，亦得成立股東表決權信託，由受託人依書面信託契約之約定行使其股東表決權。」受託人之資格，原則上以股東為限，除非章程另有規定（公§356之9 II）。又參酌企業併購法第十條第三項規定，於同條第三項明定：「股東非將第一項書面信託契約、股東姓名或名稱、事務

所、住所或居所與移轉股東表決權信託之股份總數、種類及數量於股東常會開會三十日前，或股東臨時會開會十五日前送交公司辦理登記，不得以其成立股東表決權信託對抗公司。」

四、閉鎖性股份有限公司董監事的選舉方式

依公司法第三五六條之三第五項規定：「發起人選任董事及監察人之方式，除章程另有規定者外，準用第一百九十八條規定。」由此可見，閉鎖性股份有限公司董監事的選舉方式，原則上採累積投票制，例外地由章程訂選舉方式。

【結論】

依公司法第三五六條之八規定，因閉鎖性股份有限公司股東人數較少，股東間關係緊密，股東會得以較簡便方式行之，故不用親自出席股東會，開會得以視訊會議或其他經中央主管機關公告之方式為之。以視訊參與會議者，視為親自出席股東會。又公司章程如果訂明經全體股東同意，股東就當次股東會議案得以書面方式行使其表決權，而不實際集會者，視為已召開股東會，以書面方式行使表決權之股東，則視為親自出席股東會。

【參考法條】

公司法第一九八條

「股東會選任董事時，每一股份有與應選出董事人數相同之選舉權，得集中選舉一人，或分配選舉數人，由所得選票代表選舉權較多者，當選為董事。

第一百七十八條之規定，對於前項選舉權，不適用之。」

公司法第三五六條之三第五項

「發起人選任董事及監察人之方式，除章程另有規定者外，準用第一百九十八條規定。」

公司法第三五六條之八

「公司章程得訂明股東會開會時，以視訊會議或其他經中央主管機關公告之方式為之。

股東會開會時，如以視訊會議為之，其股東以視訊參與會議者，視為親自出席。

公司章程得訂明經全體股東同意，股東就當次股東會議案以書面方式行使其表決權，而不實際集會。

前項情形，視為已召開股東會；以書面方式行使表決權之股東，視為親自出席股東會。」

公司法第三五六條之九

「股東得以書面契約約定共同行使股東表決權之方式，亦得成立股東表決權信託，由受託人依書面信託契約之約定行使其股東表決權。

前項受託人，除章程另有規定者外，以股東為限。

股東非將第一項書面信託契約、股東姓名或名稱、事務所、住所或居所與移轉股東表決權信託之股份總數、種類及數量於股東常會開會三十日前，或股東臨時會開會十五日前送交公司辦理登記，不得以其成立股東表決權信託對抗公司。」

【練習題】

一、甲、乙、丙為閉鎖性股份有限公司之股東，其可否約定共同行使表決權？又該公司股東丁得否將股東表決權信託給 A 股份有限公司，由其行使股東表決權？

二、B 閉鎖性股份有限公司召開股東會選舉董監事，可否限制某些股東無表決權，某些股東可以行使複數表決權，一人有三票，不以持股數計算？

第四章　關係企業、外國公司

問題一二〇
何謂「關係企業」？

> 甲、乙二股份有限公司各有董事五人，僅有一位董事丙相同，但丙在甲、乙二公司各有百分之五十的出資，則甲、乙二公司是否為關係企業？

【解析】

一、關係企業的定義

公司法第三六九條之一規定：「本法所稱關係企業，指獨立存在而相互間具有下列關係之企業：一、有控制與從屬關係之公司。二、相互投資之公司。」可知我國法上的關係企業有兩種，且關係企業是「獨立存在」，即有其各自獨立的法人人格，得以自己名義享受權利，負擔義務。

二、控制公司與從屬公司

(一)公司法第三六九條之二第一項規定：「公司持有他公司有表決權之股份或出資額，超過他公司已發行有表決權之股份總數或資本總額半數者為控制公司，該他公司為從屬公司。」例如 A 股份有限公司已發行有表決權股一千二百萬股，則 B 公司持有 A 公司有表決權股超過六百萬股時，為控制公司，A 公司為從屬公司。

至於其股份計算的方法，依第三六九條之十一規定，計算本章公司所持有他公司的股份或出資額，應連同左列各款股份或出資額一併計入：

　　1.公司之從屬公司所持有他公司之股份或出資額。

　　2.第三人為該公司而持有之股份或出資額。

　　3.第三人為該公司之從屬公司而持有之股份或出資額。

又控制公司如將股權信託他人管理，於既存之控制從屬關係，不生影響。是以，A 公司如持有他公司 100% 股權，而 A 公司將其持有他公司之過半數股權信託他人管理，且約定於信託期間，放棄對相關股權之管理、指揮及控制等權利者，依上開規定，仍具有控制與從屬關係（經濟部 97.4.2 經商字第 09702029950 號函）。

㈡公司法第三六九條之二第二項規定：「除前項外，公司直接或間接控制他公司之人事、財務或業務經營者亦為控制公司，該他公司為從屬公司。」

三、控制與從屬關係的推定

公司法第三六九條之三規定：「有左列情形之一者，推定為有控制與從屬關係：一、公司與他公司之執行業務股東或董事有半數以上相同者。二、公司與他公司之已發行有表決權之股份總數或資本總額有半數以上為相同之股東持有或出資者。」控制與從屬關係既屬「推定」，自許公司舉證證明與他公司間無控制與從屬關係的存在。

推定有控制與從屬關係之情形有二：㈠公司與他公司之執行業務股東或董事有半數以上相同者。㈡公司與他公司之已發行有表決權之股份總數或資本總額有半數以上為相同之股東持有或出資者。再者，公司與他公司相互投資各達對方有表決權之股份總數或資本總額三分之一以上者，為相互投資公司。相互投資公司各持有對方已發行有表決權之股份總數或資本總額超過半數者，或互可直接或間接控制對方之人事、財務或業務經營者，互為控制公司與從屬公司。於計算公司所持有他公司之股份或出資額時，應連同下列各款之股份或出資額一併計入：㈠公司之從屬公司所持有他公司之股份或出資額。㈡第三人為該公司而持有之股份或出資額。㈢第三人為該公司之從屬公司而持有之股份或出資額。公司法第三六九條之一、之二、之三、之九、之十一分別定有明文。又依公司法第三六九條之二第二項規定，控制人事、財務、業務經營者，為實質關係之控制。公司法令對於非公開發行公司間是否具有實質關係一節，並無另為規定，係參照行政院金融監督管理委員會訂頒之「關係企業合併營業報告書關係企業合併財務報表及關係報告書編製準則」第六條規定認定之。具體個案請依上開規

定判斷（經濟部 98.12.24 經商字第 09802173660 號函）。

公司法第三六九條之三第二款規定：「公司與他公司之已發行有表決權之股份總數或資本總額有半數以上為相同之股東持有或出資者。」以較高股份總數或資本總額之半數為準，例如甲公司股份總數為一萬股，乙公司股份總數為六千股，計算甲、乙公司是否有半數以上股份為相同之股東持有時，係以較高之一萬股之半數五千為計算標準。準此，如股東持有甲公司股份總數五千股以上，持有乙公司股份總數為五千股以上，則推定甲公司與乙公司有控制從屬關係（經濟部 99.5.11 經商字第 09900060500 號函）。

四、相互投資公司

依公司法第三六九條之九規定：

㈠公司與他公司相互投資各達對方有表決權之股份總數或資本總額三分之一以上者，為相互投資公司。

㈡相互投資公司各持有對方已發行有表決權之股份總數或資本總額超過半數者，或互可直接或間接控制對方之人事、財務或業務經營者，互為控制公司與從屬公司。

【結論】

公司法第三六九條之三第二款規定，公司與他公司已發行的有表決權股份或資本總額有半數以上，為相同的股東所持有，或出資者相同時，推定有控制與從屬關係。本規定並不以股東或出資者是否半數以上相同為推定基準，而是以二以上公司的資本總額半數，是否為相同的股東所持有為推定依據（即股東不須有半數以上相同）。因此，甲、乙兩股份有限公司雖僅有一董事丙相同，但丙在兩公司各有百分之五十的出資，仍應推定甲、乙兩公司有控制與從屬關係，為關係企業。

【參考法條】

公司法第三六九條之一

「本法所稱關係企業，指獨立存在而相互間具有下列關係之企業：

一　有控制與從屬關係之公司。

二　相互投資之公司。」

公司法第三六九條之二

「公司持有他公司有表決權之股份或出資額,超過他公司已發行有表決權之股份總數或資本總額半數者為控制公司,該他公司為從屬公司。

前項外,公司直接或間接控制他公司之人事、財務或業務經營者亦為控制公司,該他公司為從屬公司。」

公司法第三六九條之三

「有左列情形之一者,推定為有控制與從屬關係:

一　公司與他公司之執行業務股東或董事有半數以上相同者。

二　公司與他公司之已發行有表決權之股份總數或資本總額有半數以上為相同之股東持有或出資者。」

公司法第三六九條之九

「公司與他公司相互投資各達對方有表決權之股份總數或資本總額三分之一以上者,為相互投資公司。

相互投資公司各持有對方已發行有表決權之股份總數或資本總額超過半數者,或互可直接或間接控制對方之人事、財務或業務經營者,互為控制公司與從屬公司。」

【練習題】

一、甲、乙二股份有限公司相互投資,各有對方百分之六十的出資,甲、乙二公司是否為關係企業?

二、丙、丁兩公司是控制公司與從屬公司,倘若丙公司與丁公司均轉投資戊股份有限公司,而戊公司已發行有表決權股一千二百萬股,其中丙公司以其自有資金百分之五購買戊公司有表決權股三百萬股;丁公司亦以其自有資金百分之十購買戊公司有表決權股二百萬股。但丙公司另提供公司資金百分之一給董事庚,借庚名義購買戊公司有表決權股六十萬股;丁公司亦提供公司資金百分之二點五給經理辛,借辛名義買戊公司有表決權股五十萬股。問丙、戊兩公司是否為關係企業?

問題一二一
控制公司使從屬公司為不利益經營有何法律責任？

　　甲、乙二股份有限公司為控制公司及從屬公司，有上、下游原料供輸及產銷關係。甲公司董事長丙操縱乙公司以高於市價三倍的價格向甲公司購買生產原料。嗣後乙公司因生產過剩而虧損連連，甲公司是否應賠償乙公司的損害？

【解析】

一、公司法對從屬公司股東及債權人的保護

㈠補償責任與賠償責任

　　控制公司直接或間接使從屬公司為不合營業常規或其他不利益之經營，而未於會計年度終了時為適當補償，致從屬公司受有損害者，應負賠償責任（公 §369 之 4 I）。

　　「八十九年修正之證券交易法第一百七十一條第二款規定，已依本法發行有價證券公司之董事、監察人、經理人或受僱人，以直接或間接方式，使公司為不利益之交易，且不合營業常規，致公司遭受損害者，處七年以下有期徒刑，得併科新臺幣三百萬元以下罰金。此規定中所稱之『不合營業常規』，為不確定法律概念，因利益輸送或掏空公司資產之手段不斷翻新，所謂『營業常規』之意涵，自應本於立法初衷，參酌時空環境變遷及社會發展情況而定，不能拘泥於立法前社會上已知之犯罪模式，或常見之利益輸送、掏空公司資產等行為態樣。」（最高法院 99 年臺上字第 6731 號判決）

　　「公司經營者應本於善良管理人注意義務及忠實義務，為公司及股東謀取最大利益，然時有公司經營者或有決策權之人，藉由形式上合法，實質上不法或不正當之手段，將公司資產或利益移轉、輸送給特定人，或為

損害公司利益之交易行為，損害公司、股東、員工、債權人、一般投資大眾之權益，甚至掏空公司資產，影響證券市場之穩定或社會金融秩序。有鑑於此，立法院於八十九年修正之證券交易法第一百七十一條第二款規定：『已依本法發行有價證券公司之董事、監察人、經理人或受僱人，以直接或間接方式，使公司為不利益之交易，且不合營業常規，致公司遭受損害者，處七年以下有期徒刑，得併科新臺幣三百萬元以下罰金』。本罪構成要件所稱之『不合營業常規』，為不確定法律概念，因利益輸送或掏空公司資產之手段不斷翻新，所謂『營業常規』之意涵，自應本於立法初衷，參酌時空環境變遷及社會發展情況而定，不能拘泥於立法前社會上已知之犯罪模式，或常見之利益輸送、掏空公司資產等行為態樣。該規範之目的既在保障已依法發行有價證券公司股東、債權人及社會金融秩序，則除有法令依據外，舉凡公司交易之目的、價格、條件，或交易之發生，交易之實質或形式，交易之處理程序等一切與交易有關之事項，從客觀上觀察，倘與一般正常交易顯不相當、顯欠合理、顯不符商業判斷者，即係不合營業常規，如因而致公司發生損害或致生不利益，自與本罪之構成要件該當。此與所得稅法第四十三條之一規定之『不合營業常規』，目的在防堵關係企業逃漏應納稅捐，破壞租稅公平等流弊，稅捐機關得將交易價格調整，據以課稅；公司法第三百六十九條之四、第三百六十九條之七規定之『不合營業常規』，重在防止控制公司不當運用其控制力，損害從屬公司之利益，控制公司應補償從屬公司者，迥不相同，自毋庸為一致之解釋。」（最高法院98年臺上字第6782號判決）

㈡損害賠償義務人

就從屬公司所受損害應負賠償責任者，包括：

1.控制公司（公 §369 之 4 I）。

2.控制公司的負責人。公司法第三六九條之四第二項規定：「控制公司負責人使從屬公司為前項之經營者，應與控制公司就前項損害負連帶賠償責任。」

3.受利益的他從屬公司。公司法第三六九條之五規定：「控制公司使從

屬公司為前條第一項之經營，致他從屬公司受有利益，受有利益之該他從
屬公司於其所受利益限度內，就控制公司依前條規定應負之賠償，負連帶
責任。」

(三)損害賠償請求權人

　　1.直接求償權人：從屬公司因控制公司使其為不利益經營而受損害，
又未獲控制公司補償時，依前述第三六九條之四第一項所得行使的損害賠
償請求權，為其「固有的」求償權，所以，受害的從屬公司自為直接求償
權人。

　　2.代位請求權人：公司法第三六九條之四第三項及第四項規定：「控制
公司未為第一項之賠償，從屬公司之債權人或繼續一年以上持有從屬公司
已發行有表決權股份總數或資本總額百分之一以上之股東，得以自己名義
行使前二項從屬公司之權利，請求對從屬公司為給付。前項權利之行使，
不因從屬公司就該請求賠償權利所為之和解或拋棄而受影響。」本條規定，
控制公司使從屬公司為不利益經營，受害從屬公司的債權人或少數股東，
得以自己名義代位行使受害從屬公司的損害賠償請求權。

(四)控制公司主張抵銷的限制

　　公司法第三六九條之七第一項規定：「控制公司直接或間接使從屬公司
為不合營業常規或其他不利益之經營者，如控制公司對從屬公司有債權，
在控制公司對從屬公司應負擔之損害賠償限度內，不得主張抵銷。」控制
公司直接或間接使從屬公司為不合營業常規或不利益經營，在會計年度終
了未為補償時應負損害賠償責任。但恐控制公司運用其控制力製造債權主
張抵銷，使從屬公司對控制公司的損害賠償請求落空，故為此規定。

(五)損害賠償請求權的消滅時效

　　前述從屬公司對控制公司的直接求償權或從屬公司的債權人或少數股
東的代位求償權，自請求權人知控制公司有賠償責任及知有賠償義務人時
起，二年間不行使而消滅。自控制公司賠償責任發生時起，逾五年者亦同
（公 §369 之 6）。

(六)受害從屬公司債權人或少數股東對控制公司有無直接求償權

1.我國公司法在經濟部所提草案中，原肯定從屬公司的債權人得就其所受損害直接向控制公司請求賠償，乃是援引美國「揭穿公司面紗原則」。所謂「揭穿公司面紗原則」，是指在某些情形下，為了保護公司的債權人，法院可揭穿公司面紗，否定公司與其股東各為獨立主體，使公司的個人股東或法人股東直接對公司債務負責。換言之，法院得在某些情形下，揭穿從屬公司的面紗，否定從屬公司的法人人格，將從屬公司及控制公司視為同一法律主體，使控制公司直接對從屬公司的債權人負責。

　　2.又行政院所提原修正條文亦肯定從屬公司的債權人及股東對控制公司或其負責人有直接求償權；且縱使從屬公司與控制公司達成和解，或從屬公司拋棄對控制公司的求償權，亦不影響股東或債權人對控制公司的權利。該修正條文終未能獲得立法院三讀通過，但依公司法增修理由的說明，第三六九條之四第一項既是保護從屬公司債權人及股東的規定，則於控制公司對從屬公司所受的損害不為補償致從屬公司的債權人或股東受有損害時，似可認為控制公司違反保護他人的法律，債權人可逕依民法第一八四條第二項的規定，直接向控制公司請求損害賠償。

二、控制公司對從屬公司的債權應次於其他債權人而受清償

　　公司法第三六九條之七引進美國「深石原則」，鑑於從屬公司的財產為全體債權人的總擔保，為避免控制公司利用其債權參與從屬公司破產財團的分配或於設立從屬公司時濫用股東有限責任原則，儘量壓低從屬公司資本，增加負債而規避責任，損及其他債權人利益，特規定：「控制公司直接或間接使從屬公司為不合營業常規或其他不利益之經營者，如控制公司對從屬公司有債權，在控制公司對從屬公司應負擔之損害賠償限度內，不得主張抵銷。前項債權無論有無別除權或優先權，於從屬公司依破產法之規定為破產或和解，或依本法之規定為重整或特別清算時，應次於從屬公司之其他債權受清償。」

【結論】

　　乙公司在甲公司董事長丙的操縱下，以高於市價三倍的價格向甲公司

購買生產原料，對乙公司而言，當然是「不利益的經營」，甲公司如未於會計年度終了為適當補償，則

㈠乙公司得請求甲公司及甲公司的董事長丙對乙公司負連帶賠償責任（公§369 之 4 I、II）。

㈡乙公司的債權人或繼續一年以上持有乙公司已發行有表決權股份總數百分之一以上的股東，亦得以自己名義，代位行使前開乙公司的權利，請求對乙公司為賠償（公§369 之 4 III）。

【參考法條】

公司法第三六九條之四

「控制公司直接或間接使從屬公司為不合營業常規或其他不利益之經營，而未於會計年度終了時為適當補償，致從屬公司受有損害者，應負賠償責任。

控制公司負責人使從屬公司為前項之經營者，應與控制公司就前項損害負連帶賠償責任。

控制公司未為第一項之賠償，從屬公司之債權人或繼續一年以上持有從屬公司已發行有表決權股份總數或資本總額百分之一以上之股東，得以自己名義行使前二項從屬公司之權利，請求對從屬公司為給付。

前項權利之行使，不因從屬公司就該請求賠償權利所為之和解或拋棄而受影響。」

公司法第三六九條之五

「控制公司使從屬公司為前條第一項之經營，致他從屬公司受有利益，受有利益之該他從屬公司於其所受利益限度內，就控制公司依前條規定應負之賠償，負連帶責任。」

公司法第三六九條之七

「控制公司直接或間接使從屬公司為不合營業常規或其他不利益之經營者，如控制公司對從屬公司有債權，在控制公司對從屬公司應負擔之損害賠償限度內，不得主張抵銷。

前項債權無論有無別除權或優先權，於從屬公司依破產法之規定為破產或和解，或依本法之規定為重整或特別清算時，應次於從屬公司之其他債權受清償。」

【練習題】

一、甲、乙二股份有限公司為控制公司及從屬公司，乙公司先後貸款給甲公司，又向甲公司購買生產原料，則甲公司得否主張以乙公司積欠的價款與其應償還給乙公司的貸款及應賠償乙公司的損害範圍內互相抵銷？

二、丙控制公司於會計年度終了時對丁從屬公司所受的損害不為補償，致丁公司的債權人或股東受有損害，則該債權人或股東可否直接向丙公司請求損害賠償？

問題一二二
相互投資公司股權行使有無限制？

> 　　甲、乙二股份有限公司互相投資對方，各持有對方百分之五十五的股份，則甲公司召開股東會時，乙公司得否行使表決權？

【解析】

一、相互投資公司的公開化

　　依公司法第三六九條之八規定：

㈠公司持有他公司有表決權之股份或出資額，超過該他公司已發行有表決權之股份總數或資本總額三分之一者，應於事實發生之日起一個月內以書面通知該他公司。

㈡公司為前項通知後，有左列變動之一者，應於事實發生之日起五日內以書面再為通知：

　　1.有表決權之股份或出資額低於他公司已發行有表決權之股份總數或資本總額三分之一時。

　　2.有表決權之股份或出資額超過他公司已發行有表決權之股份總數或資本總額二分之一時。

　　3.前款之有表決權之股份或出資額再低於他公司已發行有表決權之股份總數或資本總額二分之一時。

㈢受通知之公司，應於收到前二項通知五日內公告之，公告中應載明通知公司名稱及其持有股份或出資額之額度。

㈣公司負責人違反前三項通知或公告之規定時，各處新臺幣六千元以上三萬元以下罰鍰。主管機關並應責令限期辦理；期滿仍未辦理者，得責令限期辦理，並按次連續各處新臺幣九千元以上六萬元以下罰鍰至辦理為止。

二、相互投資公司股權行使的限制

㈠相互投資公司知有相互投資之事實者,其得行使之表決權,不得超過被
  投資公司已發行有表決權股份總數或資本總額之三分之一。但以盈餘或
  公積增資配股所得之股份,仍得行使表決權(公§369之10 I)。本項規
  定,完全仿自德國,分述如下:

　　1.德國法制對於相互投資公司「股東權」行使的限制,不以「表決權」
為限,「股息分配權」亦同受限制。我國現行規定,則僅限制表決權的行使。

　　2.相互投資公司中,一公司如持有他公司超過百分之五十的股份而為
「控制公司」時,依德國法制,從屬公司就其所持有的控制公司股份,根
本無表決權。依我國舊法規定,從屬公司持有控制公司的股份或出資額,
不論兩者是否為相互投資公司,從屬公司均有表決權。但於九十四年六月
公司法修正後,從屬公司無表決權(公§179 II ②)。

㈡公司依第三六九條之八規定通知他公司後,於未獲他公司相同之通知,
  亦未知有相互投資之事實者,其股權之行使不受前項限制(公§369之
  10 II)。

【結論】

㈠依公司法第三六九條之九第一項規定,公司與他公司相互投資各達對方
  有表決權的股份總數或資本總額三分之一以上者,為相互投資公司。又
  相互投資公司各持有對方已發行有表決權的股份總數或資本總額超過半
  數者,互為控制公司與從屬公司(公§369之9 II)。據此,甲、乙二公
  司互相投資對方,各持有對方百分之五十五的股份,自然互為控制公司
  與從屬公司。

㈡依公司法第三六九條之十第一項規定,相互投資公司彼此仍得行使表決
  權,只是其表決權不得超過被投資公司已發行有表決權股份總數或資本
  總額的三分之一。但乙公司因被甲公司持有已發行有表決權之股份超過
  半數,依九十四年六月修正的公司法第一百七十九條第二項第二款的規
  定,乙公司不得行使表決權。

【參考法條】

公司法第一七九條第二項

「有下列情形之一者，其股份無表決權：

一　公司依法持有自己之股份。

二　被持有已發行有表決權之股份總數或資本總額超過半數之從屬公司，所持有控制公司之股份。

三　控制公司及其從屬公司直接或間接持有他公司已發行有表決權之股份總數或資本總額合計超過半數之他公司，所持有控制公司及其從屬公司之股份。」

公司法第三六九條之八

「公司持有他公司有表決權之股份或出資額，超過該他公司已發行有表決權之股份總數或資本總額三分之一者，應於事實發生之日起一個月內以書面通知該他公司。

公司為前項通知後，有左列變動之一者，應於事實發生之日起五日內以書面再為通知：

一　有表決權之股份或出資額低於他公司已發行有表決權之股份總數或資本總額三分之一時。

二　有表決權之股份或出資額超過他公司已發行有表決權之股份總數或資本總額二分之一時。

三　前款之有表決權之股份或出資額再低於他公司已發行有表決權之股份總數或資本總額二分之一時。

受通知之公司，應於收到前二項通知五日內公告之，公告中應載明通知公司名稱及其持有股份或出資額之額度。

公司負責人違反前三項通知或公告之規定者，各處新臺幣六千元以上三萬元以下罰鍰。主管機關並應責令限期辦理；期滿仍未辦理者，得責令限期辦理，並按次連續各處新臺幣九千元以上六萬元以下罰鍰至辦理為止。」

公司法第三六九條之九

「公司與他公司相互投資各達對方有表決權之股份總數或資本總額三分之一以上者，為相互投資公司。

相互投資公司各持有對方已發行有表決權之股份總數或資本總額超過半數者,或互可直接或間接控制對方之人事、財務或業務經營者,互為控制公司與從屬公司。」

公司法第三六九條之十

「相互投資公司知有相互投資之事實者,其得行使之表決權,不得超過被投資公司已發行有表決權股份總數或資本總額之三分之一。但以盈餘或公積增資配股所得之股份,仍得行使表決權。

公司依第三百六十九條之八規定通知他公司後,於未獲他公司相同之通知,亦未知有相互投資之事實者,其股權之行使不受前項限制。」

【練習題】

一、甲、乙二股份有限公司互相投資對方雖已逾對方資本總額的三分之一,但彼此不知情,則甲公司召開股東會時,乙公司行使表決權是否有限制?

二、為使相互投資公司公開化,相互投資公司有何通知及公告的義務?

問題一二三
外國公司在我國營業有何要件及限制？

> 甲外國公司經我國認許，在我國境內營業，可否購置不動產，作為公司辦公處所？

【解析】

一、外國公司的意義
㈠廣義之外國公司，係指依外國法律組織、登記、成立之公司，至於其是否經我國政府之認許，並非所問。

㈡狹義之外國公司，係專指依外國法律組織登記，並經我國政府認許之公司。

㈢公司法第四條規定：「本法所稱外國公司，謂以營利為目的，依照外國法律組織登記。外國公司，於法令限制內，與中華民國公司有同一之權利能力。」係指狹義之外國公司。

二、外國公司的名稱
㈠外國公司在中華民國境內設立分公司者，其名稱，應譯成中文，並標明其種類及國籍（公 §370）。公司法所以如此規定，其目的在方便辨別，明確公司之組織，決定公司準據法，並確保交易之安全。

㈡依公司法第三七七條第一項準用第十八條規定，下列事項應予注意：

1.公司名稱，應使用我國文字，且不得與他公司或有限合夥名稱相同。二公司或公司與有限合夥名稱中標明不同業務種類或可資區別之文字者，視為不相同。

2.外國公司不得使用易於使人誤認為與政府機關或公益團體有關或有妨害公共秩序或善良風俗之名稱。

三、外國公司在中華民國的地位
㈠民法總則施行法中的規定

1.外國法人，除依法律規定外，不認許其成立（民總施行§11）。

　　2.經認許之外國法人，於法令限制內，與同種類之中華民國法人有同一之權利能力，其服從中華民國法律之義務，亦與中華民國法人同（民總施行§12）。

　　3.未經認許，但在中華民國設事務所之外國法人，亦有權利能力（民總施行§13）。

(二)公司法的規定

　　第七條、第十二條、第十三條第一項、第十五條至第十八條、第二十條第一項至第四項、第二十一條第一項及第三項、第二十二條第一項、第二十三條至第二十六條之二，於外國公司在中華民國境內設立之分公司準用之（公§377 I）。

四、外國公司的登記

(一)外國公司登記的要件

　　1.積極要件：一〇七年公司法修正已廢除外國公司認許制度，故外國公司僅須在我國已辦理分公司登記。

　　2.消極要件：外國公司有下列情事之一者，不予分公司登記（公§373）：

　　⑴其目的或業務，違反中華民國法律、公共秩序或善良風俗。

　　⑵申請登記事項或文件，有虛偽情事者。

(二)外國公司登記之效力

　　1.取得法人人格：民法總則施行法第十二條第一項規定，經認許之外國法人，於法令限制內與同種類之中華民國法人有同一之權利能力。可知，外國公司經認許後取得法人人格，得在「我國境內」以自己之名義享受權利負擔義務。

　　2.外國公司可以在中華民國境內營業：公司法第三七一條第一項規定，外國公司非經辦理分公司登記，不得以外國公司名義在中華民國境內經營業務。

五、外國公司在我國營業的限制

外國公司經認許後在我國境內原則上既與我國公司享有同一之權利能力，自應與我國公司之權利能力同，受有下列限制：

(一)法令上的限制

  1.轉投資之限制（公 §377 I 準用 §13）。

  2.貸放款項之限制（公 §377 I 準用 §15）。

  3.為保證人之限制（公 §377 I 準用 §16）。

(二)購置地產的限制

九十年修正前之公司法第三七六條原規定：「外國公司經認許後，得依法購置因其業務所需用之地產。但須先申請地方主管機關轉呈中央主管機關核准，並應以其依本國法律准許中華民國公司，享受同樣權利者為條件。」九十年修正公司法時認為，外國公司購置地產，應依土地法之規定辦理即可，毋庸另為規範，爰將上述規定刪除。

六、外國公司的負責人

(一)公司法第三七二條第一項規定，外國公司在中華民國境內設立分公司者，應專撥其營業所用之資金，並指定代表為在中華民國境內之負責人。由此可知，外國公司在中華民國境內之負責人係指其在中華民國境內指定之訴訟及非訴訟之代理人。

(二)外國公司在中華民國境內所設立之分公司之經理人，在執行職務範圍內，亦為其在中華民國境內之負責人（公 §8 II）。

【結論】

九十年公司法修正前，經認許的外國公司除購置其業務所需用的地產外，不得任意購買我國的土地（修正前公 §376）。又於購置地產前須先申請地方主管機關轉呈中央主管機關核准，並以該外國公司的本國法律亦准許我國享受同樣權利為條件。惟九十年公司法修正時，已刪除本條規定，究其原因，非謂已解除外國公司購置地產的限制，而是土地法既有明文，公司法自毋庸再為規範。因此，甲外國公司是否可購置不動產作為公司辦

公處所，應依土地法的規定辦理。

【參考法條】

公司法第三七一條

「外國公司非經辦理分公司登記，不得以外國公司名義在中華民國境內經營業務。

違反前項規定者，行為人處一年以下有期徒刑、拘役或科或併科新臺幣十五萬元以下罰金，並自負民事責任；行為人有二人以上者，連帶負民事責任，並由主管機關禁止其使用外國公司名稱。」

公司法第三七三條

「外國公司有下列情事之一者，不予分公司登記：

　一　其目的或業務，違反中華民國法律、公共秩序或善良風俗者。

　二　申請登記事項或文件，有虛偽情事者。」

【練習題】

一、甲外國公司如無意在我國境內經常營業，則未經申請登記，可否在我國境內為法律行為？

二、何人得為外國公司在中華民國境內的公司負責人？

公司法論

梁宇賢／著

　　本書除對公司法之理論與內容加以闡述外，並多方援引司法院大法官會議之解釋、最高法院與行政法院之裁判、法院座談會之決議及法務部與經濟部之命令等。又本書對各家學者之見解、外國法例（尤其日本法例）皆有所介紹，並就我國現行公司法條文之規定評其得失，提供興革意見，俾供公司法修正時之參考。

國際私法實例研習

蔡華凱／著

　　本書以大學法律系授課範圍為主，針對涉外民事法律適用法規定所及範圍內，盡量擷取我國或外國裁判實務為實例材料，而非單純假設性的考題設計。惟有在欠缺相關實務案例的情況下始以假設性的問題代之。又本書在內容上避免未經實務實踐的空泛理論之介紹，專就實務案例之爭點提出最具實用性的理論說明。

國家圖書館出版品預行編目資料

公司法實例研習／曾淑瑜著.一一修訂五版一刷.一一
臺北市：三民，2020
　　面；　公分

　　ISBN 978-957-14-6884-6　（平裝）
　　1. 公司法

587.2　　　　　　　　　　　　　　　　109010762

公司法實例研習

作　　　者	曾淑瑜
發 行 人	劉振強
出 版 者	三民書局股份有限公司
地　　　址	臺北市復興北路 386 號 (復北門市)
	臺北市重慶南路一段 61 號 (重南門市)
電　　　話	(02)25006600
網　　　址	三民網路書店 https://www.sanmin.com.tw
出版日期	初版一刷 2003 年 3 月
	增訂四版一刷 2016 年 4 月
	修訂五版一刷 2020 年 9 月
書籍編號	S584800
I S B N	978-957-14-6884-6

三民書局